汉译世界学术名著丛书

罗马史

下卷

内战史

〔古罗马〕阿庇安 著

谢德风 译

商务印书馆
创于1897 The Commercial Press

Appian's

ROMAN HISTORY

With an English Translation by

Horace White, M. A. LL. D.

The Loeb Classical Library

London: William Heinemann

New York: The MacMillan Co.

据英国威廉·海涅曼公司洛布古典丛书本译出

汉译世界学术名著丛书
出 版 说 明

我馆历来重视移译世界各国学术名著。从五十年代起，更致力于翻译出版马克思主义诞生以前的古典学术著作，同时适当介绍当代具有定评的各派代表作品。幸赖著译界鼎力襄助，三十年来印行不下三百余种。我们确信只有用人类创造的全部知识财富来丰富自己的头脑，才能够建成现代化的社会主义社会。这些书籍所蕴藏的思想财富和学术价值，为学人所熟知，毋需赘述。这些译本过去以单行本印行，难见系统，汇编为丛书，才能相得益彰，蔚为大观，既便于研读查考，又利于文化积累。为此，我们从1981年着手分辑刊行。限于目前印制能力，每年刊行五十种。今后在积累单本著作的基础上将陆续汇印。由于采用原纸型，译文未能重新校订，体例也不完全统一，凡是原来译本可用的序跋，都一仍其旧，个别序跋予以订正或删除。读书界完全懂得要用正确的分析态度去研读这些著作，汲取其对我有用的精华，剔除其不合时宜的糟粕，这一点也无需我们多说。希望海内外读书界、著译界给我们批评、建议，帮助我们把这套丛书出好。

商务印书馆编辑部

1983年5月

目　　录

内　战　史

地 图 目 录

第十三卷　（内战史第一卷）

绪　　论

1. 罗马的平民和元老院常常因为法律的制定、债务的取消、土地的分配或行政长官的选举而发生斗争。但是内部的不和没有引起战争；他们只有意见的纠纷，在法律范围内的斗争，这样，法律是在他们彼此让步、彼此尊重的情况下制定的。有一次，当平民正要参加一个战役①的时候，他们发生了这类的争 前494
执，但是他们没有利用他们手中的武器，而是退到一个小山上，这个小山，从那时候起，就叫做圣山。②就是在那个时候，也没有发生暴行，他们只自己设立一个保护他们的行政长官，叫做平民保民官，他的职务特别是牵制执政官们（因为执政官是由元老院选举的③），使政权不致完全落在执政官手中。因此，以后斗争 前494
更加激烈，行政长官们彼此更加敌视，元老院和平民各自站在自己的行政长官一边，每一方都相信可以用增加自己行政长官权 前492
力的办法来打败对方。马喜阿斯·科利俄雷那斯不公平地被放逐出国，逃到服尔细人那里去，征集军队，跟自己的祖国作战，④

① 服尔细人，厄魁人等进攻罗马，平民要求取消债务，否则拒绝参战。——译者

② 在阿尼俄河与台伯河合流处，离罗马约5公里。——译者

③ 在共和时代，执政官是由全体人民选举，不是由元老院选举的（英译注）。执政官是由森都里亚会议（百人队）选举的。——译者

④ 参阅II.（II－V.）。——译者

这正是在这种斗争中发生的事情。

2. 在古代的人民骚动中,只有这一次发生了武装斗争,而这次斗争是一个流亡者所引起的。在提比略·革拉古以前,武器从来没有带进人民会议,没有国内屠杀的事,直到提比略·革
前 133 拉古为保民官,提出新的法案的时候,他是第一个在内乱中牺牲的人;和他一起的,还有其他许多拥挤在卡皮托神庙周围的人也被杀害了。人民的骚动并没有因为这个可鄙的行为而终止。两党的人迭次发生公开的斗争,常常带着短剑;在神庙中,在人民会议中,或在广场上,常常有些保民官、大法官、执政官、这些职位的候选人或其他显贵的人被杀害。不堪视听以及可耻地藐视法令和正义的暴行几乎经常发生,因为这种祸害的规模日益扩大了,于是流亡者、罪犯或那些为争夺某种职位或兵权而彼此竞争的人就进行反抗政府的公开叛变和反对他们祖国的大规模的军事远征。于是常常出现了党派的首领,他们渴望取得最高的权力。有些拒绝解散人民所交给他们的军队,有些甚至没有得到民众的许可就雇佣军队,为了他们自己的利益而彼此战争。每次当一个党派首先占领罗马城的时候,反对党在名义上是为了反对他们的敌党而进行战争;但是实际上他们是为了反对他们的祖国而进行战争,他们猛力攻打罗马城,好像攻打敌国的首都一样。对公民们进行残酷和不分皂白的屠杀。有些被宣布为公敌,有些被放逐,财产被充公,甚至关在牢狱里的人也受到最痛苦的拷打。

前 82 3. 没有哪种不堪听闻的行为是没有做到的,直到革拉古死后约 50 年,一个党魁科尼利阿斯·苏拉以一种邪恶制止另一种

邪恶的办法，使他自己成为国家长时期的惟一的主宰。这样的
官吏过去称为独裁官——这个官职过去是只在最危急的时候才
设立的，任期仅六个月，长期以来这个官职已经废除了。但是苏
拉，虽然名义上是被选举的，而实际上是利用武力和强迫成为终
身的独裁官。但是他满足了他的权力欲望，而且以我所知道的
来说，他是第一个人在掌握最高权力的时候，有勇气自动地放弃 前 82
这个权力，宣布他愿意受任何不满意于他的行政措施的人的审 前 79
讯。所以在相当长的时期内，他以普通公民的身份，当着所有的
人的面前，步行到广场中去，又回家去，没有人来伤害他；在旁观
者的心目中，他的政府的可怕，他放弃政权的可惊，其影响还是
这样大的。他们或者耻于责难他，或者对他怀有其他的好感，或
者相信他的专制对于国家是有利的。

这样，当苏拉活着的时候，暂时没有党派，这是他所造成的 前 79
许多灾难的一个补救。

4. 但是在他死了之后，类似的纠纷又爆发了，继续到盖约·
恺撒的时候；恺撒根据选举，在高卢掌握兵权若干年；当元老院 前 49
命令他放下兵权的时候，他自己借口，这不是元老院的意思，而
是他的政敌庞培的意思，当时庞培领导一支军队在意大利，阴谋
免除恺撒的职务。所以他建议，或者他们两人都保留军队，使彼
此不害怕对方的敌视，或者庞培也放弃他的军队，和他自己一
样，在法律上作为一个普通公民生活着。两个建议都被拒绝之
后，他就从高卢进军罗马境内，攻击庞培，进入罗马城；①发现庞

① 参阅 XIV. 32—38，41。——译者

培已经逃跑了，于是追逐庞培至帖撒利，在一个大的战役中[①]光
前 48 辉地战胜了他之后，追踪他到埃及。某些埃及人杀害了庞培之
后，恺撒着手安排埃及的事务，留在那里，直到他能够解决了埃
及的王朝问题时为止。于是他回到罗马。他以战争征服了他的
主要敌人(这个敌人因为有光辉灿烂的武功，而别号“伟大的”)
之后，就毫无忌惮地统治着，没有任何人敢和他争论什么事了。
在苏拉之后，他被推选为终身独裁官。一切内争又停止了。直
前 44 到布鲁图和喀西约，因为嫉妒他的大权，想要恢复他们祖辈的政
体，在元老院议事厅中杀死这个确实很得民心并对于政治最有
经验的人。当然，人民很为他悲伤，他们搜寻全城，以寻找杀害
他的凶手，把他埋葬在广场的中央，在他的火葬堆的地址上建筑
一个神庙，把他当作神来祭祀。

前 43 5. 现在内争又起，形势比以前更为恶劣，规模也大得多了。
屠杀、放逐、宣布元老和骑士为公敌马上发生了，受害者包括两
个等级中的许多人，党派领袖们彼此互相引渡他们的敌人。为
了这个目的，连他们的朋友们和兄弟们也不在饶恕之列，对政敌
的仇视大大地超过了家族的恩情。所以在事态发展的过程中，
罗马帝国好像是他们的私产一样，被这三个人瓜分了：安敦尼、
雷必达和一个原先名叫屋大维，后来因为跟恺撒有亲戚关系以
及在他的遗嘱中有过继关系而名叫恺撒的人。这样瓜分之后不
久，自然，他们三人中间又发生争执；他们中间，屋大维的智力和
前 36 手腕是比较强点，他首先从雷必达手中夺取阿非利加(阿非利加
前 31 原先是分给雷必达的)，后来，亚克兴战役的结果，他从安敦尼手

① 在法萨卢(英译注)。参阅 XIV. 70—81。——译者

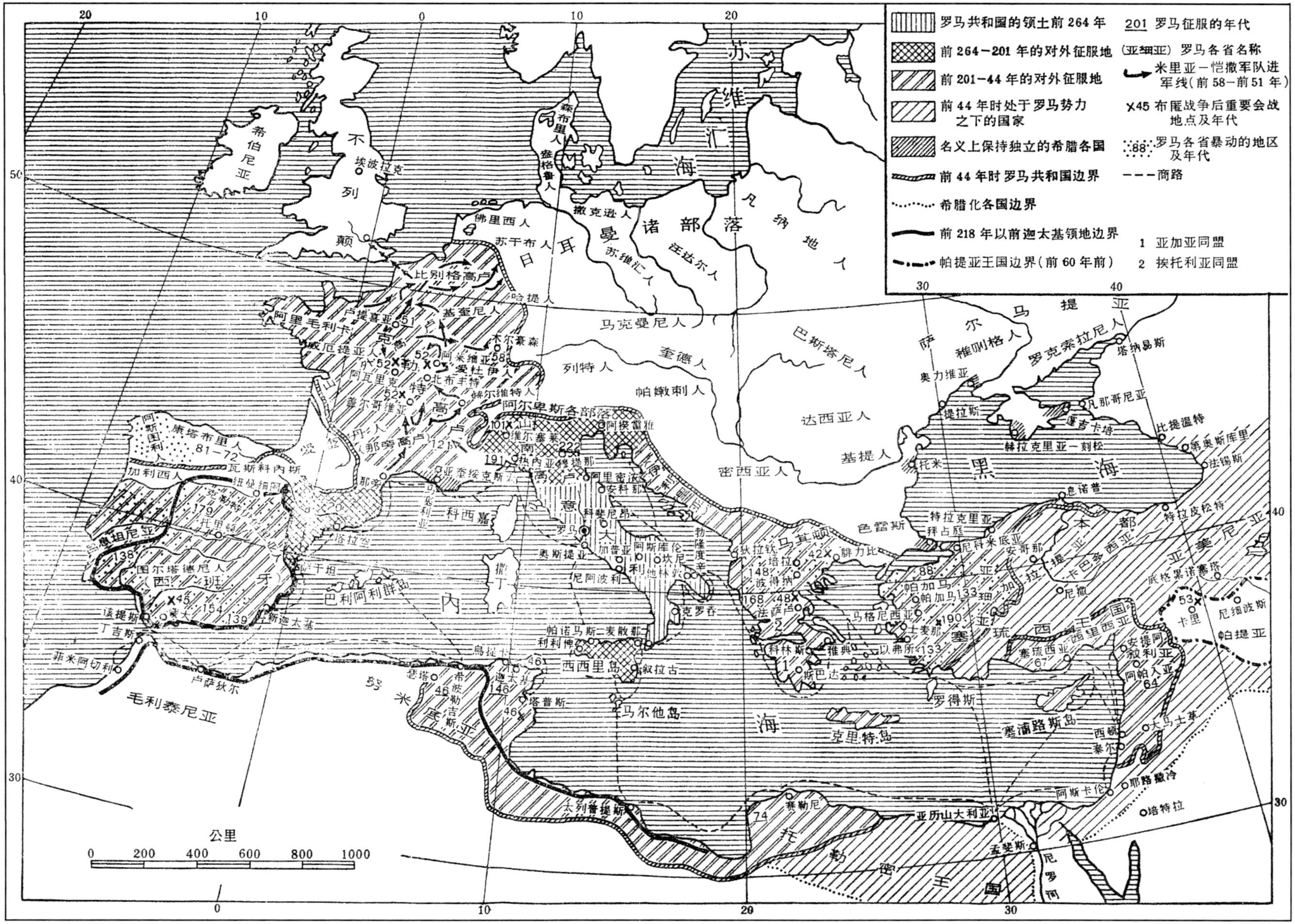

罗马共和国(公元前 3—1 世纪)

中夺取了从叙利亚到亚得里亚海湾所有的省份，于是，正当全世界都因为这些惊人的力量的显示而惊愕的时候，他航行到埃及，取得了那个国家。这个国家是一个最古老的国家，在当时也是亚历山大继承人的最强大的领土；当时完成罗马帝国现有的疆域，只缺少这一块土地了。这些功绩马上所产生的后果，就是他 前 27
是第一个在生前被罗马人视为“神圣的”，而被他们称为“奥古斯都”。[1] 他和恺撒一样，掌握统治全国和属国的权力，这个权力甚至大于恺撒的权力，选举或授权的形式，甚至连这种装模作样都不需要了。他的政府是持久而强有力的；因为他自己在一切行动上都是成功的，为全体人所畏惧，他死后留下了一个世系，继续仿照他的样式掌握最高的权力。

6. 这样，罗马国家从各种各样的内乱中过渡到和谐状况与君主国家。为了表明这些事情是怎样产生的，我著作和编撰了这部历史，对于那些想知道人们无止境的野心，他们争夺权势的可怕的欲望，他们不屈不挠的精神和各种各样罪恶的人，这部历史是值得学习的。我特别需要事先把这些事情叙述，因为这些事情是我的《埃及史》[2]的准备，这些事情的终结就是埃及史的开始；因为在这最后一次内乱中，克娄巴特拉的军队和安敦尼联合在一起，这次内乱的结果，埃及就被夺取了。因为这部著作的范围很广，我把它分为几部分：首先叙述从塞姆普罗尼阿斯·革拉古的时候到科尼利阿斯·苏拉的时候；其次，叙述苏拉以后到

---

① 这个尊号过去只在举行宗教仪式时授予的，公元前 27 年元老院把这个尊号给予屋大维，为其政权创造宗教上权威的根据。——译者

② 阿庇安原著的第 XVIII－XXI 卷，现已失传。——译者

恺撒之死。《内战史》的其余诸卷叙述三巨头彼此间及其对人民的战争，直到这些冲突的顶点，即屋大维·恺撒所进行的对抗安敦尼和克娄巴特拉的亚克兴战役；这就是《埃及史》的起点。

I. 提比略·革拉古为土地法而奋斗及其土地法的通过

罗马人的领地

7. 当罗马人先后在战争中征服意大利诸民族的时候，他们常常夺取他们一部分土地，在那里建立城市，或者从他们自己的公民中征募移民去占领那些现有的城市，他们的用意是想利用这些城市作为前哨地点；①但是他们把从战争中所取得的土地里面的可耕之田马上分配给移民，或出卖，或出租。因为他们尚无闲暇时间分配那些因战争而荒芜的土地（这种土地通常是较大的一部分），他们宣布，同时凡愿意耕种这些土地的人，只从每年出产中缴纳谷物的十分之一，果类的五分之一的实物税，就可以耕种。那些畜养家畜的人需缴纳动物税，公牛和小家畜都要缴纳。他们这样做，以便繁殖意大利人种（他们认为意大利人是诸民族中最辛勤劳动的），使他们在国内有许多同盟者。但是结果正与此相反；因为富有者占领大部分未分配的土地，时间过久之后，他们的胆子大了，相信他们的土地永远不会被剥夺了。他们并吞邻近的地段和他们贫穷邻居的份地，一部分是在被说服

① 在这里，阿庇安的意思既不清楚，也没有说服力。他似乎把战争的殖民地跟平时的殖民地，即那些作为“prcpugnacula”（意为“要塞”）而建立的殖民地跟那些在被征服的领土上发展起来的殖民地混为一谈。——英译者

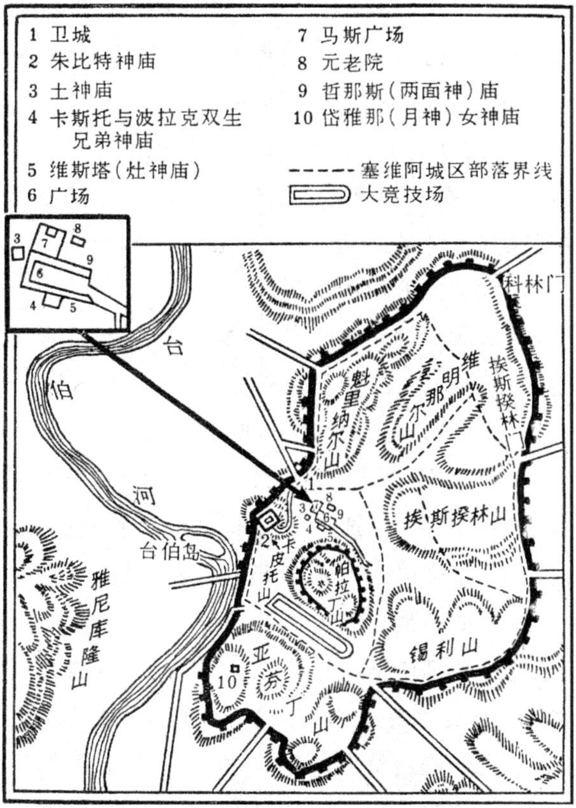

共和国早期的罗马城

之下购买的，一部分是以暴力霸占的，因此，他们开始耕种广大的土地，而不是单一的地产。利用奴隶当农业工人与放牧者，因为害怕自由劳动者会从农业中被抽出去当兵；同时奴隶的占有，由于奴隶子孙的繁殖，使他们获得很大的利益，因为奴隶不服兵役，繁殖得很快。这样，某些有势力的人变为极富，奴隶人数在全国繁殖起来了，而意大利人民的人数和势力，因受经济、捐税和兵役的压迫而衰落。如果他们暂时没有受到这些灾难的影响的话，他们就游手好闲，消费他们的时间，因为土地已被富人占有，而富人只用奴隶而不用自由民作耕种者。

8. 因为这些原因，罗马人民甚为烦恼，他们担心他们不会有足够的意大利人种的同盟者了，担心政府本身会因为这样多的奴隶而发生危险。他们不知道有任何补救的办法，因为如果要剥夺那些富人所占有的这样多、这样久的土地，包括他们自己

前 367 的树木、建筑和附属物在内，这是不容易的，也是不公平的，但是

李锡尼法律 由于保民官的提议，经过很大的困难，终于通过了一个法律，规定任何人占有这种土地[①]不得超过 500 犹吉拉，[②]在牧场里放牧的，不得超过 100 头牛，或 500 头羊。为了保证这条法律的实行，它又规定，农场中必须雇用若干自由民，其任务是监督和报告农场中所进行的事情。

他们把这一切都包括在这个法律内之后，宣誓保证这个法律，确定对于违犯这个法律者的处罚，人们都认为其余的土地不久就会分为小块分配给贫民。但是这个法律和誓言，一点也没有得到重视。少数对于这个法律和誓言有一些尊重的人就欺诈地把他们的土地转让给他们的亲属，但是大部分的人根本就不

前 133 理会这个法律。

提比略·革拉古的土地法案 9. 直到最后一个著名的人物提比略·塞姆普罗尼阿斯·革拉古（他热心地追求光荣，是一个最有力的演说家，并且因为

① “这种土地”是国有土地，不是一般的土地。——英译者

② 约 330 英亩（英译注）。即 125 公顷。——译者

这些原因人人都知道他），当他为保民官的时候他发表了一篇关于意大利人种的动人听闻的演说，他为意大利人而悲伤，因为意大利人在战争中这样勇敢，和罗马人的血统关系这样密切，但是逐渐衰落，陷入贫穷与人口稀少的境遇中而毫无补救的希望。他痛骂奴隶，认为他们在战争中毫无用处，对他们的主人绝对不会忠实，并引了最近西西里的奴隶给他们的主人所带来的灾祸①为例证（在西西里因为农业的需要，奴隶数目大增）；又提醒人们注意罗马人对奴隶们所进行的战争，这样的战争不是容易的，时间也不是很短，而是拖得很长，变化多端，危险万状的。他这样说了之后，又提出那个法案，规定每人占有的国有土地不得超过500犹吉拉，但是他在以前的法律上附加一个条款：占有国有土地者的儿子们每人可以占有这个数量的一半，其余的土地应由三个选举出来的委员②分配给贫民，这个三人委员会每年应当更换一次。

为制定土地法而斗争

10. 这样使富人们大为不安，因为有了三人委员会的缘故，他们不能和过去一样，不理会这个法律了。他们也不能收买别人的份地了，因为革拉古已经规定份地不得买卖。他们集合成群，痛哭流涕，责难贫民不应分享他们的耕地，他们的葡萄园和他们的住宅的成果。有些人说他们已经把地价付给他们的邻居了。难道他们的金钱会和土地一块儿丧失了吗？另外一些人说，他们祖先的坟墓在那些土地上，那些土地是他们的父辈分给他们的产业。另外一些人说，他们妻子的妆奁花费在这些

① 指公元前135年的奴隶暴动。——英译者

② 是分配土地的三人委员会（Triumviri agris dioidendis）。——英译者

土地上，或者说，这些土地已经作为妆奁赠与他们的女儿们了。高利贷者拿出以这些土地作为抵押的债务证据来。各种痛哭流涕和愤慨的词句都可以同时听到。在另一方面，可以听到贫民的悲哀——说他们由有相当的家产降到贫穷的绝境，又由贫穷的绝境降到断子绝孙，因为他们没有能力抚养他们的儿女。他们详述他们所负担的兵役，这些土地正是因为他们服兵役而取得的，他们对于公共财产中他们应得的部分被剥夺，甚为愤怒。他们责难富人不应该使用奴隶，因为奴隶们总是不忠实的，心怀叵测的，因此在战争中也不可能用以代替自由民、公民和士兵的。当这两个阶级正在这样地悲伤，毫无顾虑地互相辱骂的时候，其他的许多人，包括移民或自由市镇的居民，或其他与土地有关而有类似的恐惧的人，群集于城中，参加和他们相适应的党派。他们因人数众多而胆大，彼此互相激怒，因此引起了很大的纷扰。他们都迫切地等待新法律的表决：有些人是想不择任何手段来阻止它的通过，另一些人则不惜任何代价，务必争取这个法律的通过。除了个人利益之外，竞争的精神促使双方准备在指定的日期中互相对付。

革拉古的公开大声疾呼

11. 在提出这个法案的时候，革拉古心目中所想到的不是金钱，而是人。他深受到这个工作的巨大利益的鼓舞，相信没有别的事情比这件事情对于意大利更为有益或者更为巧妙的了，所以他毫不考虑环绕着这个问题的许多困难。当表决的日期到了的时候，他长篇大论地提出了许多其他的论点，问他们，让贫民分配国有土地难道不公平吗？难道一个公民无论在任何时候不值得比一个奴隶更要多加照顾吗？难道一个在军队里服务的人不比一个不在军队里服务的人更为有用吗？难道一个在国家中有份儿的人不会更加忠心于公共利益吗？他没有着重地把奴隶和自由民来比较，因为他认为这样做是有失身份的；但他马上开始评论他们对国家的希望和忧虑。他说，罗马人所占有的土地大部分是从征服得来的，他们还有占领世界上其他可以居住的土地的希望；但是现在最困难的问题是：他们是要有许多勇敢的士兵去征服世界上其他地区呢，还是要由于他们的衰弱和互相嫉妒，使敌人把罗马人已经取得的土地夺去呢？他夸大地陈述了一方面的光荣与财富，另一方面的危险和忧虑之后，他警告富人们要小心；为了实现这些希望起见，他们在必要时，应当把这些土地无代价地赠给那些会生男育女的人，不应当因为争执小事而忽视了大事；特别是因为，对于他们已经付出的任何劳力，他们已经得到了很大的补偿，因为他们每个人，不花任何代价取得了500犹吉拉耕种得很好的自由土地的无可争辩的所有权；如果他们有儿子的话，每个儿子又可以得到一半这样多的土地。他又说了许多同样意义的话，鼓动贫穷的人和其他为理智所感动而不是想求得利益的人之后，他命令书记官宣读他所提出的法案。

保民官屋大维否决这个法案

12. 但是另一个保民官马可·屋大维被那些占有土地的人所唆使而行使他的否决权（依照罗马人的习惯，否决权总是使肯定的建议无效的），命令书记官不要宣读。因此，革拉古对他严厉申斥，命令民众会议①休会到次日。②于是他使相当数目的卫

① 保民官所召集的是部落会议。——译者

② 这里原文可能有脱漏。——英译者

队站在他的附近，好像要强迫屋大维的样子，并以威胁的手段命令书记官向群众宣读他所提议的法案。书记官开始宣读了，但是当屋大维又禁止的时候，他就停止了。于是保民官们彼此发生争吵，引起人民中间很大的骚动。重要的公民们请求保民官们把他们的争执提交元老院来判决。革拉古采纳了这个建议，因为他相信这个法案对于一切心地善良的人都是可以接受的，所以他匆忙跑到元老院议事厅去。但是因为他的跟随者只有少数人在那里，他为富有的人所谴责，所以他又跑回广场来，说他将在次日的人民会议中把这个法案和屋大维的职权问题付诸表决，以决定一个违反了人民利益的保民官是否可以继续担任保民官的职务问题。这件事，革拉古真的做了；因为，当屋大维一点也不怕，又制止书记官宣读法案的时候，革拉古提议，首先表决屋大维的职权问题。

当第一个部落表决取消屋大维的保民官职务的时候，革拉古转向屋大维，请求他不要再行使他的否决权。屋大维不肯让步，于是革拉古让其他部落表决。当时一共有 35 个部落。17 个首先表决的部落热烈地支持这个提议。如果第 18 个部落也同样地表决的话，那就构成多数了。[①] 革拉古又当着人民的面前力劝屋大维，在他当前的极端危险中，不要阻碍一个最有正义、对全意大利最有益的工作，不要破坏人民以这样的热忱所怀抱着的愿望，以他的保民官的身份，他应当有和人民一样的愿望，不要冒着由于人民的处罚而丧失自己职位的危险。他这样说了之后，他呼唤神明作证，他不是故意危害他的同僚。屋大维还是

革拉古罢免他

① 当时罗马共有 35 个部落。参阅本卷第 49。——译者

不肯让步，于是他继续表决。屋大维马上就被降到一个普通公民的地位，偷偷地逃跑了。[①] 人民选举昆塔斯·麦密阿斯为保民官，以代替了他，土地法就通过了。 法案的通过

13. 初次被任命来分配土地的三个委员是法案的提议者革拉古本人、与他的名字相同的弟弟[②] 和他的岳父阿彼阿斯·克劳狄，因为人民还担心，如果不是革拉古领导他的全家族来进行的话，这个法律恐怕不能实行。因为这个法律，革拉古马上极得人心，他被民众护送回家，好像他不是一个单独的城市或种族的创立者，而是意大利所有的民族的创立者一样。此事之后，胜利的党人回到乡村去了，他们是从那里来参加这件事的。[③] 失败的党人还留在城里，谈论此事很为悲伤。他们说，一旦革拉古成为普通公民的时候，他马上会后悔他不该侮辱一个保民官的神圣不可侵犯的职位而在意大利种下了这样多的将来斗争的种子。

II. 提比略·革拉古之死

14. 当时正是夏季，[④] 保民官选举的期限已迫近。当选举的日期即将到来的时候，很明显的，富人们很热心地想使那些不利于革拉古的人当选。革拉古担心，如果他不再当选为次年的保民 前 133 新保民官的选举

① 人民罢免保民官，这是罗马史上第一次。——译者

② 盖约·革拉古，时年 20 岁。——英译者

③ 支持革拉古的土地法的人主要是乡村平民。——译者

④ 保民官之选举本是在秋季举行的，元老院故意违反惯例，改在夏季举行。——译者

官的话，他会遭到祸害的，因此他召集他的朋友们从田间来参加选举，但是因为他们正忙于收获，[①]而选举之期已近，他不得不求助于城市中的平民。所以他到处跑动，一个一个地去请求他们选举他做下一年的保民官，因为他为了他们的缘故而将遭遇着危险。当举行投票的时候，首先两个部落选举了革拉古。富有的人们反对说，同一个人两年连任保民官是非法的。由抽签决定来当人民会议主席的保民官卢布里阿斯对于这一点不能决定，那个当选代替屋大维为保民官的麦密阿斯劝他把主席的职位让给他。卢布里阿斯真的这样做了。但是其余的保民官力争主席的职位是应由抽签决定的；他们说，卢布里阿斯是由抽签选出的，当卢布里阿斯辞职的时候，应当由全体保民官重新抽签。因为关于这个问题有许多争执，而革拉古在争执中更陷于不利，所以他把选举延期到第二天。革拉古完全在绝望之中，虽然他仍在保民官的任期内，他穿着黑衣到处跑动，带着他的儿子环绕广场，把他的儿子向每个人介绍，请他们照顾他的儿子，好像他自己感觉到马上就会死于他的敌人手中的样子。

15．贫苦的人，当他们有时间思索的时候，都感到很深的忧虑，一则因为他们自己的缘故，因为他们相信，他们将不会再在平等的法律下自由地生活下去，而会被富人降到奴役的地位；一则因为革拉古本人的缘故，因为他为了他们的利益而有这样的恐惧和痛苦，所以在黄昏的时候他们都含泪跟着他回到他的家里，请他明天把勇气拿出来。革拉古高兴了。在黎明前，他把他的党羽聚集起来，告诉他们一个信号，如果需要战斗的话，他就

① 麦子是夏季收获的。——译者

发出这个信号。于是他就占据卡皮托山冈上的神庙(选举将在那里举行的),占据人民会议的中间,因为他被其他保民官和富有的人们所阻挠,他们不许表决这个问题,他就发出信号。于是那些预先知道这个计划的人突然大声呼喊,暴动就开始了,有些革拉古的党羽好像卫队一样,站在他的周围。另一些人则束起他们的宽袍,从侍从手中夺过棒束,把它们打得粉碎。他们把富有的人逐出会议之外,造成这样的混乱和伤害,因此,保民官们从他们的坐位上惊慌地逃走,祭司们关闭了神庙的门。许多人乱七八糟地跑出来,散布荒唐的谣言:有些人说,革拉古罢免了所有其他的保民官。人们也相信这个谣言,因为这些保民官一个也不见了。另外一些人说,没有通过选举,他自己已经宣布他为下一年的保民官了。 卡皮托山冈上的暴动

16. 在这种情况下,元老院在信用之神的神庙① 开会。虽然他们过去在这样危急的时候,常常由一个单独统治者的政府来保护,但在这次危急的时候,他们绝对没有想到任命一个独裁官。关于这一点,我很觉诧异;在过去曾经证明很有用的一个办法,在当时或以后,人们甚至从来就没有回忆到。他们得到这样的决定后,他们前进到卡皮托山冈① 上去,最高僧侣科尼利阿斯·西庇阿·那西卡领先,大声呼喊着,“凡要挽救祖国的人跟我来吧!”他用他的宽袍的边缘缠着他的头,或者想以他的特殊形状多吸引一些人跟他同去,或者好像作为一个头盔的样子,对于那些看见它的人是一个战斗的标帜;或者因为他所要做的事,他想隐藏他自己,使神明看不见他。当他到了神庙那里的时候,

① 在卡皮托山冈上朱比特神庙附近。——译者

革拉古的党人由于他们对这样高贵的一个公民的尊敬,以及他们看见元老们跟在他的后面,所以就屈服了。元老们从革拉古的党羽手中抢去他们的棍棒,拆坏那些拿来供人民会议用的长凳和家具,开始殴打他们,驱逐他们把他们从悬崖[1]上赶下去。在骚扰中,许多革拉古的党人被杀,革拉古本人毫无希望地环绕着神庙旋转,[2]在神庙门口诸国王的雕像旁边被杀了。夜间所有的尸体都被抛入台伯河中。

革拉古之死

17. 革拉古,当他还是保民官的时候,就这样死在卡皮托山冈上。他的父亲革拉古[3]曾经两次做过执政官,他的母亲科尼利亚是剥夺迦太基霸权的西庇阿的女儿。他推行一个最好的计划过于激烈,因而丧失了生命。这种可恶的罪行是在人民会议中发生的第一次;以后时常有不少这样的例子。对于革拉古的遇害,罗马人可分为悲伤与快乐两派;有些人为他们自己以及为革拉古而哀悼,对于现状表示悲痛,认为他们的共和国已经不再存在,而被强权与暴力所代替了;另外一些人则认为他们最宝贵的希望已经实现了。

III. 分配土地委员会的困难。少西庇阿之死。盖约·革拉古为土地法而继续斗争

前 132

18. 这些事情的发生在亚里斯多尼卡和罗马人争夺亚细

① 阿庇安似乎不是指卡皮托山冈的山坡,而是指塔坡安崖,很明显地他是夸大了(英译注)。按塔坡安崖在卡皮托山冈的西南角上,与朱比特神庙相近。——译者

② 或者挤在[卡皮托山冈上朱比特]神庙的附近。——英译者

③ 参阅 VI. 43。——译者

亚的统治权①的时候。但是革拉古被杀和阿彼阿斯·克劳狄死亡之后，福尔维阿斯·夫拉卡斯和巴彼利阿斯·卡波被任命和小革拉古一起来分配土地。因为占有土地的人不把他们的财产登记簿交出来，所以发表一个公告，告密者应当提供告发他们的证据。于是马上产生了许多困难的诉讼案件。凡一块与旧有田地相毗连的新田地被买进来之后，或被合股购买者所分掉了的地方，因为这块田地的丈量问题，整个地段必须仔细查问，它是怎样卖掉的，怎样分掉的。不是全体土地所有者都保存了他们的田契或分地的证据的，就是那些已被找出来的地契也是意义含糊不清的。当土地再丈量的时候，土地所有者不得不放弃他们的果木树和农场建筑物，以与一无所有的地皮相交换。另外一些人从耕地转到荒地，或沼泽地带。事实上，这些土地原来是这样多的战利品，所以从来就没有仔细丈量过。因为原先的布告允许任何愿意耕种的人去耕种那些未分配的土地，许多人被鼓舞着去耕种那些和他们自己的田地相毗连的土地，直到最后公有地和私有地的界线已经消失了；时间过久了，也有了许多变化。这样，富人所做的不公平的事虽然是很多的，但是已经不容易查核了；所以没有别的办法，只有普遍地翻转过来，所有的人都从他们自己的地方迁出，居住在别人的地方上。

根据革拉古法律的诉讼

19. 意大利同盟者埋怨这些骚动，特别是这些仓促地向他们提出的诉讼案件，因此，他们推选毁灭迦太基的科尼利阿斯·西庇阿出来替他们申诉这些痛苦。因为他过去在战争中曾经利用过他们的拥护。他不愿意忽视他们的请求，他跑到元老院去，

前 129

西庇阿·伊密连那斯支援同盟者

① 参阅 XII. 12。——译者

虽然由于对平民的尊重,他没有公开地批评革拉古的法案,但是他详述实行这个法案的困难,极力主张这些案件不由三人委员会来审判,因为诉讼者对于他们无信心,而应指定别的法庭去审判。他的看法似乎是合理的,元老院采纳了他的意见,任命执政官图狄塔那斯为审判这些案件的法官。但是当他开始做这个工作的时候,他看到了这项工作的许多困难,于是他以进军攻击伊利里亚①为借口,而不做法官了。因为没有人向三人委员会提出诉讼案件,他们仍然无事可做。因为这个缘故,罗马人民对于西庇阿深为愤恨,因为他们看到,过去他们常常帮助他反抗贵族,引起了贵族对他们的仇视,又曾两次违反法律选举他为执政官,②而现在他帮助意大利人来反对他们了。当西庇阿的敌人看见这种情况的时候,他们大声叫喊,说他决心完全废除革拉古的法律,为了达到这个目的,他准备发动武装流血斗争。

他的死亡可疑

20. 当罗马人民听了这些攻击的时候,他们大为恐慌。直到最后,一个黄昏的时候,西庇阿在家中把一块书板放在他的床边,准备那天夜里在书板上写一篇向人民演讲的稿子。后来发现他死在床上,身上没有伤痕。这件事是不是两个革拉古的母亲科尼利亚(有她的女儿塞姆普罗尼亚的帮助,塞姆普罗尼亚虽然是西庇阿的妻子,但是两人彼此的感情是不好的,因为她是残废的,又无子女),因为担心革拉古的法律会被取消而做出来的呢,或者是不是,如有些人所认为的,他因为很清楚地看到他不能够实现他的诺言而自杀的呢,没有人知道。有人说,奴隶们在

① 参阅 X.10。——译者

② 参阅 VIII.112;VI.84。——译者

被拷打之下，证明夜间有些不认识的人从房屋的后面被引进来，他们把他闷死了。那些知道此事的人不敢说出，因为人民还是愤恨他，因他的死亡而喜欢。

西庇阿就这样死了。他虽然对罗马势力的扩大作出了很大 前 129
的贡献，但是他连公葬的光荣也没有得到，人民当时对他的愤怒超过了对于他过去功绩的感恩。这件事本身是很重要的，但是它的发生只作为革拉古暴动中的一个偶然事件而已。

21. 就是在这些事情发生之后，那些占有土地的人利用各种借口，拖延很久，不肯分配土地。有些人建议，应当允许全体意大利人（他们是最反对拖延分配土地的）为罗马公民，使他们由于感激更大的恩惠而不再争执土地了。意大利人愿意接受这个建议，因为他们愿意得到罗马公民权，甚于占有土地。当时福 前 125
尔维阿斯·夫拉卡斯同时为执政官又为三委员之一的时候，极力想实现这个建议，但是元老们一想到要使属民变为和他们平等的公民，就很愤怒。

前 124
因为这个缘故，这个企图被放弃了。长久以来希望得到土地的平民很为沮丧。正当他们在这种情况中的时候，盖约·革拉古（他为三委员之一的时候，已得民心）提出自己做保民官的候选人。他是土地法的提议人提比略·革拉古的弟弟，他在他的哥哥死后一些时候没有活动，但是因为许多元老们藐视他，他宣布自己为保民官的候选人。他在旗帜飘扬之下当选之后，开始计划反对元老院，提出一个史无前例的建议，主张政府每月免费供应每个公民的谷物。① 这样，因为这一个政治上的策略，他

① 这是城市平民所最欢迎的。——译者

就迅速地取得了人民领袖的地位。在这个策略中他是和福尔维阿斯·夫拉卡斯合作的。以后不久，他又被选为次年的保民官，因为，如果保民官候选人的人数不够的话，法律是允许人民从全体公民中再选保民官的。

他以司法权授予骑士

22. 这样，盖约·革拉古第二次做了保民官。他这样好像收买了平民之后，于是他利用另一个类似的政治策略以讨好骑士等级，骑士等级是处于元老院和平民的中间地位的。[①]他把法庭从元老院手中转让给骑士，因为过去的法庭贿赂公行，失掉了信用。他特别以最近奥理略·科塔、萨利内托和名单上第三个人曼尼阿斯·阿揆略[②]（亚细亚的征服者）的例子，谴责元老们，因为这些人都是臭名远扬的受贿者，虽然各地派来控诉他们的坏行为的大使们还在那里，到处活动，发表对他们深恶痛绝的控诉，但是法官们[③]宣布他们无罪而释放了他们。关于这些事情，元老院深深感到羞愧，所以又对这条法律让步了，人民批准了这条法律。这样，法庭就从元老院手中转移到骑士手中了。据说，这条法律一通过，革拉古马上就说，他一劳永逸地破坏了元老院的权力；后来事情的发展证明革拉古的这句话的意义愈来愈深远。因为这个在一切有关于财产、公民权利和放逐的事务上，能够审判全体罗马人和意大利人（包括元老们自己在内）的权力使骑士们提高到统治他们的地位而使元老们降低到臣民的地位了，并且因为骑士们在选举中投票支持保民官的权力，而从保民

① 元老多为大土地所有者；骑士们多掌握大量货币财富，他们的经济势力可以和元老们抗御，但在政治上无权。——译者

② 参阅 XII. 12，57。——译者

③ 当时法官们是由元老中推选的。——译者

官手中取得他们的任何要求以为报酬，他们愈来愈成为元老们害怕的势力。所以不久之后，政治上的领导权颠倒过来了，政权掌握在骑士手中，只有光荣仍留在元老院。的确，骑士们发展到这样的地步，他们不仅掌握了统治元老们的权力，并且越过他们的权利来嘲弄元老们。他们也堕落为受贿者；当他们尝到这些巨大利益的滋味的时候，他们任意受贿，甚至比过去元老们所做的事更为卑鄙，更无节制了。他们唆使原告人发伪誓以控告富人，受贿后又把起诉书完全撤掉，有时由于他们自己的协议，有时利用公开的暴行，所以这种审判程序变为完全废弛了。这样，关于这个司法权的法案引起了党派间另一个斗争，这个斗争延续了一个很长久时间，其祸害不减于以前的许多斗争。

23. 革拉古又在全意大利建筑了许多很长的道路，这样使许多包工人①和工匠感激他，使他们愿意做任何他所希望他们做的事，他提议建立许多殖民地。他又叫拉丁同盟者要求完全的罗马公民权，②因为如果元老院拒绝同种的人有这种特权的话，这是不合理的。对于那些在罗马人选举中没有投票权的其他同盟者，他设法给他们以投票权，使他们在制定他正在考虑的法律时，可以支持他。对于这些事情，元老院非常恐慌，它命令执政官发布下面的公告："当这些法案进行表决的时候，凡没有选举权的人不得停留在城市里，或跑到接近城市 40 斯塔狄亚③以内的范围中来。"元老院又鼓动另一个保民官李维·德鲁苏行

他为意大利同盟者要求罗马公民权

① 多为骑士。——译者

② 拉丁同盟者非取得罗马公民权，不能参加人民会议，不能分配土地等等。——译者

③ 不到五英里。——英译者

使他的否决权以反对革拉古所提出的法案，但是不要向人民说出他行使否决权的理由，因为一个保民官是无需说明他行使否决权的理由的。为了缓和人民的情绪起见，他们给予德鲁苏以建立 12 个殖民地的特权，[①] 因此平民们如此高兴，以致嘲笑革拉古所提议的法案。

前 122

他跟福尔维阿斯·夫拉卡斯航往阿非利加

24. 革拉古失去了乌合群众的爱戴之后，就跟着福尔维阿斯·夫拉卡斯航往阿非利加；福尔维阿斯·夫拉卡斯于执政官期满之后，因为和革拉古本人一样的原因，当选为保民官。当时已决定在阿非利加建立一个殖民地，因为阿非利加是以土地肥沃著名的。这两个人特别地被选为殖民地的建立者，其目的是想使他们暂时离开罗马。这样元老院可以从他们煽动群众的影响下得到憩息。他们两人不顾西庇阿在毁灭迦太基的时候，庄严地诅咒迦太基这块地方将永远作为牧羊场的这一个事实，[②] 在昔日迦太基所在之地划出一个城市，作为殖民地。他们指定 6 000移民，而不是依照法律的规定只派遣较少数的人到那里去，以进一步讨好人民。当他们回到罗马的时候，他们从全意大利邀请这 6 000 人。那些还在阿非利加规划城市的官吏们写信回国，说许多豺狼把革拉古和福尔维阿斯所立的界标拔出来毁坏了，预言家都说这是对于殖民地不祥之兆。[③] 所以元老院召集人民会议，会议中有人建议废除建立这个殖民地的法律。当革拉古和福尔维阿斯看见他们在这件事情上失败了的时候，他们非常

① 事实上当时意大利已经没有这样多的土地，可以建立 12 个殖民地了。他们用这个诡计来破坏革拉古在人民中的威信。——译者

② 参阅 VIII.（上）135。——译者

③ 参阅 VIII.（上）136。——译者

愤怒，宣布豺狼破坏界标的事是元老院捏造的谎言。最勇猛的平民和他们联合在一起，带着短剑，前往卡皮托，因为人民会议在那里开会，讨论殖民地的问题。

25. 当革拉古带着他的党人组织的卫队到达卡皮托的时候，人民已经聚集起来了。福尔维阿斯已经谈到正在讨论的问题。因为他知道正在进行中的非常计划，他受良心的责备，退出会议的地方，走进柱廊里去，在那里走来走去，等待事件的发生。当时有一个名叫安提拉斯的平民，正在柱廊里祭祀，看见他这种行坐不安的样子，或者因为他听到了什么，或者怀疑有什么事情，或者因为有什么别的原因想和他说话，就抓住他，恳求他不要破坏他的国家。革拉古的心绪更为不安，大吃一惊，好像一个现行犯被发觉了的样子，对那个人用最严厉的眼光一望。虽然当时并没有发出信号，也没有发出命令，但是他的党人中有一个人只从革拉古对安提拉斯的怒视推想，以为行动的时候到了，他想以首先一击，替革拉古尽一点力。所以他抽出他的短剑，把安提拉斯杀死了。于是发出一声叫喊，那个死尸在群众中被看见了，外面的人都从神庙中逃出，因为害怕遭遇同样的命运。

他回国后罗马的暴动

革拉古跑进会议场中，想剖白他自己在这件事情中没有罪过，但是所有的人连听也不听他的。所有的人都把他当作一个染有血迹的人，离开了他。所以他和夫拉卡斯束手无策，由于这个轻率的行动，他们失掉了完成他们志愿的机会。他们仓促地跑回他们的家里，他们的党人跟着他们在一起。其余的群众留在广场里到半夜以后，好像有什么灾难就将临头的样子。驻在城里的执政官俄彼密阿斯命令武装部队于黎明时在卡皮托集合,派遣传令官去召集元老院。他自己驻扎在城市中心卡斯托和波拉克的神庙中,在那里等待着事件的发展。

26. 当这些安排已经作好了之后,元老院召革拉古和夫拉卡斯从家里到元老院议事厅来答辩。但是他们武装起来,跑往亚芬丁山冈,希望如果他们能够首先占据这个山冈的话,元老院会和他们议和的。当他们从城中跑过的时候,他们允许给奴隶们以自由,但是没有人听他们的。他们带着他们所有的军队,占据了岱雅那[①]神庙,并且在那里设防;他们派遣夫拉卡斯的儿子昆塔斯到元老院去,请求和元老院协商,以便在和谐中生活。元老院回答说,他们应当放下他们的武器,到元老院议事厅来,把他们所要求的告诉元老院,否则他们不要再派使者来了。当他们第二次派遣昆塔斯去的时候,执政官俄彼密阿斯把他逮捕起来,因为他受到警告之后,已经不是大使了,同时派遣他的武装部队进攻革拉古的党人。

前 121 革拉古带着一个奴隶从木桥[②]上逃过河,到了一个树林里,在那里他正将被捕的时候,他让他的奴隶割断他的喉咙。夫拉卡斯逃往一个熟人的工场里。因为追赶他的人不知道他藏在那一个屋子里,他们威胁着将焚毁整个一排房屋。那个隐藏他的人迟疑不敢指出他来,但是指使另一个人指出他来了。夫拉卡斯被捕后,即被处死了。革拉古和夫拉卡斯的头颅被送到俄彼密阿斯那里,他以两个头颅重量的金子赏赐那些送去的人,但是人民抢劫了他们的房屋。于是俄彼密阿斯逮捕他们的同谋者,下

革拉古与夫拉卡斯之死

① 月光女神。——译者

② 萨布利喜阿斯桥,这座桥是撑在木墩上的。——英译者

于狱中,下令他们都应处以绞刑;但是他允许夫拉卡斯的儿子昆塔斯自己选择死的方式。随后在城市中举行洗罪的仪式,以洗清流血的污点,元老院下令在广场中建筑一个和谐神庙。

IV. 萨特尼阿斯提出土地法及其暴动

27. 小革拉古的暴动就这样终结了。不久之后,制定一个法律,允许占有土地的人出卖他们有争执的土地;因为连这一点,大革拉古的法律也是禁止的。富有的人马上开始收买贫民的份地,或者找出借口[1]以暴力夺取他们的份地。所以贫民的情况甚至比以前更加恶劣了,直到最后人民保民官斯柏里阿斯·托里阿斯提出一个法律,规定分配国有土地的工作应该停止,但是土地应当是属于那些现在占有的人,占有者应当交付地租给人民,从地租收入得来的金钱应当分配。这个分配只是对于贫民的一种安慰,但是对于人口的增加没有什么帮助。革拉古的法律,如果能够实行的话,是最好的和最有益的法律;现在利用这些办法,革拉古的法律完全成为废纸了。不久之后,由于另一个保民官的建议,这种地租本身也被废除了。所以平民丧失了一切,结果,公民和士兵的人数,土地的收入和土地收入的分配,以及份地本身更加减少了。革拉古的法律制定以后大约 15 年,由于一系列诉讼案件的缘故,平民下降到失业的地步。[2]

土地法的失败

前 118

① 此处,希腊文似有错误。可能应该作"Tais Wai Tais,意为找出各种借口"。——英译者

② 原稿意义不明确,可能我们应当了解其意义为:"由于一系列诉讼案件的缘故,[土地分配委员们]陷于无事可做的地步。"——英译者

28. 大约在这个时候，执政官西庇阿[那西卡]毁坏了那个琉喜阿斯·喀西约已经开始建筑、现在快要成功的剧院，因为他认为这也可能成为新暴动的根源，或因为他认为罗马人远不需要习惯于希腊人的娱乐。监察官昆塔斯·西西利阿斯·梅特拉斯想要黜辱元老格劳西亚和曾经做过保民官的阿彪利阿·萨特尼阿斯，因为他们过着可耻的生活，但是不能做到，因为他的同

前 101 僚不同意他这样做。因此，不久之后，阿彪利阿为了要报复梅特

诺尼阿斯的被杀 拉斯，抓着格劳西亚为大法官主持保民官选举的机会，又为保民官的候选人；但是一个贵族出身的人诺尼阿斯利用简明的演说词说倒阿彪利阿，并痛斥格劳西亚，他因此当选为保民官。两人担心诺尼阿斯会以保民官的资格来惩罚他们，当他离开人民会议的时候，他们带着一群暴徒向他突击，追入一个客栈里，把他杀死了。因为这个杀害带有悲惨和惊人的情况，格劳西亚的党人在次晨很早人民还没有开会的时候，就聚集起来，推选了阿彪利阿为保民官。

这样，诺尼阿斯的被杀害就秘而不宣了，因为阿彪利阿是保民官，人人不敢责难阿彪利阿了。

29. 而梅特拉斯也为他的政敌利用盖约·马略的帮助所放

前 100 逐了，因为当时马略在他第六次为执政官的期中，他是梅特拉斯

分配高卢的土地 的暗中政敌。这样他们彼此合作。于是阿彪利阿提出一个法案来分配西姆布赖人（一个克勒特人部落，最近被马略驱逐的）所夺取的土地；这些土地在现在罗马人所称为高卢的地方，这个地方现在已经不认为是高卢人的领土，而认为是罗马人的领土了。在这个法案中又规定，如果人民制定了这个法律的话，元老们必

须于五天内宣誓遵守它，凡拒绝不肯宣誓的元老，即被逐出元老院，并为了人民的利益处以 20 他连特的罚款。这样，他们有意处罚那些不愿遵守这个法律的人，特别是梅特拉斯，因为他趾高气扬，不会宣誓的。他所建议的法案就是这样的。阿彪利阿指定举行人民会议的日期，派遣使者去通知乡村里的人，因为他们在马略的军队里服过务，他对他们最有信心。因为这个法案把大部分的利益给予意大利同盟者，罗马城市里的人民不喜欢这个法案。

阿彪利阿·萨特尼阿斯的暴动

30. 人民会议中发生骚动。阿彪利阿突击那些想阻止通过保民官所提出的法案的人，把他们从演说坛上赶出去。城市里的群众大声叫喊，说在会议中听见雷声。依照罗马人的习惯，在那种情况之下，当天的事务是不许完成的。但是阿彪利阿的党人坚持继续进行，因此，城市人民自己武装起来，夺取任何他们所能抓着的棍棒，把乡村农民驱散。阿彪利阿把乡村农民集合起来，他们用棍棒进攻城市人民，打败他们，通过了这个法案。这事发生之后，马略以执政官的资格，立即向元老院建议，要求他们考虑宣誓的问题。马略知道梅特拉斯是一个坚持己见的人，无论他自己心里感觉到的或者口中说出来的什么事，他总是坚持不屈的，所以马略首先公开地发表他自己的意见，但是虚伪地说他本人是绝对不愿自动宣誓的。当梅特拉斯在这点上同意他的意见，而其余的人都赞成他们两人的时候，马略就宣布元老院散会。在第五天的时候（这是法律上规定宣誓的最后一天），大约在第十时的时候，① 他匆忙地把元老们召集起来，他说他害

① 约下午四时左右。——译者

怕人民，因为他们这样热烈地支持这个法律。但是他找到一个逃避这个困难的办法，他提出一个诡计——就是元老们可以宣誓说，当这个法律是一个法律的时候，他们愿意遵守这条法律。

前100 这样，利用这个诡计，马上就可以把乡村居民解散。以后他们能够很容易地解释这个法律不是一个真正的法律，因为它是以暴力制定的，而且是在听到雷声以后定的。这是违反他们祖先的习惯的。

31. 他这样说了之后，所有的人听到这个诡计，感到惊异，静默无言；同时，因为刻不容缓，他们没有考虑的机会了，所以很为狼狈。没有等待会议的结果，他就站起来，跑到萨特恩[①]神的庙中去（财政官们通常是在那里监誓的），首先和他的朋友们宣誓，其余的元老们跟着他的榜样宣誓，因为每个人都担心他自己的安全。只有梅特拉斯一个人拒绝宣誓，毫无恐惧地坚持他最初的决心。第二天，阿彪利阿马上派遣一个官吏去传梅特拉斯，想把他拖出元老院议事厅。但是当其他保民官保护他的时候，格劳西亚和阿彪利阿匆忙跑到农村居民那里去，告诉他们说，如

梅特拉斯被放逐

果不放逐梅特拉斯的话，他们绝对不会得到土地，这个法律也不会实行。于是他们提出放逐梅特拉斯的法令，要求执政官们禁止他使用水、火和住宅的权利，并指定一个日期，元老院应当批准这个法令，城市居民大为愤怒，他们携带短剑，经常护卫着梅特拉斯。他对于他们的善意表示感谢和称赞，但是他说，他不能因为他的缘故而使国家遭受任何危险。他这样说了之后，就离开了罗马。阿彪利阿使放逐令得到批准，马略宣布了法令的

① 土地神。——译者

内容。

32. 这样，一个最可敬爱的人，梅特拉斯被放逐了。因此，阿彪利阿第三次又当了保民官；他的同僚，人们以为是一个逃亡的奴隶，但是他自称为大革拉古的儿子，群众在选举中支持他，因为他们痛惜革拉古。当执政官选举日期到了的时候，大家同意选举马可·安敦尼为执政官之一；另一个执政官的位置则有上面所说的格劳西亚和梅密阿斯互相竞争。梅密阿斯是一个比较远为著名的人物，格劳西亚和阿彪利阿都为选举的结果而焦急。所以当选举正在进行的时候，他们派遣一群暴徒，拿着棍棒，在人民会议中向他进攻，当着全体人民的面前把他打死了。

梅密阿斯的遇害

会议在恐怖中被吓散了。法律、法庭和廉耻心都被破坏无余。第二天，城市人民愤慨地一起跑去想杀死阿彪利阿，但是他已经从乡村中聚集了另一群暴徒，和格劳西亚以及财政官盖约·骚菲阿斯夺取了卡皮托。元老院通过决议，宣布他们为公敌，马略着急了；但是他勉强地武装了他的一些军队；当他正在迟迟未动的时候，另一些人把从卡皮托神庙中来的水源截断了。骚菲阿斯几乎渴死了，他建议纵火焚毁神庙，但是格劳西亚和阿彪利阿希望马略会帮助他们，所以首先投降了，骚菲阿斯也跟着投降了。虽然人人都要求马上把他们处死，但是马略把他们关在元老院议事厅中，好像他有意用更合法的手续来处理他们的样子。群众认为这只是一个借口，所以他们掀开屋顶上的瓦片，用石头打死他们，其中有一个财政官、一个保民官和一个大法官，他们还穿着他们的官服。

对阿彪利阿的惩罚

恐怖统治 33. 在这次暴动中，许多其他的人死亡了。其中有自称为革拉古的儿子的另一个保民官，他在就职的第一天就被杀死了。自由、民主、法律、名誉、官职对任何人都没有什么用处了。因为就是保民官的职位原来是设立以制止作恶的人、以保护平民的，它是神圣不可侵犯的，现在尚且犯了这样暴行的罪恶，并且受到了这样的侮辱。当阿彪利阿的党人被毁灭了之后；元老院和人民马上叫喊，要求召回梅特拉斯，但是一个保民官巴布利阿斯·福里阿斯（他不是一个自由公民的儿子，而是一个被解放奴隶的儿子）勇敢地反对他们，甚至梅特拉斯的儿子少梅特拉斯，当着人民的面前含泪向他恳求，投身屈服在他的脚下，也不能感动

前 99 他。因为这次戏剧性的形象，以后他永远被叫做梅特拉斯·庇护。次年，新保民官盖约·卡纽利阿责难福里阿斯，要求他说明固执的理由。人民不等待他的辩解，就把福里阿斯撕成碎片。这样，每年有些新的可憎恨的事情在广场上做出来。但是梅特拉斯还是被允许回国了。据说，对那些跑到城门口去迎接他向他祝贺的人，一整天的时间也不够。

V. 德鲁苏提出的改革法案。他的被杀。同盟战争的爆发

同盟战争的起源 这就是继两革拉古内争之后的第三次内争（阿彪利阿的内争）的经过和它给罗马人所带来的后果。

34. 正当他们忙于这次斗争的时候，所谓同盟战争爆发了，许多意大利民族参加了这次战争。这次战争的开始出乎意外，

迅速地扩大到很大的范围，由于新的恐惧，罗马人的暴动停熄了一个很长久的时期。当这次战争终结的时候，它又在更强有力的领袖领导下引起了新的暴动。他们不是以提出新的法案或以煽动群众的诡计来进行工作的，而是用整个军队彼此互相进攻的。我在这卷历史中叙述这次战争，因为这次战争起源于罗马的暴动，而结果产生了另一次更恶劣的暴动。这次战争是这样开始的。

福尔维阿斯·夫拉卡斯在他的执政官任期内第一次最早公开地煽动意大利人要求罗马公民权，使他们成为罗马帝国的共同参加者而不是属民。当他提出这种意见，而且不屈不挠地坚持这种意见的时候，元老院因为这个缘故，派遣他出去指挥军队，参加一个战争。[①]在战争的过程中，他的执政官任期满了；但是在他的执政官任期满了之后，他取得了保民官的职位，他设法使小革拉古做他的一个同僚；他和小革拉古合作，提出其他有利于意大利人的政策。当他们两人都被杀掉（如我在上面所说[②]）的时候，意大利人更加激动了。把他们当作属民，而不当作平等的公民，或者想到夫拉卡斯和革拉古为他们的政治权利奋斗而受到这样的灾难的时候，这是他们所不能容忍的。

前 125

前 123

前 121

35. 在他们之后，保民官李维·德鲁苏（出身于最显贵的家族），因为他们的恳切要求，允许他们，说他将提出一个新的法案来，给他们以公民权。他们特别需要公民权，因为利用这一步骤，他们可以成为统治者，而不是属民了。为了劝诱平民赞成这

前 91

李维·德鲁苏的政策

① 进攻伊利里亚人，参阅 X. 10。——译者

② 参阅本卷第 24—26。——译者

个政策，他领导了几个殖民团到意大利和西西里去，这些殖民团在不久以前已经通过了，但是还没有迁移去的。他努力想根据一项协议把元老院和骑士等级拉拢起来，因为当时元老院和骑士等级为了法庭的问题，① 彼此尖锐地对立着。因为他不能公开地恢复元老院的司法权，他试用下面的策略来和解他们，因为由于暴动的缘故，元老们的人数减少到不足 300 人，他提出一个法案，规定从骑士中，根据才德推选出同样多的人来加入元老院。以后司法法庭由全体元老中的人组织。在这个法案中，他又加了一个条款，他们应当调查受贿案件，因为当时贿赂公行毫无限制，而这类的控诉案件几乎没有听到过。

这是他为元老院和骑士等级想出来的一个计划；但是结果出乎他的意料之外，因为元老们看到这样多的人一下子就加入了他们元老之列，从骑士等级升到最高等级，他们大为愤怒。他们认为很可能他们这些新加入的人会自己成为元老院中一个派别，反对老的元老们比以前更为有力了。在另一方面，骑士们疑心，利用这个补救的办法，司法法庭可能从他们手中完全转到元老院手中了。他们已经尝到了司法职务的厚利和大权的滋味之后，这种猜疑使他们更为不安。大部分骑士们，在讨论他们中间那些人比较有资格列入这 300 人之内的时候，彼此怀疑，互不信任；其余的人对于较好的人也胸中充满了嫉妒。最使骑士们愤慨的，是控诉贿赂案件的恢复，他们认为，就他们而论，在此以前，贿赂之事已经完全没有了。

前 91 36. 于是，元老院与骑士们，虽然他们彼此反对，但是现在

① 参阅本卷第 22。——译者

他们联合起来，痛恨德鲁苏了。只有平民因为殖民地的缘故，很为满意。德鲁苏想出这些计划来，主要是为了意大利人的利益，但是就是意大利人也害怕这个规定殖民地的法案，因为他们认为罗马国有土地（这些土地还没有分配，但是他们正在耕种着，有些是强行耕种的，有些是暗中耕种的）会马上从他们的手中夺去，在许多情况下，甚至他们私有的土地也可能受到骚扰。伊达拉里亚人和安布里亚人也和意大利人[①]一样，有同样的担心；他们被执政官召来罗马城，正如人家所想的，表面上是来控诉德鲁苏的法案的，实际上是来杀害他的。他们公开地责难这个法案，等待人民会议开会的那天。德鲁苏知道了这个反对他的阴谋，他不常常出来，每天只在他住宅内的中庭里处理事务，那个中庭的光线是很黑暗的。有一个傍晚，当他正在送一群人出来的时候，他突然大声叫喊，他受了伤，正在说这句话的时候，他倒下来了。一把鞋匠用的刀被发现刺入他的腰部。 德鲁苏的遇害

37．这样，德鲁苏也是在做保民官的时候被杀害的。骑士们，为了想使他的政策作为诬告他们的敌人的理由，劝保民官昆塔斯·发里阿斯提出一件法案来，控诉那些公开地或秘密地帮助意大利人争取公民权的人，希望这样，使全体元老们都受到这个丑恶的控诉，而他们自己来审判元老们；当元老们被去掉了的时候，他们自己在罗马政府中比以前就会有更大的势力了。当其他保民官行使他们的否决权的时候，骑士们拔出短剑，包围他们，制定了这个法案，因此，控告者马上对最显贵的元老们提起 前90

① 在公元前三世纪末以前，"意大利"一词仅指伊达拉里亚和安布里亚以南半岛内的那部分土地。——英译者

控诉。这些被告中，培斯提亚没有答辩，自愿流亡国外，而不愿投降敌人。在他之后，科塔跑到法庭里去，关于他的处理公务，他发表了一篇动人的答辩，并公开地辱骂骑士们。他也在法官投票判决之前，离开了罗马。希腊的征服者麦密阿斯被骑士们卑鄙地陷害，骑士们允许宣判他无罪，但是处他以放逐之刑。他在提洛斯岛上度过了他的余年。

继续的暴动

38. 当这种反对贵族的恶感日益增加的时候，人民很为悲伤，因为一下子他们就被剥夺了这样多的对国家有过这样大的贡献的著名人物。当意大利人知道德鲁苏遇害以及其他的人被放逐的原因的时候，他们认为那些为他们的政治权利而努力的人遭到这样的暴行，他们不能再容忍了，因为他们看到没有可以取得公民权的其他方法，他们决定完全叛离罗马人，以全力对罗马人作战。他们彼此秘密地派遣使者，组织联盟，交换人质，以为忠诚的保证。

在长久的时间内，罗马人不知道这些事情，因为他们正忙于城内的审判和暴动。当他们听到这些正在进行中的事情的时候，他们选择那些对于各城市最熟习的人，派遣他们到各城市里去，迅速地搜集情报。这些密探中有一个人看见了一个由阿斯库伦镇带到另一个市镇去做人质的青年，他就报告了正在那个地区的大法官塞维利阿（那时候似乎具有执政官权力的大法官，统治意大利各地区，以后很久哈德良皇帝恢复了这个习惯；但是哈德良死后不久，这个习惯也被取消了）。塞维利阿匆忙地跑到阿斯库伦去，任意用威胁的语言对待阿斯库伦的人民。阿斯库伦的人民正在庆祝一个节日，他们以为他们的阴谋已被发现了，因此把他处死。他们又杀了他的特派员（因为他们称那些跟着各省总督为助手的元老等级的人为特派员）。这些人被杀死了之后，阿斯库伦镇内的其他罗马人没有被饶恕的。阿斯库伦的居民向他们进攻，把他们全部都屠杀，把他们的财物都抢劫了。

前 90

意大利人的暴动

39. 当暴动爆发的时候，所有的邻近民族——马尔西人、彼利格奈人、维斯提奈人和马鲁西奈人都同时宣战；他们之后，就是匹塞浓人、夫林泰奈人、赫彼奈人、庞沛依人、维努西亚人、亚浦利亚人、琉卡尼亚人和萨漠尼安人也宣战了；所有这些民族以前都是对罗马人仇视的；此外还有从利里斯河（我想，就是现在的利特那斯河）到亚得里亚湾的尽端，内地和沿海一带①都向罗马人宣战了。他们派遣大使们到罗马去诉苦，说他们虽然在各方面和罗马人合作，以建立罗马帝国，但是罗马人不愿允许他们的助手们享有公民权。元老院严峻地回答说，如果他们对于过去所做的事忏悔了的话，他们可以派遣大使来，否则不要派大使来。这样，意大利人对于其他补救办法完全绝望了，所以继续他们的动员工作。除了各市镇的驻兵外，他们共有的步兵和骑兵约 100 000 人。罗马人派遣同样多的军队来进攻他们，罗马军队是由罗马公民和那些现在还和罗马同盟的意大利人组织的。

同盟战争

40. 罗马军队由两执政官绥克斯都② · 朱理亚 · 恺撒和巴布利阿斯 · 卢提略 · 琉巴斯率领。在这次大内战中，两执政官同时出征，把罗马城交给别人负责；在国内和附近发生危急的时候，习惯上总是这样的。当他们发现战争是很复杂而且是多方

① 这里阿庇安的地理是不正确的。——英译者

② 琉喜阿斯之误。第 41、42、45 和 48 诸节同。——译者

两方面的领袖们

面的时候，他们派遣最有名的人为副将，以帮助执政官，派遣尼阿斯·庞培(伟大的庞培的父亲)、昆塔斯·西彼俄、盖约·柏彭那、盖约·马略和发利略·美塞拉去帮助卢提略；派遣巴布利阿斯·林都拉斯(恺撒本人以及泰塔斯·狄第阿斯的兄弟)、李锡尼·克拉苏、科尼利阿斯·苏拉和马塞拉斯去帮助绥克斯都·恺撒。所有这些人都在执政官指挥之下服务，全国范围分配给他们。两执政官巡视战场的各个部分，罗马人不断地增派援兵给他们，因为他们知道这是一场严重的斗争。意大利人，除各城市的将军们之外，还有指挥他们联合军队的将军们。他们主要的指挥官是泰塔斯·拉夫里尼阿斯，盖约·蓬提利阿斯，马略·厄格那提阿斯，昆塔斯·波彼狄阿斯，盖约·巴比阿斯，马可·拉姆蓬尼阿斯，盖约·维达西略，希里阿斯·阿西尼阿斯和维提阿斯·斯卡敦。他们平分他们的军队，据守他们的阵地，进攻罗马的将军们；他们建立了许多杰出的战功，也遭遇了许多惨败。

前 90

那些两方面最难忘的事件，我将在这里总括地叙述。

各项战役

41. 维提阿斯·斯卡敦打败了绥克斯都·朱理亚，杀死了他的部下 2 000 人，进攻爱塞尼亚，因为爱塞尼亚是站在罗马一边的。琉·西庇阿和琉·阿西略正在这里指挥罗马军队，他们化装为奴隶逃跑了。敌人围攻很长的时间后，以饥饿攻下了爱塞尼亚。马略·厄格那提阿斯利用内应攻陷了维那夫鲁姆，在那里杀死了两个罗马大队。巴布利阿斯·普累森提阿斯打败了率领 10 000人军队的柏彭那，杀死 4 000 人，虏获更大一部分人的武器；因为这个缘故，执政官卢提略免除了柏彭那的司令官职务，把他的那部分军队交给盖约·马略指挥。马可·拉姆蓬尼阿斯杀死了李锡尼·克拉苏的部下约800人,把他的其余的军队赶入格罗门敦镇。

42. 盖约·巴比阿斯利用内应攻下了诺拉;他向城内的2,000罗马士兵建议,如果他们愿意忠顺于他的话,他可以允许他们在他的部下服务。他们这样做了,但是那些拒绝这个建议的军官们被巴比阿斯俘虏后,因饥饿而死亡。巴比阿斯和斯泰比阿斯联合起来,攻下密内维昂①和萨勒浓,萨勒浓是罗马人的殖民地。在这两个地方所获得的俘虏和奴隶都参加了巴比阿斯的军队。但是当巴比阿斯,掠劫努塞里亚周围地区的时候,附近的市镇大为恐慌,因而向他投降了;当他要求军事援助的时候;他们提供了步兵约10 000人,骑兵约1 000人。巴比阿斯率领这些军队围攻阿撒拉。当绥克斯都·恺撒率领10 000高卢人步兵,以及努米底亚人和毛里塔尼亚人的骑兵和步兵向阿撒拉进发的时候,巴比阿斯俘虏了过去努米底亚国王朱古达的儿子俄克孙塔,他是维努西亚的罗马驻军司令官,巴比阿斯把他从那里带出来,使他穿上紫色王服,常常把他给在恺撒部下服务的努米底亚人看。许多努米底亚士兵逃亡了,好像奔向他们自己的国王那里去的样子,所以恺撒不得不派遣其余的努米底亚士兵回到阿非利加去,因为他们是靠不住的。但是当巴比阿斯很藐视地向他进攻,已经把他的用木栅包围着的军营打开了一个缺口的时候,恺撒带着他的骑兵从其他的门冲出,杀死了大约6 000敌军;以后恺撒从阿撒拉撤退。卡纽西亚和维努西亚以及 前90
亚浦利亚其他许多市镇站在维达西略一边。他把那些不屈服的

① 萨林敦。——英译者

市镇包围起来，杀死这些市镇中的重要的罗马公民，但是使普通的罗马人和奴隶们参加他的军队。

执政官卢提略的被杀

43. 执政官卢提略和盖约·马略各筑一座桥横过利里斯河，[①]彼此相隔不远，维提阿斯·斯卡敦把他的军营扎在他们的对面，离马略的桥较近，夜间布置埋伏在卢提略的桥附近的山谷中。在清早的时候，他让卢提略渡过了那条桥之后，他从埋伏中突起，在陆地上杀死了许多敌人，又把许多敌人赶入河中。在这次战斗中，卢提略本人的头部被敌人的投射器击伤，不久之后就死了。马略在另一条桥上，当他从河中流下的尸体猜想到发生了什么事的时候，他赶退他前面的敌人，渡过河来，夺取了斯卡敦的军营，因为只有一支小部队守卫着这个军营。所以斯卡敦不得不在他取得胜利的地方渡过那一夜，于次日早晨撤退，因为没有军粮。卢提略和其他许多贵族的尸体被运回罗马去安葬了。这位执政官和他的许多伙伴们的尸体造成一个悲惨的景象，追悼了许多日子。元老院下令，从今以后，阵亡的人应当安葬在阵亡的地方，以免别人看到这个悲惨的景象而不愿参军。当敌人听到了这个消息的时候，他们也下了一个类似的命令。

VI. 起义的意大利人被残酷地镇压。罗马反对高利贷的暴动

44. 在那一年余下的时间内，没有继卢提略为执政官的人，

① 实际上是托林那河。——英译者

因为绥克斯都·恺撒没有时间回罗马去主持人民会议，[1]元老院任命盖·马略和昆·西彼俄指挥卢提略的军队。对方的将军昆·波彼狄阿斯伪装一个叛徒逃到这个西彼俄那里来。他带着两个奴隶婴孩，两个婴孩穿自由民小孩的紫边衣裳，伪称是他自己的儿子，拿来作为保证。为了进一步证明他的诚意，他带来了许多镀金镀银的铅块。他劝西彼俄尽快地率领军队跟着他来，乘敌军没有一个领导者的时候向敌军进攻；西彼俄受了他的骗，跟着他去了。当他们到了埋伏军队的地方，波彼狄阿斯跑上一个山冈的顶上去，好像是去搜寻敌人的样子，给他自己的部下一个信号。于是他的部下从埋伏的地方跳出来，把西彼俄和他的大部分军队都杀死了；所以元老院把西彼俄余下来的军队并入马略的军队里面去了。 昆·西彼俄战败身亡

45. 当绥克斯都·恺撒带着30 000步兵和5 000骑兵，正在从一个狭窄的崖石山峡中通过的时候，马略·厄格那提阿斯突然向他进攻，把他赶回峡中，因此他生了病，他乘着担架，撤退到一条河边，河上只有一座桥。在那里他丧失了他的大部分军队和余下来的士兵的武器，经过很大的困难才逃到替隆，他在那里尽力把残余的军队武装起来。援兵很快地就被派遣到他那里来了，他就进军去援救阿撒拉去了，因为，阿撒拉还是被巴比阿斯包围在那里。 绥克斯都·恺撒的战败

他们所建立的军营虽然遥遥地相对峙着，彼此都不敢进攻。

46. 但是科尼利阿斯·苏拉和盖约·马略战败了向他们来进攻的马尔西人，他们猛力追逐敌人，达到葡萄园的围墙边。马 苏拉战败马尔西人

① 指森都里亚（百人队）会议。——译者

尔西人爬上这些围墙，损失很大，但是马略和苏拉都认为再追逐他们是不智的。科尼利阿斯·苏拉驻扎在这些围墙的另一边；当他知道此事时，他就跑出来和马尔西人迎战，因为他们想逃跑，他又杀了他们许多的人。那一天，马尔西人被杀者在6 000人以上，被罗马人虏获的武器数目更多于此数。

马尔西人因受到这次灾祸，就像野兽一般的愤怒。他们又武装他们的军队，准备进军去攻击敌人，但是不敢采取攻势，或首先发动战斗。他们是一种非常善战的民族，据说，除了这次惨败外，从来没有过因为战胜他们而授予凯旋的。直到现在，有一句流行的俗话，“没有战胜马尔西人的凯旋，也没有无马尔西人参加的凯旋”。

47. 维达西略、泰·拉夫里尼阿斯和维提阿斯的军队在法利那斯山附近联合起来，打败了尼阿斯·庞培，追逐他到非尔蒙城下。于是他们分路前进，拉夫里尼阿斯围攻庞培，因为庞培关闭着非尔蒙的城门以自守。庞培马上武装了他的残余军队，但是没有出来交战。当他听到另一支军队快要到了的时候，他派遣萨尔彼喜阿斯绕道去进攻拉夫里尼阿斯的后方，而他由前面突击。战斗发生了，双方损失惨重，萨尔彼喜阿斯纵火焚烧了敌人的军营。当敌人看到军营起火，他们毫无秩序地向阿斯库伦逃跑，也没有将军指挥，因为拉夫里尼阿斯已在战斗中阵亡。于是庞培进军围攻阿斯库伦。

维达西略之死

48. 阿斯库伦是维达西略的家乡，因为他担心它的安全，所以匆忙地带着8个大队来援救它。他预先写信给城内居民说，当他们看见他进军到了一定距离的时候，他们应当从城中出来，突击围城者,使敌人前后同时受到攻击。居民不敢这样做;尽管这样,维达西略还是带着那些他可能得到的跟随者,通过敌人的包围,冲入城中,并且谴责那些胆小而又不服从的人。因为他已经没有挽救这个城市的希望了,他首先把所有那些过去和他不和而又由于嫉妒、阻止人民听从他最近命令的敌人都处死,然后他在神庙中树立一个火葬堆,安置一个床榻在火葬堆上,和他的朋友们举行宴会。在宴会正酣的时候,他服了毒,然后投身于火葬堆上,命令他的朋友们点火焚烧火葬堆。维达西略认为为国牺牲是光荣的;他是这样死的。绥克斯都·恺撒的执政官任期满了之后,元老院授他以执政官的权力。他乘敌人更换扎营地点的时候,进攻敌人;敌人的20 000人中,他杀死了大约8 000人,虏获的武器更多得多。他正在长期围攻阿斯库伦的时候病死了,元老院任命盖约·培比阿斯接他的职位。

伊达拉里亚人和安布里亚人取得公民权

49. 正当在意大利靠近亚得里亚海一边发生这些事情的时候,在罗马那一边,伊达拉里亚和安布里亚的居民以及其他邻近民族听到了这些事情,都受到鼓励,想起来暴动。元老院害怕他们四面被战争所包围,而不能保护他们自己了,所以用解放的奴隶驻扎在沿海一带,从丘米到罗马;这是第一次因为士兵的缺少,使被解放的奴隶参加军队。元老院又通过,凡是那些现在还和他们联盟的意大利人都授以公民权;公民权是他们全体所最希望的。他们把这个命令传送给各地的伊达拉里亚人,伊达拉里亚人很高兴地接受了公民权。利用这个恩惠,元老院使那些忠顺的人更加忠顺了,使那些动摇的人坚定了,使敌人缓和下来了,因为有了取得同样待遇的希望。罗马人没有把新公民登记在现有的35个部落之内，否则在选举中，新公民的票数会超过旧公民的票数；而把他们组织为10个新部落。这十个新部落最后表决。所以他们的表决常常是没有用的，因为先表决的35个部落已经取得多数了。这个事实或者当时意大利人没有注意到，或者他们对于他们所已经取得的认为满意了，但是后来这点被看出来了，成为新冲突的根源。①

苏拉的胜利
前89

50. 亚得里亚海沿岸的起义者，在还不知道伊达拉里亚人的情感改变的时候，派遣15 000人，经过一条很长而艰难的道路，去援助他们。现在做执政官的尼阿斯·庞培进攻他们，杀死了5 000人。其余的人，在严冬的时候通过荒无人烟的地带跑回国了；其中一半以橡子维持生活的人死亡了。② 在同一个冬季里，庞培的同僚波喜阿斯·伽图在和马尔西人的战争中被杀了。当苏拉扎营在庞培山附近的时候，琉喜阿斯·克吕恩提阿斯以一种藐视的态度，把他的军营扎在离苏拉军营仅3个斯塔狄亚的地方。苏拉不能容忍这种傲慢的态度，他不等到他自己的劫粮队回来就进攻克吕恩提阿斯。他战败而逃，但是当他的劫粮队来增援的时候，他回转来，把克吕恩提阿斯打败了。于是克吕恩提阿斯把他的军营移到较远的地方去了，他得到了一些高卢人援兵之后，他又带着他的军队靠近苏拉那里来了，当两军正要交战的时候，一个身躯高大的高卢人跑到前面来，向罗马人挑战，要求单独决斗。一个身躯矮小的毛鲁西亚人士兵应战，把他

① 参阅本卷55,56,64。——译者

② 此处原文可能有脱落："一半以橡子维持生活，得以生存下来了；但是一半死了。"——英译者

杀死了，因此，高卢人大为惊慌而逃跑了。这样，克吕恩提阿斯的阵线被冲破了，他的其余的军队不能坚守阵地，而毫无秩序地逃往诺拉去了。苏拉追赶他们，杀死了他们3 000人；因为诺拉的居民只能从一扇城门迎接他们进城，恐怕敌人会和他们一块儿冲进城来，所以苏拉又在城外杀死了他们大约20 000人，其中包括克吕恩提阿斯本人在内，他是在勇敢地作战中阵亡的。

51. 于是苏拉转而进攻另一个部落，赫彼奈人，进攻爱库兰浓镇。居民请求苏拉给他们一些时间来考虑，因为他们预料琉卡尼亚人的援兵当天会到的。苏拉懂得这个诡计，给他们一小时的考虑时间，同时在城墙的四周堆着柴把，一小时过了的时候，马上纵火焚烧。他们大为吃惊，因而投降了。苏拉劫掠这个市镇，因为它不是自动地投降而是被迫投降的。其他自动投降的城市，他都饶恕了；这样，赫彼奈人的全部人口都被征服了。于是苏拉移军对付萨谟尼安人，他不是从萨谟尼安人的将军穆提拉斯守卫着的那些道路上来，而是从另一条迂回的道路上来，这是人们所料想不到的。他突然进攻他们，杀死了许多人，其余的人毫无秩序地溃逃了。穆提拉斯受了伤，带着少数跟随者逃入爱塞尼亚。苏拉毁坏了他的军营，进军攻击菩维浓，叛乱者的共同议事会是在这里举行的。这个城市有三个卫城，当居民在一个卫城中专心防范苏拉的时候，他派遣一个支队去攻取其他两个卫城中的任何一个他们可能攻下的；攻下之后，即以烽火为信号。当他看见烽火的时候，他马上从正面进攻，激战三小时之后，就攻下了这个城市。

52. 这些是夏季里苏拉所取得的胜利。当冬季到来的时候，他回到罗马去竞选执政官去了，但是尼阿斯·庞培征服了马尔西人、马鲁西奈人和维斯提奈人。另一个罗马大法官盖约·科斯康尼阿斯进军攻击萨拉彼亚，把它焚毁了。他接收坎尼的投降，围攻卡纽新；于是他和萨谟尼安人激战，因为萨谟尼安人来营救它。经过双方的大屠杀之后，科斯康尼阿斯被打败了，退到坎尼。两军之间有一条河隔着，特累巴提阿斯写信给科斯康尼阿斯说，不是科斯康尼阿斯渡河到他这一边来和他交战，就是科斯康尼阿斯撤退，让他渡河到那一边去。科斯康尼阿斯撤退了；当特累巴提阿斯正在渡河的时候，科斯康尼阿斯向他进攻，打败了他。当他正在向河边逃跑的时候，科斯康尼阿斯杀死他的部下 15 000 人。其余的人和特累巴提阿斯逃入卡纽新。科斯康尼阿斯蹂躏了拉利安、维努西亚和阿斯库伦等城市的领土，又侵入波狄库利人的领土，在两天之内，就接受了他们的投降。

在亚浦利亚的战斗

53．他的继任大法官西西利阿斯·梅特拉斯进攻亚浦利亚人，在一个战役中打败了他们。叛军的一个将军波彼狄阿斯在此地丧失了他的生命，其余生存的人成队地参加了梅特拉斯的军队。关于同盟战争，在全意大利境内经过的情况就是这样的，

同盟战争的结束

这次战争猛烈地进行达到这样的程度，直到最后，全意大利在目前除琉卡尼亚人和萨谟尼安人之外，都并入罗马国家之内，琉卡尼亚人和萨谟尼安人似乎稍迟一点也得到了他们所希望的东西。每个同盟民族登记在他们自己的部落中，和从前取得公民权的那些人一样，这样他们不至于和旧公民混合在一起，而在选举中以人数过多而否决旧公民的决议。

54. 同时，在罗马城中，债务人和债权人①之间发生了纠纷，因为债权人逼索他们的钱和利息，虽然古老的法律明白地禁止放债取息，凡放债取息者必受处罚。② 似乎古代的罗马人，也和希腊人一样，厌恶放债取息，认为这是不正当的，对贫民是刻薄的，易于引起争端和仇视；因为同样的一种理论，波斯人认为放债本身就有欺骗和说谎的倾向。但是长期以来实际上是允许放债取息的，因此债权人根据习惯，要求利息。在另一方面，债务人以战争和内乱为借口，拖延付给，当然有些人威胁着，将以法律上的处罚加于取息者的身上。

反对高利贷的暴动

管理这些事务的大法官阿塞利奥，因为他不能够调解他们的纠纷，允许他们在法庭上彼此进行诉讼。这样，由于法律与习惯间的矛盾引起了法官们的一个难题。放债者因为久已废弃的法律现在又恢复起来，深为愤怒，因而这样杀害了那个大法官：他在广场上祭祀卡斯托和波拉克，和平常在举行这样的仪式的时候一样，有许多群众站在周围，首先有人向他丢了一个石头，于是他丢下祭奠的碗，向维斯塔神庙逃跑，当时他们跑在他的前面，阻止他走到神庙那里去；他逃进一个酒店后，他们把他的喉咙割断。许多追赶他的人以为他逃到维斯塔神庙的女祭司那里去了，他们跑进那里去，男人到那里去是违反法律的。阿塞利奥当他正在履行大法官的职务，倾倒奠酒，依照这种仪式的习惯，穿着神圣的金边法服的时候，就是这样于当天的第二时，③ 在广

一个大法官的遇害

① 希腊文 χρῆσται 很明显地是包括二者在内，除非加入 κα δαυειστάι 等字样。——英译者

② 根据伽图，《剑桥古代史》VII. 477 页。罗马人祖先的法律规定，盗贼应处以所窃款项两倍的罚款，高利贷者应处以所收利息四倍的罚款。——译者

③ 约上午八点钟的时候。——译者

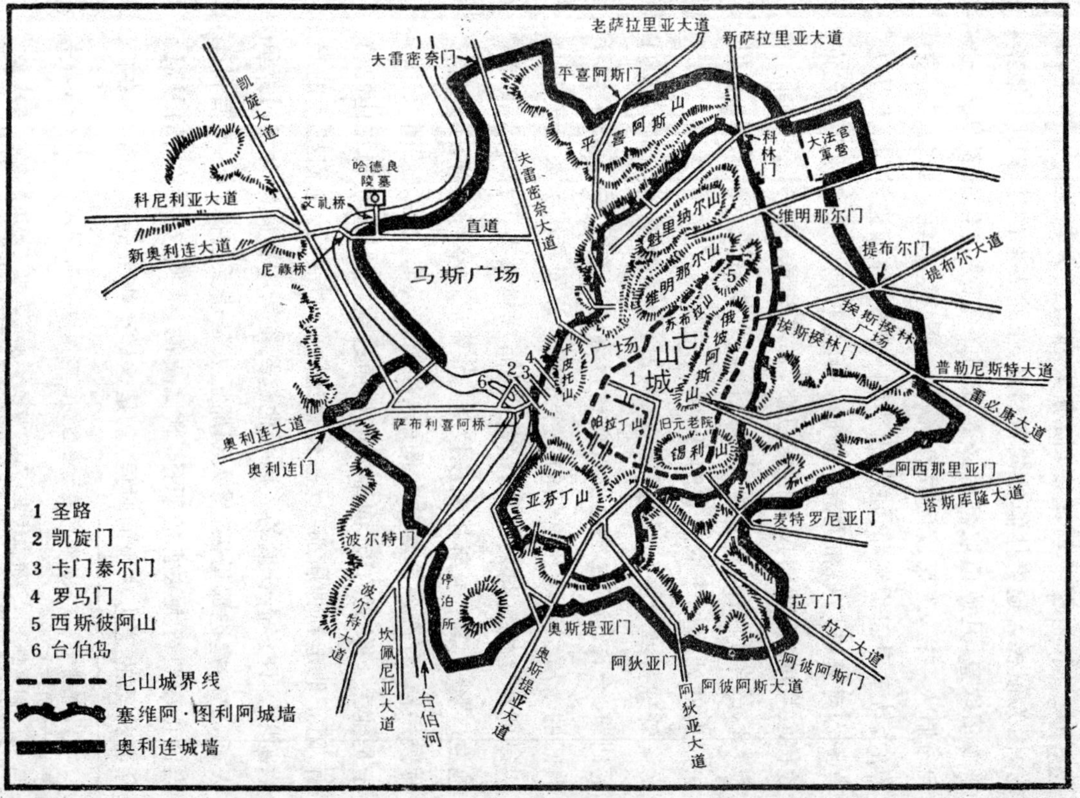
老萨拉里亚大道
新萨拉里亚大道
夫雷密奈门
平喜阿斯门
平喜阿斯山
科林门
大法官军营
凯旋大道
哈德良陵墓
艾礼桥
科尼利亚大道
新奥利连大道
尼禄桥
直道
夫雷密奈大道
马斯广场
魁里纳尔山
维明那尔门
维明那尔山
提布尔门
提布尔大道
埃斯揆林广场
埃斯揆林门
苏布拉山
俄彼阿斯山
七山城
广场
卡皮托山
普勒尼斯特大道
雷必康大道
帕拉丁山
旧元老院
锡利山
萨布利喜阿桥
奥利连大道
奥利连门
阿西那里亚门
塔斯库隆大道
亚芬丁山
麦特罗尼亚门
波尔特门
波尔特大道
停泊所
坎佩尼亚大道
台伯河
奥斯提亚门
奥斯提亚大道
阿狄亚门
阿狄亚大道
阿彼阿斯大道
阿彼阿斯门
拉丁门
拉丁大道
1 圣路
2 凯旋门
3 卡门泰尔门
4 罗马门
5 西斯彼阿山
6 台伯岛
七山城界线
塞维阿·图利阿城墙
奥利连城墙

古代罗马城变迁图

场的中央，正当祭祀的时候被杀害的。元老院悬赏凡能提供证据确定杀害阿塞利奥的凶手者，如果是自由民，则给以金钱；如果是奴隶，则给以自由；如果是同谋者则免予处罚。但是没有人提供一点消息来，高利贷者把一切都隐瞒起来了。

VII. 马略与苏拉的内战。苏拉的反动统治。马略逃往阿非利加

55. 直到现在为止，谋杀和暴动是内部的、零散的；以后党派的领袖们带着巨大的军队，依照作战的习惯，彼此互相进攻，他们把国家变为他们争夺的对象。这些斗争的开始和根源是直接在同盟战争之后，这样产生的。 马略与苏拉的内战

当本都及其他国家的国王米特拉达梯侵略俾泰尼亚和福里基亚以及和这些国家毗连的亚细亚部分（如我在前一卷书中所说的[①]）的时候，执政官苏拉依抽签的方法当选为亚细亚和米特拉达梯战争的司令官，但是他还在罗马。在马略一方面，他认为这是一个很容易而且有利可图的战争，他想取得这个兵权，因此用许多诺言来劝保民官巴布利阿斯·萨尔彼喜阿斯帮助他取得兵权。他又鼓动新意大利公民使他们希望公布在所有的部落中间，因为他们在选举中几乎没有什么力量——他不是公开地提出他自己的利益，而是希望利用他们作为忠实仆从以达到他自己的一切目的。萨尔彼喜阿斯，为了要达到这个目的，马上提出一个法案。如果这个法案制定为法律的话，马略和萨尔彼喜阿 指挥米特拉达梯战争的兵权 前88

① 参阅 XII. 17 以下。——译者

斯就会达到他们一切的要求,因为新公民的人数远远地超过旧公民。旧公民看到了这一点,因此以全力反对新公民。他们用棍棒和石头彼此互相殴打,灾祸不断地增加,直到最后,因为表决这个法案的日期已经快到了,执政官们害怕起来了,所以依照习惯上举行节日的例子,宣布休假①几天,以拖延这个表决和危险。

56. 萨尔彼喜阿斯没有等到休假期满,就命令他的党羽,跑到广场里来,他们暗藏短剑,准备一切,以应付危急时的需要,如果必要的话,连执政官们也不饶恕。当一切都准备好了的时候,他责备这个休假是不合法的,命令执政官科尼利阿斯·苏拉和昆塔斯·庞培马上停止休假,以便进行制定这些法律。于是发生了骚动,那些携带武器的人抽出他们的短剑,威胁要杀害那些拒绝服从的执政官。最后,庞培偷偷地逃跑了,苏拉借口要商量,也退出去了。同时,庞培的儿子(即苏拉的女婿)坦白地说出他的真心话来的时候,马上被萨尔彼喜阿斯的党羽杀害了。于是苏拉又出来,宣布休假作废之后,即匆匆离开那里,到加普亚去了,因为他的军队驻扎在那里,好像要渡海到亚细亚去指挥对抗米特拉达梯的战争的样子,因为他还一点也不知道那些反对他本人的阴谋。因为休假已被宣布作废,苏拉又离开了罗马,萨尔彼喜阿斯就制定了他的法律;这样做,本来是为了马略的缘故,所以马略马上就被推选为指挥米特拉达梯战争的司令官,以代替苏拉。

---

① 即停止处理一切公务。——英译者

57. 当苏拉听到了这件事的时候，他马上决定以战争来解决这个问题。他召集他的军队举行会议。他们极想参加米特拉达梯战争，因为在这个战争中有取得很多战利品的希望，他们担心马略会招募别的士兵，而不用他们了。苏拉说到萨尔彼喜阿斯和马略对他的侮辱。他虽然没有公开地说到别的事情（因为现在他还不敢提到这种战争），但是他劝他们准备服从他的命令。他们了解他的用意，因为他们担心失掉了这次远征的机会，他们大胆地说出苏拉心里的话来，劝他勇敢些，领导他们到罗马去。苏拉大喜，马上带着 6 个军团向罗马出发；但是他的高级军官，除了一个财政官之外，都离开了他，逃往罗马，因为他们不甘心受率领军队进攻祖国的思想的支配。罗马的代表们在途中遇着他的时候，问他为什么带着武装部队进攻他的国家。他回答说："去挽救祖国，使它不受暴君们的统治。"

苏拉进军罗马

第二次，第三次使团来见他的时候，他给他们一个同样的答复；但是最后他对他们说，元老院、马略和萨尔彼喜阿斯，如果他们愿意的话，可以在马斯广场来会见他，他愿意执行会商后所决定的一切事情。当他来到罗马附近的时候，他的同僚庞培跑去见他，祝贺他，同时提出他愿意全心全意地帮助他，因为庞培对于他所采取的步骤极为高兴。马略和萨尔彼喜阿斯还需要一个短短的准备时间，所以他们又派遣其他使者，冒充元老院的代表，要求他在他们能够检查这个事件之前，不要把他的军营开进离罗马城 40 斯塔狄亚以内的地区。苏拉和庞培完全了解他们的动机，答应这个要求；但是代表们一退出，他们马上就跟着代表们的后面来了。

他攻下罗马

58. 苏拉带着一个军团的士兵占领了挨斯揆林门及其附近的城墙，庞培带着另一个军团的士兵占领了科林门，第3个军团向木桥进军，第4个军团留在那里守着城墙的前面。苏拉带着其余的军队在外表上和事实上都是以敌人的姿态进入罗马城。邻近房屋里的人在屋顶投击投射器，使他离开，直到他威胁着，他将焚毁他们的房屋时，他们才停止。马略和萨尔彼喜阿斯带着他们匆忙地武装起来的一些军队。在挨斯揆林门广场附近去和侵略者应战，两个竞争的党派之间发生了一次战斗，这是在罗马城内进行的第一次正规战役，双方都有军号和军旗，完全以战争的形式进行战斗，不再只是一个党派的斗争了。不顾一切党争的祸害，在他们的中间发展到这样的极端。

马略党人的溃逃

苏拉的军队开始动摇，那时候苏拉夺取一面军旗，自己冒着危险跑在最前线，这样可以使他的士兵们关怀他们的将军并且使他们感觉到，如果他们放弃他们的军旗的话，他们会受到莫大的耻辱，由于关心他们的将军和害怕受到这种耻辱，他们会马上集合起来。于是他命令他军营里的生力军来增援。又派遣其他的军队由苏布拉路绕道去进攻敌人的后方。马略党人和这些生力军作战软弱无力了，因为他们怕被敌人包围，他们号召那些还在屋顶上和敌人战斗的其他公民来帮助他们，宣布凡是和他们共患难的奴隶都可以得到自由。因为没有人来帮助他们，他们完全绝望了。于是他们马上和那些跟他们合作的贵族一块儿逃出城外去了。

苏拉所采取的政治改革

59. 苏拉进到圣路，在那里当着每个人的面前处罚一些在途中掠夺财物的士兵们。他在全城各地间隔地驻扎卫兵，他和庞培在夜间巡查，每人不断地在他自己指挥的地区巡逻，使受惊的人民或胜利的军队都不要造成灾祸。在黎明的时候，他们召集人民会议，表示为共和国的情况而悲伤，因为共和国这样长久以来是受群众煽动家的支配，又说，他们之所以这样做，完全是出于不得已。他们建议，以后凡是元老院所没有事先考虑的问题，不得再向人民提出，这是一个早已被废弃了的古老习惯；①又建议以后不要按部落来表决，而要依照塞维阿·图利阿所规定的，按森都里亚来表决。② 他们认为利用这两个办法——即一切法案非事先经过元老院考虑，不得在人民面前提出，和由富裕而头脑清醒的人控制投票，而不由轻率的贫民阶级控制投票——以后就再不会有内争的开端了。他们提出了许多其他措施，以削减保民官的权力，因为这个权力已变为极端专横。③ 他们同时从最好的公民④中，选定 300 人为元老，当时元老的人数已经减到很少，因为这个缘故已经受人轻视了。他们又宣布，自执政官宣布休假以后萨尔彼喜阿斯所施行的法律都是非法的，因此无效。

60\. 这样，群众的骚动由争论和斗争发展为谋杀，由谋杀发 罗马戒严
展为公开的战争，现在是第一支由它自己公民组成的军队把罗

① 公元前 449 年的发利略与霍拉西法案规定平民部落会议通过的法律得到元老院的同意者即成为国家法律。公元前 287 年的霍天西阿法案规定平民部落会议的议决案，不得到元老院的同意也成为法律。苏拉的反动措施剥夺了数百年来平民在反贵族斗争中取得的成果。——译者

② 在部落会议中，以人计算票数，平民占优势；在森都里亚会议中，按各等级所规定的森都里亚（即百人队）计算票数，第一、二两等级占绝对优势。——译者

③ 保民官是经过部落会议的决议而行使他们的职权，部落会议权力的削弱即保民官权力的削弱。——译者

④ 即大土地所有者。——译者

马当作敌国侵入了。从此以后,群众的骚动只由武力来解决了。罗马城常常被进攻,城下常发生战斗,战争带来了其他的灾难。从此以后,廉耻心或法律,制度或国家对于暴行都失去了约束力。这次萨尔彼喜阿斯(他还是保民官)跟马略(他已经六次为执政官)和他的儿子马略,以及巴布利阿斯·塞提加斯,朱尼阿斯·布鲁图,尼阿斯和昆塔斯·格拉尼阿斯,巴布利阿斯·阿尔拜诺发那斯,马可·利多琉和其他的人,共约 12 人,都被逐出罗马,因为他们煽惑群众暴动,携带武器反对执政官,煽动奴隶叛变,并被宣布为罗马人民的公敌;任何遇着他们的人有权杀死他们而不受处罚,或把他们拖到执政官面前来;他们的财产都被充公。

马略死里逃生

密探们紧紧地追寻他们的踪迹;他们捉着萨尔彼喜阿斯,把他杀死了。

61. 但是马略逃脱了,他没有带侣伴或仆从,逃往明特尼。当他在一个阴暗房屋里休息的时候,这城市的行政长官们派遣一个住在那里的高卢人去用剑杀害他,因为他们害怕罗马人民的公告,但是又迟疑不愿去杀害一个六次为执政官而又有这样多的光辉灿烂功勋的一个人物。据说,当这个高卢人在黄昏的时候跑近马略的草榻的时候,他觉得他看见了他双目中射出来的闪光,马略从榻上爬起来,发出响声如雷的声音向他大喝道,“你敢杀害盖约·马略吗?”他大声喊道,“我不能杀害盖约·马略。”于是他像疯子一样转身逃出门外。以前行政长官们是勉强采取前面的决定;现在他们感觉到一种宗教的畏惧,因为他们记得在马略的童年时代,曾经有一个预言,说他将七次做执政官的。因为，据说，当他是一个童子的时候，有七只鹰降落在他的胸膛上面，预言家们预言他将七次得到最高的职位。

62．明特尼的行政长官们心中记得这些事情，同时相信那个高卢人是受神的灵感，而觉得害怕，因此马上把马略送出城外去寻找他所能找到的安全地方。因为他知道苏拉正在那里搜寻他，骑兵正在追逐他，他从没有人走过的道路向海滨逃跑，到了一个茅屋里，用树叶掩盖他自己，在那里休息。听到一点声音的时候，他更小心地用树叶把他自己隐藏着；但是他觉得比较有把握的时候，他突然冲到海滨一个老人的船边，他打败了那个老人，跳进船中，虽然暴风正在猛烈地吹着，他割断船索，张起风帆，让他自己听天由命了。他被风吹到一个岛边，在那里他发现了他的朋友们驾驶的一条船，从那里航往阿非利加。就是在那里，总督绥克斯提阿斯也禁止他登陆，因为他是一个公敌；他把船靠在离阿非利加省不远的努米底亚地方，在船中度过了那个冬天。当他航往那里的时候，塞提加斯，格拉尼阿斯，阿尔拜诺发那斯，利多琉和其他的人以及他的儿子马略听到他来了，都来和他联合在一起。他们过去从罗马逃到努米底亚王子海恩普萨尔那里，现在他们从海恩普萨尔那里逃掉了，因为害怕他把他们交给罗马人。

他渡海到阿非利加

他们也准备做苏拉所做的事，就是以武力统治他们的国家，但是因为他们没有军队，所以等待着机会。

63．但是苏拉在罗马自愿停止使用暴力了，因为他是第一个人使用武力夺取罗马城，而现在已经除掉了他的政敌，他也许能够行使最高权力了。他派遣他的军队开往加普亚驻守，他行使他的执政官权力了。那些支持被放逐党人的人，特别是那些有钱的人和许多富有的妇女们，现在免除了军事恐怖的威胁，因而努力设法想使被放逐者回来。他们不怕辛苦，不惜金钱，想达到这个目的，甚至阴谋杀害执政官们，因为他们认为，当执政官们存在的时候，他们是不能使他们的朋友们回国的。对于苏拉，就是他不做执政官以后，罗马人表决以供米特拉达梯战争之用

昆·庞培的遇害 的军队也能够给他以充分的保障；但是人民怜惜另一个执政官昆塔斯·庞培的危险地位，因此给他以指挥意大利以及属于意大利的军队的权力，这些军队当时是在尼阿斯·庞培指挥之下。当尼阿斯·庞培听到这个消息的时候，他很不高兴，但是在他的军营里他接待了昆塔斯。当第二天昆塔斯来接收他的职务的时候，他暂时让步，好像他已免除了军职的样子。但是不久之后，聚集在执政官的周围，假装在听他讲话的样子的一群人把执政官杀死了。等到犯罪的人逃跑了之后，尼阿斯来到军营里，对于执政官的非法被杀表示甚为愤慨；但是，虽然他不高兴，他马上就恢复了统治他们的兵权。①

VIII. 秦那和马略攻陷罗马，屠杀敌党。马略之死

前 87 64. 当庞培遇害的消息传到罗马的时候，苏拉担心他自己的安全，无论他走到什么地方，总是由他的朋友们围绕着，甚至

① 《李维摘要》(LXXVII)说，当执政官昆塔斯·庞培来接收代执政官尼阿斯·庞培的兵权的时候，尼阿斯使人杀死了昆塔斯。——英译者

在夜间也有他们陪伴他。尽管这样，他留在罗马不久，就到加普亚他的军队那里去，从那里往亚细亚去了。[①]流亡党人的朋友受到继苏拉为执政官的秦那的鼓舞，煽动新公民起来赞助马略的计划，主张他们应当分配在旧部落之中，使他们不至于因为最后投票而毫无权力。这是召回马略和他的朋友们的准备，虽然旧公民以全力反对，但是秦那和新公民合作。谣传他是受了300他连特的贿赂而这样做的。另一个执政官屋大维站在旧公民一边。秦那党羽暗中携带短剑，占据广场，大声叫喊，要求把他们分配在旧部落之中。一些比较有声望的平民则依附于屋大维，他们也带着短剑。

秦那企图发动政变

当屋大维还在家里等待投票的结果的时候，有人把消息带给了他，说提出的法案已被大多数保民官所否决了，但是新公民开始暴动，在街上抽出他们的短剑来，向讲坛上反对他们的保民官袭击。当屋大维听到这个消息的时候，他带着很大一群人，好像一股洪流一样，通过圣路跑到广场，冲过人群，把他们分开。他使他们大为恐慌，他继续跑到卡斯托和波拉克的神庙那里，把秦那赶走；那时候他的侣伴们没有等待命令，就向新公民进攻，杀害了许多新公民，使其余的新公民逃跑，追逐他们直到城门口。

他被赶走

65. 秦那以前因新公民人数众多而胆子大了，以为他可以胜利的；但是出乎他意料之外，少数人的勇敢取得了胜利，因此，他匆忙地跑过全城，号召奴隶们的帮助，允许给他们以自由。因为没有人响应，他匆忙地跑到附近的市镇提布尔、普勒尼斯特和其他市镇，直到诺拉（这些城市是最近才取得公民权的），煽动他

他召集一支军队回转来了

① 参阅 XII. 30 以下。——译者

们起来暴动，并聚集金钱以为战争之用。当秦那已在做这些准备和计划的时候，一些和他同党的元老们跑来和他联合在一起，其中有盖约·迈罗、昆塔斯·塞多留和小盖约·马略。

元老院下令，因为秦那身为执政官，在危急的时候离开了罗马，又允许给奴隶以自由，他不应当再做执政官了，甚至于不再是公民了，他们选举朱比特神庙的祭司琉喜阿斯·美鲁拉代他为执政官。据说，只有这个祭司总是戴着祭司法冠①的，而其他的祭司只在举行祭祀的时候才戴祭司法冠的。秦那跑到加普亚去，那里另有一支罗马军队，他努力想争取这支军队的军官们和在那里的元老们。他在一个会议中，以执政官的资格去会见他们。他在人民会议中，放下他的棒束权标，好像他是一个普通的公民一样，痛哭流涕对他们说："从你们公民们手中，我接受了这个权力。人民通过把这个权力给予我，而元老院没有得到你们的同意，把这个权力从我手中夺去了。虽然我是亲自受到这种虐待的，但是在我自己的患难中，我同样地为你们而悲伤。今后在选举中我们还何必要取得诸部落的同意呢？我们何必要有你们呢？如果你们不能确定你们所给予的权力是有效的话，如果每次你们的决议不能得到保证的话，那么，今后，在人民会议中、在选举中、在选择执政官中，你们的权力在哪里呢？"

66. 他这样说以煽动他们，引起他们对他怜惜之后，他扯破他的衣裳，从讲坛上跳下来，在他们的前面，投身地上，他在地上躺了一个长久的时候。他们完全被他感动了，把他扶起来，使他

---

① Apex(在此地是 Apex Dialis)是一个圆锥形的礼帽或便帽。参阅下面第74。——英译者

坐在最高官吏的坐椅上；他们把棒束权标高举起来，请他宽怀些，因为他现在还是执政官，可以随他的意思领导他们到哪里去。军团将校趁着士兵们的情感激动的时候，自动宣布军事誓言，以支持秦那，并监督他们部下的每个士兵宣誓。这一切都稳妥了，秦那走遍各同盟城市，也鼓动他们起来，说他所遭遇的不幸，主要是因为他们的缘故。它们供给他以金钱和士兵；许多其他的人，甚至有些厌恶政府安定的罗马贵族党人，也来和他联合在一起了。

军队支持秦那

当秦那忙于这些事情的时候，两个执政官，屋大维和美鲁拉用壕沟巩固罗马的防御工事，修补城墙，把战争机械安置在城墙上。他们派人到那些还忠顺于罗马的市镇去，又到近高卢①去，聚集军队；并召当时在亚得里亚海附近指挥军队的代执政官尼阿斯·庞培迅速回来，援救他的祖国。

67. 庞培来了，扎营在科林门的前面。秦那进军去攻击他，扎营在他的附近。当盖约·马略听到这些消息的时候，他马上带着他的同伴流亡者和从罗马逃出来跟着他们的主人在一起的大约500奴隶，航往伊达拉里亚。他还是身上肮脏，蓄着长发，从市镇中走过，现出一个可怜的样子，滔滔不绝地缕述他的战役、他的战胜西姆布赖人和他的六次做执政官。最使他们高兴的是他以诚恳的样子，表示在选举权的问题上，他将忠实于他们的利益。这样，他聚集了6 000伊达拉里亚人，跑到秦那那里去了，秦那很高兴地欢迎他，因为在目前的事业上，他们有共同的利益。他们把军队联合在一起之后，扎营在台伯河畔，把他们的

马略回国

秦那和马略围攻罗马，截断罗马的物资供应

① 即山南高卢。——译者

军队分为三部分:秦那和卡波驻扎在罗马的对面,塞多留驻扎在罗马的上面,而马略驻扎在对着海的一边。塞多留和马略架桥于河上,以截断罗马的粮食供应。马略攻下奥斯提亚,大肆劫掠,而秦那派遣一支军队,攻下阿里密浓,以防止高卢附属居民的军队来支援罗马。

68. 两位执政官大为惊慌,他们需要更多的军队,但是他们不能召回苏拉,因为他已经渡海到亚细亚去了。尽管这样,他们还是命令西西利阿斯·梅特拉斯尽可能和萨谟尼安人订立最好的和平条件,以便回来拯救他的被围困的国家,因为梅特拉斯还正在残余的同盟战争中对于萨谟尼安人作战。但是梅特拉斯不同意萨谟尼安人的要求;当马略听到此事的时候,他把他们向梅特拉斯请求的东西,都给予了他们。这样萨谟尼安人也变为马略的同盟者了。在雅尼库隆山附近指挥罗马的防御工作的一个军团将校阿彼阿斯·克劳狄过去曾经受过马略的恩惠,马略现在提醒他不要忘记这件事,因此,他约在黎明的时候,替马略把城门打开,让他进来。于是马略又让秦那进来,他们立时被屋大维和庞培所逐出,因为屋大维和庞培一起向他们进攻,但是突然雷雨大作,打在庞培的营帐上,他和其他一些贵族们触电身死。

69. 马略截断了从海上运输来的粮食供应,或从上面的河道运输来的粮食供应之后,他匆忙地去进攻邻近的市镇,因为那里有为罗马人储备的谷物。他突然出乎意外地进攻它们的驻军,攻下了安提昂,阿里西亚,拉努维阿姆和其他市镇。还有些市镇由于内部的叛变而投降的。他这样取得了陆地供应的控制权之后,他沿着阿庇安路,当别的供应还没有从另一条道路运给罗马人的时候，勇敢地进攻罗马。他和秦那以及他们的部将卡波和塞多留，停留在离罗马城100斯塔狄亚的地方，扎起营寨，而屋大维、克拉苏和梅特拉斯在对面的亚尔巴山列成阵势对抗他们，以防万一。虽然他们认为在勇敢和人数方面，他们处于优势，但是由于仓促，他们不敢以国家的命运，在一次单独的战斗中，作孤注一掷。秦那派遣传令官到罗马附近各地宣传：凡投降到他一边来的奴隶都可以得到自由；马上有许多奴隶真的投到他一边来了。元老院大为惊慌，他们预见到，如果粮食缺乏继续下去的话，对于人民将产生最严重的后果，因此，他们改变了他们的主意，派遣代表们到秦那那里去议和。他问，他们到他这里来，是把他当作执政官呢，还是当作一个普通的公民呢？他们茫然不知所答，就跑回城内去了；现在许多公民聚集在秦那那里来了，有些是因为害怕饥饿，有些是因为他们原先就倾向秦那党，而在等待着，看形势向哪一边转。

70．现在秦那开始藐视他的敌人，带着军队靠近罗马城，在射程以外的地方扎起营帐。屋大维和他的党羽举棋不定，忧心忡忡，因为逃亡和议和的缘故，迟疑不敢向秦那进攻。元老院甚为烦恼，认为废黜朱比特祭司琉喜阿斯·美鲁拉是一件很可怕的事情，因为他是被推选出来代替秦那为执政官的，在他的任期内，他没有犯过错误。但是因为逼在眼前的危险，元老院不得不又派遣代表们到秦那那里去，这次是把他当作执政官了。他们不再期望获得有利的条件，他们只要求秦那宣誓，不要屠杀。秦那拒绝宣誓，但是他答应他绝不会故意地致任何人于死地。他指示，从别处转来，由另一个城门进入罗马城的屋大维应当远离 罗马的屈服广场,否则他会遭遇着意外,这不是出自他的本意的。这个答复他是从一个高台上以执政官的身份向代表们说的。马略站在最高官吏的坐椅旁边,默默无言;但是从他严酷的面孔上看来,他是在打算屠杀的。当元老院接受这些条件,请秦那和马略进城(因为人们都了解,名义上虽然是秦那,但是推动的力量是马略)的时候,马略带着藐视的微笑说,被放逐的人进城是不合法的。于是保民官们马上表决,取消放逐马略以及在苏拉为执政官时期所有其他放逐人的法令。

公民的被屠杀

71. 因此,秦那和马略进城了,人人都带着恐惧的心情来接待他们。他们马上开始毫无阻碍地掠夺他们所认为是敌党的财产。秦那和马略对屋大维宣过誓言,占卜官和预言者都说他不会受到迫害,但是他的朋友们劝他逃跑。他回答说:当他为执政官的时候,他绝不离开罗马。所以他带着贵族和残余的军队从广场退到雅尼库隆山上,他在那里,坐在最高官吏的坐椅上,穿着执政官的官服,有执政官的侍从跟着他。在这里,孙索里那斯带着一队骑兵向他进攻,他的朋友们和拥护他的士兵们又劝他逃跑,把他的马带来给他,但是他甚至连身子也不屑于抬起,只等待死亡。孙索里那斯把他的头颅割下,送到秦那那里,于是把他的头颅悬挂在广场上讲坛的前面,一个执政官的头颅这样示众这还是第一次。在他以后,其他被杀害的人的头颅也悬挂在那里;这个惊心动魄的习惯从屋大维开始,以后并未间断,在以后的屠杀中留传下来了。

头颅在广场上示众

现在胜利者派遣密探去搜寻他们在元老和骑士等级中的敌人。当骑士们被杀死的时候,就没有人再注意他们了;但是元老们的头颅都悬挂在讲坛前面示众，他们既没有对神明尊敬之心，也不害怕人们的愤怒，也不害怕人们对他们的行为的憎恨。他们作了这些野蛮行为之后，又转向这种凶恶的情景。他们残酷地杀戮，把已经死的人的头颅割下来，他们把这些可怕的情景陈列在公众的眼前，以引起恐惧或作为凶恶的展览。

72. 盖约·朱理亚和琉喜阿斯·朱理亚兄弟，阿提略·塞拉那斯，巴布利阿斯·林都拉斯，盖约·尼密多留和马可·培比阿斯都是在街上逮捕后被杀害的。克拉苏和他的儿子被敌人追赶。他先下手把他的儿子杀死了，但是他本人则被追赶者所杀害。演说家马可·安敦尼逃往一个乡下地方，被一个农民隐藏起来，款待着，这个农民派遣他的奴隶到酒店去购买比他平常习惯上所购买的质量好点的酒。当酒店老板问他为什么要买好点的酒的时候，这个奴隶向他耳边轻轻地说出原因来，他带着酒回去了。这个酒店老板就跑去告诉了马略。马略高兴得跳起来，好像他要亲自冲去做这件事的样子，但是他的朋友们阻止了他。于是一个军团将校被派去带着士兵们到那个屋子里去；这个军团将校派遣一些士兵上楼去。安敦尼是一个很有魔力的演说家，他努力用长篇的讲话来感化这些士兵们，回顾到许多各种各样的题目，以引起士兵们对他的怜悯心。直到最后那个军团将校不知道发生了什么事，亲自冲进房屋里去，发现他的士兵们正在那里倾听安敦尼的讲话。当安敦尼还在那里讲话的时候，他把他杀死，把他的头颅送到马略那里去了。

演说家马可·安敦尼之死

73. 科纽都隐藏在一个茅屋里，他的奴隶们用一个聪明的方法，挽救了他的性命。他们找着一具死尸，把它放在一个火葬堆上。当密探来了的时候，他们纵火焚烧火葬堆，说他们的主人已经自缢身死，他们在火葬他的尸体。这样，他的奴隶们就把他的性命救出来了。至于昆塔斯·安查里阿斯，他等着机会，直到马略将到卡皮托去祭祀的时候，他希望这个神庙是一个很宜于和解的地方。但是当他跑去向马略致敬的时候，正在开始祭祀的马略立即命令他的卫兵在卡皮托把他杀死了，他的头颅和演说家安敦尼的头颅以及其他曾经做过执政官和大法官的人们的头颅都在广场上示众。这些被杀害的人都不许埋葬，他们的尸体被狗和鸟撕成碎片。也有各党派间彼此私自不负责任的谋杀。有些人被放逐了，有些人的财产被充公了，有些人被免职了，苏拉为执政官时期所制定的法律被取消了。所有苏拉的朋友们都被处死，苏拉的房屋被铲为平地，他的财产被充公，苏拉本人被表决为公敌。他们搜寻他的妻子和儿女们，但是他们逃跑了。所有这些蔓延很广的灾祸没有哪一件没有做到了。

苏拉的朋友们被杀害，苏拉财产被充公

74. 再进一步，这样多的人未经审判而被处死之后，他们唆使控告者以法律的名义诬告朱比特祭司美鲁拉，他们痛恨他，因为他是继秦那为执政官，虽然他没有犯过其他的错误。也有人控告琉塔提阿斯·卡塔拉斯；在和西姆布赖人的战争中，他是马略的同僚，马略曾经救出他的性命。据说，他对马略忘恩负义，当马略被放逐的时候，他很仇视马略。这两人在秘密监视之下；当审判的日子到了的时候，两人被召来受审（正当的办法是被告在某些确定的间隔时期四次被传讯后即被逮捕）；但是美鲁拉已经割断了他的血管，他身旁有一块书板，说明当他割断他的血管的时候，他已经取下了他的祭司法冠，因为一个祭司死时戴着他

美鲁拉和卡塔拉斯之死

的法冠是一个罪恶行为。卡塔拉斯有意地在一间新涂墙泥还没有干的房屋里烧着木炭，把自己闷死在里面。所以两人都死了。那些响应秦那的号召，参加秦那一边，因而取得自由，被秦那编入自己的军队里的奴隶们冲进房屋里，劫掠财物，他们在街上所遇着的人都被他们杀害，有些奴隶特别进攻他们自己的主人。秦那几次禁止，不发生效力之后，有一天夜里，当他们正在休息的时候，他带着他的高卢士兵包围他们，把他们都杀死了。

这些奴隶们迭次背叛他们的主人，这样受到了他们应得的处罚。

75. 次年秦那第二次当选为执政官，马略第七次当选为执政官，所以虽然他遭到放逐，而且他的敌党以重价购买他的头颅，但是七只小鹰的预兆终于实现了。但是在他任期的第一个月中，当他正在计划各种可怕的阴谋来对付苏拉的时候，他逝世了。秦那使发利略·夫拉卡斯当选以代替马略的位置，派遣他往亚细亚去；当夫拉卡斯丧失了他的生命的时候，[①] 他选择卡波做他的同僚执政官。 前86 马略之死

IX. 苏拉率领大军回意大利

76. 苏拉，如我已经说到的，迅速地结束了和米特拉达梯战争之后，匆忙地回来对付他的敌人。[②] 在不到三年的时间内，他杀死了160 000人，恢复了希腊、马其顿、爱奥尼亚、亚细亚和米 前85 苏拉结束米特拉达梯战争

① 参阅 XII. 51，52。——译者
② 参阅 XII. 54 以下。——译者

特拉达梯从前所统治的其他许多国家,剥夺了国王的舰队,从他过去所有这样广阔的领土中,现在限制他只有他祖传的王国了。他带着一支很大、训练得很好、忠实于他、因为这些功勋而得意的军队回国了。他有许多船舰、金钱和可以应付一切紧急事变的工具,他是他的敌人恐惧的目标。卡波和秦那这样害怕他,所以他们派遣密使到全意大利各地去征集金钱、士兵和军需。他们和各市镇的主要公民做友好的谈判,特别号召各市镇的新公民,假装说,他们之所以受到目前危险的威胁是因为他们的缘故。他们马上修理船舰,召回在西西里的船舰,防守沿海一带。在他们一方面,他们带着恐惧的心理,匆忙地做好一切准备工作。

他准备回罗马

77. 苏拉写信给元老院,以高傲的语气缕述当他还是财政官时,在阿非利加参加对抗努米底亚人朱古达的战争,①以副将资格参加对抗西姆布赖人的战争,以大法官资格参加西里西亚和同盟战争,②以及他做执政官的时候所做的事情。最主要的,他强调他最近在米特拉达梯战争中的胜利,③给他们列举了许多过去在米特拉达梯统治之下而现在他替罗马人收复了的国家。那些被秦那逐出罗马的人逃到他那里来,在他们无依无靠的时候,他接待他们;在他们患难中,他支持他们;没有别的事情他看得比这件事还更重要的了。他说,他做了这些事情之后,他所得到的报酬,是他被他的敌人宣布为公敌,他的房屋被破坏,他

① 参阅 VIII.(V)。——译者
② 参阅 XII.57;XIII.40,46,50 以下。——译者
③ 参阅 XII.22—64。——译者

的朋友们被处死，他的妻子和儿女们经过许多困难才逃到他那里。他马上就要到那里来，为他们自己，为全罗马城，对那些有罪的人复仇了。他对其他的公民和新公民提出保证，他绝不埋怨他们。

当他们看到这些信件的时候，他们都害怕起来了，他们开始派遣使者去调解他和他的敌人，并且预先告诉他，如果他要求任何保证的话，他可以马上写信给元老院。他们命令秦那和卡波停止征集军队，等候苏拉的答复。他们答应停止征集军队，但是使者们刚刚离开那里，他们马上宣布他们自己为次年的执政官，这样他们用不着早些回罗马去主持选举。他们走遍意大利，聚集军队，分队乘船渡海，开往利布尼亚，①这个地方是他们反抗苏拉的根据地。

78. 第一个分队渡海很顺利。第二个分队遇着暴风。那些 前84
达到岸上的人马上逃回家去了，因为他们感觉到和自己的同胞公民作战，前途是没有什么好处的。当其余的士兵知道这件事之后，他们也拒绝渡海到利布尼亚去。秦那大怒，召集他们来开会，以便威胁他们；他们集合了，心中也愤怒，准备自卫。为秦那开路的一个侍从殴打了一个阻碍他的道路的人，一个士兵回击那个侍从。秦那命令逮捕那个士兵，于是四面八方的喊声大起，许多石头向他投去，那些站在他附近的人抽出短剑来，把他杀死了。所以秦那也是在他做执政官的任期内死亡的。卡波召回那些已经渡海到利布尼亚去的士兵，虽然保民官们力促他回罗马去主持选举，以推选一个同僚来；因为害怕正在发生的事情，他

① 在伊利里亚北部海岸旁边。——英译者

不回罗马去了。当他们威胁着将降他为普通公民的时候，他又回来了，命令举行执政官的选举，但是因为预兆不祥，他又延期到另一天。在那一天，雷电击了卢那①和西利兹②两个神庙，占卜官把人民会议延期到夏至以后去了，所以卡波仍然是惟一的执政官。

和苏拉议和

79. 苏拉回答元老院派往他那里去的人说，他绝不愿和那些犯了这样的罪行的人友好，但是他不阻止罗马城施恩于他们。至于保证，他说，他有一个忠诚于他的军队，因此他对他们和对那些逃到他军营里来的人比他们对他能够更好地提供一个持久的保证；因此，一句说明白了，他是不会遣散他的军队的，他现在正在计划取得最高权力。他要求他们恢复他以前的职位、他的财产、他的祭司职位，他们应当完全恢复他从前所享有的其他一切荣誉。他派遣他自己的人跟元老院的使者同到罗马去商量这些事情；但是他们在勃隆度辛听到秦那已死而罗马在不安定的情况下的时候，他们没有办理这些事情，就跑回苏拉那里去了。

苏拉到意大利
前83

于是他带着5个军团的意大利军队和6 000骑兵；除这些军队之外，他还加上伯罗奔尼撒和马其顿的其他军队，共约40 000人，从庇里犹斯动身到培特利，于是从培特利乘着1 600条船到勃隆度辛。勃隆度辛人没有作战而迎接他进城。为了这件事，他后来免除了它的关税；这个权利，他们一直享受到今天。于是他开动他的军队前进。

80. 他在途中遇着西西利阿斯·梅特拉斯·庇护，他是不

① 月神。——译者
② 大母神、土地神。——译者

久以前被选拔出来结束同盟战争的，但是因为害怕秦那和马略，他没有回罗马去。他在利比亚等待形势的转变。现在他带着他的部下（因为他现在还是一个代执政官：凡当选为代执政官的人，在他回到罗马以前，得保留他的军队），跑来做一个自愿参加的同盟者。在梅特拉斯之后，尼阿斯·庞培也来了，他是那个被雷电殛毙的庞培①的儿子，不久之后，他被称为伟大的。人们以为老庞培和苏拉是不友好的，少庞培带来了一个军团，消除了这个猜疑。这个军团是他利用他父亲的声誉在匹塞浓聚集起来的，因为他的父亲在那里是很有势力的。不久之后，他又募集两个军团的兵力，成为苏拉在这些事务中的得力助手。所以他虽然还很年轻，②苏拉对他很尊敬；他们说，除这个青年外，没有别的人进门的时候，他会起身的。当战争将要结束的时候，苏拉派遣他到阿非利加去驱逐卡波的党人，恢复海恩普萨尔的王国（因为他是被努米底亚人驱逐了的）。因为这个功绩，他虽然没有达到法定的年龄，同时还只是一个骑士等级，但是苏拉允许他举行一个战胜努米底亚人的凯旋。从这个开端起，庞培得到了很大的成就，被派往西班牙去进攻塞多留，③后来又被派往本都去进攻米特拉达梯。④塞提加斯，虽然过去他是和秦那以及马略一起极端仇视苏拉，又和他们一道被逐出罗马城的，现在也和苏拉联合在一起了。他转而恳求苏拉，随苏拉给予他任何位置，他愿意献出他的力量来。

① 参阅本卷第68。——译者

② 时年23。——译者

③ VI.101。——译者

④ XII.97以下。——译者

81. 现在苏拉有许多士兵和许多高级等级的朋友了,他利用这些等级高的朋友作为部将,他和梅特拉斯引军前进,两人都是代执政官;苏拉受命为代执政官以进攻米特拉达梯,他虽然因为秦那的要求,被通过为公敌,但是似乎从来就没有放弃他的兵权。现在苏拉隐藏着刻骨的深仇,率领军队来进攻他的敌人。罗马人民对于这个人的品质有个很公平的判断,他们记得他过去曾进攻和占领罗马城,他们考虑到他们所宣布反对他的法令,他们也亲眼看到他的房屋的毁灭,他的产业的充公,他的朋友们的被杀和他的家属的死里逃生,因此他们处于恐怖状态中。他们知道,胜利与完全毁灭之间没有中间的道路,所以他们和执政官联合起来反抗苏拉,但是战战兢兢的。他们派遣使者们到意大利各地去筹集军队、粮食和金钱。在极端危急的时候,他们没有忽略认真和热心所能提醒他们的任何事情。

召集军队,抵抗苏拉

82. 当时的执政官盖约·诺巴那斯和琉喜阿斯·西庇阿,以及前任执政官卡波(他们都同样地痛恨苏拉,比别人更加恐慌些,因为他们知道,对于所发生的事情,他们的罪过更多)尽量在罗马城中募集最好的军队与意大利人的军队联合在一起,分队出兵进攻苏拉。他们起初有200个大队,每个大队500人;后来他们的军队人数大增。人民对执政官们深表同情,因为向他的祖国进军的苏拉的行动有点像是敌人的行动,而执政官们的行动纵或他们也是为了他们自己,但在表面上还是为了共和国的利益。许多人知道他们是和执政官们一道犯了罪过,同时相信他们不能轻视执政官们的害怕心情,他们也和执政官们合作了。他们知道得很清楚,苏拉所正在打算的不是单纯对他们处罚、纠正和警告的问题，而是毁灭、死亡、财产充公和全部歼灭的问题。在这方面，他们是没有估计错的，因为这次战争使每个人都毁灭了。在一个战役中 10 000 人到 20 000 人被杀的事不只是发生过一次。在罗马附近，双方死亡的人数有 50 000 人；对于那些残存的人，无论对个人或团体，苏拉的严厉一点也不减少，直到最后，他按照他自己的意志，成为全罗马政府无可争辩的统治者。

83. 似乎神意也预先把这次战争的结果告诉他们了。全意大利有许多人遭遇着神秘的恐怖，有些是在公众场所，有些是在私人家里，有人想起了令人可怕的古老神签。许多极可怕的事情发生了。一个骡子生了小马，一个妇女生出一头毒蛇，而不是生出一个小孩，有神意产生的大地震，罗马有些神庙被震倒了（罗马人在任何情况下，总是严肃地对待这样的事情的）。400 年前国王们所建筑的卡皮托神庙[①]被焚毁了，没有人能够找出起火的原因。所有这些事情都是向群众指出，马上会来到的大屠杀，指出意大利和罗马人自己的被征服，指出罗马城的陷落，指出宪法的变更。 预兆与灾难

84. 苏拉一到勃隆度辛，这次战争马上开始了，这是第 174 奥林匹亚四年纪。如果我们考虑到军事行动的巨大规模的话，[②]这次战争的时间和这样规模的一次战争比较起来，是不长的，因为双方交战者都带着私仇的愤怒情感互相冲击。因为这个特别 前 83

---

① 根据传说，卡皮托山冈上朱比特神庙是最后一个国王塔魁尼阿斯建立，公元前 509 年共和国成立时第一任执政官布鲁图献给朱比特的。——译者

② 此处抄本一定有脱误，不能适当地恢复原状。——英译者

缘故，参加战争的人在一个短时间内，所遭遇的灾难比在平常一般情形下更为巨大，更为悲惨，因为他们冲上去迎接他们的灾祸。尽管这样，这次战争，仅在意大利就延续了三年，直到苏拉取得了最高权力；但是在西班牙，甚至在苏拉死后，战争还继续进行。无数的战役，小的冲突，各种围攻在全意大利进行，将军们有正规战役，也有局部战争，所有这些战斗都是值得注意的，我将简单地提到其中最大的和最显著的一些战役。

X. 苏拉战败敌党的军队

卡纽新之役

首先苏拉和梅特拉斯跟诺巴那斯战于卡纽新，[1]杀死了他的部下 6 000 人，而苏拉的士兵阵亡了 70 人，但是他的许多士兵受了伤。诺巴那斯退到加普亚。

85. 其次，当苏拉和梅特拉斯在替隆附近的时候，琉·西庇阿带着另一支军队向他们进攻，但他的军队士气消沉，渴望议和。苏拉党人知道这一点，派遣代表到西庇阿那里去议和，不是因为他们希望或愿意达到一个协议，而是他们期待在西庇阿军

军队叛降苏拉

队中造成分裂。因为西庇阿的军队已无斗志。在这方面，他们成功了。西庇阿取得了会议的人质，率领军队下到平原地带来。每方只有三个人参加会议，所以他们谈些什么，没有人知道。但是在休战期中，西庇阿似乎派遣塞多留到他的同僚诺巴那斯那里去，告诉他议和的事情。当他们等待回信的时候，他们停止敌对行动。塞多留在途中占领了粟萨，因为粟萨是袒护苏拉一边

① 可能是卡西利浓之误。——译者

的；苏拉向西庇阿控诉这件事情。西庇阿或者因为他暗中参与了这事，或者因为他对于塞多留所作的这个奇怪举动，他不知道如何答复，就把苏拉的人质送回了。他的军队责难两个执政官，在休战时期毫无理由地夺取粟萨，又把人质送回去，苏拉并没有要求这些人质，因此，他们秘密地和苏拉订立协议，只要苏拉带着军队靠拢来一点，他们就投降到苏拉一边去。苏拉果然把军队靠拢来了。于是他们马上全体跑到苏拉一边去了，结果，全部军队中，只有执政官西庇阿和他的儿子琉喜阿斯留在军营里，不知道怎样办了。他们父子在军营里被苏拉俘虏了。包括他的全部军队在内的这样一个阴谋，西庇阿完全不知道。照我看来，对于一个将军来说这是不可原谅的。

86. 当苏拉不能够使西庇阿投到他一边来的时候，他把西庇阿父子送出去，而不加伤害。他又派遣其他代表们到在加普亚的诺巴那斯那里去，要求谈判，或者是因为他害怕战争的结果（因为意大利大部分还站在两个执政官一边），或者是因为他想用对付西庇阿的手段来对付诺巴那斯。因为没有人前来，也没有回信（诺巴那斯似乎担心他的军队责难他，正好像西庇阿遭到责难一样）。苏拉又率军前进，蹂躏所有对他敌视的地区，而诺巴那斯在另一些道路上也蹂躏支持苏拉的地区。卡波匆忙地跑到罗马去，使元老院下令，宣布梅特拉斯和所有跟苏拉联合在一起的其他元老们为公敌。正在此时卡皮托被焚毁。有人说，这件事是卡波干的，另一些人说，是两个执政官干的，还有一些人说，是苏拉派人干的，但是关于这个确切的事实，没有证据；现在我也无法推测起火的原因。塞多留不久以前曾当选为西班牙

塞多留往西班牙

的大法官;他攻下粟萨之后,即逃往他的行省,因为前任大法官不承认他的权力,他在那个地方引起罗马人许多麻烦。[1]同时两个执政官的军队经常地从意大利大部分领土内(这些地方还是支持执政官的)以及从波河流域邻近的高卢增加援军。苏拉也不是闲着的,他派遣使者们到他们所能达到的全意大利各地去,利用友谊、利用威胁、利用金钱和利用诺言,来聚集军队。双方就是这样消磨了夏季其余的时间。

前82
苏拉部将
的胜利

87. 次年的执政官是巴彼利阿斯·卡波(第二次为执政官)和马略(伟大的马略的侄子,时年27岁)。起初,冬季和严霜使两军不能交战。在春季刚开始的时候,梅特拉斯和卡波的部将卡赖那斯在伊西斯河的两岸发生激战,战斗从清早继续到中午。受了重大损失之后,卡赖那斯溃败逃走,因此所有附近地区叛离了执政官,投到梅特拉斯一边去了。卡波赶来,围攻梅特拉斯,直到他听到另一个执政官马略已经在普勒尼斯特附近一次大战中被打败了。当时马略带着他的军队回到阿里密浓去,而庞培紧紧地追在他的后面,消耗他的兵力。普勒尼斯特之役是这样打败的。当苏拉已攻下了塞提亚镇之后,驻扎在附近的马略带着军队往距离远一点的地方移动。但是当他到达圣湖的时候,他交战了,他勇敢地战斗。当他的左翼开始退却的时候,有5个大队的步兵和两个大队的骑兵决定不等到公开失败的时候,就一齐抛弃了他们的军旗,投到苏拉那边去了。这是马略的可怕灾难的开始。他被击散了的军队逃往普勒尼斯特,苏拉在后面紧紧地追赶。普勒尼斯特人庇护了那些最早到那里的人,但是

① 参阅本卷第108—113。——译者

当苏拉紧紧地追赶他们的时候，城门关闭了，马略是用绳索被拉上去的。因为城门关了，城下的士兵又遭到大规模的屠杀。苏拉截获了许多俘虏，把其中所有的萨谟尼安人都杀死，因为他们一直是对罗马人有恶感的。

苏拉的继续胜利

88. 大约同时，梅特拉斯战胜了卡波的另一支军队，在此地又有5个大队的士兵，为了安全的缘故，在战斗中叛降了梅特拉斯。庞培在塞那附近战胜马喜阿斯，劫掠了这个市镇。苏拉把马略包围在普勒尼斯特之后，在离这个市镇相当远的地方，把军队列成一个包围线，环绕这个市镇，命令琉克利喜阿斯·俄飞拉担负围城之责，因为他想以饥饿而不以战争使马略屈服。当马略知道他的情况毫无希望的时候，他匆忙地想把他的私敌除掉。他写信给罗马城的大法官布鲁图，要求他利用一些借口，召集元老院，以杀害巴布利阿斯·安提斯提阿斯、巴彼利阿斯、琉喜阿斯·多密提阿斯和最高僧侣谟西阿斯·塞佛拉。安提斯提阿斯和巴彼利阿斯两人是按照马略的命令，在坐位上被杀死的，凶手是被引进元老院议事厅来杀害他们的。多密提阿斯向外面逃跑，但是在门口被杀死了；塞佛拉在更远一点的地方被杀死了。他们的尸体都被抛入台伯河中，因为按当时的习俗被诛戮的人是不许埋葬的。苏拉派遣军队，分队分途前往罗马，命令他们夺取城门；如果被击退的话，就可在奥斯提亚集合，沿途的市镇都带着恐惧战栗的情绪迎接他们；罗马城开门让他们进去，因为罗马人民为饥饿所迫，在目前的灾难中，人们总是振作精神来忍受更坏的。①

小马略被围于普勒尼斯特

在罗马的杀害

① 意思说，饥饿是两种灾难中比较轻的。——英译者

89. 当苏拉知道此事的时候，他马上前进，驻扎他的军队在城门外的马斯广场。因为所有反对的党人都已逃跑了，他亲自进城。反对党人的财产马上被没收，公开拍卖。苏拉召集人民会议，在会议中，他悲叹他目前的行动是出于不得已，要求他们振作精神，因为困难不久就会过去了。政府会按照它的职权进行工作。他把那些最紧急的事务作了安排，任命他的部下负责管理罗马城之后，他就往克鲁新去了，因为战争还在那里激烈地进行。同时，西班牙大法官们派遣来的一队克勒特-伊伯里亚人的骑兵已和两个执政官联合起来，在格兰尼斯河畔有一个骑兵战斗。苏拉杀死了大约50名敌骑，于是有270名克勒特-伊伯里亚人的骑兵叛变，投到苏拉那边去。卡波本人杀死了其余的骑兵，或者是因为他们同胞的叛变而愤怒，或者是因为害怕他们自己也会有同样的行动。大约同时，苏拉在萨特尼亚附近战胜另一支敌军，梅特拉斯航海绕道往拉文那，占领了长着小麦的攸利坦那斯平坦地区，[①] 另一支苏拉军队乘夜间，利用内应，进入尼亚玻里，除了少数逃掉了的人之外，全部居民都被杀害，这个城市所有的三列桨大船都被夺取了。苏拉本人和卡波在克鲁新附近进行了一次激烈的战斗，时间延续了一整天。双方都没有取得胜利，因天黑而停止战斗了。

苏拉的胜利

90. 在斯波雷敦平原，苏拉的部将庞培和克拉苏杀死了卡波的部下约3 000人，被围攻敌人的将军是卡赖那斯。卡波派遣援兵到卡赖那斯那里去，但是苏拉知道了他们的行动，在途中

---

① 维尔利克是这样解释的；但是根据非斯塔斯的意见，这可能是“ager viritanus”，“qui viritim distribuitur”的意思。——英译者

布置埋伏，杀死了他们大约 2 000 人。卡赖那斯乘夜间暴风雨和黑漆的时候逃跑了，因为围城者虽然知道有些行动，他们因为暴风雨的缘故没有加以阻击。卡波派遣马喜阿斯带着 8 个军团去营救被围在普勒尼斯特的同僚马略，因为他听到马略受到饥饿的痛苦。庞培埋伏在一个险隘处，突然向他们进攻，打败了他们，杀死他们大部分人，其余的军队被包围在一个小山上。马喜阿斯让他的营火燃烧着，他本人逃跑了，但是他的军队把中敌人埋伏之计的责任归咎于他，于是发生了严重的叛变。整整的一个军团，没有上级的命令，就带着他们的军旗开往阿里密浓去了。其余的军队解散，分成零星小股跑回家去了，所以结果只有 7 个大队还留下和他们的将军在一起。

马喜阿斯这样失败之后，回到卡波那里去了。但是琉卡尼亚人马可·拉姆蓬尼阿斯、萨谟尼安人蓬提阿斯、泰雷星那斯和加普亚人加塔带着 70 000 人匆忙地想去把马略从包围中营救出来，但是苏拉占据了到那里去的惟一通道，把道路封锁起来。现在马略完全没有得到外援的希望了，他在他自己和敌军之间一个宽阔的空地上建筑一个高地要塞，把他的士兵和机械都聚集在这个要塞里，他想从这个要塞冲过琉克利喜阿斯的包围军队。这个计划在几天之内，用不同的方法尝试了几次，但是毫无结果，所以他又被封锁在普勒尼斯特城内了。

91. 约在同时，卡波和诺巴那斯在黄昏之前，由一条捷径，去进攻梅特拉斯在法文提亚的军营。再过一小时天就会黑了，那里附近有稠密的葡萄园。他们这些计划是根据意气而不是根据判断作出来的，希望出乎意料之外进攻梅特拉斯，把他吓跑。

但是他们被打败了,因为时间和地点都不利于他们。他们被葡萄藤纠缠着,受到惨重的屠杀,丧失了大约10 000人。约6 000人叛降敌军,其余的被击散了。只有1 000人秩序良好地回到了阿里密浓。阿尔拜诺发那斯领导下的另一个琉卡尼亚人的军团,当他们听到这个败仗的消息的时候,就投降到梅特拉斯那边去了,他们的领导者十分愤怒。因为阿尔拜诺发那斯不能阻止他的部下这种冲动,他暂时回到诺巴那斯那里去了。没有几天之后,他秘密地派人到苏拉那里去;苏拉允许保证他的生命安全,如果他能够做出一点重大事情来的话,于是他邀请诺巴那斯和他的部将盖约·安蒂帕特和弗拉维·费姆布里亚(他的兄长费姆布里亚是在亚细亚自杀的[①]),以及当时在那里的卡波的部将来参加宴会。除诺巴那斯一人以外(只有他一人是没有去参加宴会的),他们都到齐了的时候,阿尔拜诺发那斯在宴会中把他们都杀死,然后,逃往苏拉那里去了。因为这个悲剧的结果,阿里密浓和附近的许多军营都叛变投降到苏拉那边去了。诺巴那斯听到这个消息之后,知道他的许多朋友都靠不住了,他发现他自己在危急中,所以他乘着一条私人的船渡海,往罗得斯去了。后来,当苏拉要求引渡他,而罗得斯人正在考虑这个问题的时候,他在市场的中央自杀了。

叛变投降苏拉者更多

92. 卡波匆忙地派遣达马西配斯率领两个军团往普勒尼斯特,去营救马略,因为马略还是在被包围之中;但是连这两个军团也不能冲过苏拉所把守的那条通道。住在拉文那和阿尔卑斯山之间的高卢人也全体投降到梅特拉斯一边去了,琉卡拉斯又

① 参阅XII.60。——译者

在普拉孙喜阿附近战胜了另一支卡波的军队。当卡波听到了这些事实之后，虽然他还有在克鲁新附近的 30 000 人，达马西配斯领导下的两个军团和卡赖那斯及马喜阿斯领导下的其他军队，此外还有在通道中勇敢地忍受艰苦的一大支萨谟尼安人军队，但是他完全失望了，懦弱地带着他的朋友们逃往阿非利加。他虽然仍是执政官，但他希望取得阿非利加，以代替意大利。在他所遗弃的军队里面，在克鲁新附近的军队和庞培交战，损失了 20 000 人。经过这次最大的惨败之后，很自然地其余的残军分散为小股，每个人都回到自己的家里去了。卡赖那斯、马喜阿斯和达马西配斯带着他们所有的军队到通道来，想和萨谟尼安人共同冲击通道，他们想冲出通道不成功之后，他们进军罗马，以为罗马既无人，又无粮食，是很容易攻下来的。他们驻扎在亚尔巴地区，离城 100 斯塔狄亚。

卡波逃往阿非利加

93. 苏拉担心罗马城的安全，派遣他的骑兵迅速前进，去阻止他们的进军。随后他亲自率领他的全军匆忙赶来，在中午的时候，把军队扎营在维纳斯神庙附近的科林门外，因为敌军已经扎营在城市的周围了。在下午很晚的时候战斗发生了。苏拉的右翼胜利，但是他的左翼战败，逃往城门口去了。城墙上的老兵们看见敌人和他们自己的人一起冲进城里来了，马上把格子吊闸放下来，砸死了许多士兵和元老们。但是大部分人，因为恐惧与必要，不得不回转来，和敌人战斗。战斗继续了一个通宵，很多人被杀死了，将军们泰雷星那斯和阿尔拜那斯也被杀死，他们的军营被敌人夺去了。琉卡尼亚人拉姆蓬尼阿斯，马喜阿斯和卡赖那斯和卡波党人的其他将军们逃跑了。在这次战役中，估

苏拉在科林门外的胜利

计双方死亡人数达50 000人。8 000以上的俘虏被苏拉用标枪射死，因为他们多半是萨谟尼安人。第二天，马喜阿斯和卡赖那斯被俘虏，被带进来了。苏拉并不因为他们是罗马人而饶恕他们，他把两人都杀死，把他们的头颅送到在普勒尼斯特的琉克利喜阿斯那里去，悬挂在城墙上示众。

普勒尼斯特投降

94．当普勒尼斯特人看见这两个头颅时，知道卡波的军队完全被消灭了，诺巴那斯本人逃出了意大利，罗马以及意大利其他地区完全在苏拉权力之下了的时候，他们把他们的城市献给了琉克利喜阿斯。马略本人藏在一个地道下，不久之后自杀了。琉克利喜阿斯割下他的头颅，送给苏拉，苏拉把这头颅悬挂在广场的讲坛前面示众。据说，他肆意嘲笑这位执政官的年轻，说："在你掌舵之前，首先学会划桨。"[①]当琉克利喜阿斯攻下普勒尼斯特的时候，他逮捕那些在马略指挥下带过军队的元老们，有些，他杀死了，有些，他投入狱中。当苏拉来的时候，他把那些下在狱中的元老们杀死了。在普勒尼斯特所俘虏的其他的人，他命令都不要携带武器走到平原地区，当他们这样做了以后，他选出极少数对他有过一点用处的人。他把其余的人分作三部分：第一部分为罗马人，第二部分为萨谟尼安人，第三部分为普勒尼斯特人。这样分开之后，他命令传令官对罗马人宣布，他们本应该处死，但是他将要饶恕他们。其他的人，他都射死，不留一个，但是他们的妻子和儿女们，他释放了，不加伤害。普勒尼斯特在当时是极富庶的，他让他的士兵大肆劫掠。

① 引自亚里斯多芬《骑士》542（英译注）。参阅罗念生译《亚里斯多芬喜剧集》（1954年人民文学出版社出版，116页）。译文稍异。——译者

普勒尼斯特是这样被攻下来的。另一个市镇诺巴还继续以全力抵抗,直到最后伊密利阿斯·雷必达① 利用内应被引入城内。城内居民因为这个叛变而疯狂了,他们自杀或彼此互杀,或用绳索自缢而死。另一些人把城门关起来,纵火焚烧城市。大风吹着火焰,把那个地方完全烧毁,以致劫掠毫无所获。

XI. 苏拉的反动统治

苏拉宣布公敌与屠杀

95. 刚毅勇敢的诺巴人,就是这样死亡的;现在苏拉的将军们在以战争、火和屠杀摧残意大利之后。他们到各城市里去,在可疑的地方驻扎军队。庞培被派往阿非利加去进攻卡波,往西西里去进攻逃往那里去的卡波的朋友们。苏拉本人召集罗马人民来开人民会议,向他们发表演说,宣扬他自己的功绩,说出其他威胁的言辞,使他们感觉恐怖。最后他说,如果他们服从他的话,他将作出一些有利于人民的改革;但是对于他的敌人,他一个也不饶恕,而将以最残酷的手段来对付他们。他将采取强硬的办法来报复那些在执政官西庇阿破坏和他所订的协议② 以后,对他采取敌对行为的大法官们、财政官们、军团将校们以及其他任何人。他说完这句话之后,马上宣布大约 40 名元老和 1 600 名骑士为公敌。他似乎是第一个把他所要处罚的人列成正式的名单,③ 宣布暗杀这些人者有赏,告密这些人者有奖,隐

① 后三头之一雷必达的父亲。——译者

② 参阅本卷第 79,82。——译者

③ 拉丁文是 proscribere 意即"宣布公敌",proscription 一字即由此而来。——英译者

藏这些人者必受处罚。不久之后，他又在公敌的名单上增加了其他一些元老们的名字。这些人中间有些是出乎意外地在他们被捉着的地方，在他们的房屋里，在街上，或在神庙中被杀害了。其他一些人则从半空中①掷出，抛在苏拉的脚下。另一些人被拖过城市，受人践踏，旁观者没有一个人敢说出一句反对这种可怕的事的话来。有些人被放逐，另有一些人的财产被充公。密探到处搜寻那些从城里逃出的人；那些被他们捉住的人，都被杀掉。

诸行省中的没收财产与屠杀

96. 在那些曾经服从卡波或马略，或诺巴那斯或他们的部将的意大利人中间，也有很多被屠杀、放逐和财产充公。全意大利的法庭用各种罪名对他们判决严厉的处罚——有的因为指挥过军队，有的因为在军队中服务过，有的因为捐献金钱，有的因为其他工作；甚至有的因为出了反对苏拉的计谋。款待客人、私人友谊、借贷金钱都同样地被看作是犯罪的行为。常常有人因为对一个有嫌疑的人做了一点好事，或者仅仅是旅行中的同伴，而被逮捕了。这些控告对于富人最多。当对个人的控告不成功的时候，苏拉即对整个城市采取报复。他处罚一些城市的方法是多种多样的，或者毁坏它们的卫城，或者拆掉它们的城墙，或者处以罚款，或以繁重的捐献摧残它们。在大多数的城市中，他安插了他的军事殖民团，使整个意大利控制在他的驻军之下，没收它们的土地和房屋，分配给他的士兵，因此，他使这些士兵，甚至在他死后，还忠诚于他。如果全部苏拉的制度没有一个

① 可能是从窗中或从屋顶上，但是希腊文的意义可能只指“带去”而言，与“拖去”的意义相反。——英译者

坚固的基础的话，他们所占有的土地和房屋，是不会稳固的；因此，甚至在他死了之后，他们还是拥护他的最坚强的战士。

当意大利正在这种情况之下的时候，庞培派遣一支军队，俘虏了卡波，当时卡波带着许多显贵的人从阿非利加逃往西西里，再从西西里逃往科西拉。庞培命令他的军官们把其余的人都杀死，不要把他们带到他的面前来；但是他命令把这个"三任执政官"的卡波用锁链带到他的脚前，庞培指着他向群众发表一篇公开演说之后，把他杀死，把他的头颅送到苏拉那里去了。

苏拉胜利了

97. 苏拉对付他的敌人，一切都如愿以偿了，除去在遥远的塞多留的军队以外，已经没有敌军了。这时候，他派遣梅特拉斯进入西班牙去进攻塞多留，他夺取了罗马城内的一切，以适合他自己的利益，再没有使用法律、选举或抽签的必要了，因为人人都恐惧而战栗，隐藏起来，或缄默无言。他做执政官或代执政官时所做的一切都被追认和批准了，他的镀金的骑士像竖立在讲坛前面，上面刻着铭语："永远幸福的科尼利阿斯·苏拉"，因为他对付他的敌人时，他从来没有失败过，所以谄媚他的人就这样称呼他。这个谄媚的称呼直到现在还加在他的身上。我看到一个文件，文件上说，元老院在一个命令中称苏拉为挨巴夫罗代塔斯。[①] 在我看来，这个名称似乎是恰当的，因为他有一个名字叫做福斯都（意为幸运的），而这个名字的意义和挨巴夫罗代塔斯的意义非常相近。在某一个地方又有一个神谶，当他询问他的将来的时候，这个神谶保证他的事业顺利如下：

"罗马人，相信我吧！保护神西利斯，

① 意为"维纳斯神所爱的人"。——英译者

把神权放射在伊尼阿斯的世系上；

每年把你的礼物送给所有的神明，

主要送给特尔斐。

但是在道拉斯高耸着白雪皑皑的侧边，

在开利亚人建筑城墙环绕着、以阿富罗底[①]命名、远近闻名的城市[②]里，

如果在那里供奉一把斧头，

那么，最高权力是你的！”

当罗马人竖立这个镀金像时，罗马人所表决的不管是哪一个铭语，照我看来，他们刻上这句铭语，不是来嘲笑他的，就是来谄媚他的。但是苏拉真的送了一顶金冠和一把斧头给维纳斯，上面有这样一个铭刻：

“这把斧头，苏拉献给阿富罗底女神，

他在梦中看见她、这位他军队的保护女神，

在战斗中，全副武装，

作出了武士的功勋。”

98．这样苏拉成为事实上的国王，或僭主，不是由选举产生的，而是以暴力维持他的权势。但是他需要装作被选举的样子，这也是用下列的方法安排的。古罗马人的国王是以其勇敢而当选的，每次一个国王死了的时候，元老们轮流掌握王权，每人5天，等到人民决定谁为新国王时为止。这个5天的统治者叫做

① 恋爱女神，罗马人称为维纳斯，希腊人称为阿富罗底。——译者

② 开利亚的阿富罗底西阿斯城（英译注）。在开利亚东北，密安德河之南，其遗址在现在阿丁城东南约50英里。——译者

摄政官，意为暂时的国王。将卸任的执政官总是主持他的继任执政官的选举事宜，如果碰着当时没有执政官的话，那么就委派一个摄政官，以主持选举执政官的人民会议。苏拉就利用这个习惯。当时没有执政官，因为卡波已经在西西里丧失了生命，[①]马略在普勒尼斯特丧失了生命，[②]所以苏拉暂时离开罗马，命令元老院推选一个摄政官。

他们推选发利略·夫拉卡斯，盼望他不久就主持选举执政官的人民会议，[③]但是苏拉写信来，命令夫拉卡斯把他自己坚决的意见向人民陈述，为了罗马目前的利益，他主张应当恢复独裁官的职位，这个职位已经400年[④]没有设立过了。他告诉他们不要决定独裁官的任期，而要等到他巩固地恢复了罗马、意大利和政府统治时为止，因为当时意大利已被党派和战争弄得四分五裂了。这个建议是指他自己而言，这一点也没有怀疑的余地，苏拉也不隐讳这一点。在这个信件的末了，他公开地说，照他看来，在这个职位上，他能够做出对罗马最大的贡献来。

99. 苏拉的信的内容就是这样的。罗马人不喜欢这样做，但是他们没有依照法律选举的机会，他们认为这件事完全不是他们自己的力量所能决定的。所以在这个普遍的僵局中，他们欢迎这个伪装的选举，作为他们的自由的影子和外衣，推选苏拉为专制的主宰，他高兴做多么久就多么久。过去也有过独裁官

他当选为终身独裁官

① 参阅本卷第92。——译者

② 参阅本卷第94。——译者

③ 森都里亚会议。——译者

④ 这里原文有误，可能记忆有误；正确的年代是120年。——英译者

的专制统治，但只以短期为限。①但是在苏拉统治之下，独裁官的任期才第一次成为无限期的，因此成为一个专制暴君的统治。尽管这样，为了礼貌的关系，他们还是补充说，他们推选他为独裁官，制定他所认为最好的法律，以整顿共和国。这样，罗马人在国王政府统治下约60个奥林匹亚四年纪；②在每年选举的执政官领导下的民主政治100个奥林匹亚四年纪③之后，又恢复到国王政府的统治了。依照希腊人的历法，这事发生于第175奥林匹亚四年纪；④但是当时没有奥林匹亚赛会了，只有体育场中的赛跑，因为苏拉借口人民群众在艰苦劳动之后，需要休息和恢复精神，把运动员和所有的展览物及陈列品都带到罗马来，以庆祝他在米特拉达梯战争和意大利战争中的胜利。

苏拉的宪法

100. 尽管这样，他还是允许他们任命执政官，以维持共和国的形式。马可·图利阿和科尼利阿斯·多拉培拉当选为执政官。但苏拉，好像一个统治的君主一样，是位于执政官之上的独裁者。他为独裁官，有24个侍从肩上扛着斧头在他的前面，正好像古代国王前面有24把斧头一样，另外，他还有一个很大的卫队。他废除了一些旧法律，制定了一些新法律。他规定任何人必须担任过财政官的职务之后，才可以担任大法官的职务，或必须担任过大法官的职务之后，才能够担任执政官的职务；他又规定，任何人必须经过十年之后才可以再担任同样的官职。他削减人民保民官的权力达到这种程度，这种权力似乎完全被取

① 以六个月为限。——译者

② 公元前753—前509年。——译者

③ 公元前509—前82年。——译者

④ 公元前82年。——译者

消了。他用法律限制这种权力，担任人民保民官的职务者以后不得再担任其他职务；因为这个缘故，所有有名望的人或家族，过去是争取这个职位的，以后就逃避不肯担任这个职位了。我不能肯定地说，苏拉是不是把人民保民官的职位从人民手中转移到元老院手中了，它现在是设在元老院的。元老院本身因暴动和战争的原因，人数大为减少；他从最好的骑士中选择了 300 人为元老，每个元老都由部落投票表决。他从被宣布为公敌的人的奴隶中选择年龄最轻、身体最强的 10 000 多人为平民，给予他们以自由和罗马公民权，依照他自己的名字，称他们为科尼利阿斯。这样，他就有把握在平民中有 10 000 人随时准备服从他的命令。为了在全意大利取得同样的保障起见，他把各城市许多土地分配给在他部下服务的 23 个军团的士兵，这些土地，如我在前面已经说到的，[①] 有些是公有财产，有些是作为罚款，从这些城市手中夺取的。

琉克利喜阿斯·俄飞拉的被杀

101. 昆·琉克利喜阿斯·俄飞拉过去曾经围攻普勒尼斯特，把它攻下来，杀掉执政官马略的头颅，替苏拉取得最后胜利；[②] 当时他还是骑士等级，没有做过财政官和大法官，因为他自恃对于苏拉有过巨大的贡献，所以依照传统的习惯，不顾新法律的规定，擅自提出自己做执政官的候选人，号召人民帮助他。苏拉用说服的方法来劝止他，不生效力之后，他的愤怒是这样地不能抑制，他在一切方面是这样地使人害怕，他把琉克利喜阿斯杀死在广场的中央。于是苏拉召集人民会议，对他们说："公民

① 参阅本卷第 96。——译者
② 参阅本卷第 94。——译者

们，你们要知道，从我这里得到教训，我杀死琉克利喜阿斯，因为他不服从我。”于是他说了一个寓言：“有一个农民当他在犁田的时候，被虱子咬着。他停止他的工作两次，以便把虱子从他的衬衫上抖落。当虱子再咬他的时候，他就把他的衬衫烧掉，以免妨碍他的工作。我告诉你们，如果你们使我动手了两次的话，那么，你们要当心，第三次你们就需要火了。”他用这些言辞来威胁他们，以后就随心所欲地统治着了。因为米特拉达梯战争，他举行一次凯旋，在凯旋时有些嘲笑者称他的政府为“官方否认的王权统治”，因为他只是没有国王的名义而已。另一些人，根据他的行动来判断，采取不同的观点，称他的政府是“官方允许的暴政”。

意大利的苦难和山穷水尽

102. 罗马人和所有意大利人都因这次战争陷入这样的灾难中；所有意大利以外的国家因最近海盗的掠劫，[①]因米特达拉梯战争，[②]或因为征收来弥补因暴动所造成国库亏空的许多使民穷财尽的捐税，也同样地受到很大的灾难。所有同盟国家和国王，不仅那些纳贡的城市，并且那些根据誓约而自愿投降罗马人的城市，以及那些因为在战争中供应物资，或其他功绩而保留自治权、不要纳贡的城市，现在都要贡献金钱和服从命令，而有些根据条约让予它们的土地和港口也被剥夺了。

前埃及国王亚历山大的儿子亚历山大，是在寇斯岛上被抚养成人，寇斯人民把他交与米特拉达梯，[③]他逃往苏拉那里去

① 参阅 XII. 92－94。——译者
② 参阅 XII. 17 以下。——译者
③ 参阅 XII. 23。——译者

了，和苏拉发生亲密的关系；现在苏拉下令，亚历山大为亚历山大里亚国王。他之所以这样做，是因为亚历山大里亚的政府缺少一个男系的君主，王室的妇女们需要一个王系的男子，因为他盼望从这个富庶的王国里取得大量的财富。但是，因为亚历山大倚仗苏拉的势力，以傲慢的态度对待亚历山大里亚人，所以在他即位的第19天，他们把他从王宫里拖到体育馆中杀死了；由于他们自己政府势力的巨大，或者由于他们对于国外的危险还没有经验，他们还不知道害怕外国人。

XII. 苏拉的辞职和死亡

103. 次年，苏拉虽然还是独裁官，他第二次做执政官，以梅特拉斯·庇护做他的同僚，以保持民主政府的外表和形式。后来罗马皇帝可能是学了这个榜样，他们为国家任命执政官，有时候甚至提出自己做执政官，并不认为做执政官同时又掌握最高权力是不恰当的。 前80

次年，人民为了讨好苏拉起见，又选举他为执政官。但是他拒绝了这个职务，提名塞维利阿·爱骚利卡和克劳狄·浦尔彻为执政官；当时虽然没有人干涉他，他自动地放弃了他的最高权力。在我看来，这个举动是令人惊异的；苏拉是第一个，直到当时为止还是惟一的一个自愿地把这样广泛的权力，不像埃及的托勒密、卡巴多西亚的阿里俄巴赞尼斯或叙利亚的塞留古一样，传于他的儿子，而传于他所残暴统治的人民。在拼命向前以争取这个权力的过程中，他冒着许多危险；在既取得这个权力之后， 前79 苏拉的辞职他又自动地放弃了它，这几乎是令人难以置信的。虽然在这次战争中，100 000 多青年死亡了，在他的敌人中间，他毁灭了 90 名元老、15 名与执政官职位相等的官吏、2 600 名骑士，包括被放逐的人在内，他毫无恐惧，这一事实更令人觉得前后矛盾。这些人的财产被没收，尸体被抛弃而没有埋葬。不害怕这些人在国内的亲友，不害怕国外的流亡者，不害怕那些城墙被他摧毁、土地、金钱和特权被他一扫而光的城市，现在苏拉居然宣布他自己为一个普通公民了。

苏拉的品格

104. 这个人的勇敢和幸运是这样大的。据说，当他放弃他的权力的时候，他在广场上发表了一篇演说。在演说中，他提出，如果有人质问他的话，他愿意说明他所做的事情的理由。他遣散那些带着斧头的侍从，不再要他的卫队，在一个长时期内，他只带着少数朋友们步行到广场，甚至在那时候，群众还是带着恐惧望着他。只有一次，当他正在回家的时候，一个童子向他辱骂，因为没有人阻止他，这个童子大胆跟着苏拉到家，继续辱骂。苏拉虽然曾经以最大的愤怒反对过最大的人物和国家，但是以镇静的态度忍受这个童子的辱骂。当他走进他的屋子的时候，根据他的智慧或偶然的感觉预测将来，他说，"这个青年将使以后任何掌握这个权力的人不会放弃它了。"

对他的辞职的感想

这句话，不久之后，即对罗马人证实了，因为盖约·恺撒就没有放弃他的权力；但是在我看来，苏拉在所有各方面也是一个同样专横而又能干的人。他在闲居生活中，渴望取得最高权力，又从最高权力回到闲居生活，于是在乡村中，孤独地度过他的时日，因为他退休到他自己在意大利丘米的庄园那里去，以打渔、打猎消磨他的闲暇时间。他这样做，不是因为他害怕在城市中过私人生活，也不是因为他的体力不能够做他热心想做的事了，因为他当时还是年富力强，身体健全，在全意大利有 120 000 人在最近的战争中在他的部下服务，从他的手中接受了大批金钱和土地的赠与；在罗马城中还有 10 000 个科尼利阿斯，此外还有其他忠于他的党羽，对他的敌人来说，还是可怕的；所有这些人都希望不要因为和苏拉合作的事而受到处罚，而他们这个希望完全寄托在苏拉的安全上。但是我认为，因为他厌倦战争，厌倦权力，厌倦罗马，所以最后他酷爱乡村的生活了。

105. 他退职以后不久，罗马人虽然从屠杀和暴政中解脱出来了，又渐渐地开始引起了新的暴动火焰。昆塔斯·卡塔拉斯和伊密利阿斯·雷必达当选为执政官，卡塔拉斯是苏拉党的，雷必达是反对党的。他们彼此仇恨甚深，马上开始发生争端；很明显，从这个争端所产生的新纠纷就迫在眉睫了。 前 78

他的死亡和葬礼

当苏拉在乡间居住的时候，他得了一个梦，在梦中他认为他看见他的保护神已经来叫他了。清早的时候，他把这个梦告诉了他的朋友们，他匆忙地开始写他的遗嘱，当天把遗嘱写完了。他把遗嘱封好之后，在将近傍晚时，他发高烧，当夜就死了。他的年龄是六十岁。① 我认为，正如他的名字所暗示的，② 无论生时或死时，他是人们中“最幸福的”，如果幸福的人就是那个获得一切他所希望的人的话。关于他的遗体问题，在罗马城中马上发生分歧的意见。有些人建议，把他的遗体在全意大利游行，

① 公元前 138—前 78 年。——译者

② 参阅本卷第 97。——译者

然后陈列在广场上，举行公葬。雷必达和他的党羽反对；但是卡塔拉斯和苏拉党人胜利了。苏拉的遗体抬在金舆上，声势浩大地通过意大利。许多号兵和骑兵走在前列，一大群武装部队跟着步行。他的士兵从四面八方携带着武器跑来，参加游行；每个人来了的时候，依照适当的次序，被指定一个位置，聚集起来的群众是空前的。在这些行列的最前面，高举着他生前和统治时所用过的旗帜和棒束权标。

106. 当遗体到达罗马时，这个遗体被抬着通过街道，后面跟着一个巨大的行列。仓促造成的 2 000 多顶金冠，各城市以及他所指挥过的军团和他的朋友们个人所赠送的礼物都抬着在行列中行走。参加这次葬礼的全部贵重物体是不可能尽情描述的。因为害怕这些聚集起来的士兵，所有的祭司们和女祭司们，每个人都穿着适当的服装，护送遗体；元老院的全体和高级行政长官全体都穿带着职务的标帜，参加葬礼。一群骑士带着特殊的装饰跟在后面，以后就是所有在他指挥下做过战的军团。他们很热心地跑拢来，都匆忙地参加这项工作，带着金边的军旗和镀银的盾牌，当时在这种场合下，这些东西还是使用的。有无数的吹鼓手轮流奏着最令人伤感的葬歌调子。永别了的呼声首先由元老们呼喊出来，接着就是骑士们，接着就是士兵们，最后是平民。因为有些人是真正怀念苏拉的；但是另一些人是害怕他的军队和他的遗体，正像他活着时候他们害怕他一样。当他们看到目前的情景和回忆这个人的事业的时候，他们很觉得惊异，同意他们敌人的意见，说他对于他自己的党羽来说，是幸福的；对于他们自己来说，甚至在他死了的时候，还是最可怕的。遗体陈列在广场中的讲坛上，公众演说通常是在讲坛上发表的；当时最善于言辞的罗马人发表了葬礼演说，因为苏拉的儿子福斯都还是很年轻的。于是元老中身体强健的人抬起棺架，运往马斯广场，这个地方过去只是埋葬国王的，于是骑士们和士兵们列队前进，绕过焚烧尸体的火葬堆。

XIII. 雷必达的暴动与塞多留在西班牙反对罗马政府的斗争

罗马新的纠纷

107. 这就是苏拉的结局；但是他们送葬回来之后，两个执政官马上就发生了语言上的争执，公民们开始分别支持他们。为了讨好意大利人起见，雷必达说，他将恢复苏拉所夺去的他们的土地。元老院对于两个党派都害怕，因此要他们宣誓，不要因为他们的纠纷而引起战争。依照抽签决定，把山外高卢省[①]分配给雷必达，他没有再回到人民会议来，因为他知道，不对苏拉党人作战的誓言在次年就会失去拘束他的效力，因为这个誓言被视为只在他任执政官期内是有效的。元老院看出了他的阴谋，所以召他回来；他知道他被召回的原因，他就带着他的全部军队来，想带着军队进入罗马。[②]因为他被阻止，不能带兵进城，他命令他的部下武装起来；在另一方面，卡塔拉斯也把他的部下武装起来。在马斯广场不远的地方。战斗发生了。雷必达战败了，马上就放弃了战斗，航往撒丁尼亚，在那里他患肺病身死。

① 即那旁·高卢。——译者

② 根据罗马法律，将军是不能率军进城的（参阅本卷第57以下）。——译者

他的军队逐渐分散而解体了，大部分由柏彭那带往西班牙，到塞多留那里去了。

塞多留的战争

108. 苏拉党人剩下来的困难就是对塞多留的战争。这个战争已继续了八年之久，[①]这对罗马人来说，不是一个容易的战争，因为这不仅是对西班牙人的战争，而且也是对其他罗马人和塞多留的战争。当他和卡波合作反抗苏拉的时候，他已经当选为西班牙总督；他在休战期中攻陷粟萨之后，逃往西班牙，[②]就任总督的职务。他从意大利各地带来了一支军队，又从克勒特—伊伯里亚人中间招募了一支军队，驱逐以前的大法官们离开西班牙，因为他们为了讨好苏拉起见，拒绝把政权交给他。苏拉派遣梅特拉斯去进攻他，他很豪迈地和梅特拉斯作战。他获得勇敢的声誉之后，他从那些和他在一起的朋友们中间录用了
前 77 300 人，组织一个议会，称为罗马元老院，以嘲笑真正的罗马元老院。苏拉死了，后来雷必达又死了之后，他又得到雷必达的部将柏彭那带来的一支意大利人军队，人们认为他会进攻意大利本土；他可能这样做了，如果不是元老院惊慌了，又派遣一支军队和一个将军到西班牙来增援先派来的军队的话。这个将军就是庞培，他年纪还很轻，但是在苏拉时代，因为他在阿非利加和意大利本土的功勋而有很大的声誉了。

庞培被派往进攻他

109. 庞培勇敢地越过阿尔卑斯山，不是利用汉尼拔花费的劳力所开辟的道路，而是绕着隆河和挨利丹那斯河的河源另外开辟一条通道。这两条河发源于阿尔卑斯山脉彼此不远的地

① 公元前 80—前 72 年。——译者
② 参阅本卷第 86。——译者

方。一条河经过山外高卢，流入第勒尼安海中；另一条河从阿尔卑斯山的内地流入亚得里亚海中，这条河原先叫做挨利丹那斯河，现在改称为波河了。庞培刚到西班牙，塞多留把庞培派出去劫掠粮食的一整个军团的兵力连同它的驮兽和仆从都打散了。他又当着庞培的眼前，劫掠并毁灭了罗马人的劳罗镇。在这次围攻的时候，有一个士兵侮辱一个妇女，想对她施行暴行，这个妇女用手指把士兵的眼睛挖出来。当塞多留听到这件事的时候，他把常有这种暴行的整个一大队的士兵都处死刑，虽然这个大队是由罗马人组成的。

110. 当时冬天到了，两军因此分开了。 前 75

当春天来了的时候，他们又开始战斗。梅特拉斯和庞培从比里牛斯山脉中出来，因为他们是在那里过冬的；塞多留和柏彭那则从吕息坦尼亚出来。他们在苏克罗镇附近遭遇。当战斗正在进行的时候，出乎意料之外，晴朗的天空中忽然发出闪电，但是这些受过训练的士兵们能够坚持下去，一点也不惊慌失措，他们继续战斗，双方被杀的人数很多，直到最后，梅特拉斯打败了柏彭那，劫掠了他的军营；而在另一方面，塞多留战败了庞培，庞培腿上受了重伤。这就使战斗终止了。 塞多留战败庞培

塞多留有一头很驯服的小白鹿，他常让它自由跑动。当这头小鹿不在眼前的时候，塞多留即认为这是不祥之兆。他就意气消沉，停止作战，他也不管敌人嘲笑他关于小鹿的事，当小鹿出现，从林中跑过的时候，塞多留即跑出来欢迎它，他马上就下令向敌人投射一阵标枪，好像把祭祀的最初果实贡献给它的样子。

不久之后，塞多留在塞恭提亚进行一次大战，从中午到夜间。他乘马作战，战败了庞培，杀死了庞培的部下将近 6 000 人，他自己丧失了大约一半这样多的人。同时梅特拉斯毁灭了柏彭那的部下大约 5 000 人。这次战役后的第一天，塞多留带着大批蛮族援兵出乎意外地在将近傍晚的时候进攻梅特拉斯的军营，有意想大胆地利用一条壕沟截断这个军营和外面的联系，但是庞培匆忙地赶到了，使塞多留停止了这个藐视敌人的计划。

这样，他们度过了夏季，于是他们又分开跑到各营里去了。

前 74 111. 次年，即第 176 奥林匹亚四年纪，罗马人因遗赠的关系，获得了两个国家：尼科美德以俾泰尼亚赠给罗马人；拉基底王室的托勒密（别名阿彼翁）以塞勒尼赠给罗马人。当时发生了许多战争：塞多留在西班牙进行猛烈的战争，米特拉达梯战争在东方爆发；[①]海盗在整个海面上进行战斗；[②]另有一个在克里特周围对抗克里特人自己的战争；[③]此外还有意大利的角斗士战争，[④]这次战争是突然爆发，而变为很严重的。虽然有这样多的冲突，分散了他们的力量，但是罗马人还是派遣了一支有两个军团兵力的军队到西班牙来了。梅特拉斯和庞培带着这些军队和在他们手中的其他军队又从比里尼斯山脉下来，向挨布罗河进军了；塞多留和柏彭那从吕息坦尼亚出来，向他们迎战。

其他各地的战争

112. 在这时候，塞多留的许多士兵叛降了梅特拉斯，他大为愤怒，以野蛮残酷的处罚加在他的部下身上，因此不得人心。

---

① 参阅 XII. 79 以下。——译者

② 参阅 XII. 92 以下。——译者

③ 参阅 V.（VI）。——译者

④ 即斯巴达克奴隶大起义，参阅第 116 节以下。——译者

士兵们责难他，特别因为他无论到什么地方去，他的周围带着克勒特—伊伯里亚人的长矛队作为卫队，把他本人的安全交给克勒特—伊伯里亚人来保护，而不交给罗马人来保护。他以叛逆之罪谴责他们，而他们正在一个罗马人民的敌人手下服务，这也使他们不能容忍。塞多留责备他们不忠诚，可是他们为了他的缘故，才对他们自己的祖国不忠诚，正是这件事情使他们最为烦恼。同时那些还留在军旗一边的人，因为别人的叛逃而受到处罚，他们认为这也是不公平的。并且克勒特—伊伯里亚人趁着这个机会侮辱他们，把他们当作可疑的人。但是他们还没有完全和塞多留决裂，因为他们为他服务，从中得到利益。在那个时期，没有别人比他更精于战术，在战争中更为成功的。因为这个缘故，以及他行军的迅速，克勒特—伊伯里亚人给他取个名字，叫做汉尼拔，他们认为汉尼拔是他们国内最勇敢和最能干的将军。这样，军队对塞多留不满，因为这个缘故，梅特拉斯的军队占据了他的许多市镇，征服了这些市镇的人民。当庞培正在围攻巴兰提亚，投掷木块于城墙下①的时候，塞多留突然出现了，解除了城市的包围。庞培匆忙地纵火焚烧城墙，退到梅特拉斯那里去了。塞多留重建倒塌下来的那部分城墙，于是进攻驻扎在卡雷加里斯要塞附近的敌人，杀死了 3 000 人。这一年在西班牙就这样过去了。

塞多留击溃庞培于巴兰提亚

113. 次年，罗马将军们的胆量似乎大了一点，大胆地进攻那些拥护塞多留的市镇，引诱了许多市镇脱离了他，并袭击其他的市镇。因为他们的胜利，士气大增。没有大的战役，但是[小

前 73

① 他是打算利用柴把纵火焚烧这些木块的。——英译者

的冲突还继续着],① 直到次年,他们甚至于更加大胆地前进。

前72 塞多留性格的改变

现在塞多留很明显地受神意的驱使,变为疯狂了,因为他对于他的工作松懈了,染了奢侈的习惯,迷恋妇女,饮酒欢宴,结果,他不断地被打败了。因为各种猜忌,他的性格变得暴躁了。在处罚方面极端残酷,对每个人都不信任。特别是对柏彭那,因为他是雷必达的党人,他带着一支巨大的军队,作为志愿者来到他这里的。② 因此柏彭那开始为他自己的安全担心,和其他十个人组织杀害塞多留的阴谋。这个阴谋被泄露了,有些犯罪者受到了处罚,另一些逃跑了,但是柏彭那在一个说不出的情况下没有被

他被柏彭那暗杀

侦查出来,他更加专心想实现这个阴谋。因为塞多留总是有长矛队守卫着他,柏彭那邀请他来参加宴会,他力劝塞多留和站在宴会厅周围的卫士们饮酒,于宴会后把他刺死了。

114. 士兵们马上发生骚动,对柏彭那甚为愤怒,他们对塞多留的痛恨突然变为对他的爱好,正和人们对死者通常减轻了他们的愤怒一样,当那个伤害他们的人已经不在他们的眼前的时候,总是带着亲切的记忆,回想他的美德。他们仔细考虑他们目前的形势,对于柏彭那作为一个普通的个人,也很轻视,因为他们认为塞多留的勇敢是他们惟一的救星。他们对柏彭那甚为愤恨;蛮族人的愤恨也不减于他们;特别是吕息坦尼亚人。因为塞多留特别是为吕息坦尼亚人效劳的。

当塞多留的遗嘱被打开的时候,遗嘱中有给予柏彭那的一项遗产,因此所有的人心里对他更加愤怒,更加痛恨,因为他犯

① 原文有脱漏。——英译者

② 参阅本卷第107。——译者

了这样可恶的罪行，不仅是杀害了他的长官和指挥他的将军，而且是杀害了他的朋友和恩人。如果不是柏彭那很快给一些人以礼物，给另一些人以诺言的话，他们一定会暴动起来。有些人，他用威胁来恐吓，有些人他杀害了，以使其余的人感到恐怖。他来到前面，向群众发表演说。他释放一些被塞多留囚禁的人，遣散了一些西班牙人的人质。他们这样被迫而屈服，把他作为将军来服从了（因为他的地位仅次于塞多留）；但是就是在那个时候，他们对他还不是没有恨心的。当他的胆子大了一些时候，他用刑很残酷，杀死了三个和他从罗马一块儿逃出来的贵族，又杀死了他自己的侄子。

柏彭那为将军

115. 因为梅特拉斯认为庞培一个人战胜柏彭那已经不是一件困难的事了，他自己到西班牙其他地区去了；庞培和柏彭那两人发生几天的小战，以试探彼此的兵力，他们没有把他们的全部军队投入战场。但是在第十天的时候，两人进行了一次大战。两人都决心一战而决胜负：庞培有此决心，因为他藐视柏彭那的将才；柏彭那有此决心，因为他不相信他的军队会长远地忠实于他，而现在他是用他的最大的兵力作战。正如我们可以预料得到的，庞培很快就战胜了这个低能的将军和心怀不满的军队。柏彭那在整个战线上都战败了，他自己隐藏在一个丛林中，他害怕他自己的军队甚于害怕敌人的军队。他被一些骑兵抓着，被拖到庞培的司令部，他自己的部下辱骂他为杀害塞多留的凶手，他大声呼喊，说他将要把罗马的党派向庞培告密。他这样说，或者因为这话是真的，或者因为他想借此可以安全地被带到庞培的面前去。但是庞培派人送命令来，不要把柏彭那带到他面前

柏彭那为庞培所战败被杀

去,而要把他就地处死。他之所以这样做,似乎是因为他害怕柏彭那泄露一些惊人的消息,会引起罗马的新纠纷。对于这件事,庞培做得很慎重,他这个举动使他的名誉更加增高了。所以西班牙的战争,因塞多留的死亡而终结了。我认为,如果他不死的话,这个战争不会结束得这样快,或者这样容易的。

XIV. 伟大的斯巴达克奴隶起义

前73 与斯巴达克的战争

116. 在同一个时候,斯巴达克(他的出生是一个色雷斯人,曾经在罗马军队里做过士兵,但是后来被俘虏,被卖为角斗士,在加普亚一个角斗士训练学校里)说服他的同伴约70人,要为他们自己的自由而斗争,不要为观众的娱乐而斗争。他们打败了守卫的人,跑出来了,他们在路上夺取了人们的木棍和短剑,用以武装自己,然后逃往维苏威山上。许多逃亡的奴隶,甚至一些从田野里跑来的自由民,也和斯巴达克联合在一起。他劫掠邻近地区,以两个角斗士,恩诺美阿斯和克利苏,做他的部将。因为他很公平地分配掠获物,不久他就有许多的部下了。发利尼阿斯·格拉柏[①]是第一个被派去进攻他的,后来巴布利阿斯·发利略[②]又被派去;他们所带的,不是正规军队,而是匆忙地随便组织的军队,因为罗马人还没有把这个当作一个战争,而认为只是一种劫掠性的暴动。他们进攻斯巴达克,两人都被打败了。

① 为克劳狄·格拉柏之误。参阅普鲁塔克作克罗狄《名人传》(近代丛书英文版,第655页)。——译者

② 为巴布利阿斯·发利尼阿斯之误。普鲁塔克作巴·发利那斯(同上)。——译者

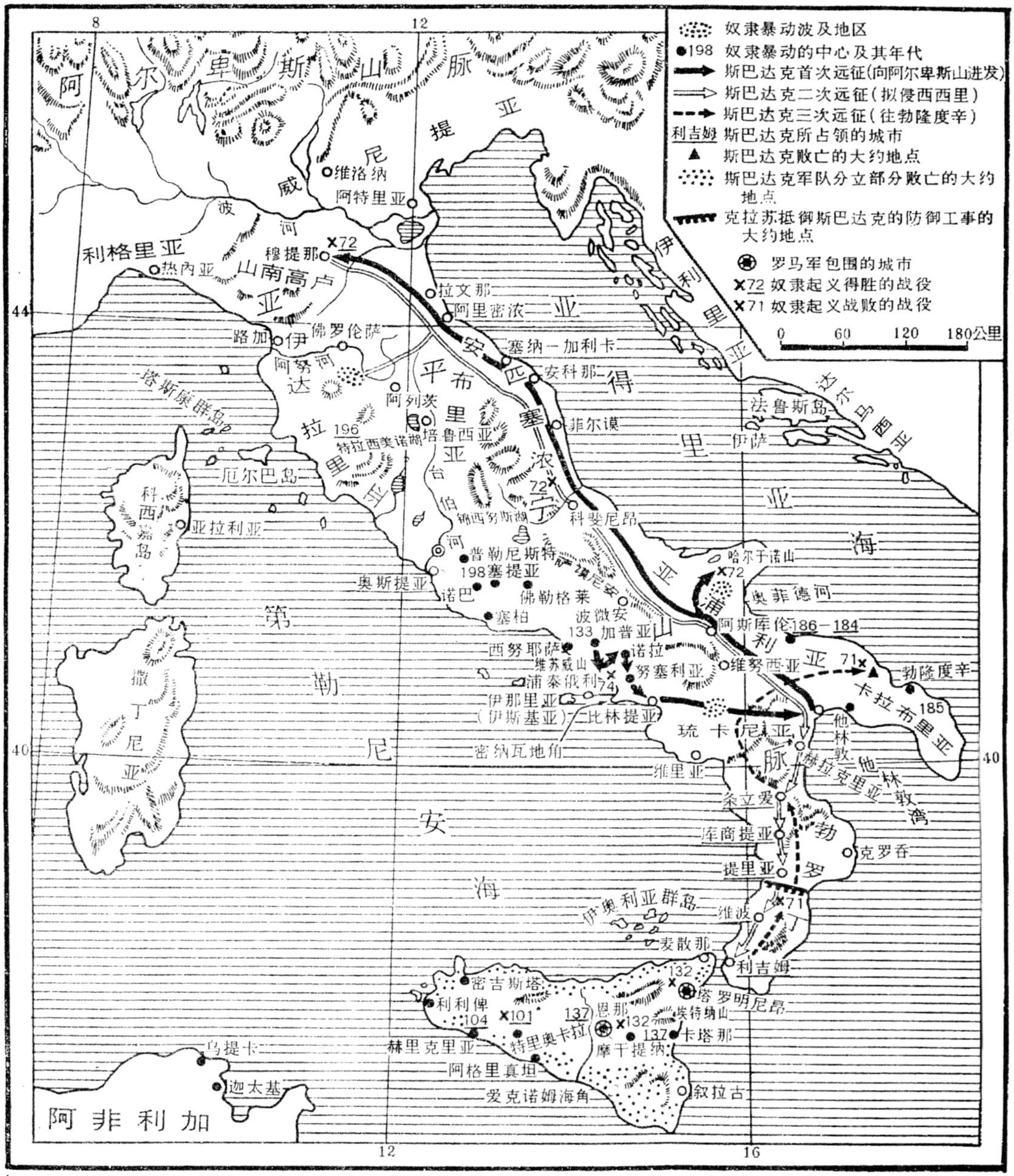

意大利与西西里奴隶起义(公元前 2—1 世纪)

斯巴达克甚至于捉着了发利尼阿斯的马匹；那位罗马人的将军险险乎被一个角斗士活捉。

此后，聚集在斯巴达克周围的人数更多了，使他的军队人数达到70 000人。为了这些军队，他制造武器，搜集军事装备。前72
因此罗马现在派遣执政官们带着两个军团来了。

117. 一个执政官在加尔干诺山[①]附近战败了带着30 000人的克利苏，克利苏的三分之二士兵和他本人都阵亡了。斯巴达克努力想冲过亚平宁山脉，向阿尔卑斯山脉和高卢地区挺进。但是一个执政官先到了那里，阻止他的逃跑；另一个执政官尾追在他的后面。他回转头来分别应战，把他们各个击破了。他们在混乱中向不同的方向溃退。斯巴达克杀死了300个罗马俘虏，致祭克利苏的亡灵之后，即率领120 000步兵向罗马进攻，烧掉所有无用的东西，杀死所有的战俘，并屠宰他的驮兽，以便轻装行军。许多逃亡者跑到他那里来，但他不愿收容他们。两个执政官又在匹塞浓地方迎战。在这里又进行了一次大战，而罗马人又大败了。

他在几次战役中打败罗马人

斯巴达克改变了他进攻罗马的计划。他认为他还没有准备好作这样的战斗，他的全部军队还没有适当地武装起来，因为没有城市和他联合在一起，参加他的队伍的只有奴隶、逃兵和下层群众。但是他占领了条立爱附近的山脉，攻下了条立爱城。他禁止商人携带金银进来，不许他自己的部下有任何金银。但是他大量购买铜铁，不干涉那些买卖铜铁货物的人。从这个来源，他取得了充足的物资供应，他的部下有充足的武器，时常出外劫

① 可能是和加尔加鲁河相混：在亚浦利亚。——译者

掠粮食。当他们再次和罗马人交战的时候，他们又获得大胜，满载着战利品而归。

118. 这个战争，虽然在开始的时候，被人嘲笑和藐视，以为只是角斗士作乱，但是后来对罗马人是这样可怕的，它现在已延续了三年之久。当新的大法官选举时期到了的时候，所有的人都害怕，没有人敢提出自己为候选人。直到后来，在罗马人中以出身和财富著名的李锡尼·克拉苏就职为大法官，带着6个新的军团来进攻斯巴达克。他到达目的地的时候，又接收了执政官们的两个军团。因为这两个军团的士兵在几次战役中作战不利，他实行以抽签方法，十人中处死一人。有人说，克拉苏带着全部军队交战，而被打败了，他实行十人中抽杀一人的办法，不因被杀的人数众多而迟疑，他总共杀了约4 000士兵。不管是哪一个说法，当他一旦向他的士兵们表示了他比敌人更为可怕的时候，他马上打败了斯巴达克的军队10 000人（他们驻扎在一个离开大队的地方），杀死了他们三分之二的人。于是他勇猛地进攻斯巴达克本人，在一个光辉的战役中把他打败了，追赶他的逃亡的队伍直到海边，他们想从那里渡海到西西里去。克拉苏赶上了他们，用一条以壕沟、城墙和栅栏作成的封锁线，把他们包围起来。

前71 克拉苏受命为司令官

119. 斯巴达克想设法冲破这个封锁线，进入萨谟尼安人的地区，但是克拉苏在上午就杀死他的部下约6 000人，在将近傍晚的时候，又杀死了同样多的人。罗马军队被杀者仅3人，伤者仅7人，新的处罚使他们的士气改进得这样大。斯巴达克正在等待着某处有骑兵来增援，所以不再率领他的全军出来作战，只时常出来到处袭击，以疲劳那些包围他的军队。他不断地出乎意外地袭击他们，将柴把抛入壕沟中，然后纵火焚烧，使他们的工作陷入困难。他又把一个罗马人的俘虏钉死在十字架上，放在两军中间的空地上，这是向他自己的部下指出：如果他们不战胜的话，他们前途的命运是什么。但是首都的罗马人听到围攻斯巴达克的消息的时候，他们认为，如果这次对于角斗士的战争延长下去的话，这是可耻的。但是他们也认为对付斯巴达克的工作还是艰巨的，所以他们命令刚从西班牙回来的庞培去增援。

120. 因为这个决议，克拉苏用尽一切办法，想和斯巴达克决战，使庞培不致夺去了战争的光荣。斯巴达克也想在庞培来到之前，要求跟克拉苏议和。当他的建议被鄙视地拒绝之后，便决心冒战争的危险，因为他的骑兵已经到了。他带着他的全军冲过围军的防线，向勃隆度辛冲去，而克拉苏在后面追赶。当斯巴达克听到琉卡拉斯战胜米特拉达梯归来，正在勃隆度辛登陆的时候，他一切都失望了，便带着他的军队（就是那时候，他的军队人数还是很多的），来和克拉苏作肉搏战。这个战役的时间很长，杀人很多，这是意料中的事，因为这样多以千计的绝望的人拼命战斗。斯巴达克的大腿被矛刺伤了，他屈下一支膝，拿着盾牌在他的前面，这样和那些向他进攻的人战斗，直到最后他和一大群跟他在一块儿的人被包围并被杀死时为止。他的其余的军队陷于纷乱，成群地被屠杀了。被屠杀的人数这样多，以致不能计算。罗马人的损失约 1 000 人。斯巴达克的遗体没有被发现。他的部下大部分逃出战场，奔往山中，克拉苏追逐到那里。他们把自己分为四部分，继续战斗，直到最后除 6 000 人以外都

他打败和杀害了斯巴达克

战争的终结

死亡时为止。这 6 000 人被钉死在沿着加普亚到罗马整个道路上的十字架上。

121. 克拉苏在 6 个月之内完成了他的工作，因此产生了他自己和庞培之间争夺荣誉的事情。克拉苏不遣散他的军队，因为庞培没有遣散他的军队，两人都是执政官的候选人。克拉苏已经做过大法官，如苏拉的法律所规定的。庞培既没有做过大法官，也没有做过财政官，年仅 34 岁；但是他应许了人民保民官们，说他们以前的大部分权力都应当恢复。当他们已经当选为执政官的时候，就是在那个时候，他们还没有遣散他们的军队，他们的军队驻扎在罗马附近。每人都有一个借口。庞培说，他在等待梅特拉斯回国，为他在西班牙的胜利举行凯旋；克拉苏说，庞培应当首先遣散他的军队。

罗马人民看到新的变乱正在酝酿中，又害怕驻在附近的两支军队。当执政官们坐在广场上最高长官的坐椅上的时候，人民恳求他们两人彼此和解，但是起初两人都拒绝这种请求。尽管这样，当有些人似乎受先知者的感应，①预言说，如果两个执政官不达成协议的话，将有许多悲惨的后果产生的时候，人民又痛哭流涕地哀求他们，请他们不要忘记马略和苏拉的斗争所产生的祸害。克拉苏首先让步。他从他的坐椅上下来，走到庞培的面前，向他伸出手来，表示和解。庞培站起来，匆忙地跑去迎接他。他们在群众欢呼中握手；直到两个执政官书面下令遣散

他们的和解

① 大概是预言者，罗马有一个公认的预言者的阶级。莎士比亚在他的《朱理亚・恺撒》一剧中，有一个预言者阶级的例子（英译注）。参阅朱生豪译《莎士比亚戏剧集》第 7 册中《裘力斯・该撒》（1954 年作家出版社出版）。——译者

他们的军队时，人民才离开会场。这样，担心又有一次大纠纷的这种很有根据的疑惧心理才消除了。从提比略·革拉古之死计算起，这大约是内乱时期中第60年。①

① 公元前70年。——译者

第十四卷 （内战史第二卷）

I. 喀提林的阴谋[①]

1. 在苏拉个人统治，以及后来塞多留和柏彭那在西班牙的军事行动之后，罗马人中间发生了其他类似的内乱，直到最后，盖约·恺撒和伟大的庞培彼此进行战争，恺撒结果了庞培而自己在元老院议事厅中被杀，因为他被控告有模仿国王行动的罪名。这些事情如何发生的，以及庞培和恺撒两人如何丧失他们的生命的，这卷书，即《内战史》的第2卷将要说明。

前64 庞培最近肃清了海上的海盗[②]（当时海盗人数之多，是过去从来没有过的），后来战胜了本都国王米特拉达梯，调整了本都王国以及他在东方所征服的其他国家。[③]恺撒还是一个青年，但是在口才和行动上强而有力，在任何方面敢作敢为，随便做什么事，信心百倍，为了追求荣誉，不惜钱财，耗尽他的家产。当他还是营造官和大法官的时候，他已经负了很多债务，群众非常喜欢他，因为群众总是歌颂那些浪费无度的人的。

喀提林的阴谋

2. 盖约[④]·喀提林，因为他的巨大声誉和高贵出身，是一个著名人物；但是他是一个疯狂的人，人们都相信他杀害了他自

① 罗马最后的民主运动。——译者

② XII.92－96。——译者

③ XII.97－115。——译者

④ 此处阿庇安是弄错了，应该是“琉喜阿斯”。——英译者

已的儿子，因为他和奥勒利亚·俄累斯提拉恋爱，而俄累斯提拉不愿和一个已经有了儿子的人结婚。他曾经是苏拉的朋友和热心的支持者。为了满足他的野心，他自陷于贫穷，但是他还是为强有力的男子们和妇女们所逢迎。他作为执政官的候选人，把这作为夺取专制政权的一个步骤。他很有信心地期待着自己会当选；但是，因为人们怀疑他以后的阴谋，所以他落选了。而这个时期最雄辩的演说家和修辞学家西塞罗当选了。喀提林为了 前63
表示奚落和鄙视那些选举西塞罗的人，他称西塞罗为"新人"，因为他出身微贱(他们称那些因自已的功德而不是因他们祖先的功德而著名的人为"新人")；因为西塞罗不是出生于罗马城，所以他称西塞罗为"寄寓者"，① 他们用这个名词指那些租赁别人的房屋的人而言。从这时起，他完全不参加政治，因为政治不能迅速地、有把握地使他获得专制政权，而是包藏祸心充满了争夺的精神。他从许多希望她们的丈夫们在暴动中被杀死的妇女手中得到了许多金钱，他跟许多元老们和骑士们一起组织阴谋，聚集了一群平民、异邦人和奴隶。参加他的阴谋的主要人物是科尼利阿斯·林都拉斯和塞提加斯，他们两人当时是罗马城的大法官。他派遣使者到全意大利苏拉的士兵那里去，因为他们把从前所掠夺来的东西都花光了，他们渴望有同样的行动。为了这个目的，他派遣盖约·马利阿斯到伊达拉里亚的腓萨利地方去，派遣其他的人到匹塞浓和亚浦利亚去，他们在那里秘密地替他招募士兵。

3. 当这些事情还在秘密地进行的时候，有一个出身名门的

① 拉丁文 Inquilinus 一字为阿庇安很正确解释如上。——英译者

阴谋被西塞罗揭露了

妇女福尔维亚把这些事情都告诉了西塞罗。她的爱人昆塔斯·库里阿斯，因为许多可耻的行为被逐出元老院，因此被认为可以参加喀提林的这个阴谋，他以妄自尊大和吹牛的态度告诉了他的情妇，说他不久之后就可以有很大权势的地位。这时候，关于意大利将发生事情的谣言也正传播开了。因此，西塞罗在全罗马城中分段驻扎卫兵，派遣许多贵族到那些可疑的地方去，监视那里所正在发生的事情。虽然没有人敢逮捕喀提林，因为事实还没有被确切地知道，但是喀提林胆怯，担心迟疑的结果会使他的嫌疑增加，他相信迅速行动可以得到胜利。他送钱到腓萨利去，命令他的同谋者杀害西塞罗，并在同一夜间，在各个不同的地方纵火焚烧罗马城。于是他离开罗马，去和盖约·马利阿斯联合在一起，打算聚集更多的军队，在罗马起火的时候，进攻罗马。他的虚荣心这样大，以致他使棒斧的仪仗摆在他的前面，好像他是一个代执政官的样子。他往马利阿斯那里去，沿途招募士兵。林都拉斯和他的同谋者决定：当他们知道喀提林达到腓萨利的时候，林都拉斯和塞提加斯在清晨的时候，暗藏短剑，到西塞罗的门口去求见西塞罗。当他们因自己的官阶可以进去的时候，他们和西塞罗在门廊中谈话，不管谈什么问题；引他离开他自己的人，把他杀死；于是人民保民官琉喜阿斯·培斯提亚马上命传令官召集人民会议，控告西塞罗总是胆怯、煽动战争，无故准备扰乱罗马城；培斯提亚发表演说的那天夜间，其他的人准备在12处焚烧罗马，并加劫掠，把重要的人物都杀死。

4. 策动阴谋的首领们，林都拉斯、塞提加斯、斯泰提利阿斯和喀西约的计划就是这样的。他们在等待着他们的时机。同时，阿罗布罗基人的使者们正在控诉他们的行政长官们，[①]他们也被邀请来参加林都拉斯的阴谋，以便引起高卢反抗罗马人的暴动。林都拉斯派遣一个名叫发尔特喜阿斯的克罗吞人，带着一些没有签字的信件同他们一块儿到喀提林那里去。这些阿罗布罗基人有点怀疑，因此把这件事告诉了他们国家的保护人非比阿·桑加；因为当时的习惯，所有的属国都有保护人在罗马的。桑加把这些事实告诉了西塞罗，西塞罗在途中逮捕了这些阿罗布罗基人和发尔特喜阿斯，马上把他们带到元老院去。他们供认他们和林都拉斯的代理人有个协议；当他们和林都拉斯的代理人对质的时候，他们证实科尼利阿斯·林都拉斯常常这样说，命运之书中载着，有三个科尼利阿斯将为罗马的专制君主，其中两个，秦那和苏拉，已经实现了。

阴谋者被捕，并处死刑

5．他们这样证实了之后，元老院马上免除林都拉斯的职务，西塞罗把每个阴谋者拘禁在大法官们的官邸里，马上回来听取元老院关于处理他们的决议。同时元老院议事厅周围有很大的骚动，因为当时知道这个事件的人还很少，阴谋者中间产生了很大的恐慌。林都拉斯和塞提加斯的奴隶和被解放奴隶，以及许多工匠参加一起，从后街包围，进攻大法官们的官邸，想救出他们的主人来。当西塞罗听到此事时，他匆忙地跑出元老院的议事厅，驻扎一些必要的卫兵，于是又跑回来，催促元老院表决。当选的新执政官西拉那斯首先讲话，按当时罗马人的习惯，那个将要就职为执政官的人，是要首先发表意见的，因为，我这样想，他和这些命令的执行是最有关系的，因此他要更仔细地考虑，在

① 原文此处可能有脱落；即“他们在罗马；……”。——英译者

每个案件中,他都要更加审慎周详。西拉那斯的意见是这样的:这些犯人应处死刑。许多元老们同意他这个意见。直到最后,尼禄发表他的意见了。尼禄认为最好是把他们监视着,等到喀提林在战场上被打败了,他们能够最正确地知道这些事实。

6. 盖约·恺撒不免和这些人有牵连的嫌疑,但是他这样深得民众的欢心,西塞罗不敢与之发生争议。恺撒建议,西塞罗应当依照他自己的判断,把这些犯人分送在意大利的各城市中,被监视着,等着喀提林在战场上被打败了,到那时他们应当正式受审,不要不经过辩论和审判,而把这种不可挽救的处罚加于贵族身上。因为这个意见看来是公平而可以接受的。大多数元老们的意见完全改变了,直到伽图公开地表示他对恺撒的怀疑时为止。西塞罗担心当天夜里发生事故(因为和这次阴谋有关的群众还在广场上,情绪紧张,他们担心他们自己,也担心这些阴谋者,因此他们可能不顾生死,拼命干出一些事情来),所以劝元老院,把他们当作现行犯,不经审判,而判决对他们的处罚。当元老院还在开会的时候,西塞罗不使群众知道马上把每个阴谋者从被囚禁的房屋里带到监狱里,监视着他们被处死刑。于是他跑回广场,宣布他们已经死了。群众在惊慌中分散了,庆幸他们自己没有被发现出来。

这样,罗马人经过那天的巨大恐惧之后,又感到呼吸自由了。

前 62
庇斯多利亚之役和喀提林之死

7. 但是喀提林已经聚集了 20 000 人的军队,其中四分之一已经武装起来了;他带着这支军队向高卢进发,以便完成他的准备工作;那时候,另一个执政官安敦尼在阿尔卑斯山麓[①]赶上了他，很容易地把这个人疯狂地想出来的冒险事业打垮了。这个冒险，没有准备好，就来尝试，所以更显得疯狂。喀提林跟那些和他合谋的贵族都没有忍辱逃跑，他们都冲向他们的敌人而战死了。

这就是喀提林暴动的结果。这次暴动使罗马处于极端危急之中。过去，西塞罗只是以雄辩著名的，现在人人口中都称赞他是一个能干的人，认为毫无疑问他是把自己的祖国从毁灭的前夕挽救出来的人，因此，人民会议在普遍欢呼声中对他表示感谢。因伽图的建议，人们尊称他为国父。有些人认为，这个光荣的称号现在只加在那些值得有这个称号的皇帝身上，而这个称号是从西塞罗开始的；这些皇帝虽然事实上是国王，但是，就是皇帝也不是在他们即位的时候，就马上把这个称号连同其他的称号一起赠与他们的，而是经历相当的时日后，不是视为当然，而是当作他们最伟大的贡献的最后证明而赠与他们的。

II. 恺撒征服西班牙诸部落与前三头同盟的建立

8. 恺撒已当选为西班牙的大法官，但是他被他的债权人稽 前61
留在罗马城中，因为由于他的政治费用，他所负的债务远不是他所能还清的。据说，他需要2 500万塞斯退斯[②]才可以还清所

① 这次战役是在亚平宁山脉的南麓、庇斯多利亚地方进行的，指挥罗马军队的不是执政官安敦尼，而是他的部将，培特利阿斯。——英译者

② 约25 000英镑。——英译者

有的债务。但是他尽可能地和那些稽留他的债权人商量好，[①]

恺撒在西班牙

然后到西班牙去了。他在西班牙忽视公家事务、司法管理以及其他同类的事务，因为他认为这些事情对于他的目的毫无益处，但是他建立了一支军队，一个一个地进攻西班牙的独立部落，直到他使整个地区向罗马纳贡时为止。他也送了许多金钱给罗马的国库。因为这些缘故，元老院允许他举行一次凯旋。他在城

前60

外准备举行一次最豪华的游行，在这几天里，正是执政官候选人必须亲自出席竞选的时候。凡将举行凯旋的人进城以后，又回去准备举行凯旋，这是非法的。因为恺撒急于想取得执政官的职位，而他的凯旋又还没有准备好，所以他派人到元老院去，请求允许他可以不在那里而通过朋友们的帮助，以履行执政官竞选的仪式，因为他虽然知道这是违反法律的，但是别的人也这样做过。伽图反对这个提议，把介绍候选人的最后一天完全用在公开演说上。因此，恺撒放弃了他的凯旋，进入罗马，提出自己作为候选人，等待人民会议的开会。

恺撒、庞培和克拉苏的三头同盟

9. 同时，在米特拉达梯战争中取得很大光荣和权势的庞培正在请求元老院批准他所给予国王们、王公们和一些城市的许多权利。但是大多数元老们由于嫉妒，反对庞培，特别是琉卡拉斯，因为他是在庞培之前，指挥反对米特拉达梯战争的，[②]他认为这个胜利是他的，因为他使本都国王处于极端衰弱的地位，使庞培能够打败他。在这个问题上，克拉苏和琉卡拉斯合作。庞

---

① 他从克拉苏那里借款还清债务。参阅普鲁塔克《名人传》（近代丛书英文版，861页）。——译者

② 参阅 XII. 90。——译者

培大为愤怒，因而与恺撒交好，宣誓保证支持他做执政官。因此，恺撒使克拉苏和庞培发生友好关系。所以这三个最有势力的人合伙经营他们的利益了。[①] 罗马作家发罗在一本名叫《三头怪物》[②]的书中讨论过这个同盟。

元老院对于这三个人已有疑忌之心，所以选举琉喜阿斯·毕布拉斯[③]为恺撒的同僚，以牵制他。

10. 他们两人马上发生争执，都秘密地武装起来，彼此对抗。恺撒是最善于伪装的，他在元老院发表演说，主张与毕布拉斯和衷共济，暗示着他们的纠纷可能对于国家引起最严重的后果。因为相信他的诚意，毕布拉斯丧失了自己的警惕。当他没有准备，也不怀疑的时候，恺撒秘密地准备了一支大军。他向元老院提出分配公地、救济贫民的法案。这些土地最好的部分，特别是加普亚附近的土地，过去是为公家利益而出租的，他建议把这些土地给予那些至少有三个孩子的父亲们。他利用这个办法，使他自己得到群众的好感，因为那些每人仅有三个孩子的人就有 20 000 人马上跑来了。因为许多元老们反对他的提议，他装作对于他们的不公平，甚为愤怒的样子，从元老院中冲出来。在那年的其余时间内他没有再召集元老院，只在讲坛上大声疾呼地向人民演说。在一次公众会议中，他询问庞培和克拉苏对于他所提议的法案怎样看法。两人都表示赞成，于是人民暗藏短剑，跑到表决的地方来了。

前 59

恺撒的土地法

---

① 三头同盟是由共和政体向君主政体的过渡。——译者
② “Tricaranus”。——译者
③ 为马可·毕布拉斯之误。下同。——译者

城内的骚动

11. 元老院集合在毕布拉斯家里（因为单独一个执政官是不能召集元老院的；如果一个执政官没有得到另一个执政官的同意而召集元老院，这是不合法的），但是没有做出一点事来以抵制恺撒的势力和准备。他们计划毕布拉斯应当反对恺撒所提出的法案，他们宁愿被武力征服而不愿因疏忽而受到损害。因此，毕布拉斯冲入广场，那时候恺撒还正在那里演说。于是发生斗争和骚动，互相殴击，那些带短剑的人毁坏了毕布拉斯的棒束权标和职位标帜，伤害了站在毕布拉斯周围的一些保民官。毕布拉斯一点也不害怕，把脖子露出对着恺撒的党羽，大声叫喊，要他们殴打，他说，"如果我不能说服恺撒，使他行为端正的话，我一定使他有杀害我的罪行和恶名"。但是他的朋友们违反他的志愿，把他从群众中带出来，到附近的战神朱比特神庙中去。

伽图被撵出广场

于是伽图被召到那个地方去，他还是一个青年，挤入群众的当中，开始发表演说，但是他被恺撒的党羽举起来送出去了。于是他又偷偷地从另一条街道绕道而来，登上讲坛。但是因为没有人听他的话，他没有演说的希望，因此他毫不留情地辱骂恺撒，直到最后他又被恺撒的党羽举起来，撵出广场外。于是恺撒使他的法案通过了。

12. 平民宣誓永远遵守这些法律。恺撒指示元老院也要宣誓遵守。许多元老们，包括伽图在内，拒绝宣誓，因此恺撒提议，人民一通过法案，凡拒绝服从者处死刑。于是他们恐慌起来，宣誓服从，包括保民官们在内，因为这个法律已为其他的人所承认，再反对也没丝毫益处了。现在有一个平民维提阿斯，手中拔出短剑，跑进广场来，说他是毕布拉斯、西塞罗和伽图派来杀害恺撒和庞培的，那把短剑是毕布拉斯的侍从波斯都密阿斯给他的。虽然这个事件从双方的观点上来看，都有可疑之处，但是恺撒利用这个事件来煽动群众，延期到第二天来审讯这个刺客。维提阿斯被投入狱中，当晚就被杀死了。对于这件事情的处理，有各种不同的评论，恺撒是不会忽视它的，但是他说，这是反对党做出来的，因为反对党害怕事情暴露出来。[①] 最后，人民供给他一个卫队，保护他，免受阴谋者的暗算。毕布拉斯完全停止了一切公务，好像他是一个普通公民一样，在他的执政官任期其余的时间内，他没有离开他的屋子；而现在恺撒一人总揽公务，没有再审讯维提阿斯的案件了。

维提阿斯事件

13. 他提出了一些新的法案以取得群众的好感；按照他所允诺庞培的，他使庞培在东方的工作得到批准。骑士居于元老院和平民的中间地位，[②] 他们在各方面极有势力，因为他们有很多财富以及他们承包各省的税收；他们为了这个目的，豢养着许多忠实可靠的仆从。他们长期以来请求元老院免除他们对于国库的欠款。元老院经常把这个问题搁置了。因为恺撒当时对于元老院无所要求，他只利用人民，所以免除了包税人的三分之一欠款。这个意外的恩惠远远地超过他们所应得的，因此骑士们把恺撒恭维到天上去了。这样，通过一个政治手段，恺撒又增加了一群比平民更有势力的保卫者来拥护他。他耗费他的所有财产，并从各方面借钱来举行表演和斗兽竞赛，其奢侈豪华和名贵

恺撒拉拢骑士

① 原文是 τοὺς δεδιότας“那些害怕的人”。门得尔松建议加 ἀντιστασιώτας“反对党”一字，使其意义完整。——英译者

② 贵族多为大土地所有者，骑士多为富商。贵族把持元老院，掌握政权，所以骑士与贵族间有尖锐的斗争。——译者

他受命为高卢总督

的礼物超过过去所有的表演，因此他被任命为山南高卢和山外高卢的总督，[1]任期五年，指挥着4个军团的兵力。

他把女儿嫁给庞培

14. 因为恺撒看到他将长期离开家乡，同时人们对他的嫉妒将和他所受的特典的大小成比例，[2]所以他把他的女儿嫁给庞培，虽然她已经和西彼俄订了婚的，因为他担心，甚至一个朋友也可能因为他的伟大成就而嫉妒。他又提升他党羽中最勇敢的人做次年的主要官吏。他指定他的朋友奥拉斯·加宾尼阿斯为执政官，以琉喜阿斯·派索做他的同僚；恺撒娶派索女儿卡尔柏尼亚为妻，虽然伽图喊出，说帝国变成了一个单纯的婚姻介绍所。他选择发提尼阿斯和克罗狄·浦尔彻为保民官，虽然克罗狄在一个妇女宗教仪式中和恺撒本人的妻子[3]有私通的嫌疑，[4]但是因为克罗狄很得民众的欢心，他没有对克罗狄提出诉讼，只和他的妻子离了婚。别人控告克罗狄，说他在宗教仪式中不敬神祇，西塞罗是这个控诉的辩护人。当恺撒被传去做证人的时候，他不肯作不利于克罗狄的证言，甚至于把他提拔为保民官，以打击西塞罗，因为西塞罗已经大声疾呼，诋毁三头同盟已走向君主专制。这样恺撒把一个私人的遗憾变为一个有利的打算，对一个敌人施以恩惠，借此为自己报复另一个敌人。但是克罗狄帮助恺撒取得高卢总督的职务，似乎以前已经报答了恺撒。

---

① 兼伊利里亚总督，参阅X.15。——译者

② 很明显地，阿庇安的意思不是说，因为恺撒的荣誉而嫉妒增加，而是说，他所受国家的恩典本身对他是一个危险。——英译者

③ 庞培娅。——英译者

④ 参阅V.(VII)。——译者

III. 恺撒党克罗狄与庞培党迈罗的倾轧及克罗狄的遇害。元老院任命庞培为独一执政官

15. 恺撒作执政官任期内所做的事情就是这样的，于是他解除他的行政长官的职权，马上跑去就高卢总督的新职了。克罗狄现在控告西塞罗，因为他没有经过审判而处死了林都拉斯和塞提加斯以及他们的党人。[①] 在处理那件事情的时候西塞罗表现了最高的勇气，但是在他自己受审的时候，他完全没有勇气了。他穿着简陋的衣服，满身脏污，向他在街上所遇着的那些人哀求。有些人对于这件事情一点也不知道，他也不以烦扰他们为耻，因为他这个不体统的样子，他只引起人们的嬉笑，而没有引起人们的怜惜。他虽然一生中很成功地替别人处理过许多案件，但是在他自己这个特殊的审判时，他浑身发抖了。人们说，德谟斯提尼同样地，在他自己被控的时候，不能坚持他的立场，而在受审之前逃跑了。[②] 当克罗狄傲慢地阻止他向街上的人哀求的时候，他完全绝望了，也和德谟斯提尼一样，自愿地流亡了。他和他的许多朋友们离开了罗马。元老院给他许多介绍信，把他介绍给许多城市、国王和王公。克罗狄毁坏了他的房屋和许多别墅；因为这件事情，克罗狄就趾高气扬，以致把他自己和庞培相比，庞培是当时罗马最有势力的人。

前58 克罗狄控告西塞罗，说他不经审判，而置公民于死地

西塞罗的被放逐和被召回

① 参阅本卷第5。——译者

② 参阅普鲁塔克《名人传》（近代丛书英文版，第1036—1037页）。——译者

16. 因此，庞培向迈罗(他是克罗狄的同僚，比克罗狄更勇敢的一个人物)提出，使他有做执政官的希望，唆使他反对克罗狄，要他使人民会议表决，召回西塞罗。庞培希望西塞罗回来的时候，他想到他所已经受到的痛苦，就不会发言再反对现状(三头同盟)，而会找克罗狄的麻烦，使克罗狄受到处罚。

前 57 这样，西塞罗原是因为庞培的关系而被放逐的，大约被放逐之后 16 个月，又因为庞培的关系而被召回来了。元老院以公款给他重建房屋和他的许多别墅。他在城门口受到热烈的欢迎，据说，整个一天都消磨在对他致欢迎词之中，正和德谟斯提尼回来的时候①一样。

前 56 17. 同时在高卢和不列颠建立了许多光辉武功的恺撒(这些武功，在我的克勒特人史中我已经叙述了②)带着巨大的财富回到波河流域的山南高卢，使他的军队在不断的战斗后，有个短期的休息。他从这个地方送了巨额的金钱给罗马许多人，给那些任期一年的高级长官们和那些著名的总督们和将军们，他们轮流往那里去会见恺撒。③到那里去的人这样多，所以在他的周围可以同时看到有 120 个侍从，有 200 多个元老；有些人对他们所已经收受的款项表示谢意，另有一些人从这个地方为他们自己要求金钱或其他利益。因为他有很大的一支军队，和许多的财富，他慷慨地施恩于每一个人，现在恺撒可以做一切事情了。他的三头同盟中的伙伴们，庞培和克拉苏，也来了。他们在会议

① 普鲁塔克《名人传》(近代丛书英文版，1038 页)。——译者

② 只有片断保存，见 IV.(XV－XXI)。——译者

③ 原文上有些困难；现有希腊文的意思是说“那些外出做总督的人……也去会见恺撒”。——英译者

中决定：庞培和克拉苏再当选为执政官，恺撒在诸省做总督的任期再延长五年。 恺撒在路加的会议

于是他们分别了，而多密提阿斯·阿希诺巴包斯提出自己为执政官的候选人，以对抗庞培。当指定日期到了的时候，两人都于黎明前到马斯广场去参加人民会议。① 两人的随从发生口角，打起来了，有人用剑突击多密提阿斯的持火炬者。此事发生后，他们四处奔散，多密提阿斯经过很大的困难才逃到自己的家里，就是庞培的衣服被带回家时也沾满了血迹，②两个候选人所遭遇的危险是这样大的。

18. 因此，按照他们的协商，庞培和克拉苏当选为执政官，恺撒的总督任期延长了五年。每个执政官分配一些省份和一支军队如下：庞培选定西班牙和阿非利加，但是他派遣他的朋友们去代他统治这两省而他自己留在罗马。克拉苏选定叙利亚和邻近地区，因为他想跟帕提亚人作战，他认为和帕提亚人作战是容易的，同时也是光荣而且有利可图的。但是当他离开罗马的时候，发生了许多不吉利的预兆，保民官们不许对帕提亚人作战，因为帕提亚人并没有做什么对不起罗马人的事情。因此他们不肯服从，并公开地诅咒他，但是他都不理。他和他的儿子克拉苏都死于帕提亚，③他的100 000大军逃到叙利亚的不到 前55 三巨头瓜分政权

---

① 森都里亚（百人队）会议。——译者

② 显然这个毫无意义的事故是从另一段文字误用而来的。参阅普鲁塔克《庞培传》52，53（英译注）。庞培的衣服沾染血迹，不是在和多密提阿斯竞选执政官的会议中，而是在竞选营造官的会议中。参阅普鲁塔克《名人传》（近代丛书英文版，777页）。——译者

③ 帕提亚人诱敌深入，罗马全军覆没于卡里。——译者

前 53 10 000 人。克拉苏所遭遇的惨败我将于我的帕提亚史[1]中叙述。因为罗马人受到粮食缺乏的痛苦，他们任命庞培为粮食供应的惟一督办。这和他进军攻击海盗时一样，在元老院中指定20 人，做他的助手。他把这 20 人同样地分配到各省，而他监督全局，这样，罗马很快地就有充足的粮食供应了；因此，庞培又得到了很大的声誉和权势。

前 54 恺撒的女儿死亡

19. 大约同时，恺撒嫁给庞培的女儿在生产中死亡了。于是人人担心，因为这个姻戚关系的中断，恺撒和庞培各人带着巨大的军队，会发生冲突，特别是因为共和国长期以来已经很混乱而难于统治了。行政长官的选举是利用金钱，利用党派斗争，利用不正当的热忱，利用石头，甚至利用刀剑来取得的。贿赂和腐化最无耻地流行着。罗马人民是被金钱收买去投票的。已经发现有这种情况：存款 800 他连特以求得到执政官的职位。任期一年的执政官没有领导军队或指挥战争的希望，因为他们被三巨头同盟所限制了。他们中间更卑鄙的人不是想取得军事指挥权，而是想从国库中或从选举他们自己的继任人中获得利益。因为这些缘故，善良的人根本就不愿做执政官。混乱的情况达到这种程度：有一个时候，共和国没有执政官，达八个月之久，而庞培装作没有看到这种情况的样子，以便造成需要一个独裁官的环境。

罗马人政治生活中骇人听闻的状况

前 53

20. 许多公民开始彼此谈论这件事情。他们说，目前腐败政治的惟一补救的办法是个人的统治，但是需要一个既有很高的声望，又有温和性格的人（暗指庞培），他手下要有足够的军

① 这卷书阿庇安没有写成。——译者

队，他要表现既是人民的朋友，而且因为他自己的身份又是元老院的一个领袖，是一个克己自制而又容易接近的人，总之，他们是这样考虑的一个人。庞培在口头上表示不希望有一个独裁官的统治，但实际上他秘密地尽一切的力量促其实现。他装作没有看见这种混乱情况以及由这种混乱而产生的无政府状态。迈罗过去帮助他反对克罗狄，又因为他召回西塞罗而得到很大的声誉，现在他想做执政官，因为他认为目前无政府状态是一个有利的时机；但是庞培总是拖延人民会议①的召开，直到最后迈罗认为庞培对他不忠实，因而厌恶庞培，乃回到他的故乡拉努维阿姆城去了；这个城市离罗马约 150 斯塔狄亚，据说，是戴奥密德从特洛耶归来后，在意大利所建立的第一个城市。

庞培与迈罗

前 52

21. 克罗狄偶然骑着马从他自己的别墅来，在菩维利遇着迈罗。他们两人只互相皱皱眉头，表示仇视的态度，就向前走过了；但是迈罗的一个仆从，进击克罗狄，用短剑从克罗狄的背上刺穿。他或者是受命这样做的，或者是他自己想杀害他的主人的敌人。克罗狄的马夫背着克罗狄的流血的身体跑进邻近的一家旅舍。迈罗带着他的仆从，跟着来了，把克罗狄杀死了（当时克罗狄还是活着，或者已经死了，没有人知道）；虽然迈罗自己说，他既没有预谋过，也没有命令过这个谋杀事件，但是他不愿让这件事情中途而废，因为他知道无论怎样他是会被控告的。当这件事传到罗马的时候，罗马人民大吃一惊，他们在广场上度过了那一夜。当黎明的时候，克罗狄的尸体陈列在讲坛上。有些保民官、克罗狄的朋友们和跟着他们在一起的群众夺取了尸体，运

克罗狄的被杀

① 森都里亚（百人队）会议。——译者

往元老院的议事厅去,或者是想对这个尸体表示敬意,因为克罗狄出身于元老家族;或者是想侮辱元老院,因为遇到这种事情的时候,元老院还装作没有看见的样子。那些更冒失一点的人在那里把元老们的长凳和坐椅聚集起来,替克罗狄做了一个火葬堆,他们把火葬堆燃烧起来,于是元老院议事厅和邻近的房子都着了火,和克罗狄的尸体一块儿烧掉了。

因此而产生的混乱局面

22. 迈罗过于刚愎,达到这种程度,以致他并不因为谋杀而害怕受到惩罚,反而对克罗狄葬礼的光荣感到愤慨。他集合了一群奴隶和乡民,他送来一些钱分配给罗马人民,和收买一个保民官马可·西利阿斯之后,他很大胆地跑回罗马来了。他一进城,西利阿斯马上把他拖到广场中去,受那些被他贿买的人的审判,好像受人民会议的审判一样,装作很愤慨而不愿迟延的样子;但是实际上他希望,如果当时在场的人宣布迈罗无罪的话,他就可以逃脱一个比较正规的审判。迈罗说,这件事不是预谋的;因为如果有这样企图的话,任何人不会带着他的行李和妻子为自己牵累的。他的发言的其余部分攻击克罗狄为恶棍,说他是恶棍们的朋友,因为他们纵火燃烧元老院的议事厅,把它和克罗狄的尸体一同化为灰烬。当他还正在说话的时候,其他一些保民官带着没有受贿的那部分人民,武装冲入广场。西利阿斯和迈罗化装为奴隶逃跑了;但是其余的人大遭屠杀。他们没有搜索迈罗的朋友们,但是凡他们所遇着的人,无论是公民也好,异地人也好,都被杀害,特别是那些穿着好衣服和戴着金戒指的人。因为政府毫无秩序,这些恶徒(大部分是奴隶和武装了的人对付没有武装的人)肆意猖獗,他们以发生的骚动为借口,进行劫掠。他们无恶不作。他们佯作搜查迈罗的朋友们而冲入住宅，寻找任何可以运走的财物。几天之内，迈罗是他们放火、用石头打死人和各种暴行的借口。

庞培受命为独一执政官

23. 元老院在惊慌中举行会议，他们指望庞培出来，想马上任命他为独裁官。他们认为，为了挽救目前的艰难局面，这是必要的；但是由于伽图的建议，他们任命庞培为独一的执政官，而没有同僚，这样，他一个人统治，以执政官的名义，而有独裁官的实权。一个独一的执政官掌管两个最大的行省，一支军队和国库，在罗马城内享有专制的权力而没有同僚，庞培是第一个这样的独一执政官。为了免得伽图在罗马引起阻碍，庞培制定一个法令，命令伽图往塞浦路斯去，①把该岛从托勒密国王②手中夺过来——过去克罗狄已经制定了这样的法令，因为有一次，当他被海盗俘虏了的时候，贪婪的托勒密只拿出两个他连特作为他的赎金。当托勒密听到这个法令的时候，他把他的金钱都抛弃在海中而自杀了。伽图整顿了塞浦路斯的政府。于是庞培建议对犯罪者，特别对那些贪污受贿者提出控诉，因为他认为那是公共秩序混乱的根源，从这里开始，他就可以很快地根除这种弊害。他提出一个法案，任何人，如果高兴的话，可以控告从他第一届执政官任期③到目前这届执政官任期④期间做过官吏的任何人。这包括将近二十年的时间，在这个时间内，恺撒也做过执

他反对贪污的法律

① 这个年代有错误。伽图是公元前58年往那里去的，公元前56年回来的。——英译者

② 塞浦路斯的国王，他是埃及托勒密第十一的兄弟。——译者

③ 公元前70年。——译者

④ 公元前52年。——译者

政官；[1]因此，恺撒的朋友疑心庞培包括这样长的一个时间，其目的在于对恺撒加以谴责和侮辱；他们劝庞培在解决目前的局面时，不要引起过去的事情，以免使这么多的著名人物烦恼，在这些著名人物中，他们指出恺撒来。一提到恺撒的名字，庞培就装作愤怒，好像恺撒没有嫌疑的样子；他说，他自己第二届执政官任期也包括在这个时间内，他说，他之所以追溯到这样长的时间，目的是想完全清除这些使共和国长期以来削弱了的弊害。

IV. 元老院企图撤销恺撒的职务。庞培受命保卫意大利

对贪污的控诉

24. 庞培这样回答之后，就通过了他的法案，于是马上产生了许多各种各样的控诉案件。为了使陪审官毫无畏惧地工作，庞培亲自监督他们，在他们的周围驻扎士兵。第一批被判决有罪的被告者是一些不在罗马的人——迈罗因杀害克罗狄；加宾尼阿斯因犯罪及不敬神祇，因为他过去没有得到元老院的命令而侵入埃及，违反了西俾尔圣书；[2]希普萨斯，梅密阿斯，绥克斯提阿斯和许多其他的人因为受贿和收买群众。人民为斯卡鲁斯说情，但是庞培宣布，他们应当服从法庭的裁判。当群众又干涉起诉人的时候，庞培的士兵向他们进攻，杀死了几个人。于是人民缄默无言，斯卡鲁斯被判为有罪。所有被控诉的人都被放逐；加宾尼阿斯除被放逐外，还处以罚金。因为这些诉讼，元老院极力

① 公元前59年。——译者
② 参阅XI.51。——译者

恭维庞培，决议再以两个军团归他指挥，并延长他行省总督的任期。因为庞培的法律规定，凡是供出共同犯罪者的证据来的人，可以免予处罚，梅密阿斯过去已被判决犯了受贿之罪，现在他检举庞培的岳父琉喜阿斯·西庇阿也是共同受贿者。因此，庞培披着丧服，许多陪审官也戴孝。梅密阿斯怜惜共和国，因而撤销了起诉。

25. 庞培，好像他已经完成了那些改革，使他的专制政权成为必要的样子，现在使西庇阿在那一年执政官任期中余下来的时间内做他的同僚。在他的任期满了的时候，虽然别人受命为执政官，但是他还同样地是监督者和统治者，在罗马是至高无上的。元老院对他有好感，特别是因为他们嫉妒恺撒（恺撒在其为执政官的任期内，没有和元老院商量过）。庞培这样迅速地恢复了有病态的共和国，在他的任期内，他对于任何元老，没有加以侮慢或引起麻烦。

所有这些被放逐的人都成群地跑到恺撒那里去了，劝他提防庞培。他们说，庞培禁止贪污的法律特别是对付恺撒本人的。恺撒鼓励他们，并称赞庞培。他又劝诱保民官们，通过法律，使他缺席为第二任执政官候选人；这个法律在庞培为执政官时已经制定了的，他没有反对。恺撒猜疑元老院将反对这个计划的，担心他会被降为一个普通公民的地位，而受他的敌人的攻击。所以他设法保留他的权力到他当选为执政官时为止，他请求元老院给他多一点时间继续统治高卢或高卢的一部分。继庞培为执政官的马塞拉斯禁止他的请求。据说，当这个消息传到恺撒的时候，他把手轻轻敲着他的剑柄，大声叫道：“这个会允许我的

恺撒被批准缺席为执政官候选人
前51

请求的。”

26. 恺撒在阿尔卑斯山麓建筑新康谟城，给它以拉丁城市的权利，这些权利中包括一条规定：那些每年做行政长官的人应当成为罗马公民。有一个这样的人，他曾经做过该城的行政长官，因此被认为是一个罗马公民。为了一些原因，马塞拉斯，不顾恺撒，下令把那个人用棍子痛击——这种处罚是从来不会加在一个罗马公民身上的。马塞拉斯在愤怒之中，暴露了他的真正用意，表示殴打应该是对异邦人的烙印，他告诉那个人带着伤痕去给恺撒看。马塞拉斯是这样无礼的。并且他建议，在恺撒任期还没有终结的时候就派遣继任者去接收恺撒统治下诸省的军政大权，但是庞培阻止这样做，他装作公平和善意的样子说，他们不应当因为一个短短时间的缘故而侮辱对于他的国家这样极有用的一个著名人物，但是他明白地表示，恺撒的任期一满，他的兵权马上就应该解除。

马塞拉斯的敌视

企图剥夺恺撒的兵权

前 50

因为这个缘故，恺撒最大的死敌，伊密利阿斯·鲍鲁斯和克劳狄·马塞拉斯(上面所说的马塞拉斯的堂兄弟)当选为下年的执政官。库里奥也是恺撒的死敌，但是他极得群众的欢心，而且是一个最有才能的演说家；他当选为保民官。恺撒不能以金钱来影响克劳狄，但是他以 1 500 他连特贿赂了鲍鲁斯，使之守中立；用更多的金钱贿买了库里奥的帮助，因为恺撒知道他负了很重的债务。

鲍鲁斯利用这样得来的金钱建筑鲍鲁斯公会堂，献给罗马人民，这是一个很美丽的建筑物。

27. 同时，库里奥，为了使他这样突然改变态度而不致被人发觉起见，提出了一些修改和建筑道路的巨大计划，他将为这些道路的监督，为期五年。他知道他是不能实现这些计划的，但是他希望庞培的朋友们会反对他，因此他可以以此为理由怀怨庞培。事情的发展正如他所预料的，所以他有了和庞培发生意见的借口。克劳狄建议派遣继任人去接收恺撒统治诸省的兵权，因为他的任期现在快要满了。鲍鲁斯默不作声。人们以为库里奥和前面两人的意见都不相同，因为他附议克劳狄的建议，但是补充说，庞培也应当和恺撒一样，放弃他的省份和军队，因为，他说，这样，共和国可以得到自由，从各方面都用不着担心了。许多人反对，认为这是不公平的，因为庞培的任期还没有满。于是库里奥更公平地、更严厉地反对派遣继任人到恺撒那里去，除非庞培也放弃他的兵权；因为他们两人彼此既然是互相猜异的，他争论说，如果他们两人不降为普通公民地位的话，共和国是不会有持久和平的。他这样说，因为他知道庞培是不会放弃他的兵权的，他看到，由于庞培对于贪污案件的控诉，人民愤恨庞培。库里奥的见解很有理由，平民赞扬他是惟一的愿意惹起庞培和恺撒两人对于他的仇视，而适当地完成一个公民的责任的人；他们马上就护送他回家，向他敬花，好像他是一个在某种巨大而艰难的竞赛中获得奖品的运动员一样；因为当时人们认为没有什么事比和庞培发生意见还更危险的了。

库里奥坚持庞培也应当放弃他的兵权

28. 当时庞培抱病在意大利，他写了一封虚伪的信给元老院，赞扬恺撒的功绩，也从头详述他自己的功绩。他说，他三次受命为执政官，以后受权统治几个省份和指挥一个军队，这些不是他自己请求的，而是在被召来为国家服务的时候接受的，至于他并非情愿接受的这些权力，他说，“他很愿意放弃这些权力，交给那些想收回这些权力的人，而且不要等到期满的时候。”这封信的虚伪在于表示庞培的公平，引起对于恺撒的偏见，因为甚至在期满的时候，恺撒也似乎不肯放弃他的兵权。当庞培回到罗马的时候，他对元老院说同样的话，并且当时也答应放弃他的兵权。他说，因为他和恺撒的友谊和姻戚关系，当然恺撒会很高兴同样地这样做的，因为他的工作是和许多很善战的民族作长期而艰苦的斗争；他已经大大地增加了罗马人的势力，现在他会回来接受他的光荣及他的祭祀的职务，并休养他的精神。他说这些事情的目的是想马上派遣恺撒的继承人去，而他自己则满足于只停留在他的诺言上。库里奥揭露他的虚伪，他说，单纯的诺言是不够的，坚持庞培应当现在放弃兵权，非等到庞培本人回到私人生活，恺撒是不应当解除武装的。他说，由于私仇的关系，无论对恺撒来说，或对罗马人来说，这样大的权力掌握在一个人的手里总是不妥当的。宁可他们两人都有权力，在一人企图侵犯共和国的利益时，彼此可以对抗。最后，他抛弃了一切假面具，无情地斥责庞培，说他是一个想夺取最高权力的人；如果现在恺撒在他的面前，使他畏惧的时候，他还不肯放弃他的兵权的话，他根本就不会放弃他的兵权了。他提议，如果两人不肯服从的话，两人都应该被表决为公敌，应当征集军队向他们进攻。这样，他就隐瞒了他已被恺撒收买了的事实。

元老院对恺撒仇视的增加

庞培对备战的疏忽

29. 庞培对他很生气，威胁他，马上很愤怒地退居郊外去了。现在元老院对这两个人都有猜疑了，但是认为两人中庞培是比较好的共和党人；元老院仇恨恺撒，因为在他做执政官的时候,对元老院没有表示应有的尊敬。有些元老真的这样想,他们认为:如果在恺撒没有放弃他的兵权的时候就剥夺庞培的兵权,这对于共和国是不安全的,因为恺撒不在罗马,他是一个有更大野心的人。库里奥则抱着相反的意见,他说,他们需要恺撒以对抗庞培的势力,不然的话,两人的军队应当同时解散。因为元老院不同意他的意见,他遣散元老院,使整个工作还没有完成,他以保民官的资格有权力这样做。这样,庞培后悔,苏拉把保民官的权力缩减到只有一点影子之后,他不该把保民官的权力恢复到原来的地位。① 尽管这样,在散会之前,元老院还是通过了一个法令,这个法令规定恺撒和庞培每人应派遣一个军团去保卫叙利亚,因为克拉苏在那里遭遇着惨败。② 庞培狡猾地召回他最近由于恺撒的两个将军泰特略和科塔的惨败而借给恺撒的那个军团。恺撒给每个士兵以250个德拉克玛的报酬,派遣这个军团和他自己的一个军团一起到罗马来了。

30. 因为预料的危险在叙利亚还没有显露出来,所以这两个军团被派往加普亚的冬营里去了。庞培派到恺撒那里去调动这些军团的人散布了许多有害于恺撒的消息,他们又把这些消息对庞培说了。他们说,恺撒的军队因为长期服务而疲惫了。士兵们渴望家乡,如果他们越过阿尔卑斯山,他们会马上投到庞培一边来。他们之所以这样说,不是由于不知情况,就是由于被人收买了。事实上,由于纪律的压力和胜利者通常从战争中所得到的利益的影响(士兵们也从恺撒得到许多利益的,因为他慷

① 参阅XIII.121。——译者
② 参阅本卷第18。——译者

慨地赐予士兵，训练他们以达到他的野心)，每个士兵都是热烈地爱戴恺撒，热忱地为他工作的。他们知道他的野心所在，但是他们还是拥护他。庞培相信了这些消息，他既不聚集军队，也不准备适当的战具，以应付这样巨大的一个斗争。在元老院中每个人的意见都被咨询了，克劳狄狡猾地把问题分开，分别地付诸表决，把问题这样提出："应不应当派遣继任人到恺撒那里去?"同时又提出："应不应当取消庞培的兵权?"大多数人反对第二个提议，于是元老院下令派遣继任人到恺撒那里去。于是库里奥提出这个问题来：应不应当两人都放弃兵权？22 个元老反对，而 370 个元老又反回来支持库里奥的意见以避免内部纠纷。于是克劳狄遣散元老院，大声叫道："让你们去享受你们的胜利，把恺撒当作主宰吧!"

31. 突然，一个谣言传到了，说恺撒已经越过阿尔卑斯山，向罗马城进军了，因此，各方面都发生了骚动和惊慌。克劳狄建议，调动加普亚的军队去抵抗恺撒，把他当作公敌。当库里奥根据谣言是虚假的这一点来反对他的时候，他大声叫喊说："既然元老院的表决阻止了我采取步骤来保卫公众安全的话，我决定以执政官的资格来采取这些步骤。"他这样说了之后，他从元老院冲出，和他的同僚跑到郊外去了。他在郊外把一把宝剑交给庞培，说："我和我的同僚命令你代表你的国家进军去抵抗恺撒；为了达到这个目的，我们决定把现在在加普亚的军队或意大利任何其他地区的军队以及你自己愿意征集的任何增援军队归你指挥。"庞培还在玩弄诡计，装作公平的样子。他答应服从两个执政官的命令，但是他补充说："如果我们没有别的更好的办法

执政官授权庞培，保卫意大利

的话。”库里奥在罗马城外是没有权力的（因为保民官是不许离开罗马城的），但是他对这种情况公开地表示遗憾，他要求两个执政官发表公告，任何人可以不服从庞培的征召。因为他不能做出什么事情来，同时因为他做保民官的任期也快要满了，他担心他自己的安全，他不能再替恺撒出力了，所以他匆忙地离开罗马，跑到恺撒那里去了。

V. 恺撒率军侵入意大利

32. 最近恺撒已经从不列颠再渡海峡，沿着莱茵河穿过高卢地区之后，他带着 5 000 步兵和 300 骑兵越过阿尔卑斯山，到了拉文那，这个地方在意大利的边界，是他所统治的地区的最后一个城市。他欢迎库里奥，对库里奥替他所做的事情表示谢意之后，他仔细研究了当时的局势。库里奥劝他现在把他的全部军队召集起来，带着军队往罗马去；但是恺撒认为最好还是议和，所以他指示他的朋友们代表他提出议和的条件：他放弃他所有的省份和军队，只保留两个军团和伊利里亚以及山南高卢，到他当选为执政官时为止。庞培对于这个条件认为满意，但被执政官们拒绝了。于是恺撒写了一封信给元老院，库里奥带着这封信在三天之内，走了 1 300 斯塔狄亚的路程，在两个新选出的执政官于元月一日[①]进入元老院议事厅的时候递给他们。这封信的内容是心平气和地详细叙述恺撒从最初的时候起所做的事情，

前 49

恺撒建议：与庞培同时放弃兵权

① 直译是：“在那一年新月的那一天”。——英译者

他建议他愿和庞培同时放弃兵权；但是如果庞培保留兵权的话，他绝不放弃他自己的兵权，而且会很快地来到，替他的国家和他自己所受的伤害复仇。当这封信被朗诵出来的时候，他们认为这是一封宣战书，于是各方面发出激烈的叫喊声，要求派遣琉喜阿斯·多密提阿斯去做恺撒的继任人。多密提阿斯马上带着从现役兵册中抽出来的4 000人去作战。

元老院宣布恺撒为公敌

33. 因为继库里奥为保民官的安敦尼和喀西约赞成恺撒的意见，元老院更加痛恨了，于是宣布庞培的军队为罗马的保卫者，恺撒的军队为公敌。执政官马塞拉斯和林都拉斯命令安敦尼和他的朋友们离开元老院，否则尽管他们是保民官，他们会受到伤害。于是安敦尼很愤怒地从他的坐椅上跳起来，大声呼唤神祇和人们作见证，他们对保民官的神圣不可侵犯的职位所加的侮辱，他说，当他们发表他们认为对于公众利益最有益的意见的时候，他们无礼地被驱逐，尽管他们没有犯谋杀罪或其他罪行。他这样说完之后，就好像鬼神附体一样冲出去了。他预见到马上就会发生战争，屠杀，宣布公敌，放逐，财产被没收以及其他各种各样的灾祸，并对造成这些灾祸的人加以恶毒的诅咒。库里奥和喀西约也跟着安敦尼一块儿冲出去，因为他们看见庞培的一队士兵已经站在元老院议事厅的周围了。第二天夜里，这些保民官化装为奴隶，隐藏在一部雇来的车中，很迅速地逃往恺撒那里去了。恺撒把他们这些景况给他的军队看，并煽动他的军队说，他的士兵们在建立他们所有的功勋之后被加上公敌的恶名，这些著名的人物敢于为他们说话，因而被无礼地驱逐了。

恺撒对士兵的演说

34. 现在双方的战争开始了，而且已经公开宣战了；但是元老院以为恺撒的军队从高卢来会迟缓的，他不会带着少数军队来冒这样大的危险的，因此命令庞培征集130 000意大利士兵（主要是有作战经验的老兵），并且尽量地从邻近诸省征集身体健全的人。他们马上通过战争所需要的一切公款，如果士兵的薪饷需要金钱的话，还可以加上他们自己的私有财产。他们以党派仇视的疯狂态度对同盟城市征收额外的捐款；这些捐款他们尽量迅速地收集起来了。恺撒已经派人去召集他自己的军队了，但是，因为他惯于倚赖他的行动的迅速和勇敢所引起敌人的恐慌，而不倚赖他准备工作规模的宏大，所以他决定带着他的5 000人在这次战争中首先采取攻势，以先发制人的手段在意大利取得有利的地位。 公开宣战

35. 因此他派遣一些百人队长带着他们少数最勇敢的军队，穿着便服，跑进阿里密浓城内，袭取了这个城市，这是从山南高卢进入意大利的第一个城市。在傍晚的时候，恺撒本人和他的朋友们还在宴会，他借口身体不舒服，离开了他们。他乘着他的战车，驰往阿里密浓，他的骑兵在他后面不远的地方跟随着他。当他达到意大利边界的鲁比孔河畔的时候，他停止下来了，他注视着河中的流水，心中盘算渡河所将引起的后果，如果他武装渡河的话。他回醒过来的时候，他就对他身边的人说："朋友们，如果不渡河的话，我会遭遇着多种的灾难；如果渡河的话，全体人类会遭遇着多种的灾难。"于是他像一个着了魔的人一样，一冲就渡过了河，口中说出一句俗语："骰子已经掷了，就这样吧！"于是他继续匆忙前进，约在黎明的时候，占领了阿里密浓；驻扎卫 恺撒渡过鲁比孔河

兵于要冲地方之后，又由此前进，或以武力，或施恩惠，征服了他沿途所遇着的人。正像在恐慌中所常见的一样，所有乡村的人民都慌乱痛哭地逃跑和迁移，因为他们没有确实知道实际情况，只认为恺撒带着一支巨大的军队以全力进军。

36. 当两个执政官知道这些事实的时候，他们不让庞培按照他自己的判断行动，虽然他在军事上是很有经验的；只劝他到意大利各地去筹集军队，好像罗马城快要被攻下来的样子。元老院看见恺撒意外迅速地进军，也大为惊慌了。对付恺撒军队的准备工作，它还没有做好。在惊慌中它后悔不该拒绝恺撒的建议，恐惧之心使它从党派的愤怒转向谨慎的考虑之后，它终于承认这个建议是公平的。天空中发现了许多不祥之兆。天雨血，神像流汗，雷电轰击了几个神庙，一头骡子怀孕了。有许多其他的灾异，预示政体会永久改变了。在公众地方举行祈祷，正和在危急的时候所经常做的一样。那些还记得马略和苏拉时代的灾难[①]的人大声叫喊，说恺撒和庞培两人都应当放弃他们的兵权，这是避免战争的惟一方法。西塞罗主张派使者到恺撒那里去协商。

意大利的惊慌与灾异

37. 因为两个执政官反对一切和解，法佛尼阿斯为了嘲笑庞培不久以前所说的话，劝庞培用他的脚跺地，以便从地下唤出他所应许的军队来，庞培回答说："只要你们跟着我走，你们能够有这些军队，不要一想到离开罗马就惊慌万状，于必要时，连意大利也可以离开。地方和房屋不是人们的力量和自由；但是人们，无论他们在什么地方，自己内部会有这些品质，在保卫了他们自

① 参阅 XIII. 71－74、95。——译者

己的时候也会恢复他们的家乡的。”他说完了这句话，又对那些想留在后方、放弃国家的利益以挽救他们的田园财物的人加以恐吓之后，他就马上离开了元老院和罗马，往加普亚去指挥他的军队，两个执政官也跟着去了。其余的元老们还长久犹疑不决，一块儿在元老院议事厅度过了一夜。但是在黎明的时候，他们大部分的人离开了罗马，匆忙地追到庞培那里去了。

庞培离开罗马，往加普亚军中

VI. 恺撒进入罗马。庞培逃往希腊。恺撒夺取撒丁尼亚、西西里和西班牙

38. 恺撒在科斐尼昂遇着琉喜阿斯·多密提阿斯，就把他包围起来，他是被派去继任恺撒为高卢总督的，[1]但是他没有带着他4 000人的全部军队。当他想逃跑的时候，居民在城门口捉住他，把他带到恺撒那里。多密提阿斯的军队投降恺撒，恺撒很亲切地接待他们，以鼓励其他的人来投降他。他没有伤害多密提阿斯，让他带着他自己的金钱，随他愿意到什么地方去，可能他是希望多密提阿斯会因为这个恩惠而留在他那里的，但是他没有阻止多密提阿斯去和庞培联合在一起。当这些事情正在迅速地进行的时候，庞培匆忙地从加普亚跑到努塞里亚，又从努塞里亚跑到勃隆度辛，以便渡过亚得里亚海，到伊壁鲁斯去，想在那里完成他的备战工作。他写信给所有的行省和各行省的司令官，写信给各王公、国王和城市，要求他们尽量迅速地派遣军队来助战；他们很热心地这样做了。庞培自己在西班牙的军队准

恺撒攻下科斐尼昂，俘虏琉·多密提阿斯

① 参阅本卷第32。——译者

备调往任何需要军队的地方去。

两执政官渡海至提累基阿姆

39. 庞培把一些他在意大利已经有了的军团给两个执政官，使他们带着从勃隆度辛到伊壁鲁斯去；执政官们安全地渡海到了提累基阿姆。这个地方，由于下面的错误，有些人以为就是伊庇丹努。那个地区的一个蛮族国王伊庇丹努在海边建筑一个城市，把这个城市叫做伊庇丹努，以纪念他自己。他的女儿和内普敦（这样拟想的）所生的儿子提累卡斯在这个城市旁边又建筑了一个船坞，他就命名为提累基阿姆。当这个提累卡斯的兄弟们和他作战的时候，正从厄立特回来的赫丘利和他建立联盟，以他的一部分领土作为交换；因此，提累基阿姆的人民声称赫丘利是他们城市的建立者，因为赫丘利在他们的土地中是有一份的，不是因为他们拒绝提累卡斯，而是因为赫丘利是一个神，他们更加可以因赫丘利而自豪。据说，在当时所发生的战斗中，赫丘利误杀了提累卡斯的儿子爱奥尼阿斯；他建筑一个坟墓之后，把尸体抛入海中，使这个海可以用爱奥尼阿斯的名字而命名。在较晚的时期中，布利基人从福里基亚回来后，占领了这个城市和附近的地区。他们被一个伊利里亚部落道兰底人所排挤；后来道兰底人又被另一个伊利里亚部落利布尼人所排济。利布尼人惯常做海盗，用很迅速的船只袭击邻近的居民。因此，罗马人称快船为“利布尼”，因为这些船只是和他们最早发生冲突的。被利布尼人从提累基阿姆赶出来的人得到了科西拉人的援助（当时科西拉人是统治海上的），又把利布尼人赶走了。科西拉人把他们自己的移民和道兰底人混合在一起，因此，人们开始把提累基阿姆当作一个希腊人的港口；但是科西拉人把这个地名改了，因为

提累基阿姆的传说

他们认为这个地名不吉祥，他们用港口上面的城市的名字，而称它为伊庇丹努。修昔底德也称这个地方为伊庇丹努。[①] 但是从前的旧名最后还是流行着，所以现在叫做提累基阿姆。

恺撒进攻勃隆度辛，庞培逃窜

40．庞培的一部分军队和执政官们已经一块儿渡海到了提累基阿姆。庞培带着其他的军队到了勃隆度辛，他在那里等待那些运送前面的军队渡海的船只回来。恺撒进军到了这里，向庞培进攻。庞培固守城池以自卫，挖掘壕沟，切断城市与外界的联系。直到他的舰队回来的时候，他在将近黄昏的时候离开那里，把他最勇敢的军队留在城墙上。在天黑之后，这些军队也乘着顺风航海而去了。

这样，庞培和他的全部军队放弃了意大利，渡海到了伊壁鲁斯。恺撒看到一般的舆论倾向于庞培，因此，他茫然不知道转向哪一方面去，或者从哪个地点开始战争。他害怕庞培在西班牙的军队，那支军队人数既多，又因长期服务，有了很好的训练（如果他追击庞培，这支军队会袭击他的后方）；因此，他决定进军西班牙，首先把那支军队消灭。现在他把他的军队分作五部分：一部分留在勃隆度辛；一部分留在海德鲁斯；又一部分留在他林敦，以保卫意大利；又一部分，他命昆塔斯·发利略率领，去夺取盛产谷物的撒丁尼亚岛，这件事做到了。他派遣阿西尼阿斯·波利俄往西西里去，当时西西里是在伽图的统治下。伽图问波利俄是否带来了元老院的命令或人民的命令来接收那个已经指定给别人的政府，波利俄回答说："意大利的主宰派我来做这件

① 参阅修昔底德《伯罗奔尼撒战争史》中译本，（1960年商务印书馆出版，21页）。——译者

事的。”

伽图回答说，为了避免使他统治下的人民遭到涂炭，他不在那里抵抗。于是他航海往科西拉，又从科西拉到庞培那里去了。

41. 同时，恺撒急往罗马。他发现罗马人民因为回忆到马略和苏拉的恐怖时代而提心吊胆，因此他以前途的发展和仁慈的诺言鼓励他们。他说，他俘虏了琉喜阿斯·多密提阿斯，但是没有伤害他，而让他带着他的金钱跑掉，以证明他对于敌人的宽大。但是他劈开国库的门闩，当保民官梅特拉斯想阻止他进去的时候，他以杀死他来威胁保民官。他取去了过去从来没有动用过的金钱；据说，这些金钱是很久以前，在高卢人入侵的时候①储存起来的，任何人如果不是在和高卢人战争的时候动用这些金钱的话，将受到公众的诅咒。恺撒说，他已经完全征服了高卢，因此使共和国免除了这个诅咒。于是他命伊密利阿斯·雷必达负责统治罗马城，命保民官马可·安敦尼负责管理意大利及保卫意大利的军队。在意大利之外，他提拔库里奥统治西西里，以代替伽图；提拔昆塔斯·发利略统治撒丁尼亚。他派盖约·安敦尼往伊利里亚，把山南高卢交给李锡尼·克拉苏统治。他命令尽量迅速地建造两个舰队，一个在亚得里亚海中，另一个在第勒尼安海中，分别任命霍腾秀斯和多拉培拉为两个舰队的海军大将，当时两个舰队尚在建造中。

恺撒夺取国库

恺撒向西班牙进军

42. 恺撒既完成了这些布置，使庞培无法侵入意大利之后，他就往西班牙去了。他在西班牙跟庞培的部将培特利阿斯和阿夫累尼阿斯会战，起初被他们打败了，后来在伊利尔塔镇附近和

① 公元前 390 年。——译者

他们作战，胜负未决。他安顿他的军营在一个高地上，利用架在西科里斯河上的一条桥梁以取得军粮。突然河水泛滥，把他的桥梁冲走了，因此，在对岸的许多军队被截断了，这些军队被培特利阿斯所消灭。恺撒本人带着其余的军队，因为地势的困难，因为饥饿，因为气候的恶劣，因为敌人的袭击，受到很大的损失；他所处的地位，无异于在被包围之中。最后，在夏季到了的时候，阿夫累尼阿斯和培特利阿斯撤退，往西班牙内地去征集更多的军队，但是恺撒不断地跑在他们的前面，封锁他们的通道，阻止他们前进。他们派遣几个大队的军队来袭取他的军营，他把一个大队包围起来了。这些被包围的士兵高举他们的盾牌在头上，表示投降，但是恺撒既不俘虏他们，也不杀戮他们，而照他惯常用以取得敌人好感的方法，对他们不加伤害，让他们回到培特利阿斯那里去。因此，两个军营的士兵们中间有不断的来往和调解的谈论。

43. 现在阿夫累尼阿斯和其他一些军官们认为最好是把西班牙让给恺撒，只要他对他们不加伤害，而让他们跑到庞培那里去。培特利阿斯反对这个意见，他跑到军营里，到处搜索，发现有和他自己的士兵们交谈的恺撒的士兵们，他都杀死了。他甚至亲手杀戮了一个想阻止他的自己的军官。士兵们因培特利阿斯的残酷行为而受到刺激，他们心里更加倾向于恺撒的仁慈。不久之后，恺撒设法截断了敌人的水源，培特利阿斯迫不得已，和阿夫累尼阿斯一起，跟恺撒在两军之间举行会谈。在会谈中商量好，他们把西班牙让给恺撒，恺撒对他们不加伤害，引导他们到发禄河的那一边，让他们从那个地方到庞培那里去。达到发禄河畔的时候，恺撒召集所有来自罗马或意大利的人，举行一个会议。他对他们发表下面的演说："我的敌人（我还是用这个称呼，因为我想使你们了解我的意思更加清楚些），虽然以前我的军队被截断在西科里斯河那一边的时候被培特利阿斯杀害了，但是当你们被派来袭击我的军营的时候，我没有伤害你们那些向我投降的人；当我已经截断了你们的水源的时候，我也没有伤害你们其余的军队。如果你们对于这些恩惠有一点感激的话，请你们把这些事情告诉庞培的全体士兵们。"他这样说完之后，就把他们遣散而不加伤害。恺撒任命昆塔斯·喀西约为西班牙总督。

VII. 恺撒部将库里奥在阿非利加的惨败。普拉孙喜阿的兵变。恺撒的短期独裁

这些是恺撒的军事行动。

44. 同时，在阿非利加，阿提阿斯·发禄指挥庞培的军队，努米底亚国王朱巴和他联盟。库里奥带着两个军团、12 条战舰和许多运输船，从西西里起航，替恺撒向他们进攻。他在乌提卡登陆，在乌提卡附近一次小的骑兵战役中击溃了一支努米底亚人的骑兵队，让那些手中还拿着武器的士兵们把他当作大元帅欢呼致敬。这个称号是士兵们加于他们的将军们身上的一个光荣称号，他们这样证明他们认为这些将军们配做他们的司令官。在古时候，只在有最伟大的功勋的时候，将军们才接受这个光荣的称号。在目前，我知道这个光荣称号只限于至少有 10 000 敌

库里奥在阿非利加的战役

人被杀的情况下才可以使用的。当库里奥从西西里渡海的时候，阿非利加的居民认为他会模仿西庇阿的光荣，把他的军营建立在西庇阿的军营附近的，因此他们在附近的水中放毒。他们的盼望实现了。库里奥在那里建立军营，他的军队马上病倒了。他们喝了那里的水之后，视觉模糊，如在云雾中，在睡眠时麻木不仁，此后，常常发生呕吐，全身抽筋。因为这个缘故，库里奥带着他衰弱了的军队，通过广阔的沼泽地区，把他的军队迁到乌提卡本城的附近。但是当他们得到恺撒在西班牙胜利的消息的时候，他们有了勇气，在沿海的狭窄地区列成阵势。在这里发生了激烈的战争；在战斗中，库里奥仅丧失一人，而发禄的军队被杀者有 600 人，此外受伤的人数更多。

45. 同时，朱巴正在进军。他未到之前有一个谣传，说他到达不远的巴格拉达河边的时候退回去了，因为他的王国受邻人的侵略，只留下他的将军萨布拉带着少数军队在河边。库里奥相信了这个谣传，大约在一个炎热的夏天第三时[①]带着他大部分的军队由缺乏水源的沙砾道路进攻萨布拉；那个地方，纵或在冬季有些溪流，在炎热的日光下已经枯竭了。他发现萨布拉和国王本人已经占据了那条河。库里奥所盼望的没有实现之后，他退到一些小山上，因为疲倦、炎热和口渴，士气消沉。当敌人看见他处于这种情况之下的时候，他们渡河，准备作战。库里奥忽视这个危险，很轻率地带着他衰弱的军队从山上跑到平地来；在平地上，他被努米底亚人的骑兵包围了。他慢慢退却，把他的军队聚集在一个很小的地面上，这样在一些时间之内抵抗敌人 库里奥战败、被杀

① 约上午 7 时。——译者

的进攻，但是因为受到了很大的痛苦，他又退到小山上。在这个困难发生之初，阿西尼阿斯·波利俄[①]已经带着一小支军队退到乌提卡的军营里去了，因为恐怕发禄听到在河畔惨败的消息，马上会来进攻乌提卡的军营。库里奥和他的全部士兵在奋勇作战中阵亡了，没有一个人回到乌提卡去和波利俄联合的。

他的军队的覆灭

46. 这就是巴格拉达河畔战役的结果。库里奥的头被割下，送到朱巴那里去了。这个惨败的消息传到乌提卡军营的时候，海军大将夫雷马带着全部舰队逃跑了，没有带一个陆军士兵上船；但是波利俄划着一只小船出来，到一些停泊在附近的商船那里，请求它们划到岸边来，把军队带上船。有些商船在夜间来了，但是大群的士兵们跳上船，使一些小船沉下去了。在那些乘船驶出海港而身上有金钱的人中间，因为金钱的缘故，有些被商人们抛入海中。那些航出港口的人就是这样的结果了；但是那些还留在岸上的人，当时仍是夜间，遭遇着同样的灾祸。在黎明的时候，他们向发禄投降，但是朱巴跑来了，把他们聚集在城墙下之后，把他们全部都杀死了，他说，他们是他的胜利的残余，连发禄本人的抗议，他也置之不理。这样，库里奥所带着航海到阿非利加的两个罗马军团，以及骑兵、轻装步队和军队里的仆从就完全被消灭了。朱巴向庞培夸张他的功绩之后，就回本国去了。

恺撒军队在普拉孙喜阿的兵变

47. 大约在这个时候，安敦尼在伊利里亚被庞培留下防备多拉培拉[②]的部将屋大维打败了，而恺撒的另一支军队在普拉孙喜阿发生兵变。他们大声反对他们的军官们延长战争，又没

① 为马喜阿斯·鲁福斯之误。——译者

② 希腊原文是猜想的。——英译者

有把他们在勃隆度辛时恺撒所允许赠与他们的5个米那的金钱给予他们。当恺撒听到这个消息的时候，他从马塞利亚飞奔到普拉孙喜阿，跑到当时还在叛变的士兵面前，他对士兵们发表演说如下："你们知道我在做每件事情时所惯常使用的速度。这次战争不是我们延长，而是敌人，因为他们不断地从我们面前撤退。过去在高卢，你们在我的指挥下取得了很多利益，你们对我宣誓在这次整个战争中为我服务，而不是只在一部分战争中。现在你们在我们艰难的时候叛离我们了，你们反抗你们的军官们，你们打算对那些你们应当服从他们的命令的人发号施令。我自己可以作见证，以前我对你们是宽宏大量的；但是现在我将执行我们国家的法律，对第9军团实行十人抽一的处罚，因为这次兵变是从第9军团开始的。"马上整个军团发出了叫喊的声音，军官们投身于恺撒的脚下哀求。恺撒才慢慢地让步，减轻处罚，只指定120人（他们似乎是这次兵变的领导者），从这120人中，用抽签方法选出12人来处死。12人中有一个人被证实，当阴谋发生时，他不在那里；恺撒把那个控告这个士兵的百人队长处死，以代替他。

恺撒的短期独裁

48. 恺撒这样平定了普拉孙喜阿的兵变之后，就跑到罗马去了；提心吊胆的罗马人民，没有元老院的命令，也没有一个行政长官的参加，就推举他为独裁官。但是或者因为这个职位可能会使人憎恨，或者因为他不想要这个职位，他只做11天独裁官（有些人这样说）之后，就指定他自己和巴布利阿斯·爱骚利卡为执政官。他随心所欲的任命或更换各省的总督。他指定马可·雷必达为西班牙总督，奥拉斯·阿尔拜那斯为西西里总督，绥克斯都·培都西阿斯为撒丁尼亚总督，狄西摩斯·布鲁图为新得的高卢总督。他把谷物分配给饥饿的人民；因人民的请求，他允许迈罗以外的一切流亡者回国。当人民以战争和叛乱使物价低落了为理由，请求他下令废除债务的时候，他拒绝了，但是他任命一些估价官对于可卖的货物进行估值，债务人可以把货物偿给债权人，以代替金钱。他做了此事之后，大约在冬至的时候，他派人去召集他的军队集合于勃隆度辛，他没有等待就要到了的罗马历新年元月一日①他的执政官职务开始的时候，就在12月中离开罗马了。罗马人民送他到城门口，劝他和庞培议和，因为这是很明显的，两人中不论谁战胜，他就会取得至高无上的权力了。

VIII. 庞培的备战。恺撒渡海。两军到达提累基阿姆

庞培的军队

49. 恺撒启程离开罗马，尽一切可能的速度前进；但是同时庞培正在尽一切努力建造船舰，聚集更多的人力和金钱。他俘虏了恺撒在亚得里亚海中的40条船舰，派遣驻军防止恺撒渡海。他训练他的军队，他参加步兵和骑兵的训练，他虽然年老了，②但在一切方面，他还是站在最前边。这样，他很快地得到他的士兵的好感；人民成群地去看庞培的军事训练，就像去看一

① 罗马习惯，执政官在元月一日就职，3月为岁首；至公元前46年恺撒始改以元月一日为岁首。——译者

② 时年58岁。——译者

个表演一样。当时，恺撒有10个军团的步兵和10 000高卢骑兵。庞培有从意大利渡过亚得里亚海而来的5个军团以及军团里的骑兵；还有在帕提亚战争①中在克拉苏部下服务的两个残余的军团和在加宾尼阿斯指挥下侵入埃及的某一部分军队，共有意大利军队11个军团和大约7 000骑兵。他又从爱奥尼亚、马其顿、伯罗奔尼撒和彼奥提亚得到了一些辅助兵，还有克里特的弓箭手，色雷斯的投石手和本都的标枪手。他还有一些高卢骑兵和加拉西亚东部的骑兵，以及安提阿派来的科马基尼人，还有西里西亚人、卡巴多西亚人和来自小亚美尼亚的一些军队，还有旁菲利亚人和彼西底亚人。庞培不想利用所有这些军队来作战。有些他用以驻防，建筑要塞，以及替意大利士兵们做其他工作，使意大利的士兵们人人能够参加战斗。这些是庞培的陆军。他有装备完整的战舰600条，其中大约有100条是配备罗马人为船员的，这些船舰被认为是比其余的船舰好得多的。他还有许多运输船和载重船，有很多海军司令官，指挥各个分队，马可·毕布拉斯为海军总司令，指挥所有的海军司令官。

50. 当一切准备好了的时候，庞培把元老们、骑士们以及全体军队召集起来，举行一次会议，对他们发表演说如下："同伴士兵啊，过去雅典人在反抗侵略的战争中也曾为了自由的缘故，放弃了他们的城市，因为他们相信：造成一个城市的不是房屋，而是人；②他们这样做了之后，他们不久就恢复了他们的城市， 庞培对士兵的演说

① 此处在原文中有一个小的遗漏。——英译者

② 希罗多德 VIII. 41。这句话的后一部分成为自阿尔西阿斯以后的一句常用的套语（英译注）。参阅《伯罗奔尼撒战争史》中译本，103页伯里克利的话和556页尼西阿斯的话。——译者

而且使它比以前更为著名了。我们自己的祖先，当高卢人入侵的时候，也曾放弃了罗马城，卡密拉斯匆忙地从阿狄亚跑来，把它恢复了。[①] 凡是有健全思想的人都认为他们的祖国是那个能够保全他们的自由的地方。因为我们是这样想的，所以我们航海到这里来，不是遗弃我们的祖国，而是为着准备我们自己去光荣地保卫我们的祖国，以反抗那个长期以来阴谋危害它、突然向它进攻而且利用贿赂已经夺取了意大利的人。你们已经下令宣布他为公敌了，但是现在他派遣总督们去统治你们的行省。他任命另一些人统治罗马，又任命一些人统治全意大利。他这样地胆大妄为，剥夺了人民自己的政府。当战争还在激烈进行的时候，当他担心战争的后果的时候，当我们想托神明的保佑，使他受到处罚的时候，他尚且做出了这些事情；如果他获得胜利了的话，什么残暴的行为他不会做出来呢？当他正在做这些事情以危害祖国的时候，某一些人，因为被他从我们的高卢省得来的金钱所收买，和他合作，自愿做他的奴隶，而不做他的平等人。”

51.“我从来没有，将来也绝不会有不和你们一块儿作战，不为你们作战的，我以士兵的身份和将军的身份来为你们服务。如果在军事上我有一点经验的话，如果我幸运的直到今天还没有被人打败过的话，我祈祷神明在我们目前困难的时候，继续保佑我，使我在祖国危急的时候，为祖国的利益成为一个幸运的人，正如同我在扩充祖国疆土的时候是一个幸运的人一样。当然，我们可以相信神明，相信这次战争的正义性，因为这次战争

① 年代可能是公元前389年(英译注)。参阅IV(I)，1。——译者

有一个崇高而正义的目标——就是保卫我们祖国的宪法。此外，我们还可以倚赖我们在陆地上和海上所看见的我们准备工作的宏伟规模，而这个规模正在与日俱增，我们一旦开始战争，这个规模还会更加扩大的。我们可以说，所有东方和攸克星海周围的国家，不论是希腊人的或蛮族人的，都是和我们站在一边的；各国国王是罗马人民的朋友，或者是我自己的朋友，他们正在以士兵、武器、军粮和其他军事工具供给我们。那么，你们应当用一种无负于你们的祖国、无负于你们自己和无负于我的精神来进行你们的工作；要记着你们从恺撒那里所受到的虐待，并准备及时地服从我的命令。"

52. 当庞培这样说完了之后，整个军队，包括元老们和许多跟他在一起的贵族们，都大声喝彩，称赞他，请他领导他们去做无论什么他想要他们去做的工作。庞培认为季候不佳，海上又无港口，恺撒一定不会在冬季结束之前企图渡海，而会忙于执行执政官的职务的。所以他命令他的海军军官们守望海上，于是他把他的军队分开，派往帖撒利和马其顿的冬营里去了。

庞培这样轻率地判断当时将要发生的事情。如我在上面已经说过的，[①]恺撒于冬至日匆忙地来到了勃隆度辛，他想出乎意外地袭击敌人，引起敌人的惊慌。虽然他没有军粮，没有战具，他的全部军队还没有集结在勃隆度辛，但是他把现在已经在那里的人召集起来，举行会议，对他们发表演说如下：

恺撒到了勃隆度辛

53. "同伴士兵们：——你们在这个最伟大的事业中，和我联合在一起——冬季的严寒，我们伙伴们迟迟未到，缺乏适当的

他对士兵的演说

① 参阅本卷第48。——译者

准备工作，这一切都不能阻挠我们的出发。我认为行动的迅速对于这些缺点是最好的补偿。我认为我们这些首先来到集合地点的人应当把我们的仆从、我们的驮兽和我们的战具留在这里，使我们现有的船只能够运载我们，我们应当单独上船，马上渡海，不要让敌人知道。让我们以我们的幸运对抗冬季的天气，以我们的勇敢对抗我们人数的不足，以敌人丰富的资源对抗我们军需的缺乏；只要我们认识到，如果失败，我们将丧失一切的话，那么，我们一旦登陆，敌人丰富的资源都是我们可以取得的。那么，当他们正在掩护下度冬的时候，让我们前去占有他们的仆从、他们的战具、他们的军需。让我们在庞培以为我也正在冬营度日或正忙于执政官所应做的宗教游行和祭祀职务的时候前去。我用不着对你们说，战争中最有效的事是出其不意。我们首先夺取和敌人战斗的荣誉，在那里预先把一切事情安排得很安全，等着那些立时跟着我们来的人，这是光荣的。以我而言，我愿马上起航，而不愿在此地讲话，使我能够在庞培还以为我正在罗马忙于我的公务的时候在他的面前出现。我确信你们会同意我的，但是我还在等待你们的答复。”

他航往伊壁鲁斯

54. 全部军队很热情地欢呼，说他应当领导他们前进。于是恺撒马上率领着5个军团步兵和600个精选的骑兵直接从讲坛上向海边去，但是因为刮起了一阵暴风雨，他不得不在岸边停泊。当时正是冬至之日，大风阻止了他，迫使他停留在勃隆度

前48 辛，他甚为焦急，感到失望，直到新年元月一日为止。同时，又有两个军团到了，恺撒使这两个军团的士兵也上了船，在冬季的时候，乘着商船启程，因为他仅有少数战舰，而这些战舰正在防卫

撒丁尼亚和西西里。船舶被风吹到塞劳尼安山脉附近，恺撒马上派遣这些船只回去运载其余的军队。于是他把他的军队分作几部分（因为道路难于行走），于夜间从一条崎岖的狭窄道路进攻俄利康镇；如果有人看见的话，他是会很容易被打败的。经过很多困难之后，他在黎明时把他的各支队集合起来；因为俄利康城的居民不许驻兵司令官反对一个罗马执政官进城，所以驻兵司令官把城市的钥匙交给恺撒，他还留在那里和恺撒在一起，处于被优待的地位。琉克利喜阿斯和密纽喜阿斯带着 18 条战舰，在俄利康城的那一边，保卫着一些为庞培运输谷物的商船；他们把那些运输谷物的商船凿沉，以免落到恺撒手里，于是逃往提累基阿姆去了。恺撒匆忙地从俄利康进到阿波罗尼亚，这个城市的居民迎接他进城。驻军司令官斯特拉培利阿斯放弃了那个城市。

55. 恺撒把他的军队集合起来，祝贺他们的胜利，因为他们在仲冬之月迅速进军，没有战舰而征服了这样的一个海，不战而占领了俄利康和阿波罗尼亚，夺得了敌人的军需，如他所预料的，而庞培还不知道。他说："如果我们能够在庞培之前达到他的军械库提累基阿姆的话，那么，他整个夏季所辛勤聚集的一切东西都会归我们所有了。"他这样说完之后，带着他的军队经过很远的道路，昼夜不停地直往提累基阿姆。庞培事先被别人劝告，也用最大的速度，从马其顿向那个地方进军，沿途砍伐树木，以阻止恺撒的通过，破坏桥梁，纵火焚烧他在途中所遇着的一切给养，他同时也认为保卫他的储藏是最重要的（事实也是如此）。如果任何一方面的军队看见远处有一点灰尘或烟火的话，他们

他进军提累基阿姆

就认为是敌军引起的；他们努力前进，好像运动员在赛跑一样。他们都不让自己有用餐或睡眠的时间。一切都是尽量加快迅速，热忱和在前面手执火炬的向导们的呐喊声互相呼应；当两支敌军愈走愈近的时候，引起了纷乱和恐惧。有些士兵，因为疲倦，把身上背的东西都丢了。另一些士兵则自己隐藏在山谷中，掉在后面，宁可冒着危险，以求得到渴望的片刻休息。

他在此地扎营

56. 双方都在这种痛苦之中的时候，庞培先达到提累基阿姆，扎营在这个城市的附近。他派遣一支舰队，收复了俄利康，严密地防范海上。恺撒扎营的地方和庞培扎营的地方中间隔着阿洛尔河。[①] 双方的骑兵渡河时常常发生遭遇战，但是两军没有开始大战，因为庞培还在那里训练他的新兵，而恺撒在那里等待他留在勃隆度辛的军队。恺撒担心：如果那些留在勃隆度辛的军队在春季乘商船渡海的话，他们会逃不脱庞培的三列桨战舰，因为庞培有许多三列桨战舰，作为守卫船舰，正在那里巡逻；但是，如果他们在冬季当敌人停泊在群岛之间的时候渡过海面的话，他们或许可以不被发觉，或者可以利用风力和小的船只冲过海面。所以他派人去，命令他们赶快渡海。因为他们没有开动，他决定秘密地渡海到那支军队里去，因为没有别人能够这样容易地把他们带来。他隐瞒了他的用意；派遣三个仆从到离那里 12 斯塔狄亚的河边去寻找一条航行最快的船和一个第一流的舵手，说恺撒所派遣的一个使者要使用这条船。

---

① 恺撒和其他一切权威著作都说是阿普萨斯河。——英译者

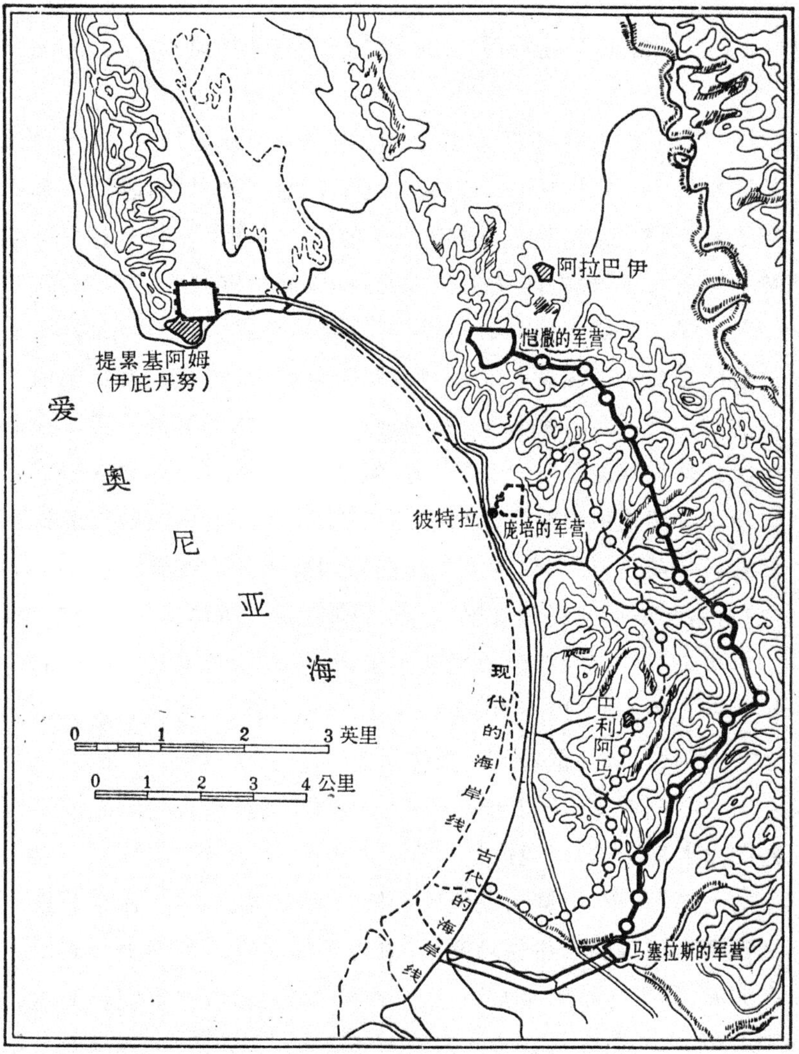

阿拉巴伊
恺撒的军营
提累基阿姆
(伊庇丹努)
爱
奥
尼
亚
海
彼特拉
庞培的军营
现代的海岸线
古代的海岸线
巴利阿马
马塞拉斯的军营
0 1 2 3 英里
0 1 2 3 4 公里

提累基阿姆战役图

IX. 庞培两次打败恺撒于提累基阿姆

恺撒企图乘着小船，越渡亚得里亚海

57. 他在吃晚餐的时候，突然站起来，伪称疲倦了，告诉他的朋友们仍在那里用餐。他穿上一个普通人的衣服，跳上一部车子，赶到船边，伪装是恺撒所派遣的一个使者。他由他的仆从传达他的命令，他在黑夜中隐藏着自己，而没有被人认识出来。当时烈风正在吹着，仆从们告诉舵手要勇敢些，趁着这个机会，逃避附近敌人的注意。舵手划着船顺流而下；当他们将达到河口的时候，他们发现大风和海水把河水激荡成澎湃的浪潮。舵手在仆从们督促之下，用尽全力，但是他不能前进，弄得疲倦而失望了。于是恺撒揭开他自己的伪装，大声向他喊道："勇敢地冒着风暴前进，你是载着恺撒和恺撒的命运。"桨手们和舵手大吃一惊，都增加了新的勇气，但是风浪把船只冲得很高，被打回到岸边来了。因为已经快要天亮了，他们担心敌人在黎明的时候会发现他们，恺撒一面归咎于他的恶魔作怪，一面允许船只回去了。因此，船只乘着大风溯河而上。

58. 恺撒有些朋友们看到他这种勇敢的行动而惊异；另一些朋友们则责难他，说这是适宜于一个士兵，而不适宜于一个将军的行动。因为恺撒知道他不能第二次化装前往，他命令波斯都密阿斯代替他航往勃隆度辛，去告诉加宾尼阿斯马上带着军队渡海；如果他不服从的话，就命令安敦尼渡海；如果安敦尼也不来的话，就命令卡雷那斯渡海。恐怕三人都迟疑的话，他写了一封信给全体军队，说："每个愿意的人都可以跟着波斯都密阿

他派人去召集援兵

斯上船，随风吹着他们到那里，他们就航行到那里去，不要管船只怎样，因为恺撒所需要的不是船只而是人。”

这样，恺撒信赖他的命运而不信赖他的谨慎。庞培为了想在恺撒的援兵还没有到的时候，先发制人，所以急忙地领导他的军队前进，准备战斗。当庞培的两个士兵在河的中流寻找最好的渡河地点的时候，恺撒的一个士兵把这两个士兵都杀死了，庞培认为这是不祥之兆，所以撤退了。他的朋友们都责备他失去了这个最好的机会。

安敦尼带着其余的军队到了

59. 当波斯都密阿斯到了勃隆度辛的时候，加宾尼阿斯不服从命令，但是他带着那些愿意跟他一起走的人，以急行军的方法，想通过伊利里亚。这些人差不多全部都被伊利里亚人消灭了。[1] 恺撒不得不忍受这个暴行，因为他没有时间来报复。安敦尼带着其余的军队上船了，乘着很大的顺风航行，经过了阿波罗尼亚；大约在中午的时候，风停止了，庞培派在海上巡逻的20条战舰发现了他们，追逐他们。恺撒的船只很担心，在这个风平浪静的海面上，敌舰的船首会撞沉它们。它们准备战斗，开始投射石头和标枪；但是突然风又刮起来了，风势比以前更大，它们的大风帆意外地被风吹着，使它们能够毫无恐惧地完成它们的航程。追逐的敌舰落在后面，它们在狭窄的海面上受风浪的打击，遭到了很大的损失，分散在无港口、多礁石的海岸旁边。经过很大的困难之后，它们才俘虏了恺撒的两条触礁的船只。安敦尼带着其余的军队到了尼姆斐安港。

提累基阿姆的小战

60. 这时候，恺撒把他的全部军队集中起来。庞培也把他

① 参阅 X.12。——译者

的军队集中起来。两军都驻扎在彼此相对的小山上的方形堡垒中。当他们造成包围阵线,彼此都想把对方的军需来源割断的时候,在方形堡垒的周围经常发生冲突。有一次在一个方形堡垒前战斗的时候,恺撒的士兵被打败了,一个名叫塞华的百人队长建立了很多勇敢的功绩之后,被一支标枪射伤了眼睛。他领导他的士兵向前面走,用手做手势,好像他有什么话要说的样子。当对方肃静了的时候,他向庞培的一个百人队长(他也是以勇敢著名的)大声呼喊道:"救救你的伙伴、你的朋友,派个人来用手牵着我,因为我受了伤。"有两个士兵以为他是个逃兵,向前跑到他那里去。这两个士兵中的一个,在他的计策被发觉之前就被他杀死了;另一个,他把他的肩膀劈下来了。他之所以这样做,是因为他已经没有挽救他自己和那个堡垒的希望了。他的士兵们因为他这种自我牺牲的精神而感到羞愧,于是奋勇向前,挽救了这个堡垒。那个据点的司令官密纽喜阿斯也受到很大的损失。据说,他的盾受了 120 个投射器的射击,他六次受伤,也和塞华一样,丧失了一个眼睛。恺撒赏赐了许多军事礼物,以表示他们两人的光荣。他本人是一个提累基阿姆的公民,他提出把城市献出之后,他得到一小支军队的同意,于夜间跑到阿提密斯神庙的门口……。[①]

在同一个冬季里,庞培的岳父西庇阿从叙利亚带了一支军队前来。恺撒的部将,盖约·喀尔维西阿斯[②]和他在马其顿交

① 此处原文有遗漏。我们从戴奥·喀西约的著作(xli. 50)中知道,这个尝试失败了。——英译者

② 为龙基纳或喀尔文那斯之误。——译者

战，被打败了，整个军团除800人外都丧失了。

恺撒企图包围庞培

61. 庞培的海军占优势，恺撒不能从海上得到军粮；因此他的军队受到饥饿之苦，不得不以草根做面包。叛兵把这种面包拿到庞培那里去，以为庞培看到这种情况会喜欢的；但是他一点也不高兴，只说道："我们在和一种什么野兽作战啊！"于是恺撒迫不得已把全部军队集合起来，就是庞培不愿作战，想逼着他作战。庞培占据了许多恺撒撤退的堡垒，不肯移动。因此恺撒很感到烦恼，于是想冒险进行一个极端困难而幻想的计划，就是造成一个包围线，从海至海，把庞培的阵地全部包围起来，他认为：纵或他失败了的话，他也可以因这个计划的勇敢而获得大名。这个包围线周围约1 200斯塔狄亚。[①] 恺撒实际上已经开始了这项工作，但是庞培建筑一条相应的壕沟和壁垒线。这样，他们彼此互相躲开对方的企图。但是他们两人进行了一次大战；在这次大战中，庞培很光辉地战胜了恺撒，追击他的那些急忙跑回他的军营的士兵，夺取了他的许多军旗。他的鹰旗（罗马人最尊重的军旗）经过很大的困难才被救出来，撑鹰旗的人刚刚及时地把鹰旗抛过木栅，丢给栅内的人。

提累基阿姆之战

恺撒两次战败

62. 经过这次大败之后，恺撒从另一个地方调来其他的军队，但是这些军队，甚至看见庞培的军队还离着很远的时候，就惊慌起来了。虽然他们已经走近军营门口了，他们既不停住，也不按照次序进城，也不服从对他们所下的命令；而是全体毫无羞耻地、毫无秩序地、毫无理智地混乱逃窜。恺撒在他们中间跑，

① 此处原文可能有错误。此处所说的距离等于133英里。恺撒（iii. 63.）说是17英里；夫罗拉斯（IV. 2.）说是16英里。——英译者

谴责他们，说明庞培还在很远的地方，但是有些士兵们当着他的面前，把他们的军旗丢掉了；而另一些士兵们含着羞耻，注视地上，也不捡起来；他们恐慌到这样的程度。有一个旗手，把军旗倒起来，敢于把军旗的一端向恺撒刺去；但是卫队把他砍倒了。当士兵们进了军营的时候，他们也不设立岗哨。一切警备都被忽视了，要塞无人守卫。所以，如果不是天使之神经错乱了的雷宾那斯劝告庞培追赶逃亡的敌军而不要夺取敌营的话，那时候，庞培很可能会攻下敌营，一战而使战争结束了。并且庞培本人也迟疑不决，或者因为当他看见敌营没有人守卫的时候，他疑心敌人用计引诱他，或者因为他轻率地认为战争的胜负已由这次战役而决定了。所以他转而进攻军营以外的敌军，大肆屠杀。在这天的两次战役中他夺取了28面军旗，但是他在这里失掉他结束战争的第二个机会。据说，恺撒说："如果他们有一个知道怎样利用胜利的司令官的话，战争会在今天以敌人胜利而告结束。"

X. 在法萨卢双方的备战与双方的形势

63. 庞培写信给所有的国王和城市，夸大他的这次胜利；他看到恺撒的军队受到饥饿的压迫，因战败而士气消沉，特别那些军官们担心因为他们在战斗中的卑鄙行为而受到处罚，因此他料想恺撒的军队马上会投降到他那边来的。但是恺撒的士兵，好像神明使之忏悔的一样，深以他们的卑鄙为耻；当恺撒温和地谴责他们而饶恕了他们的时候，他们更加愤恨他们自己，由于情

恺撒鼓励他的士卒

感的突变，他们要求依照传统的规则，以十人抽一的办法来处罚他们。当恺撒不同意这个办法的时候，他们更加感觉羞耻，承认他们不应该这样做，使他受到他不应当受的损失。他们大声呼喊，说，至少他应当把旗手们处死，因为如果不是旗手们首先向后逃跑的话，他们绝不会逃走的。甚至这一点，恺撒也不同意，但是他勉强处罚了少数人。他的宽大深深地鼓励了士兵们的热情，所以他们要求恺撒马上领导他们去作战。他们热情地要求他，答应以一个光辉的胜利洗刷他们的耻辱。他们自动地按照军事行列彼此互相访问，当着恺撒本人面前，按队宣誓，说他们非胜利，绝不离开战场。①

64. 因此，恺撒的朋友们力劝他马上利用军队的忏悔和热情，但是他在他的军队可以听得见的地方说，他愿意利用一个更好的机会领导他们去进攻敌人，他鼓励他们不要忘记他们现在的热情。他私自责备他的朋友们说，首先必须使士兵们的勇气从他们最近的败仗中恢复过来，也使敌人们丧失一点目前的高度信心。他也承认他自己做错了，不应该在提累基阿姆附近扎营，因为庞培在那里有丰富的军需，而应当引诱他到一个庞培也和他们一样感觉军需缺乏的地方去。

他这样说了之后，他直接向阿波罗尼亚进军，又从阿波罗尼亚向帖撒利进军，利用夜间行军，以隐蔽他的行动。他到了一个小城市刚菲，这个小城市不肯开门迎接他，他猛力攻下，让他的士兵们大肆抢掠。他的士兵们已经很受了饥饿的痛苦，现在 他进军帖撒利

① 这个记载和恺撒本人记载他在提累基阿姆战败后，他的军营里所发生的事情是一致的。——英译者

过度的吃喝，其中日耳曼人尤其可笑地喝得大醉，所以，如果庞培不是轻敌放弃追逐的话，似乎很可能庞培在这个时候进攻，又获得一次胜利。经过七天迅速行军之后，恺撒扎营在法萨卢附近。据说，在刚菲的异常的灾祸中，有20个第一流年高德劭的人的尸体被发现躺在一个药铺的地板上，没有伤痕，而有酒杯在他们身边，好像他们是喝醉了的一样；但是其中一个人安坐在椅子上，好像一个医生，无疑地，他是把毒药给他们吃了。

庞培扎营于法萨卢

65. 恺撒撤退之后，庞培召集一个军事会议；在会议中，阿夫累尼阿斯建议：他们应当利用他们强大得多的海军，他们既控制了海上，就应当扰乱恺撒，因为恺撒现在正在徘徊，又无军粮；庞培本人应当尽快地率领他的步兵往意大利去，因为意大利对他有好感，现在又无敌军。他们占据意大利以及高卢和西班牙之后，他们可以再从他们自己的家乡——帝国势力的中心——向恺撒进攻。虽然这是一个可能的最好的计策，但是庞培轻视这个计策，而相信了另一些人的话；他们说，恺撒的士兵们，由于饥饿的缘故，不久，就会投降到他这边来，或者在提累基阿姆的胜利之后，恺撒所剩下的军队无论如何是不多了。他们说，如果恺撒败逃了而不去追击他，胜利者好像战败者一样逃跑，这是可耻的。庞培采纳了这些人的意见，一部分是因为他尊重那些正在观望的东方各国的意见，一部分是因为他想使琉喜阿斯·西庇阿不要受到损害，因为西庇阿还在马其顿，但是最重要的，是因为他认为当他的军队士气正旺的时候，他应当作战。因此，他领导他的军队前进，扎营在法萨卢附近，和恺撒的军营相对峙，两个军营彼此相距30斯塔狄亚。

66. 庞培的军粮从各方面运来，因为道路、海港和要塞都事先这样安排，使粮食无论何时都可以从陆路上运到他那里去，每当海风吹着的时候，粮食又可以从海上运到他那里。而另一方面，恺撒只能经过困难后所找到的而又须用很大的力气才能取得的东西。但是，就是在这种情况下，也没有人背叛他，而全体士兵们，由于一种神赐的愤怒，渴望和敌人作肉搏战。他们认为，他们受了十年的军事训练，在战斗中比庞培的新军强得多；但是在挖掘壕沟和建筑要塞以及艰苦的劫粮工作，由于他们的年龄关系，他们的力量减弱了。他们虽然疲惫了，但是他们都宁愿作出一些勇敢的成绩[①]来，而不愿因饥饿或不行动而死亡。庞培看到了这一点，他认为在一个单独的战役中孤注一掷，和这些有训练而拼命的士兵作战，对抗恺撒的光辉幸运，这是很危险的。利用粮食的缺乏以削弱敌人，是比较容易些，安全些；因为敌人没有占领肥沃的地区，不能从海上取得任何粮食，又没有船只可以利用来迅速地逃跑。

恺撒缺少粮食

所以他根据最谨慎的估计，决定拖延战争，迫使敌军由饥饿而发生瘟疫。

庞培想拖延战争，但他的主张为他的顾问们所推翻

67. 但是他被许多和他官阶相等的元老们、许多著名的骑士们以及许多国王们和王公们所包围。这些人中间，有一些人因为缺乏战争的经验；另一些人因为在提累基阿姆的胜利而太得意忘形了；另一些人因为他们的人数比敌人多；另一些人因为厌倦战争了，希望来一个速战速决，而不采取安全的计划——所有这些人都力劝他作战，向他指出，恺撒总是把军队列成阵

① 此处希腊文缺了几个字。——英译者

形,向他挑战。庞培努力从这一事实向他们说明,正因为恺撒由于军粮的缺乏不得不这样做,他们更有理由不要作战,因为恺撒将更为困难的境遇所困窘。但是全体军队非难庞培,因为这些军队由于在提累基阿姆的胜利而过早地得意忘形;显贵的人们也非难他,说他热中于权势,有意地拖延战争,使他可以延长他统治这样多和他品位相等的人们的权力——因为这个缘故,他们嘲笑地称他为"国王们的国王",称他为"阿伽美浓",①因为阿伽美浓在战争继续的时候也是统治诸国王的——,他被这些人所动摇,因而放弃了他自己的主张,对他们让步,因为就是在这个时候,他和在整个这次战争中一样,受神明的驱使,弄得昏头昏脑,以致迷失了方向。现在他和他的本性相反,在处理一切事务时,都变为迟钝而拖延了;他违反了他自己的意志,准备战争,使他自己和那些劝他的人都受到损害。

战前的灾异

68. 这天夜里,恺撒的3个军团动身出外掠劫粮食;因为恺撒本人正愿意庞培拖延,没有想到他会改变的,因此他派遣这3个军团去掠劫食物。当他看见敌军正在准备战斗的时候,他因他所预料到的敌军已对庞培施加压力而感到喜欢,因此,他马上召回他所有的军队,在他自己这方面准备战争。他在午夜时祭祀诸神,祈祷马斯神和他自己的女祖先维纳斯(因为人们相信朱理亚族是伊尼阿斯和他的儿子爱拉斯的后裔,只名字上略有变更而已②),他宣誓:如果一切进行顺利的话,他将在罗马建筑

① 特洛耶战争中希腊人的联军总司令,见《伊利亚特》。——译者

② 爱拉斯 Ilus 亦作朱拉斯(Julus),朱理亚(Julius)一字即由此字而来。参阅1304页及注④。——译者

神庙，以感谢她给他带来的胜利。于是天空一道火光从恺撒的军营里升起，落在庞培的军营里熄灭了，庞培党人解释这意味着他们将对于敌人取得光辉胜利；但是恺撒认为这是象征他将消灭庞培。同一夜里，当庞培正在祭祀的时候，有些作牺牲用的动物逃跑，再也捉不到了；一群冬眠的生物——蜜蜂——落在祭坛上。在黎明之前不久，他的军队发生惊慌，他亲自到处跑，才把它安静下来，于是他熟睡了。当他的朋友们把他叫醒的时候，他说，他刚才梦见他已经在罗马贡献一个神庙给胜利女神维纳斯。①

69. 他的朋友们和他的全体军队听到这个消息的时候，很是欢喜，因为他们不知道恺撒的誓言；在其他方面，他们也不从理智思考，冒失轻敌地进行战斗，好像他们已经胜利了一样。他们许多人把桂树枝——胜利的标帜——装饰他们的营帐，他们的奴隶替他们准备盛宴。他们有些人也已经开始彼此争吵要得到恺撒的最高僧侣职位了。庞培是有军事经验的，看到这些愚蠢行为，暗中愤怒，因而离开了。但是他因为迟疑和恐惧，缄默无言，好像他已经不是一个司令官，而是一个受人指挥的人一样，好像他所做的一切是违反他自己的判断，而被迫做出的这个有伟大功勋的人（直到当时为止，在任何事业中，他是最幸运的）变为如此苦闷，或者因为在决定最好的策略的时候，他没有实现他的主张，即将孤注一掷，牵涉到这样多人的生命，也牵涉到他自己的不可战胜的名誉；或者因为有些正在到来的灾祸临头而感到烦恼，预示着就在那一天他将从这样势力雄厚的地位上完全

---

① Venus Victrix。——英译者

跌下来了。他只对他的朋友们说,无论哪一方面胜利,哪一天就是将来罗马人大祸的开端,于是他就开始准备战斗。在他这一句话中,有些人认为他流露了他的真正的心思,在恐惧的时候,不知不觉地表达出来了,他们推测,纵或庞培胜利了的话,他也不会放弃最高权力的。

在法萨卢的军队

70. 关于恺撒的军队,许多作家的意见不同,因此,我将以最可信的罗马权威著作为根据,因为这些权威著作很仔细地列举了作为军队主要力量的意大利士兵,但是记载同盟军的不很多,或者记载不实,认为他们只是异邦人,对于战争的胜负关系很少。那时候恺撒的军队大约是22 000人组成的,其中大约有1 000骑兵。庞培的军队在两倍以上,其中约有骑兵7 000人。有些最可信的作家们说参加这次战役的有70 000意大利士兵。别的作家说数目少一些,是60 000人。还有一些作家则大大地夸张了,说是400 000人。有些人说,在这个总数中,庞培的军队是恺撒军队的一倍半,另外一些人说,庞培的军队是参加战争人数的2/3。真实情况是很可疑的。但是无论如何,双方都是主要地依靠他们的意大利军队。在同盟军方面,恺撒有来自山南高卢①和山外高卢的骑兵,此外还有一些由多罗彼人、阿开那尼亚人和挨托利亚人组成的希腊人轻装部队。这些是恺撒的同盟军。庞培有许多来自所有东方各国的军队,一部分是骑兵,一部分是步兵。来自希腊的,他有由他们自己的国王们率领的拉西第梦人和其他伯罗奔尼撒人,彼奥提亚人也和他们在一起。雅典人虽然发表宣言,说,因为他们是已贡献给德斯摩福赖女神了

① 此处希腊文有脱漏,这是填补这个脱漏的最简单的方法。——英译者

的，所以他们不应对双方的任何一方有所伤害，①但是也进军来支援他了。尽管这样，他们希望分享这次战争的光荣，因为这是争夺罗马领导权的斗争。

71. 除希腊人之外，几乎所有东方诸国都派遣援兵到庞培那里来了：色雷斯人，赫勒斯滂人，俾泰尼亚人，福里基亚人，爱奥尼亚人，吕底亚人，旁菲利亚人，彼西底亚人，巴夫拉哥尼亚人，西里西亚，叙利亚，腓尼基，希伯来人和他们的邻居阿拉伯人，塞浦路斯人，罗得斯人，克里特的投石手和所有其他岛上的居民。国王们和王公们在那里领导着他们的军队：加拉西亚的小王公狄奥泰鲁斯和卡巴多西亚的国王阿里阿累西斯。泰克西利斯指挥来自幼发拉底河这一边的亚美尼亚人；那一边的由国王阿塔巴特的部将麦加巴特领导。还有其他一些小王公帮助庞培作战。据说，埃及女王克娄巴特拉和国王，即她的方在童年的弟弟，②从埃及送给他60条船舰。但是这些船舰没有参加战斗，其他海军也没有参加，只留在科西拉观望。他的舰队占很大的优势，他可以切断敌人从海外运来的一切军粮，而他忽视了他的舰队；敌人因近来的工作很高兴，好像老虎一样，渴望吃人了，而他冒险在陆地上和这种人作战：在这两方面他都是做得愚蠢的。虽然在提累基阿姆，他提防了他们，但是他似乎着了魔（这对于恺撒是最幸运的），结果，庞培的军队变为非常轻率，控制了它的司令官，最愚笨地冒失作战。

① 这段文字颇为难解，上面的译文是最可能的解释。德斯摩福赖女神是农耕和文化女神狄密特和柏塞芬尼。她们的节日是每年举行的。——英译者

② 即托勒密第十二，同时也是她的丈夫。——译者

XI. 法萨卢之役

两个司令官的演说

72. 这是天意注定要开始我们现在的世界帝国政权了。两个司令官各自召集他们的军队,向他们发出号召。庞培发言如下:"我的同伴士兵们啊,在这次战役中,你们是领导者。而不是被领导者,因为你们力劝我发动这次战役,而我还想以饥饿消耗恺撒。因此,你们既然是决定战争的元帅们,那么,你们的行动应当像那些在人数上占很大优势的人一样。藐视你们的敌人,好像胜利者藐视战败者一样,好像青年人藐视老年人一样,好像生力军藐视那些因许多劳役而疲惫了的军队一样,像那些有力量、有资源而且有正义理由的人一样战斗。我们为自由、为祖国而战斗。法律和光荣的名誉,以及这许多元老们和骑士们都站在我们一边,以反对那个强盗般地夺取最高政权的独夫。那么,记着:当我们在提累基阿姆打败他们的时候,敌人是怎样逃跑的,我们在一天之内夺取了他们多少军旗,让我们满怀信心奋勇前进!如你们早已想这样做的一样。"

73. 这是庞培的演说。恺撒对他的部下发表演说如下:"我的朋友们,我们已经克服了我们更可怕的敌人,现在我们所要对抗的不是饥饿和贫乏,而是人。一切决定于今日。记着你们在提累基阿姆时所给我的诺言。① 记着你们是怎样当着我的面前,彼此宣誓:非战胜,绝不离开战场。同伴士兵们啊,这些人就是我

① 参阅本卷第63。——译者

们过去在赫丘利的石柱所遇着的那些人，[1]就是在意大利从我们面前溜跑了的那些人。[2] 他们就是在我们十年艰苦奋斗之后，在我们完成那些伟大战争之后，在我们取得无数胜利之后，在我们为祖国在西班牙、[3]高卢和不列颠[4]增加了400个属国之后，不与我们以荣誉，不与我们以凯旋，不与我们以报酬，而要解散我们的那些人。我向他们提出公平的条件，不能说服他们；[5]我给他们以利益，也不能争取他们。你们知道，他们中间有些人是我释放的，不加伤害，希望我们可以使他们有一点正义感。今天你们要回忆所有这些事实；如果你们对于我有些体会的话，你们也要回忆我对你们的照顾，我的忠实和我所慷慨地给予你们的馈赠。"

74. "吃苦耐劳的老练士兵战胜新兵也是不难的，因为新兵没有战斗经验，并且他们像儿童一样，不守纪律，不服从他们的指挥官。我听说，他害怕，不愿作战。他的时运已经过去了；他在一切行动中，变为迟钝而犹疑；他已经不是自己发号施令，而是服从别人的命令了。我说这些事情，只是对他的意大利军队而言。至于他的同盟军，不要去考虑他们，不要注意他们，根本不要和他们战斗，他们是叙利亚的、福里基亚的和吕底亚的奴隶，总是准备逃亡或做奴役的。我知道得很清楚，你们马上就会看见的，庞培自己不会在战斗行列中给他们以地位的。纵或这

---

① 参阅本卷第43。——译者
② 参阅本卷第40。——译者
③ 参阅本卷第80。——译者
④ 参阅本卷第13、15、17、32、150等；IV，(I，XV，XXI)。——译者
⑤ 参阅本卷第32。——译者

些同盟军像狗一样向你们周围跑来威胁你们的时候，你们也只要注意意大利人的士兵。当你们已经击溃敌人的时候，让我们饶恕意大利士兵，因为他们是我们的同族人，而只屠杀同盟军，使其他的人感到恐怖。为了使我知道你们没有忘记你们不胜即死的诺言起见，当你们跑去作战的时候，首先摧毁你们军营的壁垒，填起壕沟；这样，如果我们不战胜的话，我们没有逃避的地方，使敌人看见我们没有军营，知道我们不得不在他们的军营里驻扎。”

战役的准备

75. 尽管这样，在他这样说完了之后，恺撒选择他最老的士兵 2 000 人守卫营帐。其余的士兵，当他们跑出来的时候，他们静悄悄地拆毁他们的营寨，用碎石填满壕沟。当庞培看见这种情况的时候，他有些朋友们认为这是准备逃跑，但是他知道，这是不顾一切的表现，他呻吟沉思，认为他们正将和野兽们肉搏，虽然敌军感受饥饿之苦，而饥饿是最能驯服野兽的。现在正当千钧一发之际，已无退却的余地。因此，他留下 4 000 意大利士兵防守军营，把其余的军队在法萨卢城与伊尼比阿斯河之间列成阵势，与恺撒正在布置军队的地方遥遥相对。他们两人都是把意大利士兵列在前线，分为三个行列，行列之间有适当的距离，把骑兵安置在每个行列的两翼。弓箭手和投石手夹杂在所有的行列之中。意大利军队是这样布置的，两个司令官都是主要地信赖这些意大利军队。同盟军队由他们自己指挥，他们是被用来炫耀军容，而不是供实际战斗之用的。庞培的辅助军队里有很混乱的各种各样的方言。庞培把马其顿人、伯罗奔尼撒人、彼奥提亚人和雅典人安置在意大利军团的附近，因为他嘉许他们的秩序良好，举止安详。正如恺撒所预料的，[①]他命令其余的人按照他们的部落在战场外等待着，命令他们在战斗将结束时，即包围敌人，追逐敌人，尽他们的力量破坏敌人，劫掠恺撒的军营，恺撒的军营是没有防卫的。

76. 庞培阵营的中央由他的岳父西庇阿指挥，左翼由多密提阿斯指挥，右翼由林都拉斯指挥。阿夫累尼阿斯和庞培防守军营。[②] 在恺撒方面，司令官是苏拉、安敦尼和多密提阿斯。恺撒按照他的习惯，站在右翼的第 10 军团里面。当敌人看到这种情况的时候，他们调来他们最好的骑兵对抗那个军团，如果可能的话，他们想利用他们人数的优势，包围那个军团。当恺撒看见敌军这样调动的时候，他埋伏了他最勇敢的步兵 3 000 人，命令他们，当他们看见敌军来包围他的时候，即由埋伏中突起，向前急进，用他们的戈矛直向敌人的面上刺击，因为他们是新兵，没有经验，正当青春时期，他们一定不能忍受他们面孔上的刺伤。他们两人这样预定了计划，彼此进攻，每个人都检阅他自己军队的行列，提醒他们应注意的事项，鼓励士兵的勇敢，把口号给予他们，恺撒一边的口号是“胜利的维纳斯”；庞培一边的口号是“不可战胜的赫丘利”。

77. 当双方一切都准备好了的时候，他们在静默中等待了一个时候，迟疑未决，彼此目不转睛地注视着，每人都希望对方开始发动战斗。他们两人都深为这个大军而忧虑，因为过去从来没有这样多的意大利军队一块儿遭遇着同样危险的。他们为

① 参阅本卷第 74。——译者

② 此处有点错误。庞培亲自指挥一翼。——英译者

这些人(两党的精华)的英勇而怜惜,特别是因为他们看见意大利人列成阵势与意大利人战斗。当危险愈来愈近的时候,使他们激动和盲目的野心熄灭,而开始恐惧了。理智澄清了争取光荣的疯狂欲望,估计到危险,使战争的原因赤裸裸地暴露出来了,说明这两个为了争夺最高权力而彼此斗争的人把他们两人自己的生命和幸福(因为战败就意味着降低到最低的地位)和这样多的高贵公民们的生命和幸福来作孤注一掷。这两个领袖也回忆到他们不久以前还是朋友和亲戚,在许多方面彼此合作,以取得地位和权势,①而现在拔剑而起,互相屠杀,领导他们的部下犯同样的罪恶,而他们的部下是来自同一个城市、同一个部落、有血统亲属关系的人,有时是兄弟们对抗兄弟们。就是这些情况,在这次战役中也不会少的,因为,在同一个国内成千上万的人发生武装冲突的时候,许多违反天理的事情一定会发生的。两人回忆到这些事情的时候,每人都后悔不及;因为这一天将决定谁将成为人类中地位最高的,或最低的,他们迟迟不敢首先发动这样重要的一个战役。据说,两个人甚至哭起来了。

78. 当他们正在等待、彼此注视的时候,时间正在过去。所有的意大利人军队都站在他们的位置上,没有动静,但是当庞培看见他的同盟军队,因为时间拖延而陷入混乱的时候,他担心战斗开始以前,混乱将从他们那里扩展起来了。所以他首先发出战斗的军号,恺撒的军号回应着。这样大的军队的行列中号兵是很多的,他们马上发出令人兴奋的号声,唤醒士兵们、旗手们和军官们开始行动,以鼓励他们的士兵们。他们都满怀信心地

---

① 参阅本卷第9以下。——译者

向前交战,[1]但是在蒙迷肃静中前进,好像在许多类似的战役中很有经验的士兵一样。现在当两军愈来愈接近的时候,双方首先投射弩箭和石头。因为骑兵在步兵前面一点,于是,双方的骑兵互相进攻了。庞培的骑兵处于优势,开始包围第10军团了。于是恺撒对埋伏的大队发出信号,这些大队突然从埋伏中跳出来,前进迎战敌人的骑兵,高举他们的戈矛,向骑兵的脸上刺去,骑兵不能抵抗敌人的凶猛,也不能忍受他们面上和眼上所受的创伤,于是狼狈而逃。因此,正在担心被包围的恺撒的士兵[2]进攻庞培的步兵的侧翼,因为他们已经没有骑兵的保护了。

79. 当庞培知道这个情况的时候,他命令他的步兵不要再前进,不要解散队形,不要投射标枪,只展开他们的行列,托着长矛站着,以阻止敌人的攻击。有人称赞庞培这个命令,认为在侧翼被攻击的时候,这是最好的办法;但是恺撒在他的信札中批评这个命令。他说,当人们跑动的时候,打击更加有力量,人们的勇气会增加;站着不动的时候,因为位置固定,人们会丧失勇气而变为向他们进攻的人的最好目标。所以,他说,这点在这次战役中证实了,因为第10军团和恺撒本人包围没有骑兵保护的庞培左翼,用标枪从侧面袭击,而庞培的左翼站在那里不动,直到最后进攻者使它陷于混乱,把它击溃,这是这次胜利的开端。在战场上的其余地方,各种各样的屠杀和伤害正在进行,但是在屠杀的地方没有听见呼喊声,伤者或垂死者口中没有发出哭泣声,

---

① 公元前48年旧历8月9日,朱理亚历的6月6日。——译者

② 原文说是"恺撒的骑兵",但是什威克豪塞认为这是一个显明的错误,因为阿庇安在第79节中说,进击庞培左翼的是第10军团。恺撒本人说,实行这个决定性的军事行动的是作后备军的6个大队。——英译者

只有那些接连不断光荣牺牲的人发出叹息呻吟的声音。那些观望战斗好像看表演一样的同盟军看到战斗者的纪律很为惊奇。他们目瞪口呆，以致不敢进攻恺撒的军营，虽然恺撒的军营只有少数年老的人防守着。他们也没有做任何其他的事，只是好像失了知觉一般站在那里。

80. 当庞培的左翼抵挡不住了的时候，他的士兵甚至还是一步一步地退却，秩序很好；但是没有参加战斗的同盟军慌乱地逃跑，大声叫喊道："我们被打败了"，冲向他们自己的营帐和堡垒，好像那些东西是敌人的一样，把他们在逃走中可能带着跑的东西都拆毁劫掠一空。那时候，庞培其余的意大利军团看见左翼惨败，起初还是慢慢地退却，秩序很好，还是尽力抵抗；但是当敌人因胜利的鼓舞向他们进攻的时候，他们就转身而逃。恺撒为了使敌军不能再集合起来，为了使这次不仅是一个战役的终结，而是整个战争的终结起见，他以过去从来没有过的慎重态度，派遣传令官到各处的行伍中去，命令胜利者饶恕他们本国的同胞们，只击杀辅助军。传令官跑近退却的敌人，告诉他们站着不动，不要害怕。当这个宣告由一个人传到另一个人的时候，他们停下来了，"站着，不要怕"的一句成语，在庞培的军队中当作一句口号来传达了，因为都是意大利人，他们穿的衣服和恺撒的士兵们是一样的，也说着同样的语言。因此，恺撒的士兵从庞培士兵的旁边经过，进攻辅助军，辅助军不能抵抗，大被屠杀。

庞培军队的完全溃败

81. 当庞培看见他自己的士兵们退却的时候，他丧失了他的知觉，缓步退回他的军营里。当他到了他的营帐里的时候，他默默无言地坐下来，好像泰拉梦的儿子阿查克斯一样，据说，有些神使阿查克斯先去了知觉，因而同样地在特洛耶的敌人中受到痛苦。① 其余的人很少回到军营里来，因为恺撒的宣告使他们留在那里不受伤害，当他们的敌人从他们旁边经过了之后，他们成群地分散了。因为天已快黑了，恺撒在他的军队里到处跑动，要求他们继续努力，直到他们攻下庞培的军营时为止，他告诉他们：如果他们让敌人再集合起来的话，他们只取得一天的胜利；但是，如果他们攻下了敌人的军营的话，那么，他们会一举而结束了战争。他向他们伸出他的双手来，亲自领导。虽然他们的身体是疲倦了，但是他们司令官的语言和榜样安慰了他们的精神。他们现在已经取得的胜利，夺取敌人军营和军营内的财物的希望，鼓舞了他们；因为在希望和幸福之中，人们是最不感觉疲劳的。所以他们攻取军营，对于防御者以最藐视的态度进行袭击。当庞培知道此事的时候，他从他奇怪的静默中跳起来，惊呼道："怎么！到我们自己的军营来了吗？"他这样说了之后，就换了他的衣服，骑着一匹马，带着四个朋友出逃，马不停蹄地奔驰，直至第二天清早他达到了拉利萨时为止。这样恺撒就驻扎在庞培的军营里，正如他在备战的时候所应许的一样，②吃了庞培的晚餐，全军以敌人的金钱举行了宴会。

庞培逃亡

82. 双方意大利军队的损失如下（辅助军的损失没有记录，或者因为他们死的人数太多，或者因为他们被轻视）：恺撒的军队丧失百人队长 30 人，军团士兵 200 人，或者，如有些权威著作

双方的损失

① 阿查克斯是萨拉密斯国王泰拉梦的儿子，参加特洛耶战争，后因愤怒和失望而发疯自杀，见索福克利《阿查克斯》。关于他的死，参阅《奥德赛》中译本（1954 年商务印书馆出版，304 页以下）。——译者

② 参阅本卷第 53。——译者

上所记载的，1 200人；庞培方面丧失元老10人，其中有过去被派去继任恺撒为高卢总督的琉喜阿斯·多密提阿斯，另外丧失著名的骑士约40人。有些夸张的作家，说庞培其余的军队死亡者25 000人；但是参加这次战役的一个恺撒的军官阿西尼阿斯·波利俄记载，被发现的庞培军队死亡的人数是6 000人。

著名的法萨卢战役的结果就是这样的。公认恺撒取得胜利的第一名和第二名，第10军团和他在一起。第三名是百人队长克拉辛那斯。在战役开始的时候，恺撒问他预料结果怎样，他很自豪地回答说："啊，恺撒，我们会胜利，你将谢谢我，或者我是活着，或者死了。"全军都证实他好像着了魔一样，在行列中跑来跑去，作出了许多光辉灿烂的成绩。战后去寻找他的时候，他被发现在死者之中，恺撒把军事奖章挂在他身上，埋葬了他，在其他死者的普通葬地旁边，替他修建了一个特别的坟墓。

XII. 庞培的被杀。庞培党人在阿非利加和西班牙的备战

83. 庞培从拉利萨继续逃奔到海边，他从海边坐上一条小船，在途中他无意中遇着一条大船，航往密提林。他在那里遇着他的妻子科尼利亚，于是他们乘着4条从罗得斯和泰尔到他那里来的三列桨大船。他决定不航往科西拉和阿非利加，他在那里还有许多未遭受损失的陆军和海军，他愿意东行，到帕提亚人的国王那里去，希望从国王那里可以得到各种援助。他隐瞒着他的用意，直等到他到了西里西亚的时候，他才吞吞吐吐地把这

庞培航往埃及

个用意泄露给他的朋友们，但是他的朋友们劝他当心这些帕提亚人，因为克拉苏最近曾远征他们，他们因战胜克拉苏而得意洋洋，尤其不可以把美丽的科尼利亚置于这些蛮族人势力之下，因为科尼利亚过去是克拉苏①的妻子。于是他提出关于埃及和朱巴②的第二个建议。他们藐视朱巴，认为他不够著名，但是他们一致赞成往埃及，因为埃及距离近，并且是一个大国，在船舰、粮食和金钱方面还是富强的。埃及的统治者③虽然还在幼年，但是因为庞培和他们父亲④的友谊关系，他们还是和庞培联盟的。

84. 因为这些缘故，他航往埃及。过去和她的弟弟共同统治的克娄巴特拉最近被驱逐离开埃及，现在正在叙利亚聚集军队。她的弟弟托勒密在埃及的卡新，等待她的入侵。正好像神意安排的一样，顺风吹着庞培到了卡新。他看见岸上有一支大军，他就把他的船停下来了，他很正确地判断国王是在那里。所以他派遣使者去告诉国王，说他到了，说到他和国王的父亲的友谊关系。当时国王年约 13 岁，在阿基拉斯和宦官波提那斯监护之下，阿基拉斯指挥他的军队，波提那斯管理他的国库。两人一块儿商量关于庞培的问题。国王的教师狄奥多图（萨摩斯的一个修辞学家）也在场，他提出一个不名誉的建议，说他们可以设一个圈套杀死庞培，以讨好恺撒。他的意见被采纳了。所以他们派遣一条简陋的小艇去迎接庞培，假装说海水太浅，不宜于大船。国王一些侍从也乘着小艇来了，其中有一个名叫塞姆普罗

① 少克拉苏（英译注）。参阅 XIV. 18。——译者
② 努米底亚国王（英译注）。参阅 XIV. 44—46。——译者
③ 克娄巴特拉和托勒密第十二。——译者
④ 托勒密第十一，参阅 XII. 114。——译者

尼阿斯[1]的罗马人，当时他在国王的军队里服务，过去他在庞培的部下服过务的。他以国王的名义向庞培伸出他的手来，领导他乘着小船到国王那里去如同到一个朋友那里去。同时埃及全部军队集合在海岸一带，好像表示对庞培致敬的样子，国王穿着紫袍在军队中，特别引人注目。

85. 庞培看见所有这一切，引起了他的疑心——军队的集合，小艇的简陋，同时国王本人不来迎接他，也没有派遣任何高级官吏来迎接他。但是他还是上了小艇，自己背诵索福克利的这几行诗句[2]："任何人到一个暴君那里去的时候变为他的奴隶，纵或他去的时候是自由的。"当向岸边划去的时候，一切都是寂静的，这就使他更加怀疑了。最后，或者他认识了塞姆普罗尼阿斯是一个在他部下服过务的罗马士兵，或者因为只有塞姆普罗尼阿斯一个人还是站着的，他猜想他是在他的部下服过务的，(因为，依照军事纪律，一个士兵在他的司令官面前是不坐下的)，于是他转而对塞姆普罗尼阿斯说："伙伴，难道我不认识你吗？"塞姆普罗尼阿斯点点头；当庞培转过身子去的时候，他马上刺他第一刀，其余的人跟着他刺。庞培的妻子和朋友们远远地看见这个情况，放声大哭，举手向天空，祈祷神明，对破坏誓言者复仇。于是他们慌忙地航海而去，以离开敌人的国家。

庞培被杀

86. 波提那斯的仆人割下庞培的头，替恺撒保存着，希望得到很大的报酬，但是恺撒对他们予以应有的处罚，[3]因为他们作

① 恺撒、普鲁塔克、夫罗拉斯和戴奥·喀西约都说这个坏人名叫塞普提摩斯。——英译者

② 瑙克，《希腊悲剧片断》，316 页，注 789。——英译者

③ 参阅本卷第 90。——译者

了这种凶恶的事情。他的尸体的其余部分有人埋葬在岸上，墓上竖立了一个小的墓碑，有人在碑上题了这样一个墓志铭：

“对于在神庙中这样富丽豪华的人，这是多么可怜的一个坟墓。”①

经过长久时间之后，这个墓碑完全为沙石所掩埋了；后来他的亲属在喀西约山附近所树立的庞培铜像完全遭到污辱，后来这个墓碑和铜像被移到神庙的秘密壁龛里去了，但是在我的时代，罗马皇帝哈德良当旅行到那里的时候，寻找这个墓碑和铜像，找着了，他洗去墓碑上的污秽，使它又显明了，把庞培的像安置在适当的地方。

庞培过去曾经胜利地进行了许多最大的战争，为罗马人的帝国增加了最多的领土，因此得到了“伟大的”这个称号；他的结果就是这样的。过去，他从来没有战败过，②从他的青年时代起，他一直没有打过败仗，一直是最幸运的。从他的23岁起，到他的58岁，他行使专制君主的权力，从来没有停止过，但是不可避免地和恺撒对比起来，他有一个近乎民主的外表。③

87. 庞培的岳父琉喜阿斯·西庇阿和其他从法萨卢战役中逃出的显贵，比庞培谨慎些，匆忙地逃往科西拉，和伽图联合在一起，他是带着另一支军队和300条三列桨大船留在那里的。 庞培党人的退却

① 意义不很明显，但是据说庞培在他所征服的领土上似乎有这样的神庙。——英译者

② 这是一个错误。庞培在西班牙被塞多留打败过；参阅前卷第110节：ὁ δὲ Σερτώριος ἐνίκα πομπήϊον。——英译者

③ 这个句子既混乱，又冗长。ζηλος，无疑地是庞培和恺撒的竞争，这种竞争使他们两人经常地被对比着。——英译者

这些领导者自己分配这个舰队，喀西约航往在本都的法那西斯那里去，劝诱他拿起武器来反抗恺撒。西庇阿和伽图乘船往阿非利加，依靠发禄和他的军队以及他的同盟者努米底亚国王朱巴。庞培的长子[1]跟雷宾那斯和斯卡浦拉在一起，各人带着自己一部分军队急往西班牙，使西班牙脱离恺撒之后，聚集一支包括西班牙人、克勒特—伊伯里亚人和奴隶们的新军，从事可怕的战争准备工作。庞培过去所准备的、为庞培本人所忽视的而在迷惑中逃脱的现存军队还是这样庞大的。伽图当选为阿非利加军队的司令官，但是他不肯接受这个任命，因为他在罗马只做过大法官，而当时在阿非利加的有些做过执政官的人，官阶比他高些。所以琉喜阿斯·西庇阿受命为司令官，他在那里聚集和训练一支很大的军队。这样，两支巨大的军队，一支在阿非利加，一支在西班牙，联合起来对抗恺撒了。

XIII. 恺撒到埃及。亚历山大里亚人暴动。法那西斯的反抗运动。罗马市民与军队暴动

恺撒追击庞培

88. 恺撒胜利之后，在法萨卢停留了两天，举行祭祀，并使他的军队在战斗之后有个休息的时间。于是他使他的帖撒利同盟者获得自由，宽恕哀求的雅典人，对他们说，“你们祖先的光荣会多少次挽救你们免于自灭”第三天他就向东方进军，因为他知道庞培已经逃往那里去了。由于没有三列桨大船，他企图乘小艇渡过赫勒斯滂。当喀西约带着他一部分舰队正在匆忙地赶往

① 尼阿斯·庞培，和他的父亲同名。——译者

法那西斯那里去的时候，正碰着恺撒渡到赫勒斯滂海峡的中间。虽然他可以利用他无数的三列桨大船战胜这些小船，但是他因恺撒的惊人胜利而恐慌了，恺撒的胜利当时到处传播，令人恐怖，同时喀西约以为恺撒是有意来向他进攻的。所以他在他的三列桨舰上，伸出双手来，向小艇哀求，请求饶恕，把他的舰队交出。恺撒威望的声势是这样大的。喀西约是一个最勇敢的人，带着70条三列桨战舰，在恺撒毫无准备的时候，和恺撒邂逅相逢，而他不敢和恺撒作战，在危急存亡之秋，没有运气比这个时候更为顺利的了；我自己看不出有别的理由，也想不出有任何其他的例子。当恺撒正在渡过海峡的时候，他这样单单由于恐惧可耻地向恺撒投降；而后来正当恺撒的权势最高的时候，他在罗马又杀害了恺撒；①由这一事实证明，很明显的，当时喀西约所感到的恐惧正是由于恺撒的运气正在兴旺的时候。②

恺撒经过小亚，航往埃及

89. 恺撒这样意外地得到了挽救之后，他渡过了赫勒斯滂，赦免了爱奥尼亚人、伊奥利亚人和其他住在普通称为下亚细亚的大半岛③上的居民，因为他们派遣使者到恺撒那里来请求饶恕。他听说庞培逃往埃及，因此他航往罗得斯。甚至在那里，他

---

① 参阅本卷第117。——译者

② 这是一个可疑的故事。恺撒告诉我们(iii.101)，当法萨卢战役的消息传到的时候，喀西约正带着一个舰队在西西里；当这个消息初传到的时候，庞培党人认为这是恺撒的朋友们捏造的谣言，但是当他们相信这个消息是真实了的时候，喀西约带着他的舰队离开西西里。于是恺撒描述他自己的军事行动，他说，他认为必需丢掉其他一切而去追赶庞培，他每天尽他的骑兵所能走的速度，向前推进，他命令一个军团从近路跟着后面来。他一定在喀西约从西西里起程之前，已经渡过了赫勒斯滂。斯韦托尼阿斯《恺撒传63》说，恺撒在赫勒斯滂所遇着的是琉喜阿斯·喀西约。——英译者

③ 即小亚细亚半岛。——译者

也没有等待他的军队(他的军队正在分批到来),而带着他在喀西约的三列桨战舰上所有的士兵们和罗得斯人上了船。他不让任何人知道他将航往何处,他在将近黄昏的时候起航,告诉其他的舵手们,在夜间按照他自己船上的火光,在白天按照他的信号驶行。他们离开陆地航行很远之后,他命令他自己船上的舵手驶往亚历山大里亚。航行了三天之后,他到了那里,国王的监护人迎接他,因为国王本人还在卡新。起初,因为他的军队少,他装作很安闲的样子,以友好的态度款待那些来看他的人,走遍了亚历山大里亚城,称赞它的美丽,他站在人群之中听哲学家们的讲演。这样,他就得到了亚历山大里亚人的好感和尊敬,认为他没有进攻他们的野心。

亚历山大里亚战争

90. 当他的军队到了的时候,他把波提那斯和阿基拉斯处死,以惩罚他们对于庞培所犯的罪行①(狄奥多图逃跑了,后来喀西约发现他在亚细亚游荡无依的时候,把他钉死在十字架上)。因此,亚历山大里亚人进行暴动,国王的军队进攻恺撒,在宫殿周围及邻近的海岸上发生了各种战斗。在一次战斗中,恺撒跳入海中,在深水中游泳了很远才逃脱了。亚历山大里亚人夺取了他的外衣,把它当作战利品悬挂起来。他在尼罗河的两岸和国王做最后一次战斗,结果他取得了决定性的胜利。在这次战斗
前47 中,他费了9个月的时间,最后他立克娄巴特拉为埃及女王,以代替她的弟弟。他带着400条船舰,和克娄巴特拉在一起,溯尼罗河而上,勘探全国。他和克娄巴特拉在一起生活得很快乐。但是这些事件的细节,我在我的《埃及史》中详细叙述了。

① 参阅本卷第86。——译者

当庞培的头被送到他那里的时候，他不忍看它，他命令把它埋葬，他在城市的附近贡献给内美西斯的圣地中划出一小块土地来，作为它的葬地。但在我的时代，当罗马皇帝图拉真镇压埃及的犹太人的时候，① 在战争的紧急情况下，这个墓地已被破坏了。

对抗法那西斯的战争

91. 恺撒在亚历山大里亚作了这些事业之后，他匆忙地由叙利亚进攻法那西斯。当时法那西斯已经达到了他许多的目的，夺取了一些罗马的附属国家，和恺撒的部将多密提阿斯作过战，取得了光辉的胜利。他因此事而得意洋洋，他征服了本都的阿密苏斯城（这个城市维护罗马人的利益的），把其居民出卖为奴隶，把所有的男孩都阉割为宦官。恺撒将要来了的时候，他恐慌了，后悔他的行为；当恺撒离他不到 200 斯塔狄亚的时候，他派遣大使们到他那里去议和。大使们带着一个黄金王冠，同时愚蠢地建议以法那西斯的女儿做恺撒的妻子。当他知道他们所带来的东西的时候，他带着他的军队前进，他一面在前面走，一面和大使们闲谈，直至他达到法那西斯的军营前面，那时候他只说，"为什么我对这个杀父之人② 不马上复仇呢？"于是他跳上他的马，一声叫喊就把法那西斯吓跑了。他杀了许多敌人，虽然他只带着约 1 000 个骑兵和他在前面一块儿走。据说，他在此地慨叹说："啊，幸运的庞培，他在这个人的父亲米特拉达梯的时代曾和这些人一样的人作战，因而被认为是伟大的，并被称为伟大的。"③ 关于这次战役，他写信给罗马，说："我到了，我看见了，我

① 公元 116 年。参阅英译本序言第一段。——译者
② 参阅 XII. 110 以下。——译者
③ 参阅上册书，第 525 页注①。——译者

胜利了。”

92. 此事之后，法那西斯深自庆幸他逃往庞培所分配给他的博斯波鲁斯王国去了。当这样的大战在别的地方尚未完全结束的时候，恺撒不能为这些小事多花时间，所以他回到亚细亚省。当他从亚细亚省经过的时候，他处理了各城市的公务，因为这些城市受包税商人的压榨。这些事情我在我的《亚细亚史》[①]中已经说到了。他听到罗马又发生了叛乱，他的骑兵长官安敦尼已经带着军队占据了广场，他摆脱了其他的一切事情，匆忙地回到罗马。当他到达那里的时候，市民的叛乱[②]已经被镇压了。但是在军队里又爆发了一次反对他的叛变，因为在法萨卢战役之后许予他们的诺言没有履行又因为他们在军队里服务的时间已经超过了法定的期限。他们要求全体遣散回乡。在法萨卢，恺撒曾许予他们一些不确定的诺言，后来又许予他们一些同样不确定的诺言，预备将来在阿非利加战事结束之后给予他们。现在他派人来，给他们一个确定的诺言，允许每人再加 1 000 德拉克玛。他们回答他说，他们不需要更多的诺言了，而要马上全部给付。被派到他们这里来做这件事情的萨拉斯提阿斯·克利斯巴斯[③]从死里逃生，因为如果他不逃跑的话，他们一定把他杀害了。当恺撒知道这事的时候，他把安敦尼带着防卫城市的一个军团驻扎在他的住宅周围和城门口附近，因为他担心军队劫

恺撒军队又一次叛变

① 著者在他的序言中，没有提到亚细亚史。福提阿斯列举在他的时代还保存的阿庇安著作时曾说到“第 10 卷，希腊和爱奥尼亚史。”什威克豪塞认为这就是此处所指的。——英译者

② 市民要求取消债务，发生暴动。——译者

③ 史学家(英译注)。公元前 86—34，著《喀提林战争史》、《朱古达战争史》等书。——译者

掠。那时候，虽然他所有的朋友们都很为惊慌，提醒他不要触犯士兵们的愤怒；但是当士兵们还在马斯广场骚动的时候，他没有事先通知他们，就大胆地跑到他们那里去，在讲坛上出现了。

93. 士兵们没有携带武器，在吵闹中跑拢来了，他们按照习惯，向突然在他们中间出现的司令官致敬。当他要他们说出他们的要求的时候，他们大为惊慌，甚至不敢当着他的面前公开地说出他所允许的赠与物来，而采取一个比较温和的方式，只要求解除他们的兵役，希望他由于需要士兵们去完成那些现在尚未结束的战争，他自己会说到这些赠与物的。但是出乎所有人的意料之外，他毫不犹豫地回答说："我遣散你们。"于是，使他们更加惊异的，他在最严肃的沉默中补充说："当我和别的士兵们取得胜利的时候，我将把我已经允许你们的一切都给你们。"这句话是出乎意外的，同时也是仁慈的；所有的人听到这句话都感到羞耻；他们考虑到，人们将认为他们在这样多的敌人之中背弃了他们的司令官，而别人将代替他们取得胜利，他们将会丧失在阿非利加的战利品，这些战利品可以预料是很多的，他们不但将为敌党所仇恨，而且将为恺撒本人所仇恨：于是恐惧心和嫉妒心交织在一起了。由这些恐惧所感动，他们更加沉默，更加不知所措了，希望恺撒因为他的迫切需要而让步，改变他的思想。但是恺撒也静默无言，直到他的朋友们力劝他对他们再多说几句话，不要只说一句简短而严肃的话，就离开在这样多的战役中和他在一起的老的伙伴们。于是他开始说话了，他首先称呼他们为"公民们"，而不是"同伴士兵们"，这就意味着他们已经从军队中遣散，而是普通的人了。

恺撒因士兵们的请求，遣散他们

因士兵们的恳求，他又把他们收回

94. 他们再也不能忍耐了，他们喊出，他们后悔他们所做的事，恳求他保留他们在军队里。但是恺撒转身而去，将要离开讲坛了；当时士兵们更热情地大声叫喊，恳求他留下来，以惩罚他们中间有罪的人。他停留了一会儿，既不走开，也不回转来，装作迟疑不决的样子。最后，他回转来了，他说，他绝不处罚任何人，但是他认为遗憾的是连第10军团也参加了这样的一个叛变，他过去总是给予第10军团第一个光荣地位的。他继续说："只有这个军团，我决定解除他们的兵役。尽管这样，当我从阿非利加回来的时候，我一定把我所许诺的一切给予他们。当所有的战争结束的时候，我一定分配土地给全体士兵们，不是和苏拉一样，从现有的土地占有者的手中夺来土地分配给士兵们，使现在的土地所有者和过去的土地所有者混合在一个殖民地内，使他们彼此永远成为敌人，而我决定把公有土地和我自己的土地给予士兵们，同时我也一定要购买必需的工具。"各方面都有鼓掌和欢呼的声音，只有第10军团深为忧虑，因为恺撒似乎只对他们坚决不移。他们恳求他以抽签的方法，选出他们中间一部分人来处死。但是恺撒看见他们已经痛自忏悔，无需再激刺他们了，于是对全体士兵和解，马上离开那里，准备往阿非利加去作战了。

XIV. 恺撒战败阿非利加的庞培党人。小伽图的自杀

95. 恺撒从利吉姆渡过海峡，到麦散那，往利利俾去了。恺

恺撒航往阿非利加

撒在此地听到伽图领导一个舰队和一部分陆军在乌提卡守卫着敌人的兵器库，他和那 300 人在一起，这些人长期以来组成他们的军事议事会，他们被称为元老院，司令官琉·西庇阿和军队的精华驻在阿德鲁密敦；他决定航海去进攻阿德鲁密敦。他到达那里的时候，西庇阿已经离开那里去和朱巴晤谈去了；恺撒把他 前 46
的军队在西庇阿的军营附近列成阵势，以便当敌军的司令官不在那里的时候，和敌军交战。西庇阿的部将雷宾那斯和培特利阿斯进攻恺撒，把他大大地打败了，以傲慢而藐视敌人的态度追赶他，直到最后雷宾那斯的马的腹部受伤，把他摔下来，他的侍从把他运走了；培特利阿斯认为他已经彻底地考验了军队的力量，他可以随时战胜敌人，所以他把军队撤退，他对他周围的人说，“我们不要把我们的将军西庇阿的胜利夺去了。”在战役的其余部分，①胜利的敌人在他们可能全胜的时候退出战场，这似乎是恺撒的运气；但是据说，在溃退的时候，恺撒向整个阵线②冲上去，使之向回转，抓着一个撑着主要军旗（鹰旗）的人，把他拖到前线。最后，培特利阿斯撤退了，恺撒自己也乐于撤退了。

恺撒在阿非利加第一个战役的结果是这样的。

反抗恺撒的实力

96. 不久之后，消息传来，西庇阿本人和朱巴一块儿进军前来了，西庇阿带着 8 个军团的步兵、20 000 骑兵（其中大部分是阿非利加人）、许多轻装部队和 30 头战象；朱巴又带着召集起来参加这次战争的大约 30 000 步兵和 20 000 努米底亚骑兵，此

① μέρος 一字可能是由于抄写者的错误加进去的；但是就是取消这个字，这个句子还是不很流利。——英译者

② ἐγχρίμπτων ἅπασιν. 他怎么能够同时向他们所有的人冲上去呢？门得尔松主张是 ἀποδρᾶσιν，意思说，他向逃跑的人冲去。——英译者

外还有许多长枪手和 60 头战象。恺撒的军队开始恐慌了，因为他们已经遭到惨败，因为前来对抗他们的庞大军队的威名，特别是因为努米底亚骑兵人数的众多和勇敢，恺撒的军队里发生骚动。和战象作战是他们所不习惯的，这也吓坏了他们。但是另一个毛利泰尼亚王公菩卡斯攻下了朱巴王国的首都瑟塔；当这个消息传到的时候，朱巴马上带着他的军队回国，只留下他的战象 30 头给西庇阿。因此，恺撒的军队鼓起勇气，达到这种程度，以致第 5 军团请求列阵在战象的对面，它勇敢地把战象打败了。从那一天起，直到现在，这个军团在它的军旗上，还有一个战象的图像。

塔普萨斯之役

97. 这个战役延长很久，战斗激烈，在各部分战场上都胜负未决，直到黄昏的时候，恺撒取得胜利了，他勇往直前，攻下了西庇阿的军营，甚至到了夜间，他还没有停止收获他的战利果实，直到把一切都扫光时为止。敌人在他们可能的地方分散为小股。西庇阿把一切事情都交给阿夫累尼阿斯，他本人乘着 12 条敞船由海上逃跑了。

这支军队包括将近 80 000 人，这些人都是经过长期训练，因前次战役的鼓舞而满怀希望和勇气的；但是在第二次交战时也是这样地全军覆灭了。现在恺撒的声誉开始被赞为不可战胜的幸运的人；被他战败的人，不归功于他的才能，而把一切，包括他们自己的错误在内，都归之于"恺撒的幸运"。事实上，这似乎是由于这些司令官没有将才，他们和在帖撒利一样，忽视了他们的良好机会，没有利用拖延政策在这个异邦地区消耗恺撒，直到他的粮食耗尽时为止；又同样地没有收到第一次胜利的果实，结果也使这个战争的时间缩短了，这样很快就把这次战争结束了。

98. 大约三天之后，乌提卡知道了这些事实的时候，同时因为恺撒正在进军，直攻乌提卡，许多人开始逃跑。伽图并不阻止任何人。凡是贵族们请求船只的，他都供给船只，但是他本人则坚守他的岗位。当乌提卡的居民答应在替他们自己求和之先，替他向恺撒求和的时候，他带着微笑，回答说，他不需要人替他向恺撒求和，这点恺撒知道得很清楚。于是他把所有的公共财库加印封记，把各种文书交给乌提卡的行政长官。将近黄昏的时候，他洗完了澡，用晚餐。他坐着①吃，自从庞培死了以后，这已经成了他的习惯。无论在哪方面，他没有改变他的习惯。他用餐也和平常一样，既不多些，也不少些。他和那些在他身边的人谈论那些航海离开那里的人，询问是不是顺风，假如在第二天早晨恺撒到了那里以前，他们是不是已经走了足够的距离。当他退而休息的时候，他也没有改变他的任何习惯，只是他抱着他的儿子比平常更有感情。当他发现他的短剑没有在他的床边习惯上所放的地方的时候，他大声叫喊，他被他的仆从出卖给敌人了。他问道："如果今夜我被人攻击的时候，我将使用什么武器呢？"当他们请求他不要自杀，只去睡觉，不要带短剑的时候，他回答得更值得赞扬，"如果我愿意的话，难道我不能用衣服自缢吗？不能向墙壁上碰碎我的脑袋吗？不能以头撞地吗？不能阻塞我的呼吸而自杀吗？"他说了很多话，以表示这个同样的意思，直到最后他说服了他们，把他的短剑拿回来。把短剑放在它固定的地方之后，他拿出柏拉图论灵魂的文章来，开始阅读了。

伽图在乌提卡

① 而不是靠在榻上。——英译者

他自杀

99. 把柏拉图的对话集读完了的时候，他想站在门口守卫的人已经睡觉了，他用短剑从胸膛下面刺杀他自己。他的肠子出来了，侍从们听到了一声呻吟，马上冲进去。医生把肠子再放在他的肚里，因为肠子还没有受伤，把伤口缝了之后，用绷带捆起来。当伽图醒过来的时候，他又装作没有醒来的样子。虽然他自怨他的伤还不足以致死，但是他对那些救护他的人表示感激，说他只需要睡眠。于是侍从们带着那把短剑退出房外，把门关上，认为他已经安静了。伽图装作睡觉了之后，悄悄地用手把绷带撕开，裂开伤口的缝线，好像野兽一样，用指甲使伤口增大，把手指插入他的胃内，撕出他的内脏，直到他死去为止，时年约五十。① 在坚持他所抱定的主张方面，在坚持公平、正直和道德方面（他不是单纯地由于习惯，而是由于有高尚灵魂的哲学），伽图被认为在所有的人中间是最坚贞不屈的。他娶腓力普斯的女儿马西亚为妻，当她还是少女的时候，他非常喜欢她。她为他生了子女，但是他把她送给了他的一个朋友霍腾秀斯（他渴望有儿女，但是他娶了一个不生育的妻子）；直到她为他的朋友也生了一个小孩的时候，他又把她收回到自己的家里，好像他只把她借给他的朋友一样。伽图就是这样一个人，乌提卡人替他举行了一个隆重的葬礼。恺撒说，伽图不愿使他有做一件光荣事情②

① 公元前95—前46年。据普鲁塔克的记载，年48岁（近代丛书英文版本，959页）。——译者

② 意思说，赦免伽图的机会。依照普鲁塔克的记载（《伽图传》72），恺撒说，"啊，伽图，我以你的死亡而羡慕你，因为你确以我的安全而羡慕我。"（英译注）近代丛书英译本的译文（959页）稍有出入：恺撒说，"啊，伽图，我以你的死亡引为遗恨，正如你以我之欲保全你的生命引为遗恨一样。"——译者

的机会；但是当西塞罗宣布一篇《伽图颂》来称赞伽图的时候，恺撒写了一篇《反伽图》，以答复西塞罗的那篇文章。

100. 朱巴和培特利阿斯看到这种情形，知道没有逃亡或安全的机会了，他们在一个宴会上，彼此用剑杀死。恺撒以朱巴的王国作为罗马人的属国，任命萨拉斯提阿斯·克利斯巴斯为总督。他赦免了乌提卡人和伽图的儿子。他在乌提卡俘虏了庞培的女儿和她的两个孩子，他把她们安全地送到少庞培那里去。至于那 300 人，凡是他发现了的，他都处死了。[①] 总司令琉喜阿斯·西庇阿遭了风暴，遇着一个对他敌视的舰队，他的行动勇敢，直到他战败的时候，他刺伤自己，跳入海中。 朱巴和培特利阿斯互相杀死

XV. 恺撒的凯旋。蒙大之役

101. 这就是恺撒在阿非利加战事的终结。当他回到罗马的时候，他共举行了四个凯旋：一个是庆祝他的高卢战争，[②] 在这些战争中，他使许多大民族屈服于罗马势力之下，又镇压了其他一些暴动的民族；一个是庆祝他对付法那西斯的本都战争；[③] 一个是庆祝他在阿非利加对抗琉喜阿斯·西庇阿的阿非利加同盟者的战争，[④] 在这个凯旋中，历史家朱巴[⑤]（国王朱巴的儿子） 恺撒的四个凯旋

① 这 300 人是第 95 节中所提到的那些人。斯韦托尼阿斯《恺撒传》说，除阵亡者外，恺撒的敌人中只有三个丧失了生命，即阿夫累尼阿斯，福斯都·苏拉和少琉喜阿斯·恺撒；有人认为就是这三个人的被处死也是没有得到恺撒的同意的。——英译者

② 参阅本卷第 13、15、17、32 及 IV.（I，XV，XXI）。——译者

③ 参阅本卷第 91。——译者

④ 参阅本卷第 95—100。——译者

⑤ 公元前 50—公元 23 年。著《罗马史》，现失传。——译者

前 46 被当作俘虏带着游行，当时他还是一个婴孩。在高卢凯旋和本都凯旋之间，他加入一个埃及凯旋，在这个凯旋中，他带着一些在尼罗河海战①中所俘虏的人游行。虽然他注意不把任何罗马人的名字记在他的凯旋中(因为如果战胜同胞而举行凯旋，在他的心目中，这是不体面的；在罗马人民心目中，这是卑鄙而不祥的)，但是所有这些不幸的事情都在游行中表演出来了，所有这些人，除庞培一人外，也都用各种肖像和图画描绘出来了；只有庞培一人他不敢公开地展览出来，因为所有的人对庞培还是很为哀悼。罗马人民虽然因为恐惧而抑制自己，但是因为国内的不幸而暗中呻吟悲叹，特别是当他们看到总司令琉喜阿斯·西庇阿用他自己的手刺伤他的胸部，跳入海中；看到培特利阿斯在宴会中自杀；看到伽图像野兽一样，撕开自己的肚皮的时候。他们对阿基拉斯和波提那斯的死亡喝彩，对法那西斯的逃跑大笑。

102. 据说，抬着游行的金钱数量达 60 500〔银〕他连特，②金冠 2 822 个，重 20 414 磅。在举行凯旋之后，他马上分配这些财富，把过去他所许诺的赠与都全部发给军队，此外还多给了一些。每个士兵得到 5 000 亚狄迦德拉克玛，每个百人队长加一倍，每个步兵军团将校和骑兵将校得四倍。每个平民也发给一个亚狄迦米那。他又用马匹和音乐举行各种表演；有步兵战

---

① 参阅本卷第 90。——译者

② 这些款项(大得可疑)不可能以近代货币合理地估计，因为我们不知道那个时期货币的购买力；但是一个银他连特通常是大约以 235 英镑计算，亚狄迦米那以 4 英镑计算，德拉克玛以一法郎计算(英译注)。1 亚狄迦德拉克玛约相当于罗马币 1 特纳里，即 4 塞斯退斯；100 塞斯退斯相当于 1 英镑。1 他连特＝60 米那＝6 000 德拉克玛＝24 000 塞斯退斯＝240 英镑。60 500 银他连特相当于 14 520 000 英镑。——译者

斗，每边 1 000 人，有骑兵战斗，每边 200 人。另外又有一种步兵和骑兵联合在一起的战斗。又有战象战斗，每边战象 20 头；还有一个有 4 000 桨手参加的海战，每边战士 1 000 人，互相竞争。他按照他在法萨卢战役将要开始之前所发的誓言，为他的女祖先维纳斯建立一个神庙。他在神庙的周围划出一块土地来，目的是为罗马人民建立一个广场，这个广场不是用来做买卖的，而是作为处理公务的会议地点，好像波斯人的公众方形广场一样，人民在这里集会以请求公平审判或学习法律。他把克娄巴特拉的美丽肖像放在女神的旁边，这个像直到今天还在那里。他命令举行人口统计，据说，当时的人口只有战前的一半了。这两个人的战争使罗马的人口减少到这个地步。

前 46 恺撒进攻在西班牙的少庞培

103. 现在恺撒是做第四任执政官，他进军攻击在西班牙的少庞培。内战所剩下的只有这个地方的战事了。但是这个战争不可藐视，因为所有从阿非利加逃出来的贵族们都聚集在那里。那里的军队是由那些跟着他们的领导者从法萨卢和阿非利加本土跑到那里去的军队以及西班牙人和克勒特－伊伯里亚人（一个强悍善战的种族）所组成的。庞培军营里也有许多被解放的奴隶，他们都经过了四年的训练，准备拼命作战的。虽然那些在法萨卢和阿非利加得到经验的年纪大点的人劝庞培以拖延政策消磨恺撒，使之陷于穷困，因为恺撒是在一个敌国里；但是庞培错误地相信他表面上的强大，不肯拖延战争，在恺撒一到那里的时候，就马上和他交战。恺撒从罗马出发，途中经过了 27 天，虽然他带着一支负荷很重的军队从一条很远的道路进军，但是他的士兵们感到空前未有的恐惧，因为他们听到了有关敌军的人数、纪律和拼命的勇敢的消息。

蒙大之役 104. 因为这个缘故,恺撒行军也迟缓,直到最后当他正在侦察某个地方的时候,庞培来到了,申斥他懦弱无能。他不能容忍这个申斥。他在科都巴附近把军队列成阵势,准备战斗,那时候,他也用"维纳斯"作他的口号。在另一方面,庞培则以"虔诚"作为口号。当交战的时候,恺撒的军队感到恐惧,因恐惧而产生迟疑。恺撒举手向天祈祷所有的神明,恳求不要把他的许多光荣的事迹单单因为这一次惨败而玷污。他跑上去,鼓励他的士兵。他从头上取下他的钢盔,当着他们面前使他们惭愧,以鼓励他们。因为他们的恐惧丝毫没有减少,他夺取一个士兵的盾牌,对他周围的军官说,"这次我的生命完结了,你们的兵役也完结了!"于是他跳到战线的前面,向敌军冲去,离敌军只有10英尺远了。大约有200支标枪向他射击,有些他躲开了,另有一些射中他的盾牌。于是每个军团将校向他跑去,站在他的旁边,接着全军冲上去,战斗了一整天,互有进退。将近黄昏的时候,恺撒经过困难才取得胜利。据说,恺撒说出了这样一句话:过去他常常是为了争取胜利而战,但是这一次他甚至是为了争取生存而战。

105. 遭到很大的屠杀之后,庞培的军队逃往科都巴;恺撒,为了防止逃亡者准备另一次战役起见,命令包围那个地方。士兵们因艰苦战斗而疲惫了,把死者的尸体和军器一块儿堆集起来,用长矛把这些尸体等插在地面上,他们就在这个可怕的壁垒后面扎营。次日,科都巴城被攻下来了。一个庞培军队的领导者斯卡浦拉树立一个火葬堆,他自己焚身于火葬堆上。发禄、雷宾那斯和其他著名人物的头颅被送到恺撒那里来了。庞培本人带着150名骑士，从他战败的地方向卡特亚逃走，他在那里有一个舰队，他装作一个普通人，乘着肩舆，悄悄地跑进船坞。当他看见这里的士兵们感觉到他们自己的安全没有保障的时候，他害怕他们会把他交出，所以又逃跑了。当他正在走上一条小船的时候，他的脚被一条船索绊着了，一个人用他的剑去割断船索，但是没有割断船索，反而把他的脚掌割伤了。所以他航行到某一个地方，医治他的脚伤。敌人又追到那里来了；他从一条崎岖而多荆棘的道路逃跑，这就加重了他的脚伤，直到他疲倦极了，他坐在一棵树下休息。追赶他的人在此地赶上了他，他在勇敢的自卫战斗中被砍倒了。他的头颅被送到恺撒那里，恺撒命令把它埋葬起来。这样，这次战争，出乎意料之外，也是一战而结束的。这个庞培的弟弟也叫作庞培，但是因为他的第一个名字而被叫作绥克斯都，他收集了从这次战斗中逃出来的人。

少庞培的逃跑和死亡

XVI. 恺撒的独裁及其遇刺

106. 现在绥克斯都隐藏起来，从事海盗生活。恺撒在结束内战之后，匆忙地回到罗马，人们对他的尊敬和畏惧是空前的。每个部落，[①]所有的行省及所有和罗马同盟的国王都毫无限制地把一切光荣加在他身上，使他快乐，甚至那些神圣的光荣——祭祀、赛会、在所有的神庙中和公共地方竖立雕像——也加在他身上。他被用各种不同的身份表现出来；有时戴着橡树的冠冕，

空前的荣誉赠与恺撒

① 罗马公民依照所居住的地区分为部落。——译者

当作祖国的救星,因为以前那些性命被人挽救了的人常用这种冠冕以酬谢他们的救命恩人的。他被宣称为祖国之父,被选为终身独裁官和为期10年的执政官,他的身体被宣布为神圣不可侵犯。法令又规定他应当坐在黄金象牙的宝座上处理公务,他本人应当永远穿着凯旋的服装致祭,每年罗马城市应当在他历次取得胜利的日期举行庆祝,每5年僧侣们和维斯塔女祭司们应当为他的安全举行公开的祈祷,最高行政长官们在他们就职的时候应当马上宣誓,不反对恺撒的任何命令。为了对他的门第表示敬意起见,把昆提利斯月改为朱赖月。①许多神庙被宣布贡献给他,好像贡献给神一样。有一个神庙是贡献给他和仁慈女神的;仁慈女神的像塑成拍手的样子。这样,当他们害怕他的权势的时候,他们恳求他的仁慈。

他遣散他的卫队

107. 有人建议给他以国王的尊号,但是当他知道他们的用意的时候,他以威吓禁止他们,他说,因为他们祖先的诅咒,②国王是一个不祥的称号。他解散了他的禁卫大队,这些大队在战争的时期是做他的卫队的;他只带着非武装的普通护卫出现在群众面前。当他正在讲坛前面这样处理公务的时候,元老院的元老们,由两个执政官引导着,每人都穿着官服,带着赠与他上述各种荣誉的法令到他那里来。当他们走近他的时候,以及当他们留在那里的时候,他只把手向他们伸出,而没有站起来。这也给诽谤他的人一个口实,谴责他希望人们把他当作一个国王

① 昆提利斯月为罗马历的五月,即现在的七月,因为罗马以三月为一月;朱赖(July)一字是由恺撒的氏族名字朱理亚一字变来的。这个月的名字沿用至今。——译者

② 参阅I.(XI)。——译者

一样致敬。除10年任期的执政官职务以外，一切赠与他的荣誉他都接受了。至于次年的执政官，他指定他自己和他的骑兵长官安敦尼，他任命雷必达为骑兵长官以代替安敦尼，雷必达当时是西班牙的总督，但是他的朋友们代他管理西班牙的行政。恺撒又召回那些流亡者，只有那些因为重大罪行而被放逐者除外。他宽恕了他的敌人；许多过去和他作战的人，他提拔为任期一年的最高行政长官，行省总督或军队司令官。因此人民主要地希望他会恢复他们的共和国，正好像苏拉在取得同样的最高权力之后所做[1]的一样。

108. 在这方面，他们失望了，但是在那些有意传播他想为国王的消息的人中间，有一个人把一个桂冠放在他的雕像上，用一条白带系着。保民官马鲁拉斯和西塞提阿斯找出这个人来了，把他下在狱中，装作也想借此以讨好恺撒，因为对任何谈到尊他为国王的人，他曾经警告过。恺撒容忍他们的行动。当他从某处回来，有些人在城门口遇着他，把他当作一个国王致敬，而人民叹息的时候，他高高兴兴地对那些这样向他致敬的人说："我不是国王，我是恺撒"，好像他们把他的名字弄错了的样子。马鲁拉斯的随员又找出了那个首先呼喊的人来了，命令官吏把他带到他的法庭里去受审。最后他不再容忍了，而在元老院中控告马鲁拉斯的党羽狡猾地阴谋把王权的恶名加在他身上。他又说，他们罪当处死，但是免除他们的职务，把他们从元老院中逐出，也就够了。这样他想做国王，他暗中企图称王，他的暴政已经完备了——这些猜疑都由他证实了；因为他们受处罚的原

前44 他有意称王的谣传

① 参阅 XIII. 103。——译者

因是他们反对王号的热情；并且依照法律和古代的誓言，保民官的职位是神圣不可侵犯的。他甚至不等到他们的职务满期，就把他们免职，这样他更加深了民众的愤怒。

109. 当恺撒看到这种情况的时候，他后悔了；考虑到这是他在和平时期没有军权在手所做的第一个严峻而武断的行为。据说，他命令他的朋友们保护他，因为他已经给予敌人以口实，而敌人正在设法反对他。但是当他的朋友们问他，是不是他愿意把他的西班牙人大队再召集起来做卫队的时候，他说："没有什么事比永远戒备更为不幸的；那是一个胆小的人所做的事。"

安敦尼在琉柏卡斯节日把王冠加在他的头上

就是这样，为他争取王号的企图还是没有停止；因为，当他在广场里坐在讲坛前的金椅上观看琉柏卡斯节日①的表演的时候，他的同僚执政官安敦尼，依照那个节日僧侣的习惯，正在裸体涂油赛跑的时候，突然跳上讲坛，把一个王冠加在恺撒的头上。看到这个情景时，有少数人鼓掌，但是大多数人暗中叹息，恺撒把王冠丢掉。安敦尼又把王冠放在他的头上，恺撒又丢掉了。当他们两人正在这样互相推让的时候，人民保持肃静，他们心事沉重地等着看结果如何。当他们看见恺撒胜利了的时候，他们欢呼，同时因为他没有接受王冠而向他喝彩。

恺撒计划远征帕提亚人

110. 或者由于他放弃了他的希望，或者由于厌倦了，他想在这时避免这种阴谋和恶名，或者有意地把罗马城让给他的某些敌人，或者希望去治疗他的癫痫和痉挛的病症（这个病是他突

① 琉柏卡斯节日是古代罗马每年2月15日在那只母狼哺乳罗慕路和勒莫的地方举行的节日，以纪念琉柏卡斯的。琉柏卡斯是保护羊群，免受豺狼伤害之神。——译者

然得着的，特别是在不行动的时候），现在恺撒有了远征基提人和帕提亚人的思想。基提人是一个与罗马边界邻近的、能够吃苦耐劳、勇敢善战的民族，他们将首先受到攻击。帕提亚人对克拉苏的背信弃义，也应当受到惩罚。[1]他预先派遣 16 个军团步兵和 10 000 个骑兵横渡亚得里亚海。但是现在又有谣言流行了，说西俾尔圣书上预言，非等到罗马人由一个国王指挥，帕提亚人是不会屈服的。因为这个缘故，有人乘机说，他们应当尊称恺撒为罗马人的独裁官和皇帝，他事实上已是如此，或者除国王以外，他们可以尊称他以任何他们所愿意的名义，但是应当明确地称他为罗马附属民族的国王。这个建议，恺撒也拒绝了。他完全忙于迅速地离开罗马，因为在罗马城中他遭到这样嫉妒。

谋害恺撒的阴谋

111. 在他预定离开罗马的前四天，他在元老院的议事厅中被他的敌人刺杀了，或者是由于对他的幸福和权势的嫉妒，这种嫉妒已经发展到很大的程度了；或者，如他们自己所承认的，由于他们想恢复他们祖先的共和国，因为他们担心（在这一点上，他们是知道他们的对手的），如果他也征服了这些民族的话，那么，他当然是无可争辩的国王了。仔细考虑后，我得到结论：他们实际上在这个增加的头衔上找到了阴谋的借口，虽然这两个称号的差别只是一个单纯的双关语，因为很明显地事实上"独裁官"和"国王"完全是一样的。阴谋者中的主要人物是马可·布鲁图和盖约·喀西约。布鲁图别号西彼俄（他是在苏拉革命时期被处死的那个布鲁图[2]的儿子），他在法萨鲁惨败之后，投到

① 参阅本卷第 18。——译者

② 参阅 XIII. 60。——译者

恺撒这一边来的。喀西约是在赫勒斯滂带着三列桨战舰向恺撒投降的。[①]两人从前都是庞培的党羽。阴谋者中也有恺撒最亲密的一个朋友狄西摩斯·布鲁图·阿尔拜那斯。所有这些人都是恺撒经常敬重而相信的人，过去他委任他们担任最重大的任务，当他到阿非利加去作战的时候，他使他们指挥军队，以狄西摩斯·布鲁图为山外高卢的总督，以马可·布鲁图为山南高卢的总督。

112. 当布鲁图和喀西约同时受命为大法官的时候，两人为了谁做罗马城市大法官[②]的问题发生争执，这是一个最尊贵的职位，或者是因为他们真的有名利的野心，或者是作为一个掩护，使他们两人看来彼此之间似乎没有共同的谅解。恺撒被选为两人之间的公断人。据说，恺撒曾对他的朋友们说，公理似乎在喀西约的一边，但是他要袒护布鲁图。在一切问题上，恺撒对这个人表示同样的偏爱和袒护。甚至有人认为布鲁图是恺撒的儿子，因为大约在布鲁图出生的时候，恺撒是他的母亲塞尔维利亚（伽图的姊妹）的情人；因为这个缘故，当恺撒在法萨卢胜利的时候，据说，他马上下令给他的军官们，要用一切方法挽救布鲁图。是不是布鲁图忘恩负义，或者不知道他母亲的错误，或者不相信这件事，或者以这件事为耻辱，他是不是一个这样热爱自由的人，而把祖国的利益放在一切之上，或者是不是因为他是古时那个驱逐国王的布鲁图的一个后裔，因此他主要地被人民所

---

① 参阅本卷第88。——译者

② 大法官原为2人，后增为6人，恺撒时代增加为16人，其中罗马城市大法官权力最大，其主要职务是审判公民间的诉讼案件，执政官不在罗马时可以代理执政官职权。任期满后可出为行省总督。——译者

侮辱和激发，以致做出这件事来（因为老布鲁图的雕像[①]上有人秘密地贴上这样的字句，同时给布鲁图自己的法庭也写了这样的文字："布鲁图，难道你受了贿吗？""布鲁图，难道你死了吗？""在现在这个时候你应当是活着的！""你的子孙有辱于你，"或者，"你不是他的子孙"，）——总之，这些以及许多类似的讽刺语言，煽动了这个青年去做一件像他的祖先所做的事。

113. 关于国王的谣传最盛的时候，有一次正在元老院将举行会议之前，喀西约遇着布鲁图，喀西约抓着布鲁图的手，问道："如果那些谄媚恺撒的人提出法案，推举恺撒为国王，我们在元老院议事厅中将怎样办呢？"布鲁图回答说："我将缺席。"于是喀西约又问他："我的好布鲁图啊，如果我们以大法官的资格被召往那里去，我们又怎样办呢？"他回答说："我决定至死保卫祖国。"喀西约拥抱他，说："如果你有这个意思的话，哪个贵族不在你的旗帜下集合起来呢？你认为那些写秘密信到你的法庭里来的人是工匠们和店员们呢，还是那些最高贵的罗马人呢？这些最高贵的罗马人虽然向别的大法官们要求赛会、跑马和野兽决斗，但是他们向你要求自由，这是无愧于你的祖先的一个恩惠。"这样，他们彼此泄露了他们已经私自考虑了很久的事情。他们两人各自试探了自己的朋友中和恺撒的朋友中那些他们认为是两党中最勇敢的人。在他们自己的朋友中，他们勾结了西西利阿斯和巴科连那斯两兄弟；除这两人之外，还有卢布里阿斯·卢

① 卡皮托神庙中有7个国王的雕像，后来加上了那个驱逐最后一个国王，建立共和国的布鲁图（共和国第一任执政官）的雕像。再后来又加上了恺撒的雕像。——译者

加、昆塔斯·利加利阿斯、马可·斯柏里阿斯、塞维利阿·加尔巴、绥克斯提阿斯·那索和蓬提阿斯·阿揆拉。这些是他们自己的党羽。在恺撒的朋友中,他们得到了我已经说过的狄西摩斯·布鲁图;[①]此外还有盖约·卡斯卡、特累邦尼阿斯、提利阿斯·西姆柏和密纽喜阿斯·巴西拉斯。

114. 当他们认为他们已经有了足够的人数,不宜把这个阴谋泄露给更多的人的时候,他们彼此互相保证,没有宣誓,也没有祭神,但是没有人变心,或泄露秘密。于是他们寻找时间和地点,时间是很紧迫了,因为恺撒准备四天之后起程远征,到那时候他将有一个卫队在他身边。他们选定元老院作为地点,因为他们认为元老们事先虽然不知道这个阴谋,但是他们看见这个行动的时候,他们是乐意参加的;据说,当罗慕路由国王变为暴君的时候,曾经发生过这样的事情的。他们认为这件事情和古时那件事情一样,在公开的元老院中进行,似乎可以表示这不是一个私人的阴谋,而是为了祖国;因为是为了公众的利益,不会有遭到恺撒的军队攻击的危险。同时,他们认为荣誉是属于他们的,因为民众不会不知道是他们领导的。为了这些缘故,他们一致赞成选定了元老院为举事的地点;至于所采用的方式,他们意见分歧。有人认为安敦尼也应该杀掉,因为他和恺撒同为执政官,是恺撒最有势力的朋友,在军队中最有声誉。但是布鲁图说,因为恺撒一人之死,他们会取得杀戮暴君的光荣,因为那就等于杀死一个国王;如果他们也杀死他的朋友们,人们会把此事归咎于私人的仇恨,归咎于庞培党人。

布鲁图阻止杀害安敦尼

① 参阅本卷第111。——译者

115．他们听从了这种理论，等待元老院下次开会的时候。在开会的前一天，恺撒去和他的骑兵长官雷必达一起用餐，餐后带着狄西摩斯·布鲁图·阿尔拜那斯去喝酒。当正在喝酒的时候，恺撒提出一个问题，“怎样一种死亡是最好的？”大家围绕着这个问题谈论，各人发表了不同的意见；但是只有恺撒表示，他宁愿突然而死。这样，他预言了他自己的死亡，又谈到了明早所将发生的事情。宴会后，夜间他感到身体有点昏迷；他的妻子卡尔柏尼亚做了一个梦。在梦中她看见恺撒身上流血，因此在第二天早晨，她设法阻止恺撒外出。当他举行祭祀的时候，有许多不祥的预兆发生。他将派安敦尼去遣散元老院；那时候狄西摩斯和他在一起，劝他亲自去遣散，以免别人责难他藐视元老院。因此，他坐着肩舆到那里去。庞培戏院中正在表演竞赛，元老院的元老们将要在邻近的一个建筑物内集会，当举行赛会的时候，习惯上总是这样的。布鲁图和喀西约很早已经在戏院前的柱廊门口，很安静地在那里处理大法官的公务，以应付那些向他们请求帮助的人。当他们听到了恺撒家中的不祥预兆和元老院将不开会了的时候，他们仓皇失措。当他们正在这种情绪中的时候，有一个人一手抓着卡斯卡，说：“你瞒着秘密不告诉我，虽然我是你的朋友，但是布鲁图已把一切都告诉我了。”卡斯卡突然心中难受而战栗了，但是他的朋友微笑着，继续说：“你将从那里弄得这些钱来竞选营造官的职位呢？”于是卡斯卡清醒过来了。当布鲁图和喀西约正在商谈的时候，一个元老波彼略·利那把他们拉到一边，说他在他的祈祷中参加他们一起，去做他们想做的事，他劝他们赶快做。他们惊惶失措，但是因为害怕而保持缄默。

恺撒来到元老院

116. 当恺撒正乘着肩舆往元老院去的时候，他的一个亲密朋友已经知道了这个阴谋，跑到他家里去，想把他所知道的事情告诉恺撒。当他到了那里，只看见卡尔柏尼亚的时候，他只说他有紧急的事情想对恺撒说，于是他在那里等待恺撒从元老院回来，因为这个阴谋的详细情形他是不知道的。同时阿提密多鲁斯（恺撒在奈达斯受到他的殷勤款待的）跑到元老院去，发现他已经在死亡的痛苦中了。当恺撒在元老院议事厅前面正在举行祭祀的时候，又有一个人把一块告诉他这个阴谋的书板放在他手里，但是他马上跑进去了，这块书板于他死后，在他手中发现。他从肩舆中跑出来的时候，那个刚才请求加入喀西约党的波彼略·利那马上先向恺撒讲话亲切地扯着恺撒在一边攀谈。阴谋者看见这种情况，特别因为谈话很久，大为恐慌，他们彼此做暗号，表示他们宁愿自杀，而不愿被捕。当谈话拖延得很久的时候，他们看到利那似乎不是把任何消息泄露给恺撒，而是向他有所请求。他们醒悟过来了，当他们看见在谈话之后，他对恺撒致谢的时候，他们的勇气又增加了。习惯上，当行政长官将进入元老院时，常在门口举行占卜。现在恺撒的第一个做牺牲的动物是没有心的，或者，如有些人所说的，没有内脏的上部。预言者说，这是死亡的预兆。恺撒大笑，说他在西班牙进军攻击庞培党人的时候，他也遇着了同样的事。预言者说，那时候他是非常危险，而现在的预兆表现死亡性更大，所以恺撒命令再举行祭祀。所有的牺牲没有吉祥的；但是他因为使元老们长久等待而感觉惭愧，同时他的敌人们伪装为朋友极力劝他，所以他不顾这些

进入元老院门口时的凶兆

预兆，继续前进，因为命中注定恺撒要死了。

117. 阴谋者留下他们一个党羽特累邦尼阿斯在门口和安敦尼谈话。当恺撒坐在他的椅子上的时候，其他阴谋者暗藏短剑，好像朋友们一样，站在他的周围，于是其中一个，提利阿斯·西姆柏，跑到他的前面，请求恺撒召回他一个被放逐的兄弟。当恺撒回答说，这件事情须要缓一下的时候，西姆柏抓着他的紫袍，好像还在恳求的样子，扯开他的紫袍，让他的脖子露出来，大声喊道："朋友们，你们还在等待什么呢？"卡斯卡正站在恺撒的头部的上面，于是他首先把短剑向他的喉部刺去，但没有刺中，而刺伤了他的胸部。恺撒从西姆柏手中夺取他的紫袍，抓着卡斯卡的手，从椅子上跳起转过身来把卡斯卡用力一推。当他正站在这个姿势的时候，又有一个人用短剑从他的腰部刺去，因为他的用力的姿势，[①]他的腰部是伸张得很厉害的。喀西约伤了他的面部，布鲁图击伤他的大腿，巴科连那斯击伤他的背部。恺撒在愤怒中大声叫喊，好像野兽一样，时而冲向这个人，时而冲向那个人，但是他受到布鲁图的刺伤之后，[②]他终于失望了，他用他的紫袍盖着他的脸，倒在庞培雕像的脚旁，安心准备死亡了。他倒下来了之后，他们还继续刺杀，直到他受了 23 处重伤才止。他们中间有好几个人在刺剑的时候彼此受了伤。 恺撒被刺

① 直译为"因为他扭着腰"。——英译者

② 这里原文有遗漏。——英译者

XVII. 安敦尼与凶手们的暂时妥协

罗马城中的惊慌

118. 当这些凶手们在一个神圣的地方对于一个神圣不可侵犯的人犯了这样悲惨的罪恶之后，所有的库里亚[1]中、整个城市中很多人马上骇得逃跑。在骚乱中，有些元老受了伤，另有一些被杀害了，许多其他的公民和异邦人也被杀死了。不是有意的，而是，正好像群众骚动时所常发生的，他们偶然碰到凶手们的手上而被误杀的。那些早上就武装起来、准备当天表演的角斗士都从戏院里跑至元老院议事厅的屏幕[2]那边来了。戏院里的人都惊慌地匆忙逃跑一空。市场也被劫掠了。所有的公民把他们的大门关起来，准备在屋顶上自卫。安敦尼在他自己的房屋设防，担心这个阴谋是对付恺撒的，同时也是对付他自己的。骑兵长官雷必达那时正在广场里，听到这件事了，就跑到河中的岛上，他有一个军团的士兵在那里，他把这个军团的士兵调到马斯广场来，以便更好地执行安敦尼的命令，因为安敦尼是恺撒比较亲密的一个朋友，又是一个执政官，所以他服从安敦尼。当他们仔细考虑这件事情的时候，他们很想替恺撒复仇，但是他们担心元老院会袒护凶手们，所以他们决定等待事情的发展。恺撒身边没有武装卫队，因为他不喜欢卫队，只有行政长官的普通随员——大多数官吏，一大群公民和异邦人，奴隶和被解放的奴隶——从他的屋里跟着他到元老院来。这些人一齐跑掉了，只有

---

① 罗马的大氏族。——译者

② 是进门口的一种栅栏(cancelli)。——英译者

三个奴隶是例外，他们把恺撒的尸体放在肩舆中，摇摇摆摆地（因为仅有三个抬的人，一定会摇摆的）抬着这个片刻以前还是陆地上和海上的主宰的人回家了。

119. 凶手们想在元老院发表演说，但是因为没有人留在那里了，他们把他们的紫袍缠着左臂，当作盾牌，拿着还冒着血腥气的短剑跑，大声叫喊，说他们已经杀了一个国王和暴君。他们中间有一个人在长矛的一端撑着一个小帽①作为自由的标帜，鼓励人民恢复他们祖先的政府，要他们不要忘记老布鲁图和那些跟他一起宣誓反对古代国王的人。有一些没有参加这个暗杀，但是想分享这个光荣的人，抽出剑来，跟着他们跑，其中有林都拉斯·斯宾特、法佛尼阿斯、阿揆那斯、多拉培拉、麦可和巴提斯卡。这些人并没有分享到这个光荣，但是他们因为这个罪恶而受到了处罚。因为人民没有成群地跑到他们那里来，他们仓皇失措，恐慌起来了。虽然在开始的时候，元老们由于不知内情而恐慌，也逃跑了，但是他们相信这件事是他们自己的亲戚和朋友跟他们一样受到暴君压迫的人所做的；但是他们又担心平民们和恺撒的士兵们。那时候，恺撒的士兵有许多在罗马城内，他们有些是最近被遣散而分配了土地的；另一些已经定居了，但是因为恺撒将离开罗马，他们来护送他的。凶手们也害怕雷必达和他所指挥的城内军队；也害怕安敦尼以执政官的资格单独征求人民的意见，而不征求元老院的意见，把一些可怕的惩罚加在他们身上。

① 这种小帽(pileus)是作为自由的标帜，给予被解放的奴隶和被赎回的战俘的。——英译者

凶手们占据卡皮托

120. 在这种心情中,他们急忙地带着他们的角斗士跑到卡皮托去了。他们在那里商量,决定收买民众,希望如果有些人开始称赞这个行动的话,其他一些人,因为爱自由,希望共和政体,就会参加的。他们以为纯正的罗马人民仍然是他们过去所知道的那种在老布鲁图驱逐国王时的罗马人民。他们没有看出他们的估计是建立在两种不能调和的事情上,即是,人民能够是自由的爱好者,同时也能够是受贿赂的人。这两类人中,后一类是比较容易找的,因为长久以来政府已经腐化了。平民现在已经和异族血统混合了,被解放的奴隶享受和他们平等的公民权,奴隶的服装样式和他们的主人的一样。除了元老等级之外,奴隶们和自由公民们的服装是一样的。并且分配谷物给贫民是仅在罗马实行的,因此,把全意大利的懒汉、乞丐、流氓都吸引到罗马来了。还有大批被遣散的士兵,他们不是和从前一样,一个一个地被遣散回到他们自己的家乡,因为害怕他们会参加不正当的战争,而是成群地被遣往一些不正当的份地和被没收的房屋里去的;现在他们扎营在神庙和圣地里,在一面旗帜和一个委派来率领他们到殖民地去的人领导之下,因为他们已经出卖了他们所有的一切,准备离开罗马,所以他们是很容易被人收买去做任何事情的。

罗马社会的腐化

阴谋者分配贿赂

121. 从这样多的这类人中间,很大一批群众在广场中很快地、毫无困难地被吸引到喀西约的党派一边来了。这些人虽然被收买了,但是还不敢赞扬这次暗杀,因为他们害怕恺撒的名声,同时还疑心其余的人民所将采取的步骤。所以他们高呼,为了公众的利益,主张和平,一致把这个政策向行政长官们推荐,他们的用意是想用这个办法使凶手们得到安全，因为不赦免凶手们，是没有和平的。当他们正在这样活动的时候，恺撒的一个姻戚，大法官秦那①出现了，出乎意外地他跑进广场的中央，把他的大法官官服抛在一边，好像鄙视一个暴君的礼品一样，呼恺撒为暴君，呼凶手们为诛戮暴君者。他颂扬他们的行动正像他们的祖先的行动一样，他命令把这些人应该当作恩人从卡皮托召回来，赠与国家的荣誉。秦那这样说了，但是当那些被收买的人看见那部分没有被收买的群众不赞成他们的主张的时候，他们没有把那些在卡皮托的人召回来，也没有做任何其他的事情，只继续要求和平。

122. 但是在多拉培拉讲话之后，那些被收买的人又增加了勇气。多拉培拉是一个出身于贵族家庭的青年，当恺撒将要离开罗马的时候，曾选择他做他自己任期内剩余时间的执政官。现在他穿着执政官的官服，带着执政官的其他职权标帜。他是第二个人跑向前面，痛骂那个提拔他为执政官的人，装作他已参加了反对恺撒的阴谋的样子，只是他的手，出乎他本意之外，没有亲自参加——有人说，他甚至提出一个法案，尊奉那天为共和国的诞生日——于是被收买的群众又有了新的勇气，因为他们看到有一个大法官和一个执政官站在他们一边了，他们要求把喀西约和他的党人从卡皮托召回来。他们喜欢多拉培拉，认为他们现在有一个青年贵族，又是一个执政官，来对付安敦尼了。只有喀西约和马可·布鲁图下来了，布鲁图的手还流着血，因为

布鲁图和喀西约从卡皮托山冈下来了

① 执政官秦那（XIII. 64）的儿子，恺撒的前妻科尼利亚是执政官秦那的女儿。——译者

他和喀西约刺杀恺撒时受了伤。当他们到达广场的时候，两个人都没有说什么屈服的话。相反地，他们彼此互相恭维，好像他们做了一件很明显地光荣的事情，庆祝罗马城，证明狄西摩斯·布鲁图的功绩，因为在危急的时候，他把角斗士供给他们。他们鼓励罗马人民要像他们过去驱逐国王的祖先们一样，虽然那些国王不像恺撒一样实行残暴统治，而且是按法律选举出来的。他们建议召回绥克斯都·庞培（保卫共和国以反对恺撒的伟大的庞培的儿子），他现在还在西班牙和恺撒的部将作战。[①]他们又建议，把被恺撒免职的两个保民官西塞提阿斯和马鲁拉斯从放逐中召回。

向安敦尼建议妥协

123. 喀西约和布鲁图这样说了之后，马上就回到卡皮托去了，因为他们还不完全相信目前的形势。他们的朋友们和亲戚们在那时候才能够首先到神庙里去看他们，他们从这些亲朋中选择使者，代表他们去跟雷必达和安敦尼商谈和解，保全自由，以及防止如果他们不能达成协议时，国家所将发生的灾祸。使者们请求和解，但是没有称赞他们所做的事，因为在恺撒的朋友们面前他们是不敢称赞这件事的；但是因为这件事已经做了，只请求怜惜犯罪者（他们被激动不是因为仇恨恺撒，而是因为酷爱祖国），怜惜罗马（它已由长期内战而枯竭了，新的变乱将使它丧失现在残存的善良的人），而加以容忍。他们说："如果因为对某些人怀恨，而在国家危急的时候报复的话，这是不敬神的行为。把私仇消失于公众福利之中是比较好得多的；如果有人是不能和解的话，至少也要把他的私怨暂时搁下。"

① 参阅 XVI. 83 以下。——译者

124. 我在前面已经说过，①安敦尼和雷必达是想替恺撒复仇的，或者因为友谊的关系，或者因为他们所宣的誓言，或者因为他们想要取得最高权力，他们认为，如果把这样多的这种地位的人一起除掉的话，他们的进展可能容易些，但是我们害怕这些人的朋友们和亲戚们以及其余的元老们对他们的袒护，他们尤其害怕狄西摩斯·布鲁图，因为恺撒已经选择他为山南高卢的总督，而山南高卢是有一支很大的军队的。所以他们决定等待将来的机会；如果可能的话，设法把狄西摩斯的军队吸引到他们这边来，因为这支军队由于长期服务士气消沉了。这样决定之后，安敦尼就答复使者说："我们不会因为私仇而做任何事，但是因为他们所犯的这个罪行，并且因为我们曾经对恺撒发过誓言说，我们一定要保护他的身体，或者一定替他复仇，为了严肃地遵守我们的誓言起见，我们不得不驱逐那些犯罪的人，宽容少数无辜的人，而不愿所有的人都受到神圣的诅咒。对于我们一方面来说，虽然这似乎是一个正当的办法，但是他们一定和你们在元老院考虑这个问题，凡是你们所共同赞许的事，我们一定认为是对于罗马城有利的。"

安敦尼的答复

125. 这样，安敦尼做了一个安稳的答复。使者们向他致谢，满怀信心地回去了，因为他们完全有信心，元老院会和他们合作的。安敦尼命令行政长官们夜间在城内戒严，好像白天一样，在一定距离内，分段驻扎一些卫兵，全城都有火光。由于他们的帮助，凶手们的朋友们能够整夜在城中通行，他们跑到元老们的家里去，替这些人和共和国恳求元老们。在另一方面，殖民

① 参阅本卷第118。——译者

士兵的领袖们到处跑，发出威胁的语言，如果他们没有得到所划出来的土地的话，不管这些土地是已经分给他们的也好，或者答应分给他们的也好。现在比较正直的公民们开始恢复了勇气，因为他们知道阴谋者的人数多么少；同时，因为他们想到恺撒的好处，他们的意见发生了很大的分歧。同在那天夜里，恺撒的金钱和公文都运到安敦尼家里去了，或者因为卡尔柏尼亚认为这些东西在安敦尼家里比较安全些，或者因为安敦尼命令这样做。

XVIII. 元老院中关于谋杀恺撒案件的辩论。恺撒法令的被批准

安敦尼召集元老院会议

126. 当这些事情正在发生的时候，安敦尼在夜间发出通知，召集元老院于黎明前在泰拉斯[1]神庙中开会，这个神庙离他的家很近，因为元老院议事厅正在卡皮托山冈下，那里有角斗士帮助阴谋者，所以他不敢到那里去；同时他也不想带着军队进城，恐怕惊扰了罗马人民。但是雷必达带着军队进城了。将要黎明的时候，元老们聚集在泰拉斯神庙中，大法官秦那也在内，他前一天把它当作暴君的礼品而丢掉了的官服现在又穿上了。当有些没有被收买的人民和恺撒的老兵们看见他的时候，他们很为愤怒，因为他虽然是恺撒的亲戚，他是第一个人在公开演说中辱骂恺撒的，因此他们向他丢石头，追赶他。当他逃到一栋屋子里去的时候，他们拿了一些柴把，准备纵火焚烧那栋屋子。雷必达带着军队来了，才阻止了他们。

① 罗马的土地女神。——译者

这是第一次明确地表示袒护恺撒的意见。那些被收买的人和凶手们自己大为惊慌。

关于谋杀恺撒案件的辩论

127. 但是在元老院中只有少数人是不同情这次暴行而对这次暗杀表示愤慨的，大多数人是想用各种方法来帮助凶手们。他们首先建议，保证他们的安全，邀请他们来出席，和他们自己一起，坐在会议中，这样就把他们从罪犯变为法官了。安敦尼不反对这个建议，因为他知道他们不会来的；他们果然没有来。于是，为了试探元老院的情感起见，有些元老们毫无掩饰地公开赞扬这件事情，称凶手们为诛戮暴君者，建议他们应当受到奖赏。另外一些元老们则反对奖赏，说这些人并不需要奖赏，他们不是为了要求奖赏而做这件事的，但是主张把他们当作公众的恩人，对他们表示感激。另外还有一些人秘密地设法撤销感激他们的表决，认为只要赦免他们就已经够了。

这些就是他们所想到的办法，他们想发现元老院首先愿意采取哪一个办法，希望缓一下然后再把元老院引导到其他的办法上去。那些比较正直的一部分人则对这次暗杀表示很大的反感，认为这是凶恶的，但是由于对凶手们出身的显著家族表示尊重，他们不反对赦免凶手们，但是对于要尊敬他们为公众恩人的建议，表示愤慨。另外有些人辩论说，既然要赦免他们，那么，不宜拒绝给予他们以最充分的安全。当有一个人说，尊敬他们就是侮辱恺撒的时候，有人回答说，把死者的利益放在活者的利益之上是不许可的。另外一个人有力地把这个问题作为一个两难的命题提出：他们不是宣布恺撒为暴君，就要保护凶手们，把这当作一件仁慈的举动。恺撒的敌人们只抓住最后这个命题，请求给予他们一个机会来表决。关于恺撒的品质问题在宣誓之下规定：如果他们自愿地表示他们毫无偏见的判断的时候，无论何人不得因为他们过去被迫通过了恺撒的法令（他们绝对不是自愿的，他们是在庞培以及庞培之外无数其他的人死亡之后，担心自己的生命有危险的时候才通过的），而祈求神明来反对他们。

128. 安敦尼一直在旁边观望，等待他说话的机会；当他看见大量不可争辩的论点被提出来了的时候，他决定以引起他们的恐惧和忧虑的办法来造成他们的逻辑的混乱。他知道正是这些元老们中大部分的人曾被恺撒任命为罗马行政长官、高级僧侣和行省总督兼军队司令官的（因为他将从事远征，所以他任命他们五年）。安敦尼以执政官的资格宣布肃静，他说道："那些请求表决关于恺撒品质的人应当首先知道这一点：如果他是一个行政长官的话，如果他是一个被选举出来的国家统治者的话，那么他的一切法令还是有充分效力的；但是如果议决他是以暴力篡夺政权的话，他的尸体应该被抛弃而不埋葬，他的一切法令应该都是无效的。简单地说来，这些法令包括整个陆地上和海上，不管我们喜欢或不喜欢，这些法令大部分还是存在的，我马上就会说明这一点。只有这些事情是我们所要考虑的，因为这些事情只和我们有关，我愿意首先向你们提出，使你们因为考虑了这些比较容易的问题，而对于那些比较困难的问题可以得到一个概念。几乎我们全体人都是在恺撒之下担任过职务的，或者被他提拔之后，至今还担任职务的；或者由他预先任命，马上就会担任职务的，因为，你们知道，他已经安排了罗马城内的职位，每年一任的行政长官和任期五年的行省总督兼司令官。你们是否

安敦尼的狡猾建议

愿意辞掉这些职务(因为这完全是在你们的权力之内的)，我愿意首先向你们提出这个问题来，然后我再谈其余的问题。”

129. 安敦尼这样在他们中间点起一把火，不是关于恺撒的问题，而是关于他们自己的问题，于是他又不说话了。他们马上一齐站起来，大声呼喊，反对重新选举或者把他们的权利交给人民。他们愿意牢固地保留他们所已经获得了的权利。有些人反对重新选举，因为他们现在还没有达到法定的年龄，或者因为其他不可告人的原因，其中执政官多拉培拉本人就是一个，因为他还只有 25 岁，在法律上是不能做执政官的候选人的。① 虽然他昨天装作好象他也参加了这个阴谋的样子，他突然改变了，现在他辱骂那些借口为凶手们求得安全想给凶手们以荣誉而侮辱他们自己的行政长官的大多数人。有些人鼓励多拉培拉和其他行政长官们，使他们相信由于人民的感激，他们可以取得同样的职位而不需要更换任何官吏，只不过是根据更合法的选举方式而不是由君主的任命，他们能在君主国和共和国担任同样的职务，这就更能增加他们的荣誉的。当这些人还在谈论的时候，有些大法官们，为了使敌党的人陷入圈套起见，把他们的官服丢在一边，好像他们要把现有的职位和别人一块儿更换一个更合法的职位的样子；但是别的人并没有陷入这个圈套。他们知道这些人是不能控制将来的选举的。

他的建议被拒绝

130. 当事情正在这样进行的时候，安敦尼和雷必达离开了元老院，因为群众请他们出去，群众聚集在那里已久。当人们看见他们站在一块高地上，经过困难才把叫喊者安静下来的时候，

① 做执政官的法定年龄是满 42 岁。——译者

群众中有一个人，或者是自动的，或者是受人指使的，大声喊出，“当心你们会遭到同样的命运。”安敦尼解开他的紧身衣，露出里面的锁子甲来给他看，这样激动了观众，好像就是执政官们如果没有武装也不可能得到安全的样子。有些人喊出，这种行为必须报复，但是大部分人要求和平。对那些要求和平的人，安敦尼说：“将来永久的和平是我们努力追求的，但是以恺撒的情况而言，这样多的誓言和隆重的宗教仪式都毫无用处，那么，和平是很难得到保证的。”于是他转向那些要求复仇的人，他称赞他们比较遵守誓言和宗教上的义务，他进而说：“我本人一定和你们一起，假如我不是执政官的话，我一定会是第一个要求复仇的，而执政官应当注意那些所谓公众利益的事甚于注意那些正义的事。这是在元老院里面的人这样告诉我的。当恺撒为了国家的利益而赦免了那些他在战争中所俘虏的公民的时候，他或许也是这样想的，因而他被他们所杀害了。”

131. 当安敦尼这样先后激动了两党的人之后，那些想要对凶手们复仇的人要求雷必达执行。当雷必达将要说话的时候，那些站得远一点的人请他从高地上下来，到广场去，使所有的人都可以同样地听得清楚。所以他一直走到那里去，他想群众现在正在改变他们的思想；当他站在讲坛上的时候，他在众人面前悲伤痛哭了一些时候。他恢复过来之后，他说：“昨天我在此地和恺撒站在一起，而现在我在此地不得不问，对于恺撒的被杀，你们希望我做什么？”许多人大声叫喊：“替恺撒报仇。”被收买的人在另一边叫喊道：“为共和国维持和平。”他对于后者回答说：“我同意，但是你们的意思是一种什么样的和平呢？应当用什

雷必达的演说

么誓言来保证这个和平呢？我们都对恺撒举行过国家宣誓，而我们践踏了这些誓言——我们被认为是最以宣誓著名的。”于是他转向那些要求复仇的人说：“恺撒，这个真正神圣而可敬的人已经离开我们了，但是我们迟迟不肯为共和国除掉那些现在还在这里的人。”他又补充说：“我们的元老们正在考虑这些事情，这是大多数人的意见。”他们又高声叫喊道：“你自己替他复仇吧！”他回答说：“我很想这样做，我的誓言允许我就是我一个人也要这样做，但是单独你们和我希望这样做，或者不这样做，这是不恰当的。”

132. 当雷必达正在使用这些方法的时候，那些被收买的人知道他是有野心的，称赞他，提出把恺撒的最高僧侣的职位给他。他很高兴了。他说：“如果你们认为我配担任这个职位的话，以后再向我提这句话吧。”那些被收买的人因为他们允许了雷必达的僧侣职务而助长了胆气，更加强烈地要求和平。他说：“虽然这是违反宗教和法律的，但是我一定做你们所希望我做的事。”他这样说了之后，就回到元老院去了。在元老院中，多拉培拉消磨全部中间的时间无耻地谈论他自己的职位的事情。安敦尼在等待着看人民将怎样办，他带着嘲笑的态度看着多拉培拉，因为他们两人彼此是有意见的。他充分地观察了这个情况之后，看见人民没有做出什么冒失的事情来，他被迫决定给予凶手们以保护（但是他隐瞒他是被迫的，装作他想给予他们以最大的恩惠才这样做的），同时经过众人的同意使恺撒的法令得到批准和他的计划得到实行。

133. 因此，他又命令肃静，发表演说如下：“我的同辈们，当

安敦尼在元老院的演说

你们在考虑这些犯罪公民的案件的时候，我没有参加辩论。当你们要求对恺撒而不对他们付表决的时候，直到此刻，我只提出恺撒的法令中的一个来。这一个法令使你们陷于分歧的意见中，这不是没有缘故的；因为，如果我们辞掉我们的职位的话，我们将公开承认我们（我们人数这样多，地位这样高）过去是不应当得到这些职位的。请考虑一下那些我们不容易控制的事情。把那些城市和行省、国王们和王公们跟这些事情合并起来考虑一下。从日升处到日落处，几乎所有这一切，恺撒都替我们或者用武力征服，或者以法律组织起来，或者以他的仁慈和恩惠坚定了他们对于我们的归顺。你们这些为了你们民穷财尽的国家而建议赦免这些罪恶深重的人啊，如果不是你们有意想使全世界充满了新的战争的话，你们认为这些国家中哪一些愿意使他们所已经取得了的东西被夺去呢？”

“但是，我们不谈比较远的危险和忧虑，我们有其他的危险和忧虑，不但近在目前，甚至在全意大利，我们自己的家园里——那些受到胜利的赏赐之后留在此地的人，人数很多，他们手中拿着武器，正好像他们在服兵役的时候一样，那些由恺撒按照他们旧日的组织，分配到殖民地的人（还留在罗马城内的尚有数千人），如果他们在城市中或乡村中所已经得到的或者他们所盼望得到的东西被剥夺了的话，你们认为他们会怎么办呢？昨天的一夜[①]里已经给你们一个例子了。”

134. “他们在街上游行并威胁你们这些替凶手们请求的人；你们认为恺撒的同伴士兵们看见恺撒的尸体被拖着在街上

① 参阅本卷第125、126。——译者

走过，受到侮辱，抛弃不埋葬，而会漠不关心吗？因为我们的法律规定这样是对待暴君的。当他们看见那个给予他们赏赐的人遭到无理的虐待的时候，他们会认为他们因为在高卢和不列颠的胜利而获得的赏赐是可靠的吗？罗马人民自己会怎样办呢？意大利人会怎样办呢？如果你们把侮辱加于一个把你们的领土推广到以前无人知道的海洋岸边的人的话，你们会遭到神明和人们的怎样怨恨呢？他们在元老院议事厅里杀害一个执政官，在全体元老院开会的时候，在神明的眼前，在一个不可侵犯的地方杀害一个不可侵犯的人；如果我们通过议案，授予那些人以荣誉的话，如果我们侮辱一个甚至我们的敌人也因为他的勇敢而尊敬的人的话，难道我们这样的不合理不会遭到非难和谴责吗？我警告你们不要做这些事情，这是亵渎神明的，不是我们的权力所能做的。我建议所有恺撒的法令和意志都应当批准，这个罪行的主谋者绝不应当受到嘉许（因为那既不是虔诚的，也不是公平的，也和恺撒法令的批准是不相容的）；但是如果你们愿意的话，只可以作为一个慈悲的举动，为了他们的家族和朋友们的缘故而赦免他们，如果他们的朋友们能够代表凶手们在这个意义上接受这个赦免，并承认这个赦免是一个恩惠的话。”

135. 当安敦尼很激动地说了这些话之后，所有其他的人都默默无言，同意通过一个命令：恺撒的暗杀案件不再追究；但是所有恺撒的法令和命令都应当被批准，“因为这个政策是对共和国有利的”。凶手们的朋友们坚持最后这句话必须加上去，以保证他们的安全，暗示着恺撒的法令是因为利害的关系，不是因为正义的关系而被批准的；在这个问题上，安敦尼对他们让了步。 元老院的命令当这个命令已经通过了之后，出席的殖民领导者请求，除去这个普遍法令之外，还要通过一个专为他们制定的法令，使他们能够得到他们的殖民地。这点安敦尼没有反对，反而威胁元老院通过这个法令。所以这个法令被采纳了。另外又通过一个关于那些已经被派到殖民地的人民的一个相同的法令。于是元老院散会了；许多元老们聚集在琉喜阿斯·派索①的周围，他是恺撒委托保管他的遗嘱的人。他们劝他不要公开发表这个遗嘱，不要给恺撒的遗体举行公葬，恐怕因此会发生新的骚扰。因为他不肯让步，他们威胁他，要对他提起公诉，说他骗取人民这样大的一笔财富，这笔财富应当归国库所有的；这样，产生了他们怀疑暴政的新的象征。

XIX. 布鲁图对人民的演说与人民对布鲁图的赞扬

派索要求宣读恺撒的遗嘱

136. 于是派索大声叫喊，要求执政官们召集元老们重新开会，当时元老们还在那里。元老院又开会了，于是他说："这些高谈杀了一个暴君的人已经是这样多的暴君统治着我们而不是一个了。他们禁止我埋葬这位最高僧侣，当我拿出他的遗嘱来的时候，他们威胁我。并且他们想把他的财产当作一个暴君的财产来充公。他们已经批准了那些和他们自己有关的恺撒的法令，但是他们取消那些和恺撒本人有关的法令。做这件事的已

① 恺撒的岳父。参阅斯韦托尼阿斯《十二恺撒传》（近代丛书英译本，47页）。——译者

经不再是布鲁图或喀西约了，而是那些唆使他们做出这个谋杀事件的人了。关于他的葬礼是由你们做主的；关于他的遗嘱，是由我做主的；我绝不会辜负对于我的委托，除非有人把我也杀死。”这个发言引起全会场的人的欢呼与愤怒，特别是那些希望从遗嘱中得到一些东西的人。最后元老院下令：这个遗嘱应当公开宣读，对恺撒应当举行公葬。于是元老院散会了。

137. 当布鲁图和喀西约知道了这一切的时候，他们派遣使者们到平民那里去，邀请平民到他们所在的卡皮托去。许多平民立时集合在那里了，布鲁图对他们发表演说如下：“公民们，我们昨天和你们一块儿在广场上见面，现在在这里和你们会晤。我们跑到这里来，不是躲在一个神殿里来避难（因为我们没有做错什么事情），也不是躲在卫城里来避难（因为关于我们自己的事情，我们把我们自己信托给你们了），而是因为他们突然地、出乎意外地向秦那攻击，①使我们不得不这样做。我知道我们的敌人责难我们，说我们是违背誓言，说我们破坏持久的和平。对于这些责难的答复，我们一定当着你们的面前说出。公民们，在这方面和在其他一切方面一样，我们的行动将和你们一起，共享民主政府的幸福。盖约·恺撒带着敌对的武装力量从高卢进军，攻击他的祖国；②你们中间拥护民主最热心的庞培受到苦难如他实际上所受到的；在他之后，许多其他的善良公民被驱逐到了阿非利加③ 和西班牙④而死亡了；虽然恺撒的权力根深蒂

布鲁图对人民发表演说

① 参阅本卷第 126。——译者
② 参阅本卷第 35 以下。——译者
③ 参阅本卷第 95—100。——译者
④ 参阅本卷第 42 以下。——译者

固，但是他自然是很担心的；我们因为他的请求，给他以特赦，并且宣誓作为保证。假如他要求我们宣誓，不但赦免他过去的罪行，并且将来甘为奴隶的话，那么，我们现在的敌人又会怎样办呢？在我这一方面来说，我认为，因为他们是罗马人，他们应当宁愿九死，而不愿宣誓自愿为奴。”

138. “如果恺撒没有侵犯你们的自由的话，那么，我们的宣誓就是伪誓。但是如果他既不把罗马行政长官的选举权，也不把各省行政长官的选举权，也不把军队的指挥权、高级僧侣的职位，殖民地领导者的选举权，也不把任何其他尊贵职位的选举权交还给你们的话，如果他既不和元老院商量任何事情，也不请求人民的授权，而恺撒的命令就是一切的话，如果甚至于他还没有和苏位一样，以我们所遭受的灾祸为满足的话（因为苏拉当他消灭了他的敌人之后，把共和国的政权交还给你们了；①而恺撒当他将要离开罗马，又要从事一个长期的远征的时候，他预先以他的任命取消了你们五年的选举权，②）那么，在这里一线希望都看不出来，这到底是一种什么自由呢？关于人民的保护者，西塞提阿斯和马鲁拉斯，③我又将说什么呢？这些身居神圣不可侵犯的职位的人不是无礼地被放逐了吗？虽然我们的祖先所规定的法律和誓言禁止在保民官的任期内召他们来受审，但是恺撒甚至于没有经过审判，就把他们放逐了。”

“那么，对不可侵犯的人施行暴力的是我们呢，还是他呢？

① 参阅 XIII. 103。——译者

② 参阅 XIV. 128。——译者

③ 参阅本卷第 108。——译者

我们不是自愿地，而是被强迫地，直到他以武力侵略他的祖国，杀害了我们许多最高贵、最善良的公民之后，才把那个神圣不可侵犯的荣誉加在他的身上的；而我们的祖先在民主政治中，没有被强迫，宣誓保证保民官的职位神圣不可侵犯，用诅咒宣称保民官的职位应当永远是神圣不可侵犯的；那么，难道恺撒应当是神圣不可侵犯的吗？在他统治的时期，国家的贡税到那里去了？国家的账目呢？是谁没有得到我们的同意，把国库打开了？敬神的金钱是谁夺去了？是谁以死来威胁另一个反对他的保民官呢？①”

139. “但是他们质问，‘今后将是一种什么誓言来作和平的保证呢？②’如果没有暴君的话，那么，就没有宣誓的必要。我们的祖先们从来就没有需要什么誓言。如果有任何其他的人想建立暴政的话，那么，任何信义、任何誓言都没有约束罗马人对暴君服从的力量。当我们现在还在危险中的时候，我们这样说；为了祖国的缘故，我们将来永远还是要这样说。在恺撒的随员中，我们安稳地居于显贵的地位；但是我们尊重我们的祖国更甚于尊重我们的职位。他们以殖民地的事情诽谤我们，因而煽动你们起来反对我们。如果在此地的，有任何人已经在殖民地定居了，或者将来会在殖民地定居的，请你们自己说出来，我是很高兴的。”

140. 很多人说了，于是布鲁图又继续说，“我的同胞们，你们和其他的人一同到这里来了，这是一件好事情。因为你们从

① 参阅本卷第41。——译者
② 驳斥安敦尼和雷必达的话，参阅本卷第130、131。——译者

你们的祖国得到应有的荣誉和赐予，你们对派遣你们出去的祖国也应当给予同样的荣誉，作为报答。罗马人民把你们给予恺撒，去跟高卢人和不列颠人作战，你们的勇敢功绩应得到褒奖和报酬。但是恺撒利用你们的军事誓言，领导你们，违反你们自己的志愿，来反抗你们的祖国。他领导你们在阿非利加进攻我们最善良的公民，也是同样地违反你们的意志的。如果你们只做了这些事情的话，你们可能会耻于为这样的事情请求报酬；但是，因为嫉妒、时间或人们的健忘都不能抹杀你们在高卢和不列颠的功勋，你们得到了由于这些功勋所应得的赏赐，如人民所给予那些昔日在军队里服务的人一样；但不是从无辜的同胞公民们手中夺取土地，也不是和新来的人分配别人的财产，也不是认为利用不正义的手段来报答劳绩，是恰当的。”

“当我们的祖先们征服他们的敌人的时候，他们并没有把敌人们所有的土地都夺取过来。他们和敌人分配土地，把罗马的士兵们移殖到一部分土地上，作为统治被征服者的哨兵。如果被征服的土地不够殖民用的话，那么，他们加上一些公有土地，或者用公款购买其他土地。这样，人民把你们安置在殖民地中，对任何人都没有损害。但是苏拉和恺撒侵略他们自己的祖国，好像侵略一个外国一样。需要哨兵和驻军来反对他们自己的祖国，不遣散你们回到自己的家乡去，也不替你们购买土地，也不把那些被他们没收的公民们的财产分配给你们，他们也不赔偿损失，以救济那些财产被剥夺了的人，虽然那些剥夺他们财产的人从国库中取得了很多的金钱，从被没收的地产中占有了很多的财产。根据战争的法律——不，根据劫掠的习惯——，他们从没有犯罪、没有做任何错事的意大利人手中夺取了他们的土地和房屋、坟墓和神庙；这些东西，甚至对于外国的敌人，我们习惯上也不夺取，而只征收出产物的十分之一，作为贡税而已。”

141. “他们把你们自己同胞的财产分配给你们，这些人民正是那些派遣你们跟着恺撒去进行高卢战争的人，正是那些在你们庆祝胜利的时候，替你们祈祷的人。他们那样集体地在你们的军旗下，按照你们的军事组织，移殖你们，使你们既不能享受和平，也不能免除你们对于那些被你们排挤的人的担心。那个被赶掉、被剥夺财产的人一定会注意等待机会来夺取你们的地位的。这就正是暴君们所要想做的——不是供给你们以土地，土地是他们可以从别处替你们找到的；而是使你们永远陷于潜伏的敌人包围之中，以便成为保卫这个跟你们一同作恶的政府的堡垒。暴君们和他们的追随者之间的共同利益从他们的共同罪恶和共同恐惧中发展起来了。啊！神明呀，这就是他们所谓的殖民，这种殖民的结果，使同族的人民哭泣，使无辜的人们从他们的家园里被驱逐出来。”

“他们为了他们自己的利益，有意地使你们变为你们同胞的敌人。我们这些共和国的保卫者（我们的敌人说他们由于怜悯而给予我们安全①）确定把同样的土地给予你们，并且确定永远给予你们；我们请求这个神庙的神明作为这个诺言的见证。你们有了并且一定能保留你们所已经取得了的东西。任何人一定不得从你们手中取得这些土地，布鲁图不得这样做，喀西约也不得这样做，我们这些为了你们的自由而冒着危险的人中间，任

① 驳安敦尼的话。参阅本卷第134。——译者

何人也不得这样做。在这件事情中惟一的一个缺点，我们一定要补救，这个补救会马上使你们和你们的同胞们和解起来；当他们听到这个补救办法的时候，他们会觉得最愉快的。我们将马上从公款中拿出钱来，把从他们手中夺去的土地的地价付给他们；这不但使你们的殖民地得到安全，并且使你们的殖民地不致遭到仇恨。”

他的演说受到赞扬

142. 当布鲁图还在那里这样说的时候以及当会议解散了的时候，所有的人都称赞他的演说，说这是完全公平的。他和他的党人都被赞扬为大无畏的人，特别是把他们当作人民的朋友。人民又一次的倾向于他们，答应第二天跟他们合作。在黎明的时候，执政官们召集人民去开人民会议，把元老院的决议传达给他们，西塞罗对大赦令发表了一篇很长的颂词。人民也喜欢这个大赦令，邀请喀西约和他的朋友们从卡皮托下来。喀西约和他的朋友们要求同时派遣人质到他们那里去，因此，安敦尼和雷必达二人的儿子被派去了。当布鲁图和他的同党人出现的时候，人民欢呼喝彩来欢迎他们；当执政官们想要说话的时候，人民不许他们说话，而要求他们首先跟这些人握手言和；他们这样做了。由于恐惧或嫉妒，两执政官的心绪很不安宁，因为他们认为这些阴谋者在其他的政治事务上也可能占了他们的上风。

XX. 恺撒遗嘱的宣读。安敦尼的葬礼演说。人民暴动驱逐杀害恺撒的凶手们

143. 现在恺撒的遗嘱被拿出来了，人民命令马上宣读。遗

嘱上载着恺撒的姐姐的外孙屋大维被恺撒过继为儿子。他的花园赠给罗马人民，作为休息的地方；对于罗马城内当时还活着的每个罗马人，他赠与75亚狄加德拉克玛。当人民看到这个热爱祖国者的遗嘱的时候，他们又有些感到激动了，因为以前他们听到有人以暴政责难恺撒，①在他们看来，最悲惨的是凶手之一，狄西摩斯·布鲁图，在遗嘱中被指定为第二个继子；因为在习惯上，罗马人常指定第二个继承人，以防备万一第一个继承人不能继承的时候，第二个继承人可以递补。因此，人民中间有了更大的骚动，他们认为狄西摩斯在被过继为他的儿子之后，还阴谋杀害恺撒，这是骇人听闻和亵渎神明的事情。当派索抬着恺撒的尸体进入广场的时候，无数的群众带着武器跑过来保卫它，在高声呐喊中和庄严的彩饰中，把尸体放在讲坛上，又嚎啕痛哭了一个很长久的时间，武装的士兵们击着他们的盾牌，叮当有声，他们渐渐后悔他们的特赦了。安敦尼看见了情况的发展，他不会放弃他的目的的，他已经被推选出来，作为一个执政官代替一个执政官，一个朋友代替一个朋友，一个亲戚代替一个亲戚（因为在母系方面，他跟恺撒有亲戚的关系②），发表葬礼演说，他又继续使用他的巧妙方法，发表演说如下：

恺撒遗嘱的宣读

144. “公民们，这样伟大的人物的葬礼演说由我一个人来发表是不恰当的，应当由他的全国来发表。当他还活着的时候，我们全体人民因为同样地钦佩他的才能，对他通过了一些法令——元老院和人民一起通过的——，我一定宣读这些法令，使我

安敦尼的葬礼演说

---

① 参阅本卷第138。——译者

② 安敦尼的母亲是属于朱理亚氏族的（XVII，63）。——译者

可以表达你们的情感，而不是我自己的情感。”于是他带着严肃而忧郁的面容，开始宣读，很清晰地念出每一个句子来，特别着重那些宣布恺撒为超人、神圣和不可侵犯的法令，那些称恺撒为他祖国的父亲、恩人和无与伦比的保护者的法令。每读一个法令，安敦尼把他的脸和他的手转向恺撒的尸体，以他的动作表演他的讲话，在每个名称上加入一些简短的解释，充满了伤感和愤怒；例如，在法令上说到恺撒为他的祖国之父的地方，他就补充说，“这是他的仁慈的证据”；又在宣布他为“神圣不可侵犯”和“任何其他逃往他那里去的人都不得受到伤害”等地方，——安敦尼说，“没有逃往他那里去的人曾经受过伤害的，但是你们宣布为神圣不可侵犯的人反而被杀害了，虽然他没有像暴君一样，强迫你们把这些荣誉加在他身上，他甚至也没有这样请求过。如果我们把这些荣誉赠与那些没有请求过这些荣誉的不肖之徒的话，那么，我们就缺乏自由人的精神了。但是，忠实的公民啊，你们对死者表示尊敬，如你们现在所表示的，这就证明我们不应当受到缺乏自由人精神的责难。”

145. 安敦尼继续宣读和朗诵那些所有的人曾保证以全力捍卫恺撒和恺撒的身体，凡对任何阴谋不替他复仇的人将自遭毁灭等誓言。念到此处，他提高他的声音，把他的手伸向卡皮托神庙，他大声疾呼：“这个城市的保护神朱比特和其他的神明啊，我是准备按照我所宣布的誓言替他复仇的，但是因为那些和我的品位相等的人认为特赦令是有益的，我希望它会证明是有益的。”这个疾呼的结果，使元老们中间产生了一种骚动，这个疾呼显然是特别指着他们的。所以安敦尼又安慰他们，改变了他的说法,他说,"同胞公民啊,在我看来,这件事情似乎非人力所能为,而是一些魔鬼造成的。我们最好是考虑现在,而不要考虑过去,因为大难已将临头,假如不是在此地已经发生的话,恐怕我们会陷入我们以前的内乱中,并且会丧失城内所仅有的显贵家族,那么,让我们歌唱我们常用的挽歌来哀悼他,护送这位神圣的死者往幸福之乡去吧!"

146. 他这样说了之后,好像一个着了魔的人一样,卷起他的长袍,束在他的身上,使他可以自由地使用他的双手,他站在棺架的前面,好像演戏一样,把身子弯到棺架上,又直起身来,首先唱赞美歌,歌颂他为天上的神,举起他的双手向着天空,以证明恺撒是神的后裔。[①] 同时,他用迅速的语言,缕述他的战争、他的战役、他的胜利、他所征服的归罗马统治的国家和他送回国的战利品,称赞每个功勋为奇迹,同时惊叹说,"在你所打的一切战役中,只有你是没有被打败过的。只有你替你的祖国报复了300年前所受的侮辱,使那些蛮族部落屈膝,只有这些蛮族部落是曾经侵入过和焚毁过罗马城的。[②]"他好像受了神明的指使而发狂了一样,说了许多其他的事情,于是他把他的声调从高音降下来,变为悲哀的音调,好像替一个受了虐待的朋友而悲伤痛哭,并且庄严地发誓,他愿意以自己的生命来代替恺撒的生命。

他因为很容易地转入激昂的情绪而忘形了,于是他暴露出恺撒的尸体来,他用长矛的尖高举恺撒的长袍,在空中摇闪,长袍上有短剑刺穿的洞孔,为独裁官的血迹染红了。于是人民好

---

① 参阅本卷第151。——译者

② 指公元前390年高卢人攻陷罗马。参阅IV.(I)1;(II)。——译者

像戏剧中的合唱队一样，用最悲伤的音调哀悼恺撒；由于悲伤，他们又愤怒填胸了。演说完了之后，依照国家的风俗习惯，人民在合唱队中对死者歌唱其他的哀歌，并奏哀乐；于是他又缕述他的事业和他的悲惨命运。从这些悲哀的声音中，人们好像听见恺撒本人在什么地方说话了，他指名列举那些他曾给予恩惠的敌人，也说到凶手本人，好像很诧异的样子，叹息说，"啊，我赦免了这些人来杀害我的！[①]"人民再也不能忍耐了。在人民看来，所有的凶手们，除狄西摩斯·布鲁图一人以外，当他们属于庞培党的时候，都是曾经被俘虏过的，恺撒没有处罚他们，而提拔他们做罗马的行政长官、做行省的总督和军队的司令官，而这些人反而阴谋杀害恺撒，而狄西摩斯又被恺撒认为是值得过继为他的儿子的，这些事都是非常可惊的。

人民被激怒了

147. 正当他们在这种情绪中，已经快要暴动起来了的时候，有人在棺架上举起一个蜡制的恺撒本人的肖像。尸体本身，因为仰卧在棺中，是看不见的。这个像利用一个机械设备能够团团转，现出了这样残酷地扎在他身上各部分和脸上的 23 处伤口。人民再也不忍看出现在他们面前的这个悲惨景象了。他们呻吟叹息，束紧他们的腰带，焚毁恺撒在那里被杀害的元老院议事厅，到处奔跑去寻找凶手们，凶手们已经在不久以前逃跑了。人民因愤怒与悲伤而疯狂了，以致他们遇着保民官秦那的时候，因为他的名字和那个演说攻击恺撒的大法官秦那[②]的名字相

凶手们逃出罗马

① 引用拉丁诗人巴叩维阿斯的诗句。斯韦托尼阿斯载了这句诗的原文："Men's servasse, ux essent qui me perderent."（英译注）。这句诗见斯韦托尼阿斯《十二恺撒传》，（近代丛书英译本，48 页）。——译者

② 参阅本卷第 121。——译者

同，他们不等着去听关于名字相同的解释，就像野兽一样，把他撕为碎片，以致连他身上一块肉也找不着来埋葬了。他们拿着火把跑到其他凶手们的房子去，但是凶手们家里的人勇敢地把他们打退了，邻居们也恳求他们不要放火。所以人民没有放火烧房，但是他们威胁说，他们明天会带着武器再来的。

148. 凶手们秘密地逃出罗马城。人民回到恺撒的棺架旁边，把它当作神物运往卡皮托神庙，以便安葬在庙中，把它放在诸神之列。因为僧侣们不许他们这样做，他们又把它放在广场里古代罗马国王的宫殿所在的地方。他们在那里搜集了一些木材和长凳的碎片（广场里这些东西是很多的）以及他们所能找着的任何这一类的东西，来作一个火葬堆，把一些游行的装饰品丢在上面，有些是很值钱的。他们中间有些人把他们自己的冠冕和许多军事奖品也丢在上面。于是他们点火燃烧火葬堆，全体人民整夜留在火葬堆的旁边。那里最初建立了一个祭坛，但是现在那里有一个恺撒本人的庙，因为他被认为是有资格享受神圣的光荣的；因为他的继子屋大维（他采用恺撒的名字）下令把神圣的光荣加在他父亲身上；屋大维在政治上追随恺撒的步骤，大大地加强了恺撒所建立的政府，这个政府一直保留到今日。① 依照这个例子，现在罗马人对每个死去的皇帝给以同样的荣誉，只要他不实行暴政，或使他自己被人厌恶，虽然起初甚至在他们活着的时候，罗马人也不肯称他们为国王。

① 指公元二世纪中叶。——译者

XXI. 恺撒与亚历山大的比较

恺撒与亚历山大的比较

149. 盖约·恺撒就是这样在3月15日死去的。3月15日，大约相当于希腊历安提斯特里昂月[①]的月半，预言家早就说他会在那天死亡的。那天清早，恺撒开玩笑地对预言家说，“好，15日已经到了”；预言家毫不迟疑地说，“但是还没有过去”。恺撒不重视预言家这样充满信心地说出来的这些预言和我在上面已经说到了的其它灾异，[②]照他自己的意思去做，以致死亡，时年56岁。[③] 他在一切方面都是幸福的人，是一个伟大的人，堪与亚历山大相比拟。两人都是有最大野心的人，两人都是最精于战术，执行他们的决心最为迅速，最有冒险精神，最不辞辛苦，两人都不仅依靠军事才能，而且也同样地依靠敏捷和幸运。亚历山大在炎热的季节里，通过沙漠，长途跋涉，去访问阿蒙神谶，渡过旁菲利亚海湾，最幸运地击退逆浪，因为他的幸运替他阻止了波涛，直到他渡过了这个海湾，在陆地上又沿途下雨送他。在他去印度的途中，他在一个无人知道的海上冒险。有一次，他是第一个爬上云梯的人，跳过城墙，单身落在敌人之中；在这种情况下，他身受13处伤。但是他从来没有被打败过，他几乎总是在一两次战役中结束了每次战争。他征服了欧罗巴洲许多国家，使自

---

① 意为“百花节”之月，为雅典历的8月。——译者

② 参阅本卷第116。——译者

③ 蒙森所持的意见，跟斯韦托尼阿斯、普鲁塔克和阿庇安的记载相反，他说，恺撒死时年58岁，而不是56岁（英译注）。蒙森认为恺撒生于公元前102年（见《罗马史》，英译本卷4，424页），传统上认为他生于公元前100年。——译者

已成为希腊的主宰（希腊人是难于控制的、热爱自由的，他们自夸，在他以前，除了腓力在战时领袖的伪装下，曾经统治过一个短短时期以外，他们从来没有服从过任何人）；他也占据了几乎整个亚细亚。① 可以用一句话概括亚历山大的幸运和权力，他所看见的土地，他都得到了；他死的时候，正在考虑设法夺取其余的地方。②

150. 亚得里亚海也是一样对恺撒让步，在仲冬之月变为风平浪静，可以航行了。他也渡过西部海洋，到不列颠，这是以前没有人做过的。他命令他的舵手们，把船只向不列颠海岸的崖石上冲去，把它们撞碎。又有一次，他夜间乘着小船，冒着风暴的危险，他命令舵手把风帆张开，心中要记着恺撒的幸运，而不要记着海上的波涛。③ 他常常在别人都害怕的时候，单身向敌人冲去。④ 单单在高卢，他就做过 30 次激烈的战斗，征服了 40 个民族；这些民族以前使罗马人这样害怕，以致在免除僧侣们和老年人的兵役的法律中，有一个正式的条款："万一高卢人入侵时即为例外"，因为在那个时候，僧侣们和老年人也要服兵役了。有一次，在亚历山大里亚战争的过程中，只有他一个人留在桥上，陷入极端危险中，他脱下他的紫袍，跳入海中，⑤因为敌人正在搜寻他，所以他在水面下潜游了一个很远的距离，只偶尔浮到

---

① 阿庇安对亚洲的知识是贫乏的。亚历山大只征服了小亚、两河流域、伊朗、中亚一部分和印度西北部；在印度他已无法前进。他所征服的地区，远非亚洲的全部。——译者

② 想去侵略地中海西部沿海诸国。——译者

③ 参阅本卷第 57。——译者

④ 参阅本卷第 104。——译者

⑤ 参阅本卷第 90。——译者

水面上来呼吸，直到最后他来到一个友好的船舰附近的时候，他伸出手来，使人家知道他，他才被救上来。

在这些内战中（他参加内战，或者如他自已所说的，是由于恐惧，或者由于野心），他和当代的第一流将军们以及和许多庞大的军队作战，当时这些军队不是蛮族人，而是效能和幸福达到最高境界的罗马人，他也和亚历山大一样，在和每个军队交战一两次后，就把他们都打垮了。但是他的军队不是和亚历山大的军队一样，每次都是胜利的，因为他的军队在他的部将科塔和泰特略指挥之下，被高卢人打得惨败；[①] 在西班牙，培特利阿斯和阿夫累尼阿斯把他的军队封锁起来，好像一个被包围了的军队一样。[②] 在提累基阿姆，[③] 在阿非利加，[④] 他们被击溃了；在西班牙，少庞培使他的军队大为惊慌。[⑤] 但是恺撒本人总是毫不畏缩的，每次战争的结果总是胜利的。他一方面利用武力，一方面利用好感，抓住罗马政权统治着，从日落处到幼发拉底河的陆地和海上，他掌握着这个政权比苏拉牢固得多，强有力得多；纵或他没有接受国王的尊号，但是，不顾别人的反对，他表现他自己已经是国王了。和亚历山大一样，他死的时候，也正在计划新的战争。[⑥]

151. 他们两人的军队都是同样地富于热情，爱戴他们两人，在战争中，他们都是勇猛地作战，但是因为工作的艰苦，他们

① 参阅本卷第 29。——译者
② 参阅本卷第 95 以下。——译者
③ 参阅本卷第 62。——译者
④ 参阅本卷第 95。——译者
⑤ 参阅本卷第 104。——译者
⑥ 计划远征基提人和帕提亚人，参阅本卷第 110 节。——译者

常常不服从，发生叛变。[①] 但是在他们死了的时候，他们的军队同样地哀悼和怀念他们的司令官，把他当作神来敬奉。两人都是姿态美好，面貌俊秀；两人都是朱比特的后裔，亚历山大是由伊阿卡斯[②] 和赫丘利传下来的，恺撒是由安基西斯[③] 和维纳斯传下来的。两人都是及时地和敌人作战，同时又随时和战败者言和，并且宽恕战败者，宽恕之后，又施以恩惠，因为他们所希望的只是征服。

在以上这些事情方面，两人是可以比拟的，虽然他们两人向帝国发展的起点并不相同：亚历山大从腓力所创立的君主国家开始；而恺撒则从一个普通人的地位开始，虽然他出身于贵族家庭而名望很高，但是完全没有财富。

152. 他们两人都轻视关于他们自己的灾异，但是他们没有粗暴地对待那些预言他们死亡的预言家；因为不只一次，他们两人都遇着同样的灾异，预示同样的结果。每人都两次遇着作牺牲用的动物的肝上没有肝叶，第一次是表示一个很危险的冒险。亚历山大的冒险是当他在俄克西德拉西人中间的时候，当时他正领导他的马其顿士兵攀登敌人的城墙。云梯断了，只留下他一个人在云梯顶上。凭他的勇敢，他跳入敌人的城内，他的胸部和颈部被一个很重的棒棍打中，受到重伤，所以他倒下来了；马其顿人为他的安全而恐慌，冲破城门，经过很大的困难才把他救出来。恺撒在西班牙也有一次冒险。[④] 当时他的军队很害怕少

① 参阅本卷第47、92以下诸节。——译者

② 希腊神话中宙斯(即罗马的朱比特)的儿子。——译者

③ 传说，特洛耶王族，与朱比特的女儿维纳斯结婚，生伊尼阿斯，朱理亚氏族奉为祖先。——译者

④ 参阅本卷第116。——译者

庞培，迟疑不敢交战。恺撒首先冲到两军之间的空地上，他的盾牌受了200支标枪的射击；直到最后，他的军队因为感到惭愧并为他的安全担心，才冲向前去，救出了他。[1] 这样，在每个人的情况下，第一次不祥的牺牲都预示了死亡的危险；第二次预示了死亡本身。当预言家培泰哥拉斯正在检验内脏的时候，他告诉正在害怕亚历山大和赫腓斯提翁的阿波罗多拉斯说，不要害怕他们，因为他们两人不久就要死亡了。赫腓斯提翁很快就死了，阿波罗多拉斯担心可能有杀害亚历山大的阴谋，所以把这个预言告诉了亚历山大。亚历山大微笑，问培泰哥拉斯本人，这个灾异是什么意思。当培泰哥拉斯回答说，这是死亡的意思的时候，亚历山大又微笑了。但是他称赞了阿波罗多拉斯的善意和预言者说话的直率。

153. 当恺撒正在最后一次进入元老院的时候，如我在前面不久所说的，[2]又看见了同样的预兆，但是他开玩笑地说，他在西班牙也碰到了同样的事情。当预言者回答说，那时候他也是很危险的，但是这一次死亡性更大。他对于这个警告似乎有点让步，他进行祭祀，并继续祭祀，直到最后他因为僧侣们拖延他过久而烦恼了，于是他跑进元老院就被刺杀了。亚历山大遇着同样的事情。当他带着军队从印度回巴比伦，将要到达巴比伦的时候，迦勒底人劝他暂时不要进入巴比伦城。他用一句抑扬格的诗句回答说，"那个能够猜得准的人是最好的预言家"。[3]

---

① 参阅本卷第104。——译者

② 参阅本卷第116。——译者

③ 这是攸里披底的残句。——英译者

迦勒底人又劝他，不要带着军队面向着落日进城，要绕道而行，面向东方进城。据说，他采纳了这个建议，开始绕道而行，但是因为被一个沼泽湖泊地带所阻碍，他不理会第二个预言，而面向西方进城了。他进城之后不久，乘着一条小船，沿着幼发拉底河而下，到巴拉科塔河，这条河是由幼发拉底河流出，灌入沼泽湖泊中，这样就阻碍了亚述地区的灌溉。他正在考虑如何建筑水闸，调节这条河流，他为了这个目的才航行这条河。据说，他嘲笑迦勒底人，因为他已经进入巴比伦，又安全地航行出来了。但是当他回到巴比伦的时候，他就将要死了。恺撒也同样地嘲笑这些预言，因为预言者预先说出他死亡的日期，说他不能活过三月十五日；当那天到了的时候，恺撒嘲笑他说，“十五日到了”，①但是当天他就死了。这样，两人都轻视关于他们自己的预言，都不对这些预言者生气，但是他们都做了预言中的牺牲者。②

154. 他们两人都是研究他们自己本国的，希腊的，和其他国家的科学和艺术③的。关于印度的科学和艺术，亚历山大咨询了婆罗门僧侣们，他们似乎是那个国家的天文学家和学者，好像波斯人中的马格④一样。当恺撒在埃及恢复克娄巴特拉的王位的时候，他也同样地咨询了埃及人；利用这个办法，他替罗马人在和平文艺方面做了许多改进。他改变了历法。在恺撒的时

① 参阅本卷第149。——译者

② 很明显地这是从法庭中采用来的一个暗喻；“预言的判决及时地执行了”。——英译者

③ ἐπιστήμην τῆs ἀρετῆs：直译为“优美的科学”，这个意义很不明显。〔难道我们不可把 ἀστρικῆs 一字解作“天文学”吗？〕——英译者

④ 袄教僧侣。——译者

代以前，罗马人还用闰月，历法还是混乱的[①]，因为罗马人是以太阴(月)计算一年的。恺撒依照埃及人计算年的方法，改用太阳历。[②] 在他的情况下，没有一个阴谋杀害他的人是逃掉了的，所有这些阴谋者都被他的继子处以适当的惩罚，正好像杀害腓力的凶手们被亚历山大所处罚一样。下面诸卷[③]将说明他们是怎样受到惩罚的。

---

① 罗马旧历1、3、5、8等月(即现在的3、5、7、10等月)每月31日，余皆29日，惟12月(即现在的2月)为28日，一年共355日。而太阳年为365日5时48分48秒(太阴年为354日8时48分35秒)。罗马历与太阳历相差很远，故每隔一年于12月(即现在的2月)23日以后，加一闰月，闰月22日到26日不等，由最高僧侣决定。最高僧侣常常因为政治关系，任意增减其日数，或不加闰月，所以公元前46年罗马历与太阳年相差了90天。——译者

② 在这个时候，恺撒又改岁首为元月1日(过去是3月1日)，因为元月1日是更换最高行政长官的日期(英译注)。公元前46年，恺撒为执政官，改革历法。他首先把那一年延长为445天，以后每年365天，每4年于2月23日后闰一天。是为朱理历，以后通行于欧洲各国。但与太阳年尚有少许差错。公元1582年罗马教皇格累哥里第十三始又改进。其法4年闰一日，一百年不闰，4百年又闰一日。是为格累哥里历，现在为大多数国家所采用。——译者

③ 参阅第XV—XVII。——译者

第十五卷 （内战史第三卷）

I. 安敦尼杀害伪马略，替多拉培拉取得叙利亚行省，替自己取得马其顿行省

1. 盖约·恺撒，这个扩充罗马势力最主要的人物就是这样为他的敌人所杀害，为罗马人民所埋葬了。所有杀害他的凶手们都受到处罚。其中最著名的凶手们是怎样被处罚的，本卷和下卷将要说明；罗马人所进行的其他内战也将同样地包括在这两卷书里面。 前 44

2. 元老院谴责安敦尼不该发表他的葬礼演说，因为罗马人民主要是受了那篇演说的煽动，不顾最近通过的特赦令，搜查全城，以便纵火焚烧凶手们的房屋。但是他利用这个巧妙的手腕，使罗马人民对于他的恶感变为好感了。罗马有一个伪马略，名叫阿马提阿斯。他冒充马略的孙子；因为这个缘故，群众对他很有好感。根据这个冒充，他是恺撒的亲戚，①因恺撒之死，他极为悲伤，在恺撒的火葬堆的地方树立了一个祭坛。他聚集了一群无赖之徒，使他自己成为凶手们的一个永远的恐怖。有些凶手们已经逃出罗马，那些从恺撒手中取得行省总督职务的人已经跑去就职了：狄西摩斯·布鲁图跑到山南高卢去了，特累邦尼阿斯跑到小亚细亚西部去了，提利阿斯·西姆柏跑到俾泰尼亚 恺撒葬后的罗马

① 马略之妻朱理阿是恺撒的姑母。——译者

去了。喀西约和马可·布鲁图是元老院特别喜欢的人，也被恺撒选为次年的总督，喀西约为叙利亚总督，布鲁图为马其顿总督。但是因为两人还是罗马的大法官，所以他们必须〔还留在罗马〕；①利用他们的职权，实行各种法令以讨好殖民地的人民，其中一个法令是允许他们出卖他们自己的份地；过去的法律规定要经过20年之后，这种土地才可以转让的。

安敦尼杀死阿马提阿斯

3. 据说，阿马提阿斯只在等待一个时机，想使布鲁图和喀西约陷入圈套中。根据这个谣言，安敦尼想利用这个阴谋从中取利，于是以他的执政官权力把阿马提阿斯逮捕，没有经过审判手续，就冒失地把他处死了。元老们因为这件事而大为惊异，认为这是一个违法的暴行，但是他们很快就宽恕了这个临机应变的办法，因为他们认为，如果没有这样的冒失行动，布鲁图和喀西约的处境是绝对不会安全的。阿马提阿斯的追随者和一般平民因失去阿马提阿斯而不安，对这件事情感到愤慨，特别是因为这个事情是人民所尊敬的安敦尼做出来的，所以他们决定他们不应当这样被人藐视。他们在大声呼喊中占据了广场，猛烈地叫嚣反对安敦尼，要求行政长官代替阿马提阿斯供奉那个祭坛，并且在这个祭坛上首先向恺撒致祭。他们被安敦尼派遣来的军队驱出广场外之后，更加愤怒，更加大声呼喊，其中有人指出了一些恺撒的雕像从台基上被扯下来了的地方。有一个人告诉他们说，他可以指出这些雕像是在哪一个店铺被打碎的。其他的人跟着去，看到了这个事实之后，他们把那个地方纵火焚烧。最后，安敦尼派遣更多的军队来了，有些抵抗的人被杀死了，另外

① 原文中的动词缺漏了。——英译者

一些人被捕了，其中的奴隶被钉死在十字架上，自由民则被丢在塔彼安崖下。

4. 因此，这次骚动被镇压了；但是平民对于安敦尼的热爱转变为对他的痛恨了。元老院很喜欢，因为他们认为，不是这样的话，布鲁图和他的党人是不可能得到安全的。安敦尼也建议：把绥克斯都·庞培（伟大的庞培的儿子，他还是为所有的人所热爱）从西班牙召回（他在那里还是被恺撒的部将所攻击），从国库中付给他 5 000 万亚狄迦德拉克玛，以赔偿他父亲被没收的财产；任命他为海军总司令，和他的父亲一样，负责管理所有马上需要服役的罗马船舰，不管它们在哪里。感觉诧异的元老院迅速地采纳每个法令，整天地称赞安敦尼；因为在他们的心目中，没有哪个人比老庞培还更忠于共和国的，因此也没有哪个人比老庞培还更被他们惋惜的。喀西约和布鲁图是庞培的党羽，当时最受所有的人尊敬；他们两人认为他们会完全安全了。他们认为他们所做的一切都会获得批准，共和国终于会恢复，他们的党终于胜利了。因此，西塞罗不断地称赞安敦尼。元老院看见平民因为安敦尼支持元老院而正在组织阴谋反对他，所以允许他有一个卫队，以保护他的安全，这个卫队由他自己从旅居在罗马城内的有战斗经验的老兵中选拔。 安敦尼欺骗元老院

5. 或者因为他所做的一切都正是为了这个目的，或者他抓着这个对他最有利的机会，安敦尼征集了卫兵，不断增加人数，最后达到 6 000 人。他们不是普通的士兵。他认为他会很容易得到普通的士兵，当他在别的方面需要他们的时候，他的这些卫队完全是由百人队长组成的，这些百人队长有资格指挥军队，有

长期的战争经验，并且由于他在恺撒部下服过务，这些百人队长都是他自己熟悉的人。他又从他们中间选出一些人来，任命为军团将校，以统率他们，他给这些军团将校佩戴勋章。他很尊重这些人，有些计划他告诉了他们，使他们参加。元老院开始对他的卫队的人数和他选择他们的细心，有点怀疑了，劝他减少到适当的人数，以免受到猜疑的批评。他答应，只要平民的骚动安静下来了，他马上就照办。法令已经规定，凡恺撒所已经做了的和想要做的一切事情都应当批准。恺撒所想做的事情的备忘录在安敦尼手中，恺撒的秘书法柏里阿斯对安敦尼是唯命是听的，因为恺撒本人将要离开罗马的时候，把所有这类的请愿书都交给了安敦尼，由他自由处理。安敦尼增加了许多，以便取得许多人的欢心。他送礼给一些城市、王公们和他自己的卫士。虽然通告上说这一切都是恺撒的备忘录，但是受到这些礼物的人都知道这是由于安敦尼的恩惠。他同样地增加了许多元老们，参加元老院，又做了许多其他讨好元老院的事情，使他们不至于因为他的卫队而对他心怀恶感。

他伪造恺撒的法令

布鲁图和喀西约心中不安

6. 当安敦尼正忙于这些事情的时候，布鲁图和喀西约看见平民和老兵中没有人愿意跟他们和平相处的，同时也考虑到可能有其他的人，和阿马提阿斯一样，阴谋杀害他们，因此他们对安敦尼的反复无常，不相信任，因为安敦尼现在手下有一支军队；同时，他们看到共和国也没有以事实巩固下来，由于这个缘故，他们怀疑安敦尼；所以他们最信任狄西摩斯·布鲁图，因为他有三个军团的兵力就在附近；同时，他们又秘密地派人到小亚细亚的特里邦尼阿斯那里去，到俾泰尼亚的提利阿斯那里去，请他们秘密地聚集金钱和准备军队。他们自己也极想去接收恺撒指定给他们的省份的政府，但是到行省去的时期还没有到，他们认为，如果他们在任期还没有满的时候，就离开了罗马大法官的职务的话，这是不恰当的，同时会引起人家的怀疑，说他们过分地热中于行省的权力。但是他们宁愿在不得已的情况下，作为普通的公民，在别的地方消磨那一年其余的时间，而不愿在城内做大法官，因为在城内，他们是不安全的，也没有按照他们对祖国所做出的贡献，受到应有的尊敬。当他们在这种情绪之下的时候，元老院的意见和他们自己的意见完全一致，因此任命他们两人负责管理从世界各地运来罗马的谷物，直到他们去做行省总督的时期到来为止。

元老院这样做的目的是想使布鲁图和喀西约无论何时不像是逃跑了的样子。元老院对他们这样地担心和爱护，以致元老院之照顾其他凶手，主要地也是为了他们两人的缘故。

7. 布鲁图和喀西约已经离开罗马之后，安敦尼握有类似君主的权力，他想为他自己找到一个行省的政权和一支军队。他最想要叙利亚行省；但是他知道他是受猜疑的，如果请求叙利亚，那么，他更加会受到猜疑；元老院已经秘密地鼓动另一个执政官多拉培拉反对安敦尼了，因为多拉培拉总是和安敦尼不睦的。安敦尼知道这个年轻的多拉培拉本人是有野心的，劝他请求叙利亚行省和那支被征集来准备侵略帕提亚人的军队，以代替喀西约，用以进攻帕提亚人；并且不要向元老院请求，因为元老院没有这个权力；而应请求罗马人民通过法律。多拉培拉本人很高兴，马上提出这个法案来。元老院责难他，说这是取消了

他们离开罗马

安敦尼为多拉培拉取得叙利亚

恺撒的法令。他回答说，恺撒并没有指定任何人去指挥对抗帕提亚人的战争，而受命为叙利亚总督的喀西约是第一个变更恺撒法令的，因为他允许殖民地的人民在法定的20年期满之前出卖他们的份地。他又说，如果因为他是多拉培拉而不推选他为叙利亚总督，以代替喀西约的话，这是对他本人的一个侮辱。于是元老院劝诱一个名叫阿斯普累那斯的保民官在人民会议开会的时候伪报天空有不祥之兆；同时，元老院以为当时为执政官，又为占卜官的安敦尼还是和多拉培拉不和睦的，希望安敦尼能够和阿斯普累那斯合作。但是当表决的时候到了，阿斯普累那斯报说，天上的预兆不吉利；因为这不是他的职责所应管的，安敦尼对他的说谎大为愤怒，命令各部落对多拉培拉的问题进行表决。

8. 这样，多拉培拉受命为叙利亚行省的总督，指挥进攻帕提亚人的战争，并任命为恺撒为了这个目的而征募的军队以及预先前往马其顿的军队的将军。于是人们第一次才知道安敦尼和多拉培拉是合作了。人民处理了这些问题之后，安敦尼向元老院请求马其顿行省，因为他很清楚地知道，给予多拉培拉以叙利亚行省之后，元老院是不好意思拒绝以马其顿给他的，特别是因为马其顿是一个没有军队的行省。元老院勉强地把马其顿给了他，同时感觉得奇怪，为什么安敦尼会允许多拉培拉有这一支军队，但是私自庆幸这支军队是在多拉培拉手中，而不是在安敦尼手中。元老们自己也趁这个机会替布鲁图和喀西约向安敦尼要求其他的行省，于是指定塞勒内伊卡和克里特分配给他们两人；也有人说，这两省都是给喀西约的，而把俾泰尼亚给了布

他自己得到马其顿

鲁图。

II. 屋大维到罗马，与安敦尼发生争执

9. 这些是罗马一切的情况。现在我们转到恺撒姐姐的女儿的儿子屋大维①了，他曾受命为恺撒的骑兵队长一年，因为恺撒时常设立这个任期一年的职位，轮流由他的朋友们担任。因为他还是一个青年，恺撒送他到亚得里亚海旁边的阿波罗尼亚去受教育和军事技术的训练，以便他可以跟着恺撒去参加他的远征；马其顿的骑兵队常常轮流地被派到他那里去，接受训练，一些军官们常常到那里去看他，把他当作恺撒的一个亲属。因为他很好地款待他们，通过他们，他和军队彼此间渐渐熟悉和发生好感了。当他在阿波罗尼亚寄居了六个月之后，一天黄昏的时候，有人告诉他，恺撒在元老院议事厅中被他最心爱的人，也是当时他的部下最有势力的人所杀害了。其余的事情没有告诉他，所以他很震惊，因为他不知道这件事是全体元老院做的，或者只是那些直接的凶手们做的；也不知道大多数的元老们是不是已经惩办了那些凶手们，或者他们都是同谋者，也不知道罗马人民对于这件事情是不是高兴。 屋大维在阿波罗尼亚

10. 因此〔他在罗马的朋友们劝他如下：〕②，有些人劝他带着军队到马其顿避难，以保证他自身的安全，等到他知道这个谋

① 他原来的名字是盖约·屋大维。当他采用盖约·朱里亚·恺撒的名字的时候，他加上屋大维那斯一个名字，以表示他原来的氏族。为了清楚起见，在翻译中，常用屋大维这个名字。——英译者

② 这句话可能是抄写者误加进去的。——英译者

杀只是一个私人事件的时候，再鼓起勇气去攻击敌人，替恺撒复仇；有些高级官吏答应保护他，如果他到他们那里去的话。但是他的母亲和他的继父[①]腓力普斯从罗马写信给他，告诉他不要过于自信，不要鲁莽从事，但是要记着，恺撒战胜每个敌人之后，死在他最亲近的朋友手中；在目前情况之下，宁可做一个普通人，赶快跑到罗马他们那里去，但是要小心谨慎，这样比较安全些。屋大维听了他们的话，因为他不知道恺撒死了以后所发生的事情。他和军官们告别，渡过亚得里亚海，不往勃隆度辛去（因为他没有考验过那个地方的军队，他避免一切冒险），而离开了大路，在离勃隆度辛不远的另一个城镇卢比伊登陆。他在那里住了一些时间。

他来到意大利

11. 当他更确切地听到了关于这个谋杀案件和民众悲伤的消息以及得到了恺撒遗嘱的副本和元老院的法令的时候，他的亲属们更加提醒他当心恺撒的敌人，因为他是恺撒的继子和继承人。他们甚至劝他放弃这个过继和财产的继承权。但是他认为这样做而不替恺撒复仇，这是可耻的。所以他往勃隆度辛去，事先派人去察看凶手们是否设了圈套来陷害他。当勃隆度辛的军队开来迎接他，把他当作恺撒的儿子来欢迎的时候，他鼓起勇气，举行祭祀，马上采用了恺撒的名字；因为按照罗马人的习惯，过继的儿子是要采用继父的名字的。他不但采用了这个名字，而且把他自己的名字和他祖先的名字完全改了，称自己为恺撒的儿子恺撒，以代替过去屋大维的儿子屋大维，自此以后，就继续用这个名字了。马上就有大群的人从四面八方跑到他那里来

① 他父亲死后，他的母亲再嫁的丈夫。——译者

了，把他当作恺撒的儿子，有些是由于对恺撒的友谊，另一些是恺撒的被解放的奴隶；此外，还有些士兵们和他们一块儿来了，他们或者运输军粮和金钱给在马其顿的军队，或者把别的国家的金钱和贡税运来勃隆度辛。

12. 因为参加他一起的人数众多，因为恺撒的荣誉，因为所有的人对他表示好感，他受到鼓舞，于是带着可观的一群人往罗马去了，跟随的人数，像洪水一样，每天增加。虽然因为他周围的人数众多，他是安全的而不会受到公开的攻击，但是他更加警惕，以防范秘密的袭击，因为那些跟随他的人几乎都是新认识的人。有些城镇不是完全爱戴他的，但是那些分布在殖民地的恺撒的老兵从他们的居留地成群而来，向这位青年致敬欢迎。他们为恺撒之死而痛哭流涕，诅咒安敦尼，因为他不进行反抗这个万恶的罪行；他们说，如果有人领导他们的话，他们一定要替恺撒复仇。屋大维称赞他们，但是暂时把这件事情搁置下去，把他们遣送回去了。当他到达离罗马约 400 斯塔狄亚的塔拉西那时候，他得到消息，说喀西约和布鲁图已被执政官们夺去了叙利亚和马其顿，而接受了塞勒内尼卡和克里特两个较小的行省作为补偿；说某些流亡者回国了；绥克斯都·庞培被召回来了；根据恺撒的备忘录，元老院中增加了许多新的元老，以及许多其他的事情正在发展中。

恺撒的士兵们高兴地欢迎他

他向罗马出发

13. 当他达到罗马的时候，他的母亲和腓力普斯以及其他关心他的人很为忧虑，因为元老院对恺撒很为疏远，元老院下令凶手们不受处罚，安敦尼对他藐视，当时一切权力都握在安敦尼手中。当他来到罗马时，安敦尼既没有自己来迎接恺撒的儿子，

他决心替恺撒复仇

也没有派人来迎接他。屋大维劝他们不要担心，说他自己将去拜见安敦尼，好像年轻的人拜见长者，普通公民拜见执政官一样，他将对元老院表示应有的尊敬。至于那个法令，他说，它之所以被通过，是因为没有人控告凶手们；只要有人敢于控告，人民和元老院会帮助他执行法律的；因为他的主张是正义的，神明也会帮助他，安敦尼本人也会帮助他的。如果他（屋大维）拒绝过继和继承财产的话，他是对恺撒不忠实，并且也对不住那些在遗嘱中有一份的人民。

当他将说完这些话的时候，他突然大声说，恺撒这样爱护他，超乎一切人之上，如果他愿意表示他自己不辱于那个敢冒一切危险的人的话，那么，荣誉要求他不仅应当冒犯危险，甚至应当冒犯死亡。于是他转向他的母亲，好像她是西提斯①一样，他背诵当时他心中记忆犹新的阿溪里的话：

“但愿我此时身亡，

因为我没有救得我被杀的伙伴！”②

他说完了这话之后，又补充说，阿溪里的这些语句，特别是后来他的事业，使他有不朽的名声；他呼唤恺撒的帮助，不是把恺撒当作一个朋友，而是把他当作一个父亲；不是当作一个同伴士兵，而是当作一个总司令；不是当作一个战时的阵亡者，而是当作一个在元老院议事厅中渎神谋杀案件的牺牲者。

14. 因此，他的母亲转悲为喜，拥抱着他，好像只有他才不辱于恺撒。她阻止了他的说话，劝他托幸运之福，进行他的计划。

① 阿溪里的母亲。——译者

② 《伊利亚特》，ⅩⅧ.98（根据得尔俾爵士的译本）。——英译者

但是她劝他要有计谋和耐心，而不要在公众面前冒失。屋大维称赞这个策略，答应在他的行动中将采取这个策略，在当天傍晚的时候他就派人到各地方他的朋友们那里去，请他们在天明的时候带着人到广场去。他在那里谒见了安敦尼的兄弟盖约·安敦尼，因盖约·安敦尼是罗马的大法官；他说，他已经承认过继为恺撒的儿子，因为按照罗马的习惯，过继必须由证人在大法官面前证实的。官方书记官把他的声明登记了之后，他马上从广场跑到安敦尼那里去了。安敦尼正在恺撒所给他的花园里，这些花园以前是庞培的。因为他在走廊等了一些时间，他认为这是安敦尼不高兴的表现，但是当他被允许进去的时候，彼此依照当时的礼节互相致意和问好。

他拜见安敦尼

15. 当谈到目前他来交涉的事情时，屋大维说："父执安敦尼(因为恺撒所给予你的恩惠和你对他的感激，允许我这样称呼你)，自从我的父亲死了以后，你所做的事情，有些是做得好，我称赞你，向你致谢；但是另一些事情做得不好，我责难你。我将坦率地说出我的悲哀使我想要说的话。当恺撒被杀的时候，你不在场，因为凶手们把你拦阻在门口；否则你可能会挽救了他的生命，或者你会遭到和他同样命运的危险。如果遭遇着后者的话，那么，幸而你没有在场。当某些元老们建议把凶手们当作诛戮'暴君'者来奖赏的时候，你坚决地反对。因为这件事，我衷诚地感激你，虽然你知道，他们也有意杀害你的，[1]不是如我所想

他斥责安敦尼

① 这句话的意义颇有疑问。什威克豪塞认为屋大维的意思是说，因为安敦尼反对奖赏凶手，他感激安敦尼，虽然安敦尼的反对是有他自私的目的的。——英译者

象的，你将替恺撒复仇，而是如他们自己所说的，担心你会继恺撒之后做暴君。他们也许是，或者也许不是杀戮‘暴君’者，但是他们确实是凶手；[①]这是为什么他们逃往卡皮托，或者如神庙中犯罪的祈祷者，或者如要塞中的敌人。那么，如果不是有一部分的元老和人民被他们收买了的话，他们的罪行怎么能够取得特赦和免予处分呢？但是你以执政官的资格，应当看到大多数人的利益是怎样的；如果你想对这样一个可怕的罪恶复仇，或纠正这个罪行的话，这是你的职权所能够做得到的。但是你从你自己的家庭中派遣人质，[②]送到卡皮托的凶手们那里去，作为他们安全的保证。”

“让我们假定，这也是那些被收买了的人强迫你做的，但是当恺撒的遗嘱已经被宣读了，你自己也发表了你那篇正义的葬礼演说，人民被提醒，强烈地回忆到恺撒的时候，他们拿着火把，跑到凶手们的住宅，只因为他们邻居的关系没有放火烧房，而同意明天携带武器再来，[③]那时候，你为什么不和他们合作，带着火把或武器领导他们呢？或者，如果谋杀的现行犯需要审判的话，你是恺撒的朋友，你是执政官，你是安敦尼，你为什么不把他们进行审判呢？”

16. “在你的权力全盛的时候，你下令杀害了伪马略；[④]但是你纵容这些凶手们逃跑，他们有些人跑到各行省去，他们穷凶

---

① 直译为：“如果不同时是凶手〔根据他们自供〕的话，他们也就不是‘杀戮暴君者’〔如他们自己所说的〕。”——英译者

② 参阅 XIV. 142。——译者

③ 参阅 XIV. 147。——译者

④ 参阅本卷第 3。——译者

极恶地把持这些行省，当作从他们所杀害的人手中夺取的礼物。这些事情做了之后，你和多拉培拉两位执政官马上就从他们手中剥夺了叙利亚和马其顿，而你们两人自己取得了这两省，这是很恰当的。这点我也应当对你致谢，如果不是你马上就通过使他们得到塞勒内伊卡和克里特两省的话；如果你不是袒护这些逃亡者，委之以总督之职的话（他们在那里总是能够保卫他们自己来反抗我的）；如果你不是容许狄西摩斯·布鲁图为山南高卢总督的话（虽然他也和其他的人一样，是杀害我父亲的凶手之一）。或许可以说，这些都是元老院的命令。但是你把这些命令付诸表决，你是元老院的主席——你应当根据你自己的理由，极力反对这些命令的。对凶手们给予特赦，只是作为一个恩惠，保证他们身体的安全；但是立即表决把行省和奖赏给予他们，这是侮辱恺撒和取消你自己的判断。”

“悲伤使我不得不说这些话，考虑到我的年轻和我对你应有的尊敬，可能有些失礼，但是这些话是对于一个恺撒更充分地承认的朋友说的，是对于一个他授予最大的荣誉和权力的人，一个他很想过继为儿子的人说的。如果他知道你愿意接受伊尼阿斯家族的世系①以代替赫丘利家族的世系②的话，无疑地他会过继你的；当他很想指定你为继承人的时候，他心中对于这一点发生③怀疑，所以没有过继你。”

17. “关于将来，安敦尼啊，凭管理友谊的神明和凭恺撒本

① 朱理亚氏族自称为伊尼阿斯的子孙（XIV. 151）。——译者

② 安敦尼氏族自称为赫丘利的子孙。——译者

③ 原文此处主要动词遗漏。——英译者

人，我恳求你把过去的政策改变一下，因为只要你愿意的话，你是能够改变的；如果你不愿意改变的话，我恳求你，今后无论如何要帮助我，和我合作，利用人民和那些现在还是我父亲的忠实朋友的帮助，惩办那些凶手们；如果你对阴谋者和元老院还想照顾的话，我恳求你不要逼迫我们。关于这个问题，我说够了。你是知道我的家务的，我需要金钱以支付我父亲指定给予人民的遗产，同时这件事需要迅速地做，否则因为迟延，我似乎是吝啬了；否则，那些被指定到殖民地去的人不得不留在罗马，因为我的缘故，浪费时间。关于那些在他被杀之后，马上从他家里搬到你家里（因为你家比较安全些）的动产，任何其他作为装饰用的东西以及任何你想从我们手中保留的东西，我请求你保留，作为纪念物。但是为了使我能够支付人民所应得的遗产，请你把恺撒聚集起来为他计划中的战争用的金币交给我。这笔款项现在足够分配给 300 000 人的。其余的费用，如果我这样冒昧的话，我或许可以向你借，或者请你作担保，向国库借，如果你愿意替我作担保的话；我自己的财产，我马上拿出来拍卖。”

安敦尼的答复

18. 当屋大维正在这样说话的时候，安敦尼因为他言辞的直率和他的勇敢而吃惊，这似乎远远地越出了礼貌和他的年龄的范围。他听了这些话很不高兴，因为这些话对他缺少应有的尊敬，更因为他提出金钱的要求；因此，他用这些有点严厉的言辞来回答说：“青年，如果恺撒把政府跟他的遗产以及他的名字一块儿遗留给你的话，那么，你质问我的公务，我说明我的公务，这是恰当的。但是如果罗马人民没有把政府交给任何人去继承，就是他们有国王的时候，也没有这样做过，他们驱逐了国王，宣誓不要再有国王了（这就是那些凶手们攻击你父亲的罪名，说他们杀害他，因为他已经不是一个领袖，而是一个国王了），那么，关于我的公务，我没有回答你的必要。因为同样的理由，我也不要你因为这些事情对我表示感激。我做了这些事情不是为了你而是为了人民，只有一件事是例外，而这件事对于恺撒和你自己是至关重要的。因为，如果为了保证我自己的安全，以免被人仇视起见，我允许表决给予凶手们以杀戮暴君的荣誉的话，那么，恺撒就会被宣布为暴君，暴君既不能有光荣，也不能有任何荣誉，也不能批准他的法令；他的遗嘱无效，他不能有合法的儿子，也不能有财产，他的遗体甚至不能作为一个普通公民来埋葬。法律规定，暴君们的尸体应当丢弃，不得埋葬，他死后的声名应当加上烙印，他的财产应当没收。”

19. “我因为担心这所有的后果，为恺撒、为他的不朽的名誉和他的公葬而斗争，这不是没有危险，不是不会引起别人对我的仇恨的，我和那些激烈的凶恶暴徒做斗争，他们如你所知道的，已经是阴谋杀害我的；我和元老院做斗争，元老院是因为你的父亲篡夺了权力，对他是很不高兴的。但是我自愿地冒着这些危险，情愿自己遭受任何损失而不愿使恺撒——他的时代中最勇敢的人，在各方面最幸运的人，一个我应当对他表示最崇高的敬礼的人——不得埋葬，受到侮辱。由于我冒了这些危险，你才能够享受你目前的显贵地位，作为恺撒的继承人，继承他的家族、他的名字、他的品位和他的财富。你，一个年轻的人对长辈谈话的时候，最好是为了这些事情对我表示感激，而不要因为我为了安慰元老院，或为了从元老院换取我所需要的东西，或为了其他的需要或理由所做的一些让步而谴责我。”

“这个问题就是这样的。你暗示我有做领袖的野心。我没有这个野心，虽然我不是认为我不配做。你以为我因恺撒的遗嘱中没有提到我而感到痛心，虽然你同意我，说赫拉克莱德家族[①]也是一个够得自豪的家族。”

20. “至于你的金钱上的需要和你想向国库借钱的问题，我认为你一定是在那里开玩笑，如果不是，我想你也许还不知道，你的父亲已经使国库空虚了；自从你的父亲执政以后，国家收入是交到他那里的，而不是交到国库的；当我们议决审查这些事情的时候，我们会马上发现这些国家的收入是在恺撒的财产里面的。现在他已经死了，这种审查，对于恺撒不会是不公道的；如果他还活着来受审问的话，他也不会说这是不公平的。关于一些单独的财产，会有许多私人和你发生争执的，你可以料想这部分财产也不会没有争执的。运到我家里来的金钱，并没有如你想象的那么大的一笔数目，而且现在也没有一点归我保管了。那些有权势的人，除去多拉培拉和我的兄弟们[②]以外，马上把全部金钱当作暴君的财产分掉了，但是我说服了他们支持有利于恺撒的法令。如果你是聪明的话，当你得到其余的财产的时候，你应当把它分配给那些不满意于你的人，而不要分配给人民。那些不满意于你的人，如果他们是聪明的话，应当把那些将要移殖的人民送到他们的居留地去。但是，你近来研究希腊文著作，从这些著作中你应当知道，人民是和海上的波涛一样，是不安定

① 意为赫丘利的子孙。——译者

② 指盖约·安敦尼（当时为大法官）和琉喜阿斯·安敦尼。——译者

的，时而前进，时而后退，在我们中间也是一样的，人民永远是把他们所喜爱的人捧到天上，又把这些人摔下来的。”

III. 安敦尼使屋大维遭遇困难。屋大维的慷慨施予，获得人民欢心。多拉培拉往叙利亚

21. 屋大维感觉得受了安敦尼的许多无礼言辞的侮辱，他再三地呼唤他父亲的名字，离开了那里，把他从恺撒手中得到的全部遗产拿出来拍卖，努力想利用这种热情来引诱人民支援他。当这个匆忙的行动使安敦尼对他的敌视更加显著和元老院马上议决审查国家财政账目的时候，大多数人对于少恺撒产生害怕心理，因为士兵们和平民对他的父亲有好感，因为人民盼望分得金钱，他本人目前也很得民心，又因为这样巨大的财富落在他的手中，许多人认为他不会长久安于普通公民的地位的。但是他们最担心安敦尼会使著名而富有的少恺撒在他自己的控制之下，紧握着过去老恺撒所把持的最高主权。另外一些人看到目前的情况而高兴，因为相信这两个人彼此会发生冲突，又相信目前公款的审查将使屋大维的财产完结，而国库将因此充实起来，因为大部分公共财产是在恺撒的财产中找着的。

安敦尼与屋大维的不和

22. 同时有许多人控告屋大维，要求恢复他们的地产，有些人提出这个要求，有些人提出另一个要求，在其他方面都各不相同，但是大多人的要求有一个共同之点：这些土地都是由于宣布公敌，从那些被放逐或被处死的人手中没收过来的。这些案件是向安敦尼本人或另一个执政官多拉培拉提起诉讼的。纵或有

清算恺撒的财产

些案件是在其他行政长官面前起诉的，也大部分由于安敦尼的影响，屋大维到处败诉了，虽然他提出官厅文契证明这些土地是他父亲买的，①证明元老院最近的法令批准了恺撒的一切事业。在这些案件的判决中，他受了很大的侵害，因此而产生的损失还在无止境地增加。直到最后，根据恺撒的遗嘱应得到一部分遗产的培狄阿斯和彼那里阿斯，②为他们两人自己，同时为屋大维，向安敦尼诉苦，说这是违背元老院的法令，使他们受到不公平的损失。他们认为安敦尼应当取消那些为了侮辱恺撒所做的事情和批准恺撒所已经做了的一切事情。

安敦尼承认他的行动可能有点违反了所通过的协议。他说，这些法令被记录下来，和原来谅解的意义也有些不同。当只有那个特赦令是迫切需要的时候，把“一切以前议决了的事不得取消”这一个条款才加上去，不是为了这个条款的本身，也不是为了这个条款在一切详情细节上都是令人满意的，而是为了促进良好的秩序，使人民安静下来。当时人民已经因为这些事件而发生骚动了。他又说，这样比较公平些：要遵守法令的精神而不要拘泥于法令的文字，不要无礼地反对这样多在内乱中丧失他们自己的和他们祖先的财产的人，不要袒护一个已经获得了大量别人的财产的青年，这些财产已经和他普通公民的地位不相称，已经超过了他的希望，他不是好好地利用他的财富，而是用这些财富去干最鲁莽的冒险事业的。等到他们两人（培狄阿

① 这些字句的意思可能是这样的：“他拿出了由官方书记官签名盖章的地契来”，在最近发现的草纸文书中，这些字句含有这样的意思。——英译者

② 恺撒遗嘱以其财产的四分之三予屋大维，以四分之一予培狄阿斯和彼那里阿斯。参阅斯韦托尼阿斯《十二恺撒传》（近代丛书英译本，第47页）。——译者

斯和彼那里阿斯）的应得的部分从屋大维应得的部分分出来之后，他会照顾他们两人的。这是安敦尼对培狄阿斯和彼那里阿斯的答复。所以他们马上就取得了他们应得的部分，以免在诉讼中丧失了他们那部分财产；他们这样做，不是为了他们自己，而是为了屋大维，因为不久之后，他们将把他们所得的全部财产都交给屋大维。

屋大维的声誉益增

23. 安敦尼的兄弟盖约·安敦尼将代表大法官布鲁图（因为布鲁图不在罗马，所以盖约·安敦尼也担任了大法官的其他职务）举行赛会；赛会日期现在快到了。在准备这个赛会的时候，他用去了巨额的金钱，希望人民因这次表演感到满意，①而把布鲁图和喀西约召回。在另一方面，屋大维想争取群众到他自己一边来，把他从拍卖他的财产所得来的金钱轮流分配给各部落的首领，要他们把金钱分给那些最早来的人，他在他的财产拍卖的地方到处跑动，命令拍卖的人对于一切东西尽可能宣布最低的价格，一则因为诉讼案件尚悬而未决，这些财产是靠不住，有丧失的危险；一则因为他自己是仓促从事；这一切行动使他得到人民的爱戴和同情，认为他是不应当受到这种虐待的。除他从恺撒继承来的财产外，他又拍卖他自己从他的父亲屋大维那里得来的财产和他从其他来源所得到的财产，还有他母亲和腓力普斯的全部财产，以及他向培狄阿斯和彼那里阿斯请求的他们那一份财产，以便把所得的金钱分配给人民（因为清算的结果，恺撒的财产甚至做这件事情也不够了），于是人民认为这已经不是老恺撒的赐予，而是少恺撒的赐予了，他们因为他所忍

① 当时举行赛会和赠送礼物成为收买民众的手段。——译者

受的以及他立志想做的一切，深深地怜悯他和称赞他。很明显，他们不会再容忍安敦尼对他的侮辱了。

24. 当布鲁图的赛会正在进行的时候，虽然这些赛会是很奢侈的，人民很清楚地表示出他们的情感来了。虽然有一些人特为此目的受雇而来，大声叫喊，说应当把布鲁图和喀西约召回，因此引起其余的观众对他们两人表示同情，但是大群的人拥挤进来，阻止赛会的进行，直到他们制止了召回布鲁图和喀西约的要求时为止。

当布鲁图和喀西约知道屋大维已经阻挠了他们所希望从赛会中得到的东西的时候，他们决定到叙利亚和马其顿去，以武力夺取这两个行省，因为这两个行省在被通过给予多拉培拉和安敦尼之前，是他们两人的。

多拉培拉前往叙利亚

当多拉培拉知道他们的用意之后，他急往叙利亚，在途中夺取亚细亚行省，以便在那里聚敛金钱。安敦尼考虑到不久就需要军队为他自己用，因此他想把马其顿的军队转到他自己手中来，马其顿的军队是由最好的士兵组成的，人数很多（由 6 个军团组成的，此外，还有许多弓箭手和轻装部队，很多骑兵，和相应数量的各种器械），虽然这些军队应当属于多拉培拉的，因为他已经受命为叙利亚总督和指挥对帕提亚人的战争，这些军队原是恺撒将用以进攻帕提亚人的。安敦尼想要得到这些军队，特别是因为这些军队就在附近，渡过亚得里亚海，就可以立时开进意大利。

安敦尼阴谋取得马其顿的军队

25. 他们突然听到谣传，说基提人听见恺撒死了，就侵入马其顿，现在正在蹂躏那个地方。安敦尼请求元老院给他一支军队去惩罚他们，说这支军队恺撒已经准备好了，打算先打基提人，然后进攻帕提亚人的，而现在在帕提亚人的边界上一切都很安静。元老院不相信这个谣言，派遣使者去调查。安敦尼为了消除元老院的疑惧起见，建议通过一个法案，规定无论任何理由，表决设立独裁官的职位，或者表决以后，接受独裁官的职位，都是非法的。如果任何人藐视这些法令上的规定的话，那么，任何遇着他的人都可以杀死他，而不受处分。他主要地利用这个方法蒙蔽了元老院，①同时他和多拉培拉的朋友们协商，承认把一个军团交给多拉培拉，因此安敦尼当选为马其顿军队的全权司令官；他达到他的目的之后，马上派遣他的兄弟盖约去把元老院这个命令传达给军队里。那些被派去调查谣言的人回来了，说他们在马其顿没有看见基提人，但是他们又补充说，或者这是真的，或者这是安敦尼叫他们这样说的，如果那支军队撤退后，基提人会侵入马其顿的。

26．当这些事情正在罗马发生的时候，喀西约和布鲁图正在聚集军队和金钱，亚细亚行省总督特累邦尼阿斯也正在替他们在他的市镇中设防。当多拉培拉到了的时候，特累邦尼阿斯不许他进入帕加玛或士麦拿，但是允许他以执政官的资格在城外有购买军粮的机会。但是当多拉培拉大怒攻城而无所成就的时候，特累邦尼阿斯说他可以到以弗所去。多拉培拉马上启程往以弗所去，特累邦尼阿斯派遣一支军队远远地跟在他的后面。当这支军队正在监视着多拉培拉行军的时候，天色已晚；他们再没有什么疑虑，因此只留下少数人跟着多拉培拉，他们就回士麦拿了。多拉培拉布置一个埋伏，以等待这些少数人，把他们都

① 直译的意思是：“迷住了他的听众。”——英译者

捉着杀死了，当晚即回到士麦拿。他发现城市并无戒备，他用梯子爬上城墙，夺取了这个城市。

多拉培拉把特累邦尼阿斯处死

特累邦尼阿斯在床上被俘虏了。他请求那些俘虏他的人带他到多拉培拉那里去，说他愿意跟随多拉培拉了。一个百人队长滑稽地回答说："你可以随便到哪里去，但是你一定把头颅留在此地，因为我们是奉命来取你的头颅而不是取你本人的。"说完了这些话之后，那个百人队长马上就把他的头颅割下来。第二天早晨多拉培拉命令把头颅放在特累邦尼阿斯办公时常坐的大法官的座椅上面示众。因为特累邦尼阿斯曾参加暗杀恺撒的阴谋，当另一些人在杀害恺撒的时候，是他利用谈话，把安敦尼阻止在元老院议事厅的门口的，所以士兵们和军营里的伙伴们愤怒地攻击他残余的尸体，施以各种的侮辱。他们沿着城市的行人道上把他的头颅当作球一样游戏，从一个人那里滚到另一个人那里，直到它完全破碎了为止。这是凶手们第一个人因为他的罪行而受到惩罚的，这样他就受到了报复。

IV. 军团将校调解安敦尼和屋大维的冲突。屋大维帮助安敦尼取得山南高卢

前44
安敦尼把马其顿的军队带到意大利

27. 安敦尼有意把马其顿的军队带到意大利来；因为没有其他的借口，他请求元老院允许他把马其顿行省和山南高卢行省对换，当时山南高卢的总督是狄西摩斯·布鲁图·阿尔拜那斯。他记得当恺撒推翻庞培的时候，他是从山南高卢进兵的，他认为他应当从表面上看来，他是把军队调往高卢，而不是调往意

大利。元老院大为愤怒，因为它是把山南高卢当作它自己的堡垒的，现在它第一次看出安敦尼的策略，后悔不应该把马其顿给他。主要的元老们私自写信给狄西摩斯，要他固守他的行省，更多聚集一些军队和金钱，以防安敦尼使用武力，他们是这样害怕和痛恨安敦尼的。于是安敦尼想和过去恺撒取得这个行省[①]以及最近多拉培拉取得叙利亚[②]一样，向人民请求通过一条法律，把这个行省给他，而不向元老院请求了。为了威胁元老院，他命令他的兄弟盖约率领军队，渡过亚得里亚海，到达勃隆度辛。

屋大维和安敦尼竞争的增加

28. 盖约按照命令去做了。同时，营造官克利多尼阿斯举行赛会的日期快到了，屋大维准备陈列他父亲的镀金宝座和花冠，这些是元老院已经通过的，应当在所有的赛会中，放在前面，以表示对恺撒的敬意的。克利多尼阿斯说，他自己拿出钱来举行赛会的时候，他不能允许恺撒享受这种光荣；屋大维把他带到执政官安敦尼的面前来。安敦尼说，他愿意把这问题交给元老院来决定。屋大维生气了，他说，"你把这个问题交给元老院来决定，但是只要这个法令有效一天，我就一定把那个宝座放在那里。"安敦尼大怒，禁止这样做。在一次屋大维自己举行的赛会时，安敦尼更加没有理由地禁止他这样做；那个赛会是他的父亲在把广场中一个神庙连同广场一齐贡献给始祖女神维纳斯[③]的时候所创立，以供奉这个女神的。于是最后，因为这件事情，全体人民对安敦尼的仇恨逐渐增加，已经是很明显的了，因为他的

① 参阅 XIV. 13。——译者
② 参阅本卷第 7。——译者
③ 朱理亚氏族的始祖女神。——译者

动机似乎不是想和少恺撒竞争，而是忘恩负义地想侮辱老恺撒死后的声誉。

屋大维自己带着一群人好像卫队一样，在平民和那些受过他父亲的恩惠的人或者在战争中曾在他的父亲部下服过务的人中间到处跑动，煽动他们愤怒，恳求他们不要关心他自己，虽然他受到了这样多、这样大的凌辱，恳求他们依照他自己的请求，不要注意他；但是恳求他们保卫他们的总司令和恩人恺撒，使他免于受安敦尼的侮辱；恳求他们也保卫他们自己，因为，如果现在以恺撒的名义所通过的法令不是完全有效的话，他们从恺撒手中所得到的一切都是绝对不会安稳的。他在全城中，到处大声呼喊，反对安敦尼，他跳上每一块高地，说："啊，安敦尼，不要因为我的缘故，而对恺撒发怒，不要侮辱一个曾经是你的最大恩人的人。对于我，你可以尽情侮辱。在发给人民所应得的遗产之前，不要掠夺恺撒的财产；发给人民之后，其余的你都可以拿去。无论我怎样地贫穷，只要我有我父亲的光荣，如果他的光荣还存在的话，只要人民分得了遗产，如果你允许分给他们的话，我就一切都心满意足了。"

29. 从此以后，在各方面都有公开的、再三的反对安敦尼的呼声。安敦尼任意用更加严厉的威胁来对付屋大维，当人民知道了的时候，他们对安敦尼更加愤怒。安敦尼的卫队中的军团将校（他们在老恺撒部下服过务，他们现在最为安敦尼所喜欢）劝他为了他们的缘故，同时也为了他自己的缘故，不要再侮辱恺撒了，因为他在恺撒部下服过务，从恺撒手中取得了目前的幸福。安敦尼承认这些言辞是真实的，在说这些话的人面前感到

军团将校们的干涉

惭愧，同时他需要屋大维本人以及人民的帮助，以便更换行省，因此他同意他们所说的话，赌咒说他所做的完全违反了他的本意，但是他的心思改变是因为这个青年非常骄傲自大，年纪还轻，对长辈们不礼貌，对长官们不尊敬。虽然为了他自己的利益，这个青年还需要受到谴责，但是为了尊重他们的劝告，他愿意抑制他的愤怒，恢复他以前的脾气和意志，只要屋大维也约束他自己的傲慢的话。

因屋大维的帮助，安敦尼得到山南高卢

30. 因为这个答复，军团将校们非常高兴；他们把安敦尼和屋大维拉在一起，两人彼此稍微互相责备之后，就定了一个同盟。于是关于山南高卢的法案马上被提出来了。元老们大为惊愕。他们打算，如果安敦尼首先把这个法案向他们提出的话，他们就拒绝通过；如果安敦尼不和他们商量，就向人民会议提出的话，他们就派遣保民官去否决它。有人建议，这个行省完全不要驻扎军队，因为这个行省太近了，使人害怕。在另一方面，安敦尼责难元老们，说他们把这个行省交给狄西摩斯，因为他是杀害恺撒的凶手之一，而不信任他，因为他没有参加杀害那个征服这个行省而使之屈服的人[①]——公开地用这些讽刺攻击那些反对他的人，把他们看作是因为这个暗杀事件而喜欢的人。当人民会议开会的那一天到了的时候，元老院料想人民会议是按百人队召集的，但是安敦尼的朋友们在夜间用绳索把广场围起来，依照他们预定的计划，[②]按部落召集人民。平民虽然愤恨安敦尼，但

① 此处有点错误。恺撒没有征服山南高卢。——英译者

② 所有古抄本的原文都是说，安敦尼要按百人队投票，而不按部落投票，因为那个计划会使他落选。因此编者们把“百人队”和“部落”两个名字的地位互相调换了。——英译者

译者按：百人队会议是元老贵族可以操纵的；在部落会议中，平民势力占优势。

是他们还是因为屋大维的缘故，和他合作了，屋大维沿着绳索站着，请求他们和他合作。屋大维这样做的目的，是想使杀害他父亲的凶手之一狄西摩斯不要占有这样便利的一个行省和这个行省的军队，更重要的，是想满足安敦尼，因为安敦尼现在和他同盟。他也盼望从安敦尼手中得到一些帮助，以为交换。保民官们也被安敦尼的金钱所收买，不作声了。所以这个法案被通过了，安敦尼现在有了在表面上可以讲得过去的理由，开始把他的军队渡过亚得里亚海了。

V. 安敦尼和屋大维之间的冲突增加，军团将校又起来调解

安敦尼又反对屋大维

31. 有一个人民保民官死了，屋大维主张选举夫雷密尼阿斯继任保民官。人民认为他自己想要得到这个位置，但是他没有提出自己为候选人，因为他还没有达到法定的年龄，因此，人民提议投票选举他为保民官。元老院不愿他的权力增加，因为恐怕他以保民官的资格，会把杀害他父亲的凶手们提到人民会议来受审。安敦尼不顾他最近和屋大维的同盟；或者为了讨好元老院，或者为了平息元老院因山南高卢的法案所引起的不满，或者因私人的理由，他以执政官的资格颁布公告，说屋大维不应企图做违反法律的事；如果屋大维这样做的话，他将使用他的全权来反对他。这个公告对于屋大维是一个忘恩负义的法令，侮辱了屋大维和人民。人民极为愤怒，因此，采取步骤，想在选举中打击安敦尼的愿望。安敦尼大为惊慌，宣布取消人民会议的

决议，说剩下的保民官人数已经够了。这样，屋大维终于公开地受到打击，他派遣无数使者到他父亲所建立的殖民地城镇里去，告诉人们他所遭受的待遇，以试探每个市镇的感情倾向。他又派遣一些人伪装商人，到安敦尼的军营里去，和他的士兵混在一起，运动其中最勇敢的人，秘密地把传单分发给士兵们。

军团将校又起来干涉

32. 当屋大维正在做这些事情的时候，那些军团将校又请见安敦尼，向他这样说道："啊，安敦尼，我们和其他一些跟你一块儿在恺撒部下服过务的人建立了他的统治，一日复一日地继续维持他的统治，作为这个统治的忠实支持者。我们知道，杀害他的人多么同样地仇恨我们，阴谋反对我们，元老院多么袒护他们。但是人民驱逐了这些凶手们之后，我们鼓起勇气，因为我们知道恺撒的法令不是完全没有朋友支持的，不是被遗忘了的，不是没有人感激的。我们把我们将来的安全寄托在你身上，因为你是恺撒的朋友，在他之后，你是最有经验的司令官，你是我们现在的领袖，而且是最配做我们的领袖的。我们的敌人又开始活动了，他们正在以暴力夺取叙利亚和马其顿，筹集金钱和军队来反对我们。元老院正在煽动狄西摩斯·布鲁图起来反对你，而你正在费尽你的心力和少恺撒闹意见。我们自然担心，在战争之外又加上你们的不和，目前战争虽未爆发，但是迫在眉睫，这个不和将使我们的敌人达到他们反对我们的一切目的。为了对恺撒的虔敬和对我们的照顾(我们是从来没有向你诉过苦的)；为了你自己的利益，甚至于远过于为了我们的利益，我们恳求你考虑这些事情，并且当你还可以做的时候，无论如何至少要帮助屋大维处罚凶手们，因为这就够了。那么，你就会无忧无虑地享受你的权力，保障我们的安全；我们现在一方面为我们自己担心，同时也为你担心。”

安敦尼对他们的答复

33. 军团将校们这样说了，安敦尼回答他们说：“当恺撒在日，我对恺撒有过什么样的友谊和热情，当我在他部下服务时，我冒过一些什么样的危险，你们过去是我的同伴士兵们，是这些事情的共同参加者，当然知道得很清楚。他对我表示了什么样的恩情，他不断地给予我什么样的荣誉，由我说出，是不相宜的。这些事实，凶手们也是知道的。他们阴谋把我和恺撒一块儿杀掉，因为他们知道如果我还活着的话，他们是不能达到他们的目的的。凡劝他们不要杀我的人，[①]不是因为照顾我的安全，而是要保留杀戮暴君的外貌，使他们看来不是把许多人当作敌人而杀害，而是只杀戮一个专制暴君。说我不照顾我的恩人恺撒，说我爱护他的敌人，说我看到那些同时也阴谋杀害我的人杀害他而漠不关心，如少恺撒所想象的，又谁肯相信呢？他们的特赦是怎样来的呢？他们是怎样升的官呢？因为他想把这些事情来攻击我，而不攻击元老院，我将把这些事情是怎样产生的告诉你们。”

34. “当恺撒突然在元老院议事厅中被杀的时候，我非常恐惧，最大的原因是我和恺撒的友谊，和我不知道这些事实，因为我至今还不知道其中详情，也不知道这个原来计划的阴谋是想杀害多少人。人民也非常惊骇了。凶手们带着一队角斗士占据卡皮托，在卡皮托中闭门自守。元老院是站在凶手们一边的，正如同它现在更公开地站在他们一边一样，正将通过法案，把他们

---

① 指布鲁图。参阅 XIV. 114。——译者

当作杀戮暴君者加以奖励。如果恺撒被宣布为暴君的话，那么，我们作为一个暴君的朋友们，都会毁灭。在这样的混乱、焦急和恐惧之中，当我既不能采取冒失的行动，也不能长久迟疑不决的时候，① 如果你们仔细考虑一下，你们就会发现，在需要勇敢的地方，我是最大胆的；在需用手段的地方，我是最灵活的。第一件要做的事（因为它包括其他一切事情在内）是阻止投票通过奖赏阴谋者。不顾元老院和凶手们的激烈反对，我以无穷的勇气和面临着危险，达到了这个目的，因为那时候，我相信，只有在恺撒不被宣布为暴君的情况下，我们这些恺撒的朋友们才可能得到安全。但是当我看到我们的敌人和元老院自己都同样地陷于恐怖之中（如果不下令宣布恺撒为暴君的话，那么，他们害怕他们自己会被判决为杀人犯），因为这个缘故，他们在那里奋斗；因此我让步，允许对凶手们颁布特赦令，而不要颁布嘉奖令，以便取得我所想要交换的东西。我所想要的东西是多么多、是多么重要呢？使他的名字不要被消除（因为他的名字是我所最珍视的）；使他的财产不要被没收；使这位青年所引以自豪的这个过继关系不要被取消；使恺撒的遗嘱不要被宣布为无效；使他的遗体能够得到一个庄严的葬礼；使过去的法令所加于他身上的不朽的荣誉能够实现；使他的一切事业得到批准；以及使他的儿子和我们——他的朋友们、将军们和士兵们都包括在内——都能得到安全，享受荣誉的生活而不遭到侮辱。”

① 开尔是这样解释的，维尔利克也赞成。其他的人则把 γνώμης 和 ἀπορῆσαι 相对偶，瑙克则更换了 γνώμης 的位置。那么，这句话的意思就是说，“当我很可能不知如何决定才好的时候”。——英译者

35. "难道你们以为我向元老院要求的作为特赦令的交换条件还少,或者是小事情吗?你们以为没有特赦令,元老院也会做这些让步吗?如果这个交换是真诚地做出来的话,为了恺撒的不朽的光荣和我们的安全而饶恕凶手们,这确是一件公平的交易;但是事实上,我不是为了这个目的而这样做的,而是想把报复推迟一点。因此,我一旦从元老院手中得到了我所需要的东西,而凶手们因为免除顾虑而丧失了警惕的时候,我马上就重新鼓起勇气,暗中破坏特赦令,不是利用投票表决,也不是利用法令(因为那是不可能的),而是利用悄悄地煽动人民的办法。我以埋葬为借口,把恺撒的遗体运到广场中,①我暴露了他的伤口,我把他的伤口数目和他的被砍乱的而染满了血迹的衣服给大家看。在向群众演说中,我用伤感的词句,着重谈到他的勇敢和对人民的贡献,我把他作为一个被杀害者来哭泣,但是我把他作为一个神来呼唤。我这些言辞和举动鼓动了人民,在特赦令颁布之后,煽起了人民的怒火,使他们进攻凶手们的住宅,把凶手们驱逐出罗马。这一切的做法是怎样引起元老院的反对和愤恨,马上就显露出来了,当时他们责难我不该煽动人民,他们派遣凶手们去做行省的总督,派布鲁图和喀西约往叙利亚和马其顿去,这两个行省都有大量的军队,告诉他们在指定的日期前,以视察谷物供应的情形为借口,赶快到那些地方去。当时我又有一个更大的畏惧(因为那时我还没有自己的军队),担心我没有军队,容易受这样多的有武装的人所袭击。我也怀疑我的同僚执政官,因为他总是和我发生意见的,他冒充参加了反对恺撒

① 参阅 XIV. 143 以下。——译者

的阴谋，因而建议把刺杀恺撒之日作为共和国诞生之日来庆祝。”

36.“我想解除敌人们的武装，并武装我们自己，我不知道要怎样做才好；当时我把阿马提阿斯处死，主张召回绥克斯都·庞培，以便引诱元老院再落入我的圈套中，把他们引到我这边来。① 但是，就是在那个时候，我对于这一点还没有信心，我劝多拉培拉请求叙利亚行省，不要向元老院请求，而要通过法律向人民请求，我赞成他的请求，使他成为凶手们的敌人，而不是他们的朋友，使以后元老院不好意思拒绝把马其顿给我。就是多拉培拉取得叙利亚之后，因为马其顿有一支军队，如果我不以叙利亚和帕提亚战争已经分派与多拉培拉为理由，事先把那支军队让给他的话，元老院还是不肯把马其顿给我的。再者，如果元老院没有为布鲁图和喀西约取得别的行省以保证他们的安全的话，元老院也不会从他们的手中取去马其顿和叙利亚两省的。当必须给予他们以补偿的时候，你们看看所给予他们的补偿——塞勒尼和克里特，没有军队，就是我们的敌人们也轻视，认为是不足以保证他们安全的两个行省；他们正在设法以武力夺取那两个从他们手中取去的行省。这样，事实上，是利用手段，利用策略，利用交换，把这支军队从我们敌人手中转移到多拉培拉手中；因为，当我们不能公开地使用武力达到我们的目的的时候，我们必须利用法律。”

37.“在这些事件之后，我们的敌人又建立了一支军队，因此我必须有马其顿的这支军队，但是我没有一个借口。有一个

① 参阅本卷第3、4等。——译者

谣言流传，说基提人正在蹂躏马其顿。这个谣言没有人相信；当派遣使者们去调查的时候，我提出关于独裁官职位的法令，[①]这个法令规定，凡谈论表决或者提出接受独裁官的职位，都是非法的。元老们特别喜欢这个建议，因此，他们把这支军队给我了。那时候，我是第一次认为我和我的敌人处于平等的地位了，不但和屋大维所想象的那些公开的敌人，而且和那些现在还隐蔽起来的更多的、更强大的敌人处于平等的地位了。当我完成了这些计划之后，还有凶手之一，狄西摩斯·布鲁图在我的侧面，他统治着一个形势便利的行省，带着一支巨大的军队；我知道他比其他的凶手们更勇敢，所以我设法把山南高卢从他的手中夺去，为了保全元老院的面子起见，我允许把马其顿给他，作为交换，马其顿是没有军队了。元老院看出了这个策略，大为愤怒，你们知道他们写了一些什么样的书信和多少书信给狄西摩斯，他们是怎样煽动那些继我为执政官的人。因此，我决定采取一个更大胆的政策，我决定请求人民通过一个法律把这个行省给我，而不向元老院请求，我把我的军队从马其顿带到了勃隆度辛，这样我可以在紧急的时候使用它。托神明的保佑，在需要的时候，我们一定要使用它。"

38. "这样，我们已经把过去非常害怕我们的敌人的情况改变为我们自己完全安全的情况，在这种情况下，我们可以勇敢地面向我们的敌人了。当这个转变已经公开的时候，群众也公开地表示了反对我们的敌人的热情。你们可以看出元老院多么后悔那些已经通过的法令，他们进行什么样的斗争，想把已经给我

---

① 参阅本卷第25。——译者

的高卢行省从我手中夺去。你们知道，他们写了一些什么事情给狄西摩斯，他们是怎样地劝告那些继我为执政官的人改变关于这个行省的法律。但是托我国神明的保佑，有了虔诚的意志，利用你们的勇敢（恺撒也是因为你们的勇敢而取得胜利的），我们决心替他复仇，尽我们身心的全力以达到这个目的。”

“同伴士兵们，当这些事情还在进行的时候，我不想谈论这些事情；现在这些事情都已经完成了，所以我把这事情告诉你们，因为今后我将使你们共同参加我的一切事业和计划的；如果还有人不是以同样的观点看待这些事情的话，请把我这些话告诉他们——只不要告诉屋大维，因为他对我们是忘恩负义的。①”

VI. 安敦尼和屋大维关系的恶化与屋大维的筹集军队

39. 安敦尼的这些话使军团将校们相信他所做的这一切事情的动机是由于对凶手们的刻骨仇恨和他正在那里策划反对元老院。尽管这样，他们劝他跟屋大维和解；他们发现他们的劝告发生效力的时候，他们使他们两人在卡皮托言归于好了。但是不久之后，安敦尼向他的朋友们宣布，说他的卫队中有些人受了屋大维的秘密运动，组织阴谋来杀害他。他说这些话，或者是有

屋大维被控告有暗杀安敦尼的企图

① 很明显，这篇演说词是阿庇安所作而作为安敦尼口中说出来的。其中有些关于日期和事件发生的次序上的错误；这些错误是安敦尼不可能有的。——英译者

意毁谤，或者因为他相信这是真的，或者因为他听到了军营里有屋大维的暗探，因而他把侦查他的行动的阴谋说成是谋害他的生命的阴谋。当这个控诉传布出来的时候，马上产生普遍的骚动和很大的愤怒，因为很少人有足够的见识，能够看出，虽然安敦尼对屋大维是不公平的，但是安敦尼还是应该活着，这是对屋大维有利的，因为安敦尼是凶手们所害怕的。如果安敦尼死了的话，他们会毫无忌惮地敢于做出任何事情来，特别是因为他们有元老院的支持，比较聪明一点的人是知道这一点的；但是大部分的人因为看见屋大维每天受到的侮辱和他所遭受的损失，认为这个控诉不是完全不可信的，而且认为当安敦尼为执政官的时候，组织杀害他的阴谋，这是渎神的和不可容忍的。

他否认这个控诉

就是对于那些对他抱这种见解的人，屋大维也大为愤怒，大声叫喊说，这是安敦尼阴谋伤害他，以离间人民对他的友好关系，这是他现在仅有的东西了。他跑到安敦尼的门口去，重复说这些话，呼唤神明替他作见证，赌各种诅咒，邀请安敦尼组织一个司法调查。因为没有人前来，他说："我一定接受你的朋友们作为审判官。"他说了这些话之后，就想跑进安敦尼的房里去。因为他被阻止了，他又大声叫喊，咒骂安敦尼，他泄怒于那些阻止安敦尼出来受质问的门岗们。于是他离开那里，叫人民作见证：如果他遭遇了什么事故的话，那么，他的死亡是由于安敦尼的阴谋。因为这些话是用很深的情感说出来的，群众开始产生了一种变化，对于他们以前所抱的意见有点后悔了。有些人还是怀疑，对于两人中任何一个人都怀疑，不肯相信。有些人责难他们两人都是在那里制造虚伪的借口，因为他们相信他们两人在神庙中已经达到协议，而这些借口都是用以反对他们敌人的阴谋。还有一些人认为这是安敦尼想增加他的卫认的诡计，或者这是安敦尼想离间殖民地的老战士，使他们和屋大维疏远的诡计。

40. 不久之后，屋大维从他的密探得到消息，说勃隆度辛的军队和殖民地的士兵因为安敦尼没有替恺撒复仇，对他愤恨；如果可能的话，他们愿意帮助屋大维替恺撒复仇。因为这个缘故，安敦尼到勃隆度辛去了。屋大维因为害怕安敦尼带着军队回来的时候，乘他没有保护而把他捉住，所以他带着金钱往坎佩尼亚去招募那些他父亲安置在这些市镇中的老兵。他首先争取了在加拉西亚的老兵到他这边来，其次又争取了在卡西利浓的老兵（这两个市镇位于加普亚的两边），给每人以500德拉克玛，他聚集了约10 000人，但不是完全有武装的，也不是按照正规大队召集的，只不过作为一个卫队，在一个旗帜下服务而已。当罗马公民们看到安敦尼领导一支军队将到罗马了，大为恐慌；他们又听到屋大维领导另一支军队也将来到罗马，他们加倍地恐慌；而另一些人则很高兴，因为他们相信可以利用屋大维来反对安敦尼。还有另一些人，因为他们看见他们两人已在卡皮托神庙中和解了，认为这些事情都是他们两人寻找借口虚伪的把戏，安敦尼想借以夺取最高权力，屋大维则想借以对凶手们复仇。

屋大维在加拉西亚和卡西利浓得到军队

41. 在这个惊慌的时候，保民官卡纽提阿斯（他原是安敦尼的敌人，因此对屋大维表示友好）跑去见屋大维。他知道了屋大维的真正用意之后，他向人民发表演说，说屋大维带兵前来，是真的对安敦尼的敌视；凡是害怕安敦尼阴谋做暴君的人应当

保民官卡纽提阿斯帮助屋大维反对安敦尼

站在屋大维一边,因为目前他们没有其他的军队。他这样说了之后,他引导屋大维进城,屋大维驻扎在罗马城外马斯神庙中,离城 15 个斯塔狄亚,当屋大维到了的时候,他带着他的士兵,暗藏短剑,前往卡斯托和波拉克神庙。卡纽提阿斯首先发言,攻击安敦尼。后来屋大维也要求他们不要忘记他的父亲,不要忘记他在安敦尼手中所受的痛苦,因为这个缘故,他才招集这个军队,作为他自己的卫队的。他宣布他自己在一切事情上是他祖国的忠顺仆人,说他在目前紧急的情况下,准备抵抗安敦尼。

屋大维宣布他准备抵抗安敦尼

42. 他这样说完和会议解散之后,士兵们有相反的看法(他们来的目的是支持安敦尼和屋大维的同盟,或者只是为了保卫屋大维,以惩罚凶手们),现在他们看见屋大维要对安敦尼宣战,感到很烦恼,因为安敦尼是他们的将军,并且是当时的执政官。他们中间有一些人请假回家去,以武装他们自己,他们说,除非用他们自己的武器,他们不可能完成他们的任务的。另一些人暗示这是真的。因为事情的发展和他所盼望的相反,屋大维不知道要怎么办才好。但是他希望以说服的方法而不是以武力来挽留他们,所以他答应他们的请求,派遣他们一些人去取他们的武器,派遣另外一些人简单地回到他们的家乡去了。他隐藏着他的失望,对参加会议的群众大为赞扬,又给他们一些新的礼物,说他以后还会更加慷慨地酬谢他们,因为他在危急的时候,把他们当作他父亲的朋友们,而不是当作士兵们来使用的。他说了这些话之后,10 000 人中间,受他的影响而留在他身边的,只有 1 000 人或 3 000 人,因为史料上记载的数目不同。于是其余的人离开了他;但是立时他们又想到了农业劳动的艰苦和军队

恺撒的老兵拒绝和安敦尼作战

中的有利可图，屋大维的语言，他对于他们的愿望的顺从，他们所已经得到的恩惠以及他们希望从他的手中将再得到的更多的恩惠。所以，象心无主见的群众一样他们后悔了，他们抓着以前的借口，以维持面子，他们自己武装起来，又回到他那里来了，屋大维携带着新的款项，已经前往拉文那及其邻近的地区，继续招募新的军队，把他们都派到阿利兴去。

VII. 安敦尼军队的叛变。屋大维与元老院的暂时妥协

43. 同时，马其顿的 5 个军团中有 4 个军团已经到了勃隆度辛和安敦尼在一起了。他们责难安敦尼，因为他没有进行反对那些杀害恺撒的凶手们。他们引导他到讲坛上，没有欢呼，这就意味着他们要求他首先说明这个问题。安敦尼看见他们默默无言，颇为愤怒。他没有抑制他的脾气，申斥他们忘恩负义，说他使他们从帕提亚远征转移到意大利来，而他们不表示感激。他责备他们，因为他们没有把一个轻率的孩子（他这样称呼屋大维）所派到他们中间去煽动不和的密探逮捕起来交给他。他说，那些人他自己会找出来的；但是这支军队，他决定领导到元老院已经表决给予他的行省——富庶的高卢地域去，目前他决定给予每人 100 德拉克玛。因为他的吝啬，他们大笑起来；当他发怒的时候，他们鼓噪叫嚣，纷纷地走开了。安敦尼站起来，离开那里，一面这样说："你们一定要学习服从命令。"于是他要求军团将校把那些喜欢捣乱的人带到他面前来（在罗马军队里

安敦尼军队的叛变

他惩罚他们

面，对于每一个人的性格经常都有记录的)。他按照军法，从这些人中间以抽签的办法选出一些人来，不是每十人抽一人，而只把较少数的人处死。他以为这样就会很快地使他们感到恐惧的。但是其余的人并不因为这个举动而感到恐惧，反而变为愤怒与仇恨了。

屋大维在安敦尼军队中煽动分裂

44. 那些屋大维派去收买士兵的人看到这些事实之后，在全军营中散发尽可能多的传单，要求士兵们想想安敦尼的刻薄和残酷，回忆一下老恺撒的遗芳，劝他们替少恺撒服务，分享他的慷慨赐予。安敦尼想把这些密探找出来，悬赏给那些告密者，威胁那些帮助他们的人；但是因为他没有找出一个来，他大为愤怒，认为士兵们隐藏了他们。当他得到屋大维在殖民地的老兵中间和在罗马所做的事情的消息的时候，他恐慌起来了；因此，他又跑到军队的面前说：他很抱歉，因为他为了军纪的关系惩办了少数人，但他没有按照军法惩办更多的人；并说，他们应当知道得很清楚，安敦尼既不是残酷的，也不是刻薄的。他继续说："让我们去掉恶感，安于这些错误和处罚吧。我已经命令给予你们的那100德拉克玛不是我的全部赠予，因为这和安敦尼的财富是不相称的，这只表示我们初次见面时的一个小小的礼物，而不是全部报酬；但是在这一件事情上，和在其他一切事情上一样，遵守国家的法律和军队的法律是必要的。"他这样说了之后，他对于他的赠予并没有增加一点，表示他以将军的资格似乎对于军队没有一点让步；士兵们，或者由于忏悔，或者由于恐惧，接受了所给予他们的东西。但是安敦尼因为这个骚动，或者因为别的怀疑，还是生气的。他更换了他们的军团将校，但是他对于军队里其余的人很好，因为他需要他们服务；他按照支队派遣他们沿着海岸前往阿里密浓。

45. 安敦尼从全部军队中选择身体和品格最好的人组织一个卫队，带着前往罗马，想从那里推进到阿里密浓去。他留下他的骑兵队驻扎在城外，他自己傲慢地进了城。但是跟着他的军队都束紧他们的服装好像作战，夜间，他们携带武器在他的住宅周围站岗，他给他们一个口令，按时换班，和在军营里一样。他召集元老院，想向元老院控诉屋大维的行为。正当他将进入元老院的时候，他得到消息，说他在途中的4个军团之一，所谓马斯军团，已经倒向屋大维那一边去了。当他在门口等待，沉思这些事情的时候，有人对他宣布，又有一个军团，即第4军团，追随马斯军团的榜样，也倒向屋大维那一边去了。他虽然惊慌失措，但是他还是跑进元老院议事厅里去，装作他为了别的事而召集会议的样子，他说了几句话，马上就离开那里，到城门口去了，又从那里到亚尔巴镇去，以便说服那些逃兵再回到他那里来。他们从城墙上向他射箭，因此他退回了。对于其他的军团，他每人给付500德拉克玛。他领导他身边的士兵，带着参加战争的士兵习惯上所有的装备，前往提布尔；现在战争是一定会发生了，因为狄西摩斯·布鲁图拒绝移交山南高卢。

安敦尼的两个军团投到屋大维那里去了

46. 当安敦尼在提布尔的时候，几乎所有的元老们、大部分的骑士们和最有势力的平民都到那里去，向他致敬。正当安敦尼在那里使那些现有的士兵们和一些聚集起来的退伍老兵（人数颇多）宣誓为他服务的时候，这些人到达了那里，也自愿地参加宣誓，说他们绝不放弃对安敦尼的友谊和忠诚；所以没有人能够辨别，哪些人是在不久以前屋大维所召集的公众会议中辱骂安敦尼的了。

安敦尼前往山南高卢

经过这个盛大的送别会之后，安敦尼启程往阿里密浓，这个城市是在山南高卢的边界上。他的军队除新招募的以外，包括从马其顿调来的3个军团（因为其余的一个军团现在也到了）。还有一个退伍的老兵军团，他们虽然是些年老的人，但是他们一个人抵得两个新兵。这样，除去他的卫队和新兵外，安敦尼有4个军团训练得很好的军队和在他们一起的一些辅助兵。雷必达带着4个军团在西班牙，阿西尼阿斯·波利俄带着两个军团，和普隆卡带着3个军团在山南高卢；他们显然都是站在安敦尼一边的。

屋大维建议为元老院服务，元老院接受了

47. 屋大维有两个作战力量相等的军团，就是叛离安敦尼、跑到屋大维一边来的士兵们；还有一个军团的新兵和两个军团的老兵，他们的人数和武器是不齐全的，但是也用新兵补充了。他把这些军队都带到亚尔巴来了，他在那里和元老院取得联络，元老院这样祝贺他，使人现在不知道哪些人是最近曾和安敦尼联合在一起的了，但是元老院对于这些军团不跑到元老院那里去，而跑到他那里去，引为遗憾。但是元老院还是恭维了他们和屋大维，说，等到新行政长官就职的时候，凡是他们所需要的，元老院马上就会替他们通过。很明显，元老院想利用这些军队来反对安敦尼；但是因为它在别处没有自己的军队，没有执政官，它也不能征集新兵，所以它把一切事情都暂时停止，等到新执政官就职时再说。①

① 新执政官是赫喜阿斯和蓬萨。他们是事先由恺撒指定的，根据元老院批准恺撒一切行为的法令，他们继任为执政官。——英译者

48. 屋大维的士兵们给他预备了带着棒束权标的侍从，劝他采用代大法官①的官衔，作为他们的领导者。进行战争，因为他们总是由最高行政长官指挥的。他感谢他们给予他这个光荣，但是把这件事交给元老院去决定。当他们想全体到元老院那里去的时候，他阻止了他们，甚至连使者也不许他们派去，因为他相信元老院会自动地通过把这些东西给他的，他说："如果他们知道你们的热情和我的犹豫的话，他们更加会自动地通过。"

经过困难，士兵们才被说服，采取这个办法了。一些主要的军官们埋怨他，说他藐视了他们；他向他们解释，元老院会这样做，不是因为他们对他有好感，而是因为他们畏惧安敦尼和需要一支军队；他继续说："在我们没有挫败安敦尼的时候，在凶手们（他们是元老们的亲戚朋友）还没有替他们聚集一支军队的时候，还会有这种情况的。我知道这些事实，因此我伪装是替他们服务的。我们不要首先暴露这个伪装。如果我们擅自篡取这个职位的话，他们会责难我们傲慢和暴戾；如果我们谦虚的话，他们可能会自动地把这个职位给我，因为害怕我从你们手中取得这个职位。"他这样说了之后，他亲自检阅从安敦尼那里逃来的两个军团的演习。他们相对列成阵势，完全是战斗的表演，只是没有杀人而已。屋大维看到这个表演，很是喜欢，他很高兴地以此为借口又给了每个士兵500德拉克玛，他又答应他们，在战争中，如果他们胜利的话，他将给每个人5 000德拉克玛。这样，利用慷慨的赐予，屋大维使这些雇佣军和自己紧密地联系起来。

屋大维的军团演习

① 大法官的权力是很高的，执政官不在罗马时，可以代理执政官处理行政事务，卸职后一年，以代大法官的名义为行省总督。——译者

VIII. 安敦尼围攻狄·布鲁图。元老院宣布安敦尼为公敌

安敦尼命令狄·布鲁图退出山南高卢

49. 在意大利事情的发展就是这样的。在山南高卢,安敦尼命令狄西摩斯·布鲁图遵守罗马人民的命令,同时也为了他自己的安全,从山南高卢撤退到马其顿去。在答复的时候,狄西摩斯把元老院给他的信件送给安敦尼,意思就是说,他不理会罗马人民的命令,正如安敦尼不理会元老院的命令一样。于是安敦尼指定一个日期,要求狄西摩斯履行命令;过期,他将把狄西摩斯当作敌人看待。狄西摩斯劝他确定一个迟点的日期,否则他会太快使他自己变为元老院的敌人。虽然安敦尼能够很容易地战败狄西摩斯,因为狄西摩斯还在一个宽敞的地区,但是安敦尼决定首先进攻附近的城市。这些城市开门迎接他。狄西摩斯担心他不能够进入任何城市,因此他伪造元老院的信件,说要他带着军队回到罗马去;他向意大利撤退,所有的城市以为他是离开那里了,所以许他进城。直到最后他来到那个富庶的城市穆提那[①]的时候,他把城门关闭起来,侵占居民的财产,以维持他的军队。他屠杀所有他能够在那里找着的家畜,用盐腌起来,以预防长期的围攻;他在那里等待安敦尼。他的军队是由许多角斗士和三个军团的步兵组织起来的,其中有一个军团是由新兵组成,缺乏经验。其余两个军团以前在他部下服过务,是完全可靠的。安敦尼大怒,向他进攻,设置一条包围线,把穆提那围困

① 现在的摩得那。——英译者

起来。

50. 于是狄西摩斯被围攻了，但是在罗马正当新年开始的时候，两个执政官赫喜阿斯和蓬萨，在举行祭祀之后，就马上在那个神庙里，召开元老院会议，商讨关于安敦尼的问题。西塞罗和他的朋友们极力主张现在宣布安敦尼为公敌，因为他违反了元老院的意旨，带着武装部队夺取了山南高卢，以此为据点攻击共和国；他把给他去进攻色雷斯人的军队带到意大利来。他们也说到，他想作为恺撒的继承人，夺取最高权力，因为他公开地在罗马城内带着这样大的一队武装的百人队长在他的身边，把他的住宅变为一个要塞，有武装，有口令；在其他方面，他的行动举止的傲慢态度已超过了任期一年的行政长官所应有的范围。琉喜阿斯·派索（他是罗马最著名的人物之一，在安敦尼不在罗马时，他是负责保护安敦尼的利益的）以及其他一些因为他本人的关系或者因为安敦尼的关系，或者因为他们自己的意见而和他站在一边的人，争辩着说，安敦尼应当先受到审判；不经审问而判处一个人是不合于他们祖先的习惯的；昨天为执政官的人今天就被宣布为敌人，这是不合理的，特别是对于一个西塞罗自己以及其他的人所常常这样极力称赞的人。① 元老院中双方持不同意见的人数大约相等，所以开会直到夜晚。第二天清早元老院又开会，讨论同一个问题。那时候，西塞罗的党人占大多数；如果不是保民官萨尔维阿斯延会至第二天的话（因为在行政长官中间，那个有否决权的行政长官总是胜利的），安敦尼就会被通过为公敌了。

前43

西塞罗主张宣布安敦尼为公敌

保民官萨尔维阿斯袒护安敦尼，提出异议

① 参阅本卷第4。——译者

51. 因此,西塞罗党人对萨尔维阿斯大加唾骂和侮辱,急忙地跑出去,想煽动人民起来反对他,召他到人民面前来答复。他马上服从号召,毫不恐惧;直到最后元老院阻止了他,因为元老院怕他引起人民对安敦尼的回忆,因而改变了态度;元老们很清楚地知道他们是正在不经过审判而判决一个著名的人物,而且这个高卢行省正是人民给予安敦尼的。但是因为他们替凶手们的安全担心,他们对于安敦尼很为愤怒,因为在颁布特赦令之后,他采取第一个行动来进攻凶手们;因为这个缘故,元老院要求屋大维的帮助来反对安敦尼。虽然屋大维知道这一点,但是他还想带头来挫败安敦尼。这就是元老院为什么对安敦尼愤怒的原因。虽然对安敦尼的表决因保民官的命令而延期了,但是他们通过一个法令,表扬狄西摩斯没有把山南高卢交给安敦尼,命令屋大维带着他现有的军队去支援两个执政官,赫喜阿斯和蓬萨。他们奖给他一个镀金的雕像,允许他就是现在在元老院中有和执政官等级的人同样发表自己意见的权利,允许他在距法定年龄还差 10 年的时候就有为执政官候选人的权利,并且通过表决,从国库中提出款项来,把屋大维所答应的在胜利的时候给予士兵们的款项①发给那些背叛安敦尼而投到屋大维一边来的军团士兵。

元老院中的辩论

通过这些法令之后,他们就散会了,使安敦尼事实上会从这些决议中知道他是被宣布为公敌了,第二天保民官是不会行使他的否决权的。安敦尼的母亲、妻子和儿子(他当时还是一个青年)和他的其他亲戚和朋友们。整夜到处跑,拜访权贵的住宅,恳

① 参阅本卷第 48。——译者

求他们。第二天早晨他们穿着丧服，拦住那些往元老院议事厅去的人，拜倒在他们的脚下，痛哭流涕，沿门叫喊。有些元老们看到这些哭嚎的情景，命运的这样突变，很受感动；西塞罗担心所将产生的后果，对元老院发表演说如下：

52. "关于安敦尼，我们应当做出什么样的决议来，昨天我们已经决定了。当我们把荣誉加在他的敌人身上的时候，我们就因此表决了他是敌人。只有萨尔维阿斯一个人阻止我们的议程，不是因为他比所有的其余的人都聪明些，就是因为他从私人的友谊出发，或者因为他不知道目前的形势。从一方面说来，如果所有的人的知识不如一个人的话，那么，这是我们最大的耻辱；从另一方面说来，如果他宁愿为了私人的友谊而牺牲公众的福利的话，那么，这是萨尔维阿斯的最大的耻辱。如果他对于目前的形势不很清楚的话，他应当信任执政官们，而不要只信任自己，应当信任大法官们，信任他的同僚保民官们和其他元老们；他们在职位上这样显赫，在人数上这样众多，在年龄和经验上都超过他，他们宣布安敦尼为有罪。在我们的选举中，在我们的陪审法庭中，正义总是在大多数人一边的。如果还需要把我们这样做的理由告诉他的话，我愿意简单地陈述主要的理由以提醒他。"

西塞罗的演说

"在恺撒死后，安敦尼占有了我们的金钱。我们任命他为马其顿总督之后，他没有得到我们的允许，夺取山南高卢的政权。他接受了去进攻色雷斯人的一支军队之后，把那支军队带到意大利来进攻我们。这两个权力都是他为了他自己不可告人的动机而向我们请求的；当我们拒绝了他的时候，他就擅自行动了。

他在勃隆度辛组织武装的士兵作为他私人的卫队和守夜的巡逻兵，以口令行事。他领导其余的全部军队从勃隆度辛到罗马来，其目的在于从捷径达到和恺撒所计划的同样的阴谋。因为少恺撒和他的军队占了他的先，他恐慌起来了，改变他的方向到高卢行省去，作为进攻我们的便利据点，因为当恺撒做我们的主宰的时候，他也是利用这个地方作为他的根据地的。”

53. “为了威吓他的士兵去做他所命令的各种非法行为起见，他对他们实行十人杀一的办法，①虽然他们并没有叛变，也没有在战时离开他们的岗位或行列；军法只允许犯了这种罪的人才受到这样残酷的处罚的，而且只有很少数的将军们在极端危急、非这样做不可的时候，才勉强用这种方法来处罚他们的士兵的。因为一句话或者一个笑声，安敦尼就把这些公民们置之于死地；并且这些人之死不是由于正式判决，而是由抽签决定的。因为这个缘故，那些能够做得到的人，就叛离了他；昨天你们通过表决，认为他们做得好，而给予他们一笔赏金。那些不能叛离他的人，在恐惧影响下，和他联合在一起做坏事情，进攻我们的行省，围攻我们的军队和我们的将军，把他们当作敌人；你们写信去命令我们的将军坚守这个行省，而安敦尼现在命令他撤退。究竟是我们在这里通过安敦尼为敌人呢，还是安敦尼在那里向我们作战了呢？这些事情，我们的保民官还不知道，在狄西摩斯被打败，我们边疆上这一个大行省以及狄西摩斯的军队都一起落在安敦尼手中以作为他想进攻我们的资源以前，他还是不会知道的。我认为这位保民官一定要等到安敦尼做了我们

---

① 参阅本卷第43。——译者

的主宰的时候，才会马上表决安敦尼为敌人。”①

54. 当西塞罗还在说话的时候，他的朋友们发出这样杂乱的喝彩声，以致在很长久的时间内，另一边的人说话完全不能听见。直到最后派索走上前来的时候，元老们由于对他的尊重，才静默不言了，就是西塞罗党人也控制了他们自己。于是派索说：“元老们，我们的法律规定，被告应当本人听到控告他的罪状，在他答辩之后，才能被判决的；为了这个真理，我向我们最伟大的雄辩家西塞罗声诉。当安敦尼在此地的时候他迟迟没有控告安敦尼；而在安敦尼不在此地的时候，他提出一些他认为最严重、毫无疑问的罪状来控告安敦尼；因此，我走上前来，用最简单的几句话来说明这些罪状是虚伪的。他说，安敦尼在恺撒死后，把公款变为私用。法律上规定，这样一个人是盗贼，而不是公敌，因此，相应地限制了对他的处罚。当布鲁图杀死了恺撒之后，他在人民面前控告恺撒掠夺公款，使国库空虚。不久之后，安敦尼提出一个法令去调查这些事情，②你们采纳和批准了他的提议，允许以十分之一作为奖金，给予告密者；如果有人能够证明安敦尼有任何舞弊情节，则奖金加倍。”

派索替安敦尼辩护

55. “关于金钱的控诉，我就说到这里。我们没有通过，把山南高卢总督之职授予安敦尼，而是人民根据一个法案给予他的，③西塞罗当时也是在场的；正如其他的行省常常是这样授予

① 西塞罗公元前43年元月1日在元老院中发表他第五次《腓力比克》，元月4日在人民会议中发表他第六次《腓力比克》。两篇演说词只有一点类似这篇演说词（英译注）。《腓力比克》是西塞罗攻击安敦尼的演说词（共14篇）的名称，这个名称是由德谟斯提尼攻击马其顿国王腓力的演说词而来。——译者

② 参阅本卷21以下。——译者

③ 参阅本卷第30。——译者

的，这个山南高卢总督的职位也是这样授予恺撒的。[1] 这个法案还规定，当安敦尼到达所授予他的行省时，如果狄西摩斯不肯移交的话，安敦尼应当宣战，率领军队进入高卢行省以反对他，而不要带着军队去进攻色雷斯人，因为色雷斯人现在还平静无事。但是西塞罗不把违反法律以巩固自己势力的狄西摩斯当作敌人，而把根据法律以作战的安敦尼当作敌人。非难法律本身的人就是非难制定法律的人，他应当以说服的方法使制定法律的人改变法律，而不应当在他自己赞成他们之后，又来侮辱他们。他不应当把这个行省交给狄西摩斯，而拒绝把它交给安敦尼，因为狄西摩斯犯了杀人罪而被人民逐出罗马的，[2]而安敦尼是人民把这省给予他的。[3] 如果跟人民的意见发生冲突，特别是在危急的时候，或者忘记了决定谁是朋友、谁是敌人的这种权利以前是属于人民的，这不是良好的谋士们所应当做的。根据古代的法律，只有人民才可以决定和平与战争的问题。托天之福，希望没有人提醒他们这一点，因此，当他们找着了一个领袖的时候，他们也不会对我们发怒的。”

56. “但是，有人说，安敦尼把一些士兵们处死了。他身为总司令，你们已经授权给他，他可以这样作的。还没有一个司令官因为这样的事情而需要剖白的。如果要求一个将军对于士兵们担负责任，法律认为这是不恰当的。在军队里，没有什么事比不服从还更坏的了，因为这个原因，有些士兵，甚至在胜利之后，

---

① 参阅 XIV. 13。——译者

② 参阅 XIV. 136 以下。——译者

③ 参阅本卷第 30。——译者

被处死刑，也没有人要求那些处死士兵的人来受审判。现在他们的亲属也没有人来控诉的，但是西塞罗控诉，当他控告安敦尼犯杀人罪的时候，他不召安敦尼来受法律上规定的杀人犯所应受的处罚，而污蔑他为公敌。他的两个军团的叛逃，[①]说明安敦尼的军队是多么不服从和傲慢，——这些军团是你们表决应当由安敦尼指挥的，[②]他们破坏法律，逃走了，不逃到你们这里来，而逃到屋大维那里去了。但是西塞罗表扬他们，并且昨天建议，应当由国库给付他们的奖金。神明保祐，希望以后不要再有这样的例子来折磨你们了。仇恨之心使西塞罗不知不觉地自陷于矛盾中，因为他一面控告安敦尼想夺取最高的权力，但同时又控告他处罚他的士兵，而这样的阴谋者对于他们的部下总是温和的而不是严厉的。因为西塞罗毫不迟疑地控告安敦尼，说自从恺撒死后，他的其余一切施政都是暴虐的，那么，让我来把他的行为一一考察一下。”

57. “安敦尼自己现在有不经过审判而被判罪的危险——到底他没有经过审判而残暴地处死了谁呢？他把谁逐出了罗马呢？他在我们面前侮辱了谁呢？如果他对我们个别的人没有罪过的话，那么，他对于我们全体曾经阴谋集体地杀害过吗？什么时候，西塞罗啊？是他使不咎既往的特赦令通过元老院的时候吗？[③] 是他不许控告任何凶手的时候吗？是他动议审查国库账目的时候吗？[④] 是他建议召回你们的庞培的儿子绥克斯都·庞

① 参阅本卷第45。——译者
② 参阅本卷第25。——译者
③ 参阅XIV.133以下。——译者
④ 参阅本卷21以下。——译者

培，并从国库中以公款偿还他父亲被没收的财产的时候吗？① 是他逮捕那个阴谋者——伪马略，——而把他处死的时候吗？② 这件事情都得到你们的称赞，因为你们的称赞，这是安敦尼的惟一的行为没有受到西塞罗的诬告。是他提出那个法案任何人不得建议和投票赞成一个独裁政权，凡违反这个法令的，任何人都可以把他杀死而不受处罚的时候吗？③ 这些就是两个月中安敦尼为我们所做的公共事情，恺撒死后，他只有这两个月是留在罗马城内的，这正是人民追捕凶手们和你们担心将来的时候。如果他是一个恶棍的话，他在哪里还能够找到更好的机会呢？”

“但是，你们会说，事实完全是相反的：他没有当权。这是什么话呢？当多拉培拉往叙利亚去了之后，他不是单独行使职权吗？他在罗马城内不是保持了一支你们很乐意给他的武装部队吗？夜间他没有巡逻罗马城吗？夜间他不是有士兵守卫着以防他的敌人的任何阴谋吗？恺撒是他的朋友和恩人，是普通人民所最爱戴的人；恺撒被杀，不是他就有了这样做的一个理由吗？凶手们也是阴谋杀害他的，在这一个事实上，不是他又有了一个私人性质的理由吗？但是对于这些人，他没有杀害一个，或者放逐一个，而是尽量在适当的范围内宽恕了他们，不惜把总督的职位给予他们。”

“那么，罗马人啊，你们看看西塞罗所控告安敦尼的这些很严重而无可争辩的罪状。”

① 参阅本卷第4。——译者
② 参阅本卷第3。——译者
③ 参阅本卷第25。——译者

58. “但是除这些罪状之外，他又提出了一些猜疑来，说安敦尼将率领一支军队进入罗马城，但是因为屋大维领导另一支军队已在他以前进了城而惊慌了；单单有带兵入城的打算就使一个人变为敌人，而那个没有职权标帜的真正来了、扎营在我们旁边的人，西塞罗反而不把他当作敌人，怎么会产生这样的事情呢？如果安敦尼想要来的话，什么东西可以阻止他，使他不来呢？屋大维的 3 000 人是半武装了的，没有组织的，他们聚集起来的目的只在求得屋大维的友谊，当他们知道屋大维是选择他们来作战的时候，他们马上就离开了他；安敦尼带着 30 000 善战的军队，难道害怕屋大维的乌合之众吗？如果安敦尼带着 30 000 人不敢来，他怎么只带着 1 000 人又敢来呢？因为有了这些军队，我们多么大的一群人跟着他到提布尔去啊！我们多么大的一群人自动地和士兵们一起宣誓，表示对他忠诚！① 西塞罗又怎样地夸赞了他的行为和美德！如果安敦尼本人筹划这种事情（侵略）的话，他为什么还留下他的母亲、他的妻子和他的成年的儿子在我们手中作为保证呢？就是现在，他的母亲、他的妻子和他的成年儿子还在元老院议事厅的门前提心吊胆，痛哭流涕，不是因为安敦尼在政策上有什么错误，而是因为他的敌人有压倒的权势。”

59. “现在我已经把这些事实摆在你们的面前，以证明安敦尼的无辜和西塞罗的反复无常。我一定还要劝告那些心地正直的人，不要作对不起人民或安敦尼的事情，不要在共和国已经疲惫不堪、需要及时的保卫者的时候，使公家的利益受到新的敌视

---

① 参阅本卷第 46。——译者

和危害，而应在引起外部的纠纷之前，首先在罗马城内建立足够的力量，以防备从各方面来的攻击，并且应在你们能够执行的时候采取你们愿意采取的决议。这些目的应当怎样才可以达到呢？作为一种政策，或者为了人民的缘故，只有允许安敦尼保有山南高卢，要把狄西摩斯和他的3个军团召回来；当他到了的时候，派他去马其顿，把他的军团留在这里。如果叛离安敦尼的那两个军团逃到我们这里来，如西塞罗所说的，那么，让我们把他们也从屋大维那里召回罗马。这样，有了5个军团支持我们，我们就有了完全的信心，就可以通过那些我们认为最好的法令，而不必倚赖任何人的恩惠了。”

60. “我对那些听我的话的人说了这些话，不是怀有恶意，或有好辩的精神。对于那些因为私人仇恨和私人竞争而想轻率地煽动你们的人，我劝他们不要太仓促地、太急躁地做出决定来，以反对那些手中有强大军队的最重要的人物，不要逼迫他们违反他们自己的意志而发动战争。不要忘记马喜阿斯·科利俄雷那斯，①回忆一下最近恺撒所做的事②吧；当他正同样地率领一支军队，向我们提出最公平的和议条件的时候，我们轻率地通过他为敌人，因此，我们逼迫他在行动上做了我们的敌人。尊重那些最近曾在追赶杀害恺撒的凶手们的人民③吧，否则，我们任命那些凶手们为行省总督，我们表扬狄西摩斯，因为他取消了人民的决议，通过安敦尼为敌人，因为他从人民手中接受了高卢行

① 参阅II.(II,V)。——译者
② 参阅XIV.32以下。——译者
③ 参阅XIV.146以下。——译者

省——这样恐怕我们似乎是侮辱了他们。因为这些缘故，我国好心肠的人应当想想那些犯错误的人，执政官们和保民官们应当从国家危险方面着想，加倍努力。”①

61. 派索这样为安敦尼辩护，责难他的敌人们，使他们大为吃惊。很明显，他使安敦尼没有被表决为一个敌人。但是他没有成功地替安敦尼取得高卢行省总督的职位。凶手们的朋友们和亲属们阻止以高卢总督的职位给予安敦尼，因为他们担心战争终结的时候，安敦尼和屋大维会联合起来替恺撒复仇，因为这个缘故，他们有意识地想使屋大维和安敦尼永远彼此不和。他们决定，把马其顿给予安敦尼，以代替高卢行省。他们或者由于不小心或者故意地决定把元老院的命令由西塞罗写成文字，交给使者们。西塞罗把命令改了，写的内容如下：“安敦尼应当马上解除对穆提那的围攻，把山南高卢交给狄西摩斯，在指定的日期以前把军队撤到卢比孔河的这边（卢比孔河是意大利和山南高卢行省的界线），把他的一切事情交元老院处理。”西塞罗这样挑拨地、伪造地书写了这些命令，不是因为含有敌意，如表面上看来那样，而是被一些恶魔所唆使，以引起共和国的革命和西塞罗本人的毁灭。② 特累邦尼阿斯的遗体最近运回国，对他所加的侮辱更加仔细地被查问之后，元老院宣布了多拉培拉为公敌，很少有人反对了。

元老院命令安敦尼解除穆提那之围

① 此处原文可能有误。也许可以和法文 se multiplier：（“to be a host in oneself”）做比较。——英译者

② 说西塞罗伪造元老院给安敦尼的信件的说法是不真实的。西塞罗极力反对派遣大使们到安敦尼那里去，主张马上宣战和征集军队，以反对安敦尼。——英译者

62. 被派往安敦尼那里去的大使们深以这些命令的非常性质而惭愧，所以没有说什么话，只把命令交给安敦尼。安敦尼大怒，对元老院和西塞罗任意辱骂。他说，“他很诧异，他们认为恺撒（一个对于扩充罗马势力最有贡献的人）是暴君和国王，而不认为西塞罗是暴君和国王；恺撒在战争中俘虏了他，饶恕了他的生命，而现在西塞罗却恩将仇报，宁愿帮助那些暗杀恺撒的凶手们而不愿帮助他的朋友。当狄西摩斯是恺撒的朋友的时候，他仇恨狄西摩斯；但是因为现在狄西摩斯是杀害恺撒的凶手，他就热爱狄西摩斯了。他袒护一个在恺撒死后，没有得到政府的允许，而夺取高卢行省的人，而对一个从人民手中得到这一省的人作战。那于那些从原来表决给予我的军团中叛逃的士兵，他给以奖赏；[①]对于那些还忠诚的士兵，他反而不给予任何鼓励。这样败坏军纪，于我害少而于国家害多。他对凶手们给以特赦，我之所以同意，是因为两个值得敬佩的人[②]的缘故。他把多拉培拉和我自己当作敌人，因为我们坚持保留所给予我们的。这就是真正的原因。只要我从高卢撤退，我就既不是敌人，也不是暴君了！我宣言，我决心取消那个他们还不满意的特赦令。”

安敦尼的答复

63. 安敦尼说了许多同样意义的话之后，他写信回答元老院的命令，说他在各方面都决定服从元老院，把它当作祖国的声音；但是对于写这些命令的西塞罗，他做了下面的答复：“人民根据法律把高卢行省给我。我将控告狄西摩斯，因为他不服从这个法律，我将只处罚他一个人杀害恺撒之罪，以他作为全体凶手

① 参阅本卷第51。——译者

② 指布鲁图和喀西约。——译者

们的代表，使元老院终于能够洗清这样的污垢，因为元老院由于西塞罗的支持狄西摩斯，也参与了这项邪恶的行为。”安敦尼说了这些话，而且写在回信中。[①] 元老院马上表决他为敌人，他的军队如果不叛离他的话，也是敌人。马其顿和伊利里亚的政权以及现在还在这两省的军队都被指定给予马可·布鲁图，直到共和国恢复时为止。马可·布鲁图已经有了自己的一支军队，又从阿彪利阿手中接收了一些军队。他又有战舰、载重船，约16 000他连特的金钱和大量他在狄密特利阿发现的武器，这些武器是很久以前盖约·恺撒储存在那里的；这一切，现在元老院表决，为了共和国的利益，他都可以利用。他们通过表决，喀西约为叙利亚的总督，他应对多拉培拉宣战，亚得里亚海和东方之间所有的罗马各省总督和士兵在一切事情上都应服从喀西约和布鲁图的命令。

元老院表决他为公敌

表决以马其顿授予布鲁图，以叙利亚授予喀西约

IX. 屋大维及两执政官败安敦尼于穆提那

64. 这样，元老院迅速地趁机把喀西约及其党羽的事情安排在一个有利的形势之下了。当屋大维知道了元老院所做的事的时候，很感到烦恼。过去他认为特赦令只是对于这些人的亲属和同党的人一种人道和怜悯的举动，认为略给他们一些权力，只是为了保证他们的安全的；最后，元老院批准把高卢行省给予狄西摩斯，在他看来，似乎是因为元老院和安敦尼关于最高权力

屋大维对元老院的行动大为吃惊

① 安敦尼这个回信，西塞罗在第八次《腓力比克》(8－9)中引用了，并有一些简短的评论。——英译者

发生意见的缘故；也正因为这个缘故，元老院鼓动他反对安敦尼。但是元老院通过多拉培拉为敌人，因为他把凶手之一处死了；改变布鲁图和喀西约的任命，以他们两人为两个最大的行省的总督，给予他们以巨大的军队和大量的金钱，并且授权他们可以指挥亚得里亚海以东所有的总督——这一切都很明白地表示，这是扶植庞培的党人而推翻恺撒的党人。他想起他们对他的手段，把他当作一个青年人看待，给他准备一个肖像和前面的席位，给他一个代大法官的职位，而事实上他们夺去了他已有的军队，因为当执政官们和代大法官一起在军队里的时候，那个代大法官就没有权力指挥军队了。那么，他们通过只给予那些从安敦尼那边叛降到他这边来的士兵以奖赏，这是对他自己招募的士兵的一个侮辱。最后，这个战争对他只是一种羞辱而已，因为元老院只是利用他来反对安敦尼，直到安敦尼被打垮了的时候为止。

65. 当他自己这样考虑的时候，他举行了他受命的军职所应有的祭祀，他对他的军队说："同伴士兵们，我享有这些荣誉，都是由于你们的功绩，不仅是现在，而且自从你们给我以指挥权以来，都是如此；因为是由于你们的缘故，元老院才把这些荣誉加在我身上的。你们要知道，因为这些事情，我是感激你们的；如果托神明的保祐，我们的事业得到成功的话，我对于你们更加要大大地感激。"

他用这种方法对士兵们表示好感，使他们拥戴他。同时，执政官之一蓬萨在全意大利招募军队，另一个执政官赫喜阿斯则和屋大维共同指挥军队；因为他是元老院秘密地派来的，所以他要求把从安敦尼那里叛降过来的那两个军团归他指挥，因为他知道这两个军团是军队里最可靠的。屋大维在一切事情上都对他让步，他们把军队彼此分配了，于是同往各营去了。入冬以后，狄西摩斯开始感到饥饿的痛苦了，赫喜阿斯和屋大维向穆提那进军，恐怕狄西摩斯的军队会投降安敦尼，因为狄西摩斯的军队现在因饥饿而衰弱了；但是穆提那被安敦尼紧密地包围着，他们不敢冒失地马上就和安敦尼进行肉搏战，而在那里等待蓬萨。常有骑兵战斗，因为安敦尼有一支大得多的骑兵队，但是因为地势的困难（那个地方为许多急流所截断），他不能利用他的人数众多的优势。

屋大维，赫喜阿斯，和蓬萨进军，营救狄西摩斯

66. 在穆提那附近的情况就是这样的。在罗马，因为执政官们不在那里，西塞罗利用公众演说，处于领导地位。他常常举行人民会议，劝诱制造武器者无偿地工作，以取得武器，聚集金钱，对安敦尼的党人勒索苛重的捐税。安敦尼的党人毫无怨言地付给捐税，以避免对他们的诬告。直到最后巴布利阿斯·文提狄阿斯（他曾经在恺撒部下服过务，是安敦尼的一个朋友）不能忍受西塞罗的勒索了，他跑到恺撒所建立的殖民地去（他在那里是有名的），给安敦尼带来两个军团，匆忙地开往罗马去捉拿西塞罗。罗马大为惊慌。他们在惊慌中把大多数妇女和儿童都迁徙了，西塞罗本人也逃出罗马。当文提狄阿斯知道这个情况时，他改变方向往安敦尼那里去；但是因为被屋大维和赫喜阿斯所阻止，他又向匹塞浓前进，他在那里又招募了一个军团，等待着事情的演变。①

西塞罗在罗马的活动

① 这个故事，就其和西塞罗有关系的一部分而言，一定完全是假的，因为在西塞罗的《腓力比克》中，完全没有提到这类的事情，虽然文提狄阿斯，在他想象进兵罗马去捉拿西塞罗之后，两次被提到。——英译者

当蓬萨带着他的军队快到了的时候，屋大维和赫喜阿斯派遣卡苏略斯①带着屋大维的卫兵大队和马斯军团②到他那里去，帮助他走过那条险隘的道路。安敦尼不屑于占领这条险隘，因为它只能用以阻止敌人的前进，此外并不能达到别的目的；但是，他急于作战，又没有利用他的骑兵以取得战功的机会，因为那个地方是一个沼泽地区，有许多沟渠把地面割裂了，所以他埋伏他两个最好的军团在这沼泽地带，在那里为芦苇里隐蔽起来，那里的道路是人工堆积起来的，所以很狭窄。

安敦尼和执政官蓬萨的战争

67. 卡苏略斯和蓬萨在夜间匆忙地走过了那个险隘的道路。在黎明的时候，他们只带着马斯军团和其他5个大队，走到了上面所说的那条高的路上，路上还没有敌人，从路的两边都可以看见那些沼泽。起初产生一种有人冲锋的可疑的感觉，然后到处出现盾牌和头盔的闪光，安敦尼的卫兵大队突然在他们的面前出现了。马斯军团四面都被包围，无路可逃了，因此，他们命令新兵，如果他们跑上来的话，不要参加战斗，恐怕他们没有经验，会引起混乱。屋大维的卫兵大队对抗安敦尼的卫兵大队。其余的军队分为两部分，进入两边的沼泽地带，一部分军队由蓬萨指挥，另一部分军队由卡苏略斯指挥。这样，在两个沼泽地带有两个战役，因为堆积得很高的道路拦住了，两部分的军队彼此不能看见，而沿着那条道路上两个卫兵大队又在进行他们自己的另一个战役。安敦尼一边的人决心惩罚马斯军团的士兵们，因为他们是逃跑的叛徒。马斯军团的人也同样地决心惩罚安敦

① 可能是卡普列那斯之误。——译者

② 马斯是战神，该团以善战著名，故称马斯军团(XVI.115)。——译者

尼一边的人，因为这些人在勃隆度辛坐视他们的同伴被屠杀而不救。彼此都知道，这是两方面军队的精华，他们希望以这次单独的战役决定整个战争的胜负。一方面，深怕受到以两个军团的兵力而战败于一个军团的耻辱；另一方面则有以单独一个军团的兵力战胜两个军团的野心。

68. 这样，为仇恨和野心所驱使，他们彼此进攻，认为这是他们自己的事而不是他们将军们的事。由于他们都是有经验的老兵，所以他们没有发出战斗的呼声，因为他们都能料到彼此都吓不倒对方；他们在战斗中，无论战胜或战败，也都没有发出一点声音来。因为在沼泽地带和沟渠之间，既不能侧击，也不能冲锋，他们是以紧密的队形迎战，因为彼此都不能把对方击退，他们用他们的刀剑紧紧地扭在一起，好像在摔跤比赛一样。每一个打击都落在对方的身上，有伤害和屠杀而没有哭喊的声音，只有呻吟的声音；一个人倒下去的时候，马上就被抬走了，另一个人代替了他的位置。他们不需要谴责，也不需要鼓励，因为经验使每一个人都是自己的将军。当他们疲惫不堪的时候，他们彼此退却片刻，以便歇息一下，好像在运动会中比赛一样，于是又冲上前去战斗。跑上来的新兵看见这样的战斗，做得这样准确，这样寂静，大为惊异

69. 所有的人都使用了超人的力量，屋大维的卫队死得一个也没有留下。卡苏略斯所指挥的那部分马斯军团的士兵战胜了对方的敌人，对方敌人的退却，不是可耻的溃败，而是慢慢地退却的。蓬萨所指挥的那部分军队也同样地遇着困难，但是他们也同样勇敢地坚持两方面的阵地，直到最后蓬萨被一支标枪

蓬萨受伤，他的军队退回军营

射中了腰部，被运出战场，送往菩诺尼亚去了。那时，他的军队向后退却，起初是一步一步的退却，但是后来转过身去，匆忙地退却，好像逃跑一样了。当新兵看见这个情况的时候，他们毫无秩序地大声叫喊，向军营逃跑了。这个军营是财政官托夸都在战斗正在进行的时候替他们准备好的，因为他担心这个军营是需要的。新兵毫无秩序地挤入军营里去，虽然他们和马斯军团的士兵一样是意大利人，所以勇敢多半是由于训练的关系，而不是由于种族的关系。马斯军团的士兵怕受到耻辱，没有进入军营，而只在军营附近列阵以待。他们虽然疲倦了，但还是很愤怒的，如果有人向他们进攻的话，他们准备战斗到死。安敦尼不进攻马斯军团的士兵了，认为这是一项麻烦事情；但是他进攻新兵，大肆屠杀。

赫喜阿斯赶来救援并战败安敦尼

70. 当赫喜阿斯在穆提那附近，离开那里60斯塔狄亚听到这个战斗的时候，他急忙带着过去叛离安敦尼的另一个军团赶来。当时已是黄昏的时候，胜利的安敦尼军队正在唱着凯歌回来了。当他们的秩序很不严整的时候，赫喜阿斯带着他的整个军团的生力军出现了。安敦尼的军队不得不列成阵形，也做了许多光辉勇敢的事迹以抵抗这个敌人，但是因为刚才的战斗而疲乏了，所以被对抗他们的生力军打败了，在战斗中他们大部分人为赫喜阿斯所杀，但是赫喜阿斯因为害怕沼泽地带，没有追赶。天已将黑，他就让他们逃跑了。一片广阔的沼泽地带，填满了武器、尸体、伤兵和半死的士兵，甚至有些没有受伤的人，因为过于疲劳，也不相信他们自己有逃走力量了。安敦尼所带来的骑兵全部跑来，整夜帮助他们把那些没有战死的人集合起来。

他们把一些人放在马背的自己的位置上；把另一些人带着一同坐在马上；他们还劝告另一些人抓着马尾，被马拖着跑，这样获得了他们的安全。这样，安敦尼的军队在光辉地战斗之后，因赫喜阿斯的赶来而被消灭了。他在福卢姆—加罗卢姆平原附近的一个村庄中扎营，没有挖掘壕沟防御。安敦尼和蓬萨各丧失了他们的一半军队。屋大维的卫兵大队全部阵亡了。赫喜阿斯的损失很少。

X. 安敦尼的败退与屋大维受到元老院的漠视

71. 第二天他们都撤退到穆提那的军营里。安敦尼遭到了这样严重的惨败之后，决定目前不和他的敌人发生总会战，纵或敌人进攻他，他也只每天用他的骑兵扰乱敌人，直到极端受到饥饿之苦的狄西摩斯投降时为止。正因为这个缘故，赫喜阿斯和屋大维决定速战。当他们挑战的时候，安敦尼不肯出战，因此，他们移向穆提那的另一边，好像他们要带着大军冲进城内去的样子，那一边因为地势不好的关系，包围没有那么严紧。安敦尼带着他的骑兵追随着他们的移动，这次他也只带着他的这些骑兵。但是因为敌人也只用骑兵来和他作战，他们其余的军队去执行他们原来的计划，安敦尼担心他会失掉了穆提那，因此他从军营里调出两个军团来。于是他的敌人大为高兴，回转来，和他们交战。安敦尼从其他军营里调来其他军团，但是因为这个征调突如其来，或者因为距离很远，屋大维的军队胜利了。赫喜阿斯甚至冲进了安敦尼的军营，他在敌军将军的营幕旁作战，而被杀

屋大维和赫喜阿斯败安敦尼于穆提那

赫喜阿斯阵亡

了。屋大维冲进去，把他的尸体抢出来，占领了那个军营。不久之后，他被安敦尼赶出军营。双方都是带着武器度过了那一夜。

72. 安敦尼吃了第二次败仗之后，马上和他的朋友们商量。他们劝他坚持他最初的决策，继续围攻穆提那，不要出来作战；他们说，双方已有的损失大约是相等的，赫喜阿斯已被杀，蓬萨也受伤；他们说，他的骑兵处于优势，穆提那已因饥荒处于绝境，一定会屈服。他的朋友们的献策就是这样的，真的，这是上策。但是安敦尼已受了一些神明的迷惑，害怕屋大维又会像昨天一样，企图冲进穆提那去，或者甚至于设法包围他，因为屋大维可用以作战的军队比较多些，他说，"如果是在这个情况下，我们的骑兵会毫无用处，雷必达和普隆卡会鄙视我为一个败将。如果我们从穆提那撤退，文提狄阿斯马上就会带着三个军团从匹塞浓来和我们联合在一起，雷必达和普隆卡也会有胆量来和他建立联盟"。他虽然在危险面前不是一个胆怯的人，但是他这样说了；他马上拆掉营帐，向阿尔卑斯山出发了。

安敦尼逃往阿尔卑斯山

73. 当狄西摩斯从包围中被解救出来了的时候，他开始害怕屋大维了；自从两执政官被去掉了之后，他把屋大维当作一个敌人一样害怕。所以在黎明之前，他拆毁了河上的桥梁，派遣一些人，坐着一条小船到屋大维那里去，好像对屋大维的营救他表示谢意的样子，并且请求屋大维到河的对岸来，当着作为见证的公民面前，和他举行会谈；因为他说，他能够使屋大维相信他是受恶魔的欺骗，并受别人的诱惑，参加了暗杀恺撒的阴谋。屋大维以愤怒的口吻回答使者们，拒绝狄西摩斯对他表示的谢意，他说："我到这里来，不是来营救狄西摩斯的，而是来和安敦尼作战

狄西摩斯要求和屋大维会见

的；我和安敦尼总会有一天言归于好；但是神明禁止我甚至对狄西摩斯看一眼，或者和他交谈。但是只要罗马当局高兴一天，就让他获得安全一天。”当狄西摩斯听到了这个答复的时候，他站在河岸上，直呼屋大维的名字，大声朗读元老院任命他为高卢行省总督的信件，屋大维没有取得执政官的同意，不能渡河侵入别人的管辖区域，也不要屋大维再追赶安敦尼，因为他自己很能够追赶安敦尼了。屋大维知道狄西摩斯之敢于这样做，是元老院唆使的，虽然他只要下一个命令就可以捉着狄西摩斯，但是他暂时饶恕了狄西摩斯，把军队撤退到菩诺尼亚地方蓬萨那里去了，他在那里写了一个详细的报告给元老院，蓬萨也同样地写了一个报告。

为了战胜安敦尼，罗马举行感恩节

74. 在罗马，西塞罗向人民宣读了执政官的报告；在元老院则只宣读了屋大维的报告。为了庆祝对安敦尼的胜利，他使元老院通过了一个50天的感恩节——这个节，甚至比高卢战争或任何其他战争以后，罗马人所从来通过的节日都长些。他劝他们把执政官们的军队给予狄西摩斯，虽然蓬萨还活着（因为他现在已经没有活下去的希望了），任命狄西摩斯为反抗安敦尼的独一司令官。举行公众祈祷，盼望狄西摩斯能够战胜安敦尼。这就是西塞罗对安敦尼的愤恨和无礼貌。他又批准以前允许给予叛离安敦尼的那两个军团的士兵每人5 000德拉克玛以作为胜利的奖赏，[①]好像他们已经胜利了，允许他们在公众节日有永久戴着橄榄冠的权利。命令中没有提到一点关于屋大维的事，甚至连屋大维的名字也没有提到。屋大维马上就受到漠视，好像

① 参阅本卷48、51。——译者

安敦尼已经被毁灭了的样子。他们写信给雷必达、普隆卡、阿西尼阿斯·波利俄,要他们继续进行战争,以便逼近安敦尼。

蓬萨之死

75. 这些是在罗马所发生的事情。同时蓬萨因受伤过重,快要死了,他招请屋大维到他身边来,对他说[①]:"我爱你的父亲如爱我自己一样,但是我不能替他的死亡复仇,我也不能不和大多数的人一致行动;你也做得很好,服从大多数,虽然你有一支军队。起初,他们害怕你和安敦尼,特别是安敦尼,因为他也似乎最有野心想继续执行恺撒的政策,他们看到你们两人不和,他们很欢喜,认为你们两人会彼此互相摧残的。当他们看见你有了一支军队的时候,他们把一些外表美观而廉价的荣誉来把你当作一个青年人表扬。当他们看见你对于荣誉比他们所想象的更加骄傲和更能自制,特别是当你拒绝了你的军队对你提出来的行政长官职位[②]的时候,他们惊慌了,他们任命你来和我们共同指挥军队,以便我们可以把你的两个最有作战经验的军团从你的手中夺过来,希望你们两人中的一个被消灭了的时候,另一个就会被削弱和孤立了,这样,整个恺撒的党派就会被消灭,庞培的党派就会恢复势力。这是他们的主要目的。"

76. "赫喜阿斯和我是按照我们所受的命令去做的,直到我们能够挫败安敦尼的时候为止,因为他太骄傲了;但是我们想在他被打败之后,使他和你建立同盟,以报答恺撒的友谊所给予我们的恩惠,只有这个报答的方法才是以后对于恺撒党人有益的。在以前,我们不可能把这个意思告诉你;但是现在安敦尼已经被

① 这次晤谈可能是奥古斯都时代的人捏造的。——英译者

② 参阅本卷第48。——译者

打败了，赫喜阿斯死了，我也快要死了，说出这些话来的时候已经到了，不要因为想使你在我死后对我表示感激，而是因为你生而有幸福的命运，如你的功绩所已经表现出来的，你会知道，什么是为了你自己的利益，也会知道赫喜阿斯和我自己所做的事情是迫不得已而这样做的。你自己所给予我们的那些军队最好是退还给你，事实上我退还给你了。如果你能够带着和保持着那些新兵的话，我也愿意把那些新兵交给你。如果他们太害怕元老院了的话（因为他们的军官们都是派来监视我们的暗探），如果这个事情会招人嫉妒，因而过早地引起你的麻烦的话，那么，财政官托夸都可以指挥他们”。他这样说完之后，他正式把新兵移交给财政官，于是他就死了。财政官依照元老院的命令，把新兵交给狄西摩斯了。屋大维把赫喜阿斯和蓬萨的尸体以礼运回罗马，他们在罗马受到公葬。

XI. 喀西约和布鲁图在叙利亚和马其顿扩充军队。屋大维企图与安敦尼和解

77. 下面的事情是同时在叙利亚和马其顿发生的。当盖约·恺撒从叙利亚经过的时候，他留下一个军团在那里，因为当时他已经筹划远征帕提亚人了。[①]这个军团由西西利阿斯·巴苏斯指挥，但是司令官的名义归绥克斯都·朱理亚，他是一个青年人，是恺撒自己的亲属。他性好游荡，常常不适当地带着这个军团到各处去。有一次当巴苏斯训诫他的时候，他回答得很无 叙利亚的情况

① 中国古书上称为安息人。——译者

礼貌；不久之后，他叫巴苏斯到他那里去，巴苏斯去迟了一点，他就派人把巴苏斯拖到他面前来。于是发生骚动和殴打。士兵们不能忍受这种侮辱，于是把朱里亚杀死了。[①] 此事发生之后，士兵们后悔，又害怕恺撒。因此，他们联合起来宣誓，如果他们得不到饶恕和恢复对他们的信任的话，他们一定要自卫至死；他们强迫巴苏斯也同样地宣誓。他们又招募和训练了另一个军团作为同伙者。这是关于巴苏斯的一个记载；但是利波[②] 说，巴苏斯是属于庞培的军队，庞培战败之后，他在泰尔成为一个普通公民，他在那里收买了军团中一些人员，他们杀了绥克斯都，推举巴苏斯做他们的领袖。不管是怎样的，恺撒派遣斯泰阿斯·麦可率领 3 个军团来攻打巴苏斯，巴苏斯把他打得惨败。最后麦可求援于俾泰尼亚总督马喜阿斯·克利斯巴斯，马喜阿斯·克利斯巴斯带着 3 个军团来支援他。

喀西约建立一支军队

78. 当巴苏斯被马喜阿斯·克利斯巴斯围攻的时候，喀西约突然跑到他们那里来了，他不但取得巴苏斯的两个军团，并且取得围攻他的那 6 个军团，这 6 个军团的领导者以友好的态度投降，把他当作代执政官而服从他，因为元老院已经下令，如我在前边已经说过的，[③] 所有〔亚得里亚海以东〕的总督们都要服从喀西约和布鲁图。正在这个时候，多拉培拉派往埃及去的阿利那斯从那里带来了 4 个军团的士兵，[④] 这些士兵是在庞培和

① 参阅 XVI. 48。——译者

② Λίβωνίι 不是斯克利波尼阿斯·利波，就是原文 λίβιω（李维）之误。——英译者

③ 参阅本卷第 63。——译者

④ 参阅 XVII. 8。——译者

克拉苏惨败之后溃散在那里的，或者是恺撒留在克娄巴特拉那里的。喀西约出其不意地把他包围在巴勒斯坦，强迫他投降，因为他不敢以 4 个军团的兵力对抗 8 个军团。这样喀西约突然成为 12 个军团的主人，他围攻多拉培拉；他正带着两个军团从亚细亚来，雷俄狄西亚城镇以友好的态度欢迎他入城。元老院听到了这个消息的时候，很为高兴。

布鲁图在马其顿俘虏盖约·安敦尼

79. 在马其顿，马可·安敦尼的兄弟盖约·安敦尼带着一个军团的步兵和布鲁图作战；他的兵力比布鲁图的兵力稍弱些，所以他布置一个埋伏，等待布鲁图来。布鲁图避开了那个伏击圈，自己布置一个埋伏，但是他没有伤害那些陷入他的埋伏中的人，而命令他自己的士兵向敌人敬礼。敌人虽然没有回礼，或者没有接受他们的敬礼，他让他们逃出包围圈，不加伤害。于是他从另一条道路绕过去，在一个悬崖上又遇着他们了；他又没有伤害他们，只对他们敬礼。于是他们认为他是他的同胞的救星，认为他过去所得到的关于他的智慧和温和的声誉是名副其实的，因此，他们对他深怀敬意，向他敬礼，投到他那边去了。盖约自己也投降了，布鲁图很客气地对待他。直到最后证实他几次企图收买军队，那时他才被处死刑。这样，包括从前的军队在内，布鲁图有了 6 个军团；因为他称赞马其顿人的勇敢，他从马其顿人中间征募了两个军团，他按照意大利军队的纪律训练他们。

屋大维设法与安敦尼和解

80. 这就是叙利亚和马其顿的情况。在意大利，虽然屋大维认为元老院任命狄西摩斯，而不任命他为对抗安敦尼的将军是对他的一个侮辱，但是隐藏了他的愤怒，请求为他的功绩举行凯旋的荣誉。但是他被元老院所藐视，好像他是要求超过他的年龄的荣誉一样，他于是开始担心，如果安敦尼被消灭了，他会更加受到藐视，所以他想跟安敦尼和解，这件事蓬萨在临危的时候已经向他提及过的。[①] 因此，他开始和安敦尼军队中的散兵游勇交朋友，不论是军官也好，士兵也好，把他们编入自己的军队里；如果他们愿意回到安敦尼那里去的话，他就让他们回去，以使安敦尼不会对他感到有不可和解的仇恨。他驻扎在安敦尼的朋友文提狄阿斯(他指挥3个军团)的附近之后，他使文提狄阿斯很为焦急，但是他对文提狄阿斯没有采取敌对的行动，也同样地使文提狄阿斯有机会和他自己联合在一起，或者带着他的军队毫无阻碍地到安敦尼那里，去责难他不注意他们的共同利益。文提狄阿斯得到这个暗示，跑去和安敦尼联合在一起了。安敦尼的一个军官狄西阿是在穆提那被俘虏的，屋大维也对他很好，允许他回到安敦尼那里去，如果他想去的话；当狄西阿问他对于安敦尼的感情如何的时候，他说，对于那些有见识的人，他已经给了充足的暗示；对于傻瓜们，就是再多些也是不够的。

他写信给雷必达和阿西尼阿斯·波利俄

81. 他把这些暗示传达给安敦尼之后，屋大维更明显地写信给雷必达和阿西尼阿斯，说到他所受的侮辱和凶手们的迅速升迁，这样引起了他们的恐惧，恐怕为了得到庞培党人的欢心，每个恺撒党人都将会一个一个地受到象安敦尼那样的待遇，因为他也是吃了他自己愚笨的后果和藐视这种恐惧的亏。他主张，为了敷衍面子关系，他们应当服从元老院；但是为了他们自己的安全计，他们应当一块商量，当他们还可以商量的时候；他们应当谴责安敦尼的行为，他们应当学他们自己的士兵们的榜

① 参阅本卷第75。——译者

样，这些士兵们就是退了伍的时候，他们也不分散，而愿意集体地住在被征服的领土上，不各自回家去享受他们自己的家庭生活，以保全实力，而免受敌人的袭击。这是屋大维所写给雷必达和阿西尼阿斯的信上所说的。但是狄西摩斯原有的士兵们生病了，因为他们在饥荒之后吃得过多，患痢疾；而新兵还没有受训练。普隆卡带着他自己的军队和他联合在一起，于是狄西摩斯写信给元老院，说他将追捕安敦尼，因为现在安敦尼是一个流浪者了；某些小的海战已经发生了。[①]

82. 当庞培党人知道所发生的事情的时候，一个惊人数目的人表示他们自己是属于那一党派的；他们大声叫喊，他们祖先的自由终于恢复了：他们每一个人都举行祭祀，十人委员团也被推选出来，以审查安敦尼在执政官任期内的行政措施。这是取消恺撒的行政措施的准备步骤，因为安敦尼自己所做的事很少，或者没有做，他只是根据恺撒的备忘录进行一切工作的。这点，元老院知道得很清楚，但是它希望如果能够找着一个借口以取消这些措施的一部分，那么，它就可以同样地取消这些措施的全部。十人委员团发出公告说，凡是在安敦尼的执政官任期内，接受过什么东西的，都应当马上写出来，让人们知道；威胁那些不服从这个命令的人。庞培党人也想取得那一年剩余的时间内的执政官职位，以代替赫喜阿斯和蓬萨；但是屋大维也想得到这个职位，他不向元老院申请，而私自向西塞罗申请。他劝西塞罗做他的同僚，他说，西塞罗可以掌握政府实权，因为西塞罗年龄大些，经验足些，他自己只要享受这个官衔，以作为他遣散他的军

屋大维请求执政官职位，请西塞罗做他的同僚

① 原文可能有讹误。此处提到海战是不适当的。——英译者

队的一个合式手段；这也就是他以前请求一个凯旋的荣誉的原因。西塞罗想取得这个职位的欲望被这个建议所鼓舞了，因此他对元老院说，他知道统治各省的将军们正在开始进行协商，他建议他们应该和这个他们所藐视的，同时手中还有一支大军的人和解，让他在罗马城内担任职务，虽然他的年纪还轻，而不要让他身带重兵，心怀怨恨。但是为了防止他做出什么违反元老院的利益的事情起见，他建议从年老的人中间选择一个谨慎的人作为他的同僚，以便监视屋大维的尚未成熟的性格。

XII. 屋大维要求执政官职位，元老院拒绝，屋大维进军罗马

元老院嘲笑西塞罗的野心，特别是凶手们的亲属们反对他，因为害怕屋大维会以执政官的资格使凶手们受到惩罚。

83. 但是因为种种原因，由于某种法律上的阻碍，执政官的选举延期了。同时安敦尼得到卡利奥（卡利奥是雷必达派到那里驻防阿尔卑斯山的）的允许，通过阿尔卑斯山，进到雷必达扎营的一条河边；但是他没有用栅栏和壕沟环绕自己，好像他是沿着一个朋友的旁边扎营一样。他们两人之间经常有使节往来。安敦尼提醒雷必达不要忘记他们过去的友谊，不要忘记他过去对他的各种帮助，并且指出，他自己被消灭之后，所有过去享受过恺撒的友谊的人都会一个一个地遭着同样的命运。雷必达害怕元老院，因为元老院命令他对安敦尼作战，但是他答应他是不愿意这样做的。雷必达的军队因为尊重安敦尼的职位，又看见

安敦尼驻扎在雷必达的军营附近

常有使节们往来，又因为安敦尼军营的简单防备而喜欢，所以常常和安敦尼的部下如同胞们和同伴士兵们一样，混杂在一起，起初是秘密地，后来是公开地；军团将校不许他们这样做，他们不顾这些军团将校的命令；为了便于彼此往来，他们用船只在河上搭起一条浮桥。第10军团原是安敦尼招募的，它在雷必达的军营里替安敦尼安排了一切。

84. 当一个著名的元老雷特林西斯看见这种情况的时候，他警告雷必达。因为雷必达犹疑不决，所以雷特林西斯劝他把军队分为几个部分，派遣他们去执行一些表面上的任务，以考验他们是否忠诚。因此，雷必达把他们分为三部分，命令他们夜间出去，以便保护一些快要到了的使者。大约在最后一更①的时候，士兵们武装起来，好像准备行军的样子，他们夺取军营中设防的部分，开门迎接安敦尼进来。安敦尼跑到雷必达的营帐里，现在雷必达的全部军队都护卫着安敦尼，要求雷必达不要抵抗和怜惜他们不幸的同胞们。雷必达从床上跳出来，没有穿戴，照他原来的样子，跑到他们中间，答应依照他们的请求去做，拥抱着安敦尼，以他是迫不得已作为理由来解释。有些人说，他实际上是跪在安敦尼的面前，因为他是一个犹疑不决、胆子懦弱的人。所有的作家们都不相信这个报道，我也不信，因为他还没有做出任何有害于安敦尼的事而引起他的恐惧。这样，安敦尼又变为一个很有势力的人，使他的敌人对他最害怕了；因为他有从穆提那撤围后带来的军队，包括一个强大的骑兵队在内；文提狄

① 罗马人分一夜为四更，第四更为黎明的时候（约上午3时至6时）。——译者

他们的军队联合起来,文提狄阿斯和安敦尼联合起来了

阿斯带着3个军团在途中和他联合在一起了;雷必达带着7个军团的步兵,许多辅助军和与之成比例的军事器械,成为他的同盟者了。雷必达还保留了这些军队的司令官的名义,但是一切都由安敦尼指挥。

罗马的恐慌

85. 当罗马知道这些事情的时候,又发生了一个惊人的突变。那些刚才藐视安敦尼的人[①]大为惊慌,而另一些人则由恐惧变为勇敢了。十人委员团的命令被嘲笑地撕下来了,执政官的选举更往后延期了。元老院完全不知所措,害怕屋大维和安敦尼建立同盟,秘密地派遣两个元老,琉喜阿斯和蓬萨,[②]以参加希腊赛会为名,到布鲁图和喀西约那里去,要他们尽一切可能支援元老院。它又从阿非利加召回在绥克斯提阿[③]指挥下的3个军团中的两个军团,命令把第3个军团交给科尼非喜阿斯,他是阿非利加另一部分土地[④]的总督,是站在元老院一边的,虽然他们知道这些军团都在盖约·恺撒部下服过务,虽然他们对于恺撒的一切都是怀疑的,但是他们的窘困迫使他们不得不这样做,他们甚至这样笨拙,任命屋大维为将军,要他和狄西摩斯去攻击安敦尼,因为他们害怕屋大维会和安敦尼联合起来。

屋大维与元老院的隔阂增加

86. 但是屋大维煽动他的军队愤恨元老院,一则因为它再三地侮辱了他自己,一则因为它答应在第一次胜利的时候付给每个士兵5 000德拉克玛[⑤]的款项,现在还没有付给,又要这些

① 参阅本卷第82。——译者

② 执政官蓬萨的儿子。——译者

③ 恺撒的部将。——译者

④ 旧阿非利加,即过去的迦太基。——译者

⑤ 参阅本卷第51、74。——译者

士兵进行第二次战争。他劝他的军队派人去要求这笔钱。他们派遣他们的百人队长去了。元老院知道这是屋大维唆使他们去的，所以说，他们也将派遣代表们来答复。他们派遣了代表，并命令这些代表，当屋大维不在那里的时候，向那叛离安敦尼的两个军团训话，劝他们不要把希望寄托在一个人的身上，而要寄托在元老院身上，因为只有元老院是有永久权力的；劝他们到狄西摩斯的军营里去，他们在那里可以得到所答应的金钱。元老院把这项任务交给代表们之后，拿出一半款项来并任命十个人去分配这笔款项，它甚至没有把屋大维加进去作第十一个分配人。这两个军团因为没有屋大维在场拒绝会见他们，代表们一事无成地回来了。屋大维不再通过别人的传达和军队往来，也不再要求他们等待了，而把军队集合起来，跑到他们的面前，告诉他们他所受到元老院的侮辱，元老院的目的是要把盖约·恺撒所有的朋友一个一个地都消灭掉；他同时也训诫他们，要谨防被转移到一个反对他们的党的将军那里去，被派去参加一个战争又一个战争，使他们被杀死，或彼此互相反对。他说，这就是为什么他们在穆提那共同作战之后，而奖赏只给予两个军团的原因，其目的在于引起他们内部的斗争和变乱。

87. 他说："你们也知道为什么最近安敦尼被打败了的原因。你们也听到了庞培党人在罗马对那些过去曾接受恺撒的一些礼物的人所做的事了。当凶手们的亲属这样控制元老院的时候，你们还能相信你们能够保留你们从恺撒手中所得到的土地和金钱吗？我还能相信我自己的生命会安全吗？在我这方面，无论如何，我会接受我的命运，为了父亲的缘故而忍受任何痛苦都是光荣的；但是我替你们这样一队勇敢的人担心，因为你们是为了我和我的父亲而遭遇危险的。你们知道，自从你们拿着大法官的职位标帜来请我做大法官而我拒绝这个请求[①]以来，我是没有野心的。现在我看到，我和你们只有一条平安道路可走，假如你们帮助我得到执政官的职位的话。如果这样，我父亲给予你们的礼物可以保证，你们还应得到的殖民地马上可以实现，你们所有的奖金会全部给付，我将使凶手们受到惩罚，使你们不再有战争之苦。”

屋大维派遣士兵向元老院要求执政官的职位

88. 军队听到了这些话之后，热情地欢呼，马上派遣他们的百人队长去替屋大维要求执政官的职位。当元老院开始谈到屋大维年纪太轻的时候，[②]百人队长们按照他们所受的训令回答说，古时的科维那斯，后来的老西庇阿[③]和少西庇阿[④]都是未到法定年龄而做执政官的；每个人都年轻，国家因此受到很大的益处。他们举伟大的庞培[⑤]和多拉培拉[⑥]作为最近的例子，又说，元老院曾允许恺撒本人在达到法定年龄还差十年[⑦]的时候为执政官候选人。当百人队长们正在很大胆地争论的时候，有些元

① 参阅本卷第48。——译者

② 做执政官的法定年龄是满42岁，做大法官的年龄是39岁，但屋大维当时仅19岁。——译者

③ 为执政官时年31。——译者

④ 为执政官时年38。——译者

⑤ 为执政官时年36。——译者

⑥ 为执政官时年25。(XIV. 129)。——译者

⑦ 这是错误的。恺撒于〔罗马建国纪年〕694年(公元前60年)第一次当选为执政官，于695年就职，当时他正达到法定年龄43岁。——英译者

如果照传统的说法，恺撒生于公元前100年的话，他没有达到法定年龄；如果照蒙森的说法，他生于公元前102年的话，他刚刚达到法定年龄。——译者

老们看到他们这样随便发言，忍耐不住了，申斥他们超过了军纪的范围。当军队听到了这件事的时候，他们更加激怒了，要求马上领导他们到罗马去，说他们要举行一次特别选举，推选屋大维为执政官，因为他是恺撒的儿子。同时，他们毫无节制地赞美老恺撒。当屋大维看见士兵们在这样激动的情况下，他马上带着他们离开了会场，共有 8 个军团的步兵和相等数目的骑兵，①以及在军团中服务的辅助兵，从高卢行省渡过卢比孔河，进入意大利之后，——在内战之初，他的父亲也同样地渡过这条河的②——，他把他的军队分作两部分。他命令一部分慢慢地跟在后面；另一部分比较好的，由精选的士兵所组成的部队则迅速行军，以便乘其不备，把罗马攻下来。在途中屋大维遇着一个护送队，他们带来了一部分元老院作为礼物送给士兵们的金钱。屋大维担心这可能对他的雇佣军发生不良的影响。所以他悄悄地派遣一队兵把护送队吓走，他们带着金钱逃跑了。

屋大维率领他的军队向罗马出发

XIII. 元老院被迫允许屋大维为执政官

89. 当屋大维快到了的消息传到罗马的时候，罗马产生了很大的混乱和惊慌。人民到处乱跑，有些人把他们的妻室儿女和一切他们所最珍视的东西都运往乡间，运往城市中设防的地方，因为人们还不知道他的目的只是在于取得执政官的职位。他

罗马的惊慌

① 罗马军制，每军团 4 500 人，内骑兵 300；马略时代军团人数增至 6 000。——译者

② 参阅 XIV. 35。——译者

们听到一支军队带着敌视的目的来了，恐惧万状，草木皆兵。元老院被吓慌了，因为他们没有准备好了的军队。和平常在恐慌的情况下一样，他们彼此互相责备。有些人埋怨，说他们不应该无礼地夺取屋大维在进攻安敦尼的战斗中的兵权；①另一些人埋怨说，屋大维要求凯旋，②不是没有理由的，他们不应该以轻视的态度，对待他的要求；又有一些人说，这是因为他们嫉妒他，不使他有分配那笔赏金的荣誉；③又有一些人说，这是因为没有把他增加到分配赏金的十人团中去；④还有一些人说，他们使这些军队敌视他们，因为他们没有迅速地、全部地给付那些已经通过给予他们的礼物。⑤他们特别埋怨，认为在这个时候造成这样一个冲突，是不合时宜的，因为当时布鲁图和喀西约离他们很远，他们的军队还没有组织好，在他们的侧面有安敦尼和雷必达对他们采取敌视的态度，他们认为，安敦尼和雷必达可能跟屋大维组织同盟，这样，他们的恐惧更大大地增加了。西塞罗长期以来是很显赫的，现在什么地方都看不见他了。

元老院中互相责备

游移不定的计划

90. 各方面都有了一个突变。每个士兵给付 5 000 德拉克玛，而不是 2 500 了；整个 8 个军团都给付，而不只付给两个军团了。屋大维被任命去分配这笔赏金，而不是十人委员团了；他又被允许缺席做执政官的候选人。使者被迅速地派出去把这些事情告诉屋大维。使者们刚离开罗马，元老院马上又后悔了。他们觉得他们不应当这样懦弱地感到恐慌，或者不流血而接受一个新的暴政，或者使人惯用暴力以取得职位，或者使士兵们惯

①② 参阅本卷第 80。——译者

③④⑤ 参阅本卷第 86。——译者

用命令统治国家。他们宁可尽他们的能力，把自己好好地武装起来，以法律来对抗侵略者，因为还有希望，如果以法律来对抗他们的话，甚至他们不会以武力来反对他们的国家。如果他们这样做的话，最好是忍受一个被围攻的时期，等待狄西摩斯和普隆卡来营救，宁愿自卫而死，而不愿不想办法而自动地屈服于奴役之下。他们详述古代罗马人争取自由的乐观精神和忍耐精神，当他们的自由发生危险的时候，他们是绝对不肯让步的。

元老院决心抵抗

91. 因为正在那一天，从阿非利加调来的两个军团都到了港口，这好像是神明促使他们保卫他们的自由似的。他们对于他们已经做了的事情更加后悔了；西塞罗又出现了，他们取消了上面所说的一切法令。所有达到兵役年龄的人[①]都被征召武装起来，还有从阿非利加来的两个军团和他们带来的1 000骑兵以及蓬萨留在后方的一个军团，——所有这些军队都被指定驻扎在适当的地方。他们有些守卫着雅尼库隆山，金钱是储藏在那里的；有些守卫着台伯河上的桥；城市大法官指挥一些单独的部队。另一些人，在港口准备了小船和大船，携带金钱，以防战败时不得不从海上逃跑。他们很勇敢地从事这些仓促的准备工作，希望恐吓屋大维，使之向他们请求执政官职位，而不要向军队请求，或者至少他们希望可以英勇地自卫。他们也希望，一旦战争变为一个争取自由的斗争的时候，对方党派中有些人会改变他们的态度。他们寻找屋大维的母亲和姐姐，但是无论公开地或秘密地搜寻，他们都没有找着她们，他们又恐慌了，因为他们失去了这样重要的人质；因为恺撒的党人表示绝不对他们让

① 按罗马制度，自17—46岁为兵役年龄。——译者

步，所以他们得到结论，这是恺撒的党人把她们小心地隐藏起来了。

92. 当屋大维还在那里接见使者们的时候，他得到通知，这些法令已被取消了，因此，使者们狼狈退回。屋大维的军队更加愤怒，他带着他们急趋罗马，因为他恐怕他的母亲和姐姐遭遇祸害。对于那些在恐怖状态中的平民，他派遣骑兵去，预先告诉他们不要害怕。当所有的人正在惊慌的时候，他驻扎在魁里那尔山下，没有人敢去和他作战或阻止他。现在又有一个惊人的突变发生了。贵族们成群地跑去向他致敬，普通人民也跑去，按照军队的良好纪律排列起来作为和平的象征。次日，屋大维把他的军队留在那里，只带着足够的卫队进入城市。在这里又有成群的人沿着整个道路来迎接他，向他致敬，他们作了所有可以表示友好和服从的事。他的母亲和姐姐原在维斯塔①神庙中和女祭司在一起的，也跑来拥抱他。3 个军团，不顾他们的将军，派遣大使们来，把他们转到他那边来了。指挥这些军团的一个将军科纽都自杀；其他的将军们和屋大维联合在一起了。当西塞罗知道休战的消息的时候，他通过朋友们，请求会见屋大维。当被允许会谈的时候，西塞罗为自己辩护，强调他以前曾在元老院建议屋大维为执政官。屋大维讥讽地回答说，西塞罗似乎是他的朋友中最后来祝贺他的一个人。

屋大维到达城门口

又有军团倒到他那边去了

93. 第二天夜里谣言流传，说屋大维的两个军团，即马斯军团和第 4 军团已经倒到共和国一边去了，这两个军团的士兵们说他们受了骗，被领导来反对他们的国家。虽然这些军队相距

① 罗马的女灶神。——译者

很近，但是大法官们和元老院轻率地相信了这个谣传，认为有了这两个军团的帮助(因为这两个军团是最勇敢的)，他们可以抵抗屋大维的其余军队，以等待别处的军队来支援。同一个夜间，他们派遣曼尼阿斯·阿揆略·克拉苏到匹塞浓去募集军队，又命令一个军团将校阿彪利阿跑到城内各处去向人民宣布这个好消息。夜间元老们在元老院议事厅中开会，西塞罗在门口迎接他们；但是当谣传证明不实的时候，西塞罗坐着肩舆逃跑了。

西塞罗逃跑

94. 屋大维嘲笑他们，把他的军队更进一步移近罗马城，驻扎在马斯广场。① 那时候，他没有处罚那些大法官们，甚至连克拉苏他也没有处罚；克拉苏曾急忙地跑到匹塞浓去，当他被捉着的时候他化装为一个奴隶，马上就被带到屋大维的面前；他赦免所有这些人，以便获得仁慈的美名。但是不久以后，他们都被列入被宣布为公敌的名单之内。② 他命令把雅尼库隆山或其他地方的公款都拿到他那里来，根据过去因西塞罗的建议，付给他的军队金钱的命令，他分配给士兵每人 2 500 德拉克玛，并答应以后付给他们其余的部分。于是他离开了罗马城，直到人民会议选出执政官时为止。他和昆塔斯·培狄阿斯一起当选为执政官之后，他才以执政官的资格再进城来；昆塔斯是屋大维想要他做自己的同僚的，过去他把他自己从恺撒手中所得到的那部分遗产送给屋大维了。③ 当屋大维举行祭祀的时候，出现了 12 头兀鹰；据说，罗慕路奠定罗马城基的时候，也出现了12头兀鹰的。

屋大维当选为执政官，培狄阿斯为他的同僚

① 罗马人民举行森都里亚会议的地方。——译者
② 参阅 XVI. 5 以下。——译者
③ 参阅本卷第 22。——译者

他举行祭祀之后，他使他的父亲过继他为儿子的事情又按照库里亚法律得到批准——（这样才可能由人民批准他的继承）——因为部落或者地方分区所分成的几个部分，称为库里亚。我认为，这正像希腊人的类似的组织，称为夫拉特里亚[①]一样。在罗马人中间，这是最合乎法律上的规定关于孤儿继承的办法；凡履行这个法律手续的人，对于过继他们的人的亲属和被解放的奴隶，有和真正的儿子们一样的权利。在恺撒的其他许多很好的附属物之中，有为数众多的被解放的奴隶，这些被解放的奴隶中有很多人是富有的；这可能是屋大维之所以除以前根据恺撒的遗嘱所确定的过继之外，还要人民批准他的过继的主要原因。

恺撒过继他为儿子，由人民批准

XIV. 屋大维跟安敦尼的和解与狄·布鲁图之死

杀害恺撒的凶手们被控告和审判

95. 屋大维使一条新的法律通过，取消过去宣布多拉培拉为公敌的法令，和惩办杀害恺撒的凶手们。马上有人出来控诉，恺撒的朋友们控告某些人犯了这个罪行，控告另一些人知道这个罪行的阴谋。后一个控告，甚至对一些当恺撒被杀时不在罗马城内的人也提出。用公告的方式指定一天作为审判所有这些人的日子，所有这些人都被缺席宣判为有罪，屋大维为法庭主席，没有一个法官表决赦免他们，只有一个贵族是例外，被免除了处罚；但是不久之后，他又和那些人一起，被列入罪犯之内。似乎大约在这个时候，有一个城市大法官昆塔斯·加利阿斯（他的兄弟马可·加利阿斯是在安敦尼部下服务的）请求屋大维派

① 即希腊人的大氏族，或称胞族。——译者

他管理阿非利加，他这样得到了机会之后，就阴谋杀害屋大维。他的同僚剥夺了他的大法官职务，人民拆毁了他的住宅，元老院判处他死刑。屋大维命令他到他的兄弟那里去；据说，他上了船，以后就再没有人看见过他了。

元老院取消反对安敦尼和雷必达的法令

96. 这些事情做完之后，屋大维计划和安敦尼言归于好，因为他听说布鲁图和喀西约已经聚集了20个军团的士兵，他需要安敦尼的帮助来反抗他们。他移出罗马城外，向亚得里亚海边前进，徐徐而行，等待着元老院会做些什么。屋大维离开罗马后，培狄阿斯劝元老们不要使彼此的意见不可补救，而应当跟安敦尼和雷必达和解。虽然他们预见到这样的和解不是为了他们的利益或国家的利益，而只是帮助了屋大维反抗布鲁图和喀西约，但是他们还是赞成把它当作一件迫不得已的事同意这样做了。所以宣布安敦尼和雷必达以及他们部下的士兵为公敌的法令都被取消；另外把一些语气温和的法令送到他们那里去了。因此，屋大维写信祝贺他们，他答应帮助安敦尼去进攻狄西摩斯·布鲁图，如果需要的话。他们马上以友好的精神答复他，称赞他。安敦尼写道，他将为了恺撒的缘故，亲自惩办狄西摩斯；为了他自己的缘故，惩办普隆卡，那时候他愿意把他的军队和屋大维联合起来。

97. 这就是他们彼此来往的信件。当安敦尼正在追赶狄西摩斯的时候，阿西尼阿斯·波利俄带着两个军团和他联合在一起了。阿西尼阿斯又和普隆卡订立协议，根据这个协议普隆卡带着3个军团投降安敦尼，所以安敦尼现在有了最强大的军队。狄西摩斯有10个军团，其中4个最有战斗经验的军团严重地受

狄西摩斯·布鲁图的逃跑

到饥饿的痛苦，现在还是软弱无战斗力的；而其余 6 个军团都是新兵，还没有训练好，不惯于艰苦工作，所以他对于战斗感到失望，他决定逃到马其顿马可·布鲁图那里去。他不是沿着亚平宁山脉的这一边撤退，而是向拉文那和阿揆雷雅方面撤退。但是因为屋大维正在从这条路上经过，狄西摩斯提出另一条比较远而难行的道路——渡过莱茵河，穿过蛮族部落的荒野地带。因此，首先是那些茫然不知所措和疲惫不堪的新兵叛离了他，和屋大维联合在一起了；接着就是那 4 个较老的军团和安敦尼联合在一起了，于是辅助兵也同样地投降了，只有一个高卢骑兵卫队还跟着他。于是狄西摩斯允许那些想回家的士兵回到他们自己的家乡去，他把他身边的黄金分配给他们之后，带着留下来的仅有的 300 个随从向莱茵河出发。因为人数这样少，渡河是困难的，所以现在除了 10 个人以外，其余的人也都遗弃了他。他穿上高卢人的衣服，因为他熟悉高卢语言，他装作一个高卢人，带着这 10 个人前进。他已经不从那条远路走，而是向阿揆雷雅方面走了，他想他带的人数这样少，不会被人注意的。①

他被俘虏并被处死

98. 当他被强盗们俘虏绑起后，他问这个高卢部落的酋长是什么人。有人告诉他说那是卡密拉斯；卡密拉斯是过去受过他很多恩惠的，因此，他告诉他们把他带到卡密拉斯那里去。卡密拉斯看见他被带进来的时候，他在大众面前以友好的态度向他敬礼，申斥了那些捆绑他的人，因为他们由于不知，侮辱了这样伟大的一个人物；但是暗中他送信给安敦尼。安敦尼觉得幸

① 阿庇安记载中的地理很多地方需要修正。从这段记载中，狄西摩斯所走的路线，是不可能查出的。——英译者

运这样变化无常，有点受到感动，不愿意看见狄西摩斯，但是命令卡密拉斯杀死狄西摩斯，把头颅送给他。当他看见头颅的时候，他命令他的仆从把它埋葬了。狄西摩斯过去是恺撒的骑兵长官，在恺撒手下做过那旁一高卢总督，被恺撒指定为次年的执政官和另一个高卢[①]的总督，而他的结果是这样的。在恺撒被刺后一年半内，在特累邦尼阿斯之后，他是凶手中第一个受到惩罚的。大约同时，另一个杀害恺撒的凶手密纽喜阿斯·巴西拉斯[②]被他的奴隶们所杀，因为他正在伤害一些奴隶的肢体，以惩罚这些奴隶们。

① 即山南高卢。——译者

② 参阅 XIV. 113。——译者

第十六卷 （内战史第四卷）

I. 屋大维、安敦尼和雷必达的后三头同盟

本卷提纲 1. 杀害恺撒的凶手们中间，两个人是这样受到惩罚的，两人都是在他们自己统治的行省内被征服的；特累邦尼阿斯是在亚细亚，①狄西摩斯·布鲁图是在高卢。喀西约和马可·布鲁图是杀害恺撒的阴谋中两个主要的领导者，他们占有从叙利亚到马其顿的领土，有巨大的军队——骑兵、海军和20个军团以上的步兵，以及许多船舰和金钱；这两个人是怎样受到报复的，《内战史》的第四卷将要说明。当这些事情正在进行的时候，在罗马发生了对被宣布为公敌的人的追缉和逮捕，以及因此而产生的灾难；像这样的灾难，在希腊人的内乱中，或战争中，或者在罗马人自己的内乱或战争中，除了苏拉时代以外，是找不出的；苏拉是第一个把他的敌人的名字列在宣布的公敌名单上的。马略搜索他的敌人，惩办那些他所能找到的敌人；但是苏拉宣告对那些杀死被宣布为公敌者的人，予以巨大的奖金；对于那些隐藏他们的人，予以严厉的处罚。在马略和苏拉时代所发生的事情，以前我在有关他们的历史中已经叙述了。② 我的前卷书的续篇如下。

2. 屋大维和安敦尼在穆提那附近拉文尼阿斯河中一个荒

---

① 参阅XV.26。——译者

② 参阅XIII.71－74、95。——译者

凉的小岛上和解他们的纠纷。[1] 两人各带5个军团，彼此相对地驻扎着，然后每人带着300士兵前往河上的桥边。雷必达在他们之先，跑到那里去，搜索一下那个小岛，然后挥动他的军服，作为信号，要他们前来。于是各人把他的300士兵交给他的朋友们带着，留在桥上；他们来到小岛的中部，很清楚地可以被人看见，三个人在那里坐着开会，屋大维坐在中央，因为他是执政官。他们从早到晚，开了两天会，他们达成这些协议：屋大维辞去执政官的职务，在这一年剩余的时间内由文提狄阿斯做执政官；通过法律，建立一个新的行政长官职位，以平定内部的纠纷，雷必达、安敦尼和屋大维三人担任这个新的行政长官职位，有执政官的权力，以5年为期（这个名义比独裁官的名义好些，可能是由于安敦尼的法令[2]已经废除了独裁官职位的缘故）；这三个人马上指定这5年内每年罗马城市的行政官吏；三人分配各行省，以全部高卢（除掉和比里尼斯山脉相邻的旧高卢[3]那一部分外）分配给安敦尼；旧高卢和西班牙分配给雷必达；而屋大维则占有阿非利加、撒丁尼亚和西西里以及附近的其他岛屿。

屋大维与安敦尼的和解，雷必达和他们联合在一起

3. 这样，罗马人的领土由三头同盟瓜分了。只有亚得里亚海以东的地区没有分配，因为这些地区还在布鲁图和喀西约两人控制之下，安敦尼和屋大维将要和他们作战。雷必达做下一年的执政官，留在罗马，做他们所需要做的事情，同时他派遣代表去统治西班牙。他留下他自己的3个军团守卫罗马城，把其

他们的相互谅解

[1] 公元前43年秋天。——译者

[2] 参阅 XV.25。——译者

[3] 即那旁-高卢。——译者

余7个军团分配给屋大维和安敦尼，屋大维得到3个军团，安敦尼得到4个军团，这样，他们每人可以带着20个军团去作战。为了鼓舞士兵们有取得战利品的希望，他们允许士兵们，除其他的礼物之外，可以有18个意大利城市作为殖民地——这些城市在财富上，在地产和房屋的豪华上都是超过其他城市的，这些城市将分配给他们（土地、建筑物和一切），正好像它们是在战争中从敌人手中攻下来的城市一样。这些城市中最有名的是加普亚、利吉姆、维努西亚、贝尼温敦、努塞里亚、阿里密浓和维波。这样，意大利最美丽的地区被划分出来给予士兵了。但是他们决定首先消灭自己的私敌，使这些敌人不致乘他们在海外作战的时候，干涉他们的一切安排。成立这些协议之后，他们把这些协议写在文书上，屋大维以执政官的资格把协议的全部内容，除将宣布的公敌的名单外，都通知了士兵们。士兵们听到了这些协议的时候，大声喝彩，互相拥抱，表示彼此和解了。

罗马发生可怕的灾异

4. 当这些事情正在进行的时候，在罗马出现了许多可怕的灾异和凶兆。狗不断地像豺狼一样嗥叫着——这是一个可怕的预兆。豺狼飞走，穿过广场——豺狼是城市里不常见的动物。牛群发出人的声音来。一个初生的婴孩就会说话。雕像流汗，有些甚至于流出血汗。常常听见有人大声叫喊。武器相击的声音和马匹践踏的声音，但是那里又看不见什么东西。在太阳的周围看见许多可怕的预兆，天上落下一阵一阵的石头，不停的闪电打在神庙和神像上面；因为这些事情，元老院派人去请伊达拉里亚的占卜者和预言者。其中一个年龄最老的说，昔日王权的统治又快恢复了，除了他自己一人之外，他们都将变为奴隶；于是他闭着他的口，阻止自己呼吸，直到他死了为止。

II. 三巨头正式宣布公敌的命令

5．当三巨头在一起的时候，他们马上联合起来，把那些应该处死的人列成一个名单。他们把那些因为有势力而为他们所猜忌的人列在名单之内；把他们自己的私仇也列入；在当时和以后，他们又互相交换自己的亲戚朋友，处以死刑。他们随时在名单上增加名额，有时是因为仇敌的关系；有时只是因为一种私人嫌怨，或者因为受害者是他们的敌人的朋友，或者是他们的朋友的敌人，或者因为他们有财富。当时三巨头需要大量金钱来进行战争，因为亚细亚的税收已经交给布鲁图和喀西约，而他们两人还在那里征集款项，各国国王和总督们仍向他们两人交纳。所以三巨头缺少金钱，因为欧罗巴，特别是意大利，由于战争和各种勒索，已经枯竭了；因为这个缘故，他们对于平民，最后甚至对于妇女们，都征收很重的捐税，他们打算对于买卖和租佃也征税。现在也有一些人因为有华丽的别墅或城市住宅而被宣布为公敌了。被宣布处死和没收财产的元老们约 300 人，被处死的骑士约 2 000 人。被宣布为公敌的名单内，有三巨头的兄弟们和叔伯们，①也有三巨头部下的一些僚属们，因为他们和他们的领袖或他们的同僚发生意见而被列入名单中。

三巨头下令宣布公敌的名单

6．当他们结束会议到罗马去的时候，他们把大部分牺牲者的名单延期发表，但是他们决定预先派遣刽子手去，不经过预告

第一次屠杀

① 参阅本卷第 12。——译者

就杀死了 12 个(有人说是 17 个)最重要的人物,西塞罗也在内。其中有 4 个人马上就被杀死了,有的是在宴会上,有的是在街道上遇着的;当在神庙中和住宅里搜索其他的人的时候,整夜发生了意外的惊慌,人们哭泣着跑来跑去,好像在一个被攻陷了的城市里一样。当人们知道有些人被抓着杀了,而没有预先公布被杀者的名单,因此每个人都以为他自己就是追捕者所正在搜索的对象。这样,在失望中,有些人将要放火焚烧他们自己的住宅,另一些人想焚烧公共建筑物,或者在他们疯狂的情况下,想在他们遭受打击之前,做出一些可怕的事情来;如果不是执政官培狄阿斯匆忙地跑来的话,他们可能真的会这样做的。执政官培狄阿斯带着传令官匆忙地赶到各处,鼓励他们,要他们等到天亮的时候,以便得到更正确的消息。到了第二天早晨的时候,培狄阿斯和三巨头的意思相反,公布了 17 个人的名单,认为只有这些人是内乱的制造者而应当处以极刑。对于其余的人,他当着公众宣誓保证他们的安全,因为他还不知道三巨头的决心。

三巨头进入罗马

第二天晚上,培狄阿斯因疲劳过度而死了。

7. 三巨头连续在三天内分别进城,屋大维、安敦尼和雷必达每人带着他的卫队和一个军团。他们到了的时候,全城立刻布满了兵器和军旗,它们都布置在最有利的地方。在这些武装的士兵包围中,马上召开人民会议。保民官巴布利阿斯·泰提阿斯提出一个法案,设置一个新的行政长官职位以平定目前的混乱局面。新的行政长官职位包括三人,即雷必达、安敦尼和屋大维,任期五年,其权力与执政官相同(希腊人称这种官吏为总督,这是斯巴达人称呼那些他们任命以统治他们的属国的人的名称）。对于这个提案没有给予仔细考虑的时间，也没有指定表决的日期，而是马上就通过了。当天晚上，被宣布为公敌的名单上，除原先的17人以外，又增加了130人，在城内各地方公布；不久之后，又增加了150人，名单上不断地增加了那些后来被判刑的人或者以前被误杀的人，以表示他们的被杀是合理的。根据命令，这些被杀者的头颅被送到三巨头那里去，以得到规定的奖赏，对自由人的奖赏给予金钱，对奴隶，则给予金钱和自由。所有的人必须对于他们的住宅的搜查提供便利。凡收留逃亡者或隐藏他们或拒绝搜查者，应受到和被宣布为公敌的人同样的处罚；凡告发隐藏者的人应受到同样的奖赏（如同那些杀死公敌的人一样）。

8. 宣布公敌的原文如下："马可·雷必达、马可·安敦尼和屋大维·恺撒受人民的推选以整顿共和国，现在正式宣言：如果背信弃义的叛徒们在乞求怜恤而得到宽恕的时候，不是变为他们的恩人的敌人，并且阴谋杀害他们的恩人的话，那么，盖约·恺撒既不会被那些在战争中被他俘虏之后，因为他的仁慈而得到挽救，并被他承认为他的朋友，而给予许多官职、荣誉和礼物的人所杀害了，我们也不至于被迫而使用这个广泛的严厉方法来对付那些曾经侮辱我们，宣布我们为公敌的人了。现在我们看到那些曾经阴谋陷害我们的人，那些曾经杀害恺撒的人的害人的恶念是不可能用仁慈平息的，因此我们宁愿先发制人，而不愿遭到他们的毒手。凡是看见了恺撒和我们自己所已经受到的祸害的人不要以为我们的行动是不正义的、残酷的或过火的。虽然恺撒掌握了最高的权力，虽然他是最高僧侣，虽然他曾经征 宣布公敌的原文服了那些对罗马人最为可怕的国家，①而使之屈服于我们权力之下，虽然他是第一个人企图征服赫丘利石柱以外没有人航行过的海洋，并且发现了一个从前罗马人所不知道的国家，②但是这个人在名为神圣的元老院议事厅中，在神明目睹之下，被那些他在战争中所俘虏而赦免的人，而且有些还是被他指定为他的财产的共同继承者的人所杀害，身受23处懦夫的伤口。这个可恶的罪行发生之后，另一些人不逮捕这些犯罪的匪徒，反而派遣他们去做司令官和总督，他们利用这些职权夺取公款，募集军队来反对我们，并向那些从来就敌视我们统治的蛮族人③请求援兵。那些不肯服从他们的命令的罗马附属城市，他们已经焚毁、劫掠了，或夷为平地了；另一些城市被他们用恐怖手段强迫拿起武器来反抗祖国和反抗我们了。”

9. “他们中间，有些人我们已经惩罚了；④托神明的保佑，你们现在一定会看到其余的人也将受到惩罚。虽然这项工作的主要部分我们已经完成了，或者在我们很好的控制之下了，这就是在西班牙和高卢以及在意大利这里的事情已经解决了，但是还有一项工作没有做，那就是进军海外，攻击那些杀害恺撒的凶手们。⑤ 在我们替你们进行海外战争的前夕，我们认为，让其他的敌人留在后方，趁我们不在此地的时候，在战争期间等待着机会，这无论对于你们或对于我们，都是不安全的；同时，我们

① 指高卢。——译者

② 指不列颠。——译者

③ 帕提亚人等。——译者

④ 特累邦尼阿斯(XIV. 26)、狄西摩斯·布鲁图(XIV. 98)等。——译者

⑤ 喀西约和布鲁图等。——译者

也认为我们不能因为他们的缘故而迟延了，我们应当一劳永逸地在我们的前进道路上清除他们，因为我们看见当他们通过我们和我们指挥下的军队为公敌的时候，他们已经开始向我们作战了。”

10. “在他们方面，他们不顾神明的惩罚和人类的谴责，使多少公民和我们一起遭到毁灭！我们不会粗暴地对付很多的人；我们也不会把所有曾经反对过我们的人，或者阴谋陷害过我们的人，或者那些只以他们的财富、他们的富饶或他们的地位而著名的人当作敌人；我们也不会和在我们之前另一个在内乱中整顿共和国的时候，掌握最高权力的人、那个因为他的成功而你们称之为幸运的人①一样，杀戮那么多的人；但是三个人的敌人必然会比一个人的敌人要多些的。我们只能报复那些最坏的和罪恶最重的人。我们这样做，是为了你们的利益，正和为了我们自己的利益一样，因为当我们继续冲突的时候，你们都必然会卷入很大的危险中，同时我们也必须做一些事情来安抚我们的军队，因为我们的军队已经受到侮辱，受到刺激，被我们的共同的敌人宣布为公敌了。虽然我们可以就地把那些我们决定要抓住的人逮捕起来，但是我们愿意宣布他们为公敌而不愿悄悄地把他们逮捕起来；同时，这也是为了你们的缘故，使那些被激怒的士兵们不至于超越他们所受的命令去反对无辜的人，而使他们根据命令去反对按名指定的某一些人，而饶恕其他的人。”

11. “那么，愿神保佑，就是这样吧！② 任何人不得窝藏下面

---

① 指苏拉，参阅 XIII. 95—97。——译者

② 像拉丁文中 quod felix Jaustumque sit（“如愿”）一语的一个敬神信条。——英译者

列有名字的任何人，或者隐瞒他们，或者送他们逃跑，或者被他们用金钱收买。任何人如果被发觉救护他们，帮助他们或者和他们同谋的话，我们一定把这些人也列入公敌名单之内，绝不宽恕。凡杀死被宣布为公敌的人可以把死者的头颅带到我们这里来，领取下列的奖金：给予一个自由人，每个头颅 25 000 亚狄迦德拉克玛，给予一个奴隶的自由、10 000 亚狄迦德拉克玛和他主人的公民权。告密者得到同样的奖金。为了不使人知道他们起见，那些得奖者的名字不列入我们的登记册上。"这就是三巨头所颁布的宣布公敌的文字，尽可能正确地从拉丁文译成希腊文。

III. 宣布公敌在罗马造成的恐怖情况

三巨头宣布他们的亲属为公敌

12. 雷必达是第一个开始宣布公敌的，他的兄弟鲍鲁斯是公敌名单上第一个人。其次是安敦尼宣布公敌，他的舅父琉喜阿斯·恺撒是名单上第二个人。这两个人是首先投票赞成宣布雷必达和安敦尼为公敌的。第三个和第四个牺牲者是当选为下年度执政官的亲属，就是普隆卡的兄弟普罗喜阿斯和阿西尼阿斯的岳父昆塔斯。这四个人的名字列在名单的前头，是因为他们的职位高，可以造成恐怖和绝望，使名单上有名的人没有一个有逃掉的希望。被宣布为公敌的人中间有托连尼阿斯，据说，他曾经做过屋大维的教师。当名单公布的时候，城门口和城的一切其他出口，港口、沼泽、湖泊，一切其他便于逃跑或隐藏的地方都有士兵把守；百人队长奉命搜查附近的乡间。这一切事情都是同时进行的。

13. 马上在整个城市和整个乡村，无论在什么地方，每一个在名单上有名字的人偶然被发现了的时候，他会突然遭到各种形式的逮捕和杀戮，凶手们把头颅割下来，因为领奖时须要交出头颅；有些人化装为下等人逃跑，这和他们以前的声名显赫成一个奇异的对比。有些人逃到水井里面去，另一些人则藏在脏污的阴沟里。有些人躲在烟囱中。另一些人默默无言，缩作一团，藏在他们屋顶上很厚的瓦堆底下。因为有些人害怕他们的妻子和心怀恶意的孩子们的程度不减于害怕他们的凶手们；而另一些人则害怕他们的被解放的奴隶和奴隶们；债权人害怕他们的债务人；邻人们害怕那些垂涎他们的田地的邻人们。以前闷在心里的仇恨突然爆发出来了。元老们、执政官等级的官员们、大法官们、保民官们（将要担任这些职务的人或已经担任过这些职务的人）的情况有惊心动魄的改变；他们痛哭流涕地俯伏在他们自己的奴隶的脚下，称仆役为救主和主人。但是最可悲伤的，是他们虽然遭到了这样的屈辱之后，还是得不到怜惜。

罗马城内可怕的惊慌

14. 各种灾祸不断发生，但是这和普通的变乱或军事占领不同，因为在那种情况下，人们只需戒备反对党的人员或敌人而可以信赖自己家里的人；但是现在他们害怕家里的人甚于害怕凶手们，因为在普通变乱或战争的时候，家里的人是没有什么可怕的，但是现在他们忽然由家内的仆人变为敌人，或者因为他们有宿怨隐藏在心中，或者因为他们想得到奖赏，或者因为他们想占有他们主人住宅中的金银。因为这些缘故，每一个人对于他的主人都心怀异志，宁愿自己得到利益，而不愿同情主人。那些

家内仆役变为告密者和暗杀者

忠实而心怀善意的人又不敢帮助或隐藏那些遇难的人，或和他们同谋帮助他们逃亡，因为这种行为将使他们受到同样的处罚。这和那首先被处罚的17个人所遭遇的危险完全不同。那时候，没有宣布公敌，只是某些人出乎意外地被逮捕，因此所有的人都害怕有同样的遭遇，所以都彼此互相庇护；但是在宣布公敌时，有些人马上变为所有人的掠夺对象，而另外一些人因为自己没有危险，就急于得到利益，因此他们变为凶手们的善于闻血腥的猎犬，以便得到奖赏；至于一般群众，有些人劫掠被杀害者的住宅，他们私人的利益使他们忘记了公共的灾难，而另一些比较谨慎和正直的人则因惊慌而变为麻木了。其他受内战灾祸的国家，因各党派的和解而可以得到挽救；而在这次情况下，领袖们的纠纷一开始就造成毁灭，后来他们的和解也造成了同样的毁灭；他们想到此事时，最感到惊异。

痛苦和可怕的景象

15. 有些人实行自卫，和那些来杀害他们的人斗争而死。有些人不加抵抗，认为这不能责备那些来攻击他们的人。有些人绝食而死，或自缢，或溺毙，或投入火中烧死。有些人把自己交给凶手们，或者当凶手们来迟了的时候，派人去召他们来。另一些人隐藏起来，做出低声下气的哀求，或设法逃避这个危险，或用金钱行贿，使自己逃脱危险。有些人是被误杀的，或因私人仇恨而被杀的，这是违反了三巨头的意思。很明显，如果尸体上还留着头颅的话，那个尸体一定不在被宣布为公敌者之内的，因为被宣布为公敌者的头颅是在广场讲台上示众的，头颅必须带到那里去以便领奖。另外一些人（妻子们、儿女们、兄弟们和奴隶们）的忠诚和勇敢也是同样显著的，他们用各种方法挽救那些被宣布为公敌的人，或者替他们计划，或者当他们的计划失败的时候，和他们一块儿死亡。有些人甚至在被杀者的尸体上自杀。那些逃脱了的人中间，有些因船只失事而死亡，恶动追逐他们到底。另一些人出乎意外地得以保全生命，后来成为城市的长官，战争中的司令官，甚至享受了凯旋的荣誉。这个时候出现了这些自相矛盾的现象。

一些惊人的事件

16. 这些事情的发生不是在一个普通的城市里，不是在一个弱小的王国里；恶魔这样震撼了这个统治这样多国家，陆地和海洋的最强大的国家，经过一个长时期以后才带来这样良好的秩序。其他类似的事情，过去在苏拉时代，甚至在苏拉以前盖约·马略时代已经发生过了。那些灾难中最显著的事件，在我写的那些时代的历史中我已经叙述了，①在那些时代所增加的恐怖是死者被抛弃而不埋葬。现在我们正在考虑的事情更值得注意，因为这三巨头有崇高的品位，尤其其中一人有很大的声誉和很好的运气，②他把政权建立在一个巩固的基础上，在他死后，他留下他的世系和至今仍是至高无上的声誉。现在我将叙述这些事情中最值得注意的和最惊心动魄的；这些事情我们最好记住，因为这类事情以后是不会再有的了。但是我不是将所有的事情都说的，因为单是杀戮或逃亡或者那些后来被三巨头所赦免而回国的人，在家里过着普通生活的事情是不值得一提的。我将只说到那些事情，因为它们的特殊性质最令人惊异或者最可以证实我已经说过了的事实。这些事情是很多的；先

① 参阅 XIII. 95，71—74。——译者

② 指屋大维。——译者

后有许多罗马历史家[1]在许多著作中都记载了这件事情。为了扼要叙述以缩短我的篇幅起见，我将叙述每种事情的几个事例，以证实这种事情的真实性，并说明我们现今的时代是幸福的。

IV. 对被宣布为公敌者的屠杀

保民官萨尔维阿斯在宴会上被杀

17. 事实上，屠杀是从那些当时还在职的官吏开始的。第一个被杀的是保民官萨尔维阿斯。依照法律的规定，他的职位是神圣不可侵犯，被授予最大的权力，所以保民官甚至曾经把执政官下过狱。萨尔维阿斯也就是那个最初阻止元老院宣布安敦尼为公敌的保民官，[2]但是后来他一切都和西塞罗合作了。当他听到三巨头订立了协议，并迅速向罗马进军的时候，他举行一次宴会来款待他的朋友们，因为他相信他宴请他的朋友们的机会是不会多的了。当宴会正在进行的时候，士兵冲进来了，有些客人在惊慌中吓得跳起来了，但是指挥士兵的百人队长命令他们重新坐在他们的席位上，不要作声。于是那个百人队长抓着萨尔维阿斯的头发，如同他原来的样子，把他拖过桌子那边适当的地方，把他的头颅割下来，命令客人们留在那里，不要乱动，除非他们愿意遭受同样的命运。所以甚至那个百人队长离开以后，他们还是留在那里，吓痴了，哑口无言地偃卧在保民官的无头尸体之旁，直到夜静更深。第二个被杀的是大法官密纽

① 维利阿斯《罗马史》，II. 28，66—67；普鲁塔克《苏拉传》，31 以下；《西塞罗传》，46 以下；《安敦尼传》，20 以下；戴奥·喀西约（片段 109，47.3 以下）。——译者

② 参阅 XV. 50 以下。——译者

喜阿斯，他正在广场主持人民会议。他一听到士兵们正在搜寻他，就跳起来，到处乱跑，想寻找一个藏身之处，他换了衣服，于是冲进一家店铺，遣走他的随从和携带他的职位标帜的侍卫。这些随从们感到惭愧和怜悯，因此在附近逗留不去，这样，无意中就使那些想杀害他的凶手们更容易地发现他了。

安那利斯和图连尼阿斯被他们的儿子们所出卖

18. 另一个大法官安那利斯，正在带着他的儿子到处活动（他的儿子为财政官的竞选人），在各处为他的儿子争取选票。有些跟着他走的朋友们和那些替他携带职位标帜的人听到他列在公敌的名单内，就跑走了。他和他的一个被保护人逃难，这个被保护人在郊外有一栋很小而在各方面都是简陋不堪的房子，他一直安稳地躲藏在那里，直到最后，他的儿子疑心他逃到这个被保护人那里去了，于是带凶手们到那里去。三巨头把他父亲的财产给了他，把他升为营造官。当他醉后回家的时候，他为了一些事情和人争吵起来了，他被原来杀害他父亲的那些士兵们所杀害了。

图连尼阿斯当时不是大法官，但以前做过大法官，他的一个年轻的儿子是一个无赖之徒，但在安敦尼面前很有势力；他请求那些百人队长们暂时延缓他的死刑，等待他的儿子能够替他向安敦尼申请。他们对他笑着说，“他已经申请了，但是站在另一边申请的”。① 当这位老人知道这件事的时候，又请求暂缓片刻，等到他能够看见他的女儿；当他看见他的女儿的时候，他告诉他的女儿不要要求她应得的那一部分遗产，否则她的哥哥会向安

① 意思说，他的儿子申请杀害他，而不是申请赦免他。——译者

敦尼请求处她以死刑。后来这个人可耻地挥霍了他的财产，最后因犯盗窃罪而被放逐了。

西塞罗的逃亡和被追逐

19. 西塞罗自从恺撒死了以后，如一个公众演说家所能做到的，掌握了最高的权力，他和他的儿子，他的兄弟，他的兄弟的儿子，他的全家，他的党羽和他的朋友们一起被宣布为公敌了。他坐着一条小船逃跑；但是因为他忍不住晕船，所以又上岸了。跑到他自己在意大利的卡伊大城附近一个别墅里去（这个地方我去看过，以求得到关于这个悲惨事件的知识），安静地留在这里。当搜捕者快要到了的时候（因为在所有其他的人中间，安敦尼搜捕他最急；另一些人为了安敦尼的缘故，也搜捕他最急），乌鸦飞进他的卧室，扯下床上的被子，它们聒噪的声音把他从睡眠中惊醒了，他的仆人们预知这是神明的一个警告，因此，他们用一乘肩舆又把他送到海边去，很小心地从深密的丛林中通过。许多士兵分成小队在附近乱跑，打探是不是有人看见西塞罗。有些对他有善意而心怀怜惜的人说，他已经坐船走了；但是西塞罗过去的一个死敌克罗狄的一个被保护人，一个鞋匠，把路指给那个带着一小队士兵来搜索西塞罗的百人队长利那。利那追赶西塞罗，他看见集合起来实行自卫的奴隶人数比他自己所指挥的军队多得多，于是他用一个诡计，大声叫喊道："后边的百人队长们啊，赶快向前来！"

因此，那些奴隶们以为还有更多的士兵快来了，因而大为吃惊。

他被残酷地杀害

20. 虽然利那曾经有一次在受审的时候是由西塞罗救出来的，但是现在他把西塞罗的头拖出肩舆，想把它割下来，因为他没有经验，他砍了三下，或者可以说是锯下来的。[①] 他又割下了那只西塞罗过去用以书写攻击安敦尼为暴君的演说词的手；这些演说词，他模仿德谟斯提尼的演说词，称之为“腓力匹克”。于是有些士兵乘着马，另一些坐着船，赶快去告诉安敦尼这个好消息。当安敦尼正在广场中坐在法庭前面的时候，利那在很远的地方，就把西塞罗的头和手高高地举起，摇闪着给安敦尼看。安敦尼的喜欢是不可形容的。他表扬了那个百人队长，除规定的奖赏外，他还另外给了他 250 000 亚狄迦德拉克玛，因为他杀死了他生平最大的和最仇恨的敌人。西塞罗的头和手，在广场中那个他常常发表公开演说的讲坛上悬挂了很长久的时间，跑来看这些示众之物的人数比以前跑来听他的演讲的人数还要多些。据说，甚至在他用餐的时候，安敦尼也把西塞罗的头放在他的桌前，直到他把这个可怕的东西看厌了的时候为止。

他的头和手悬挂在讲坛上

西塞罗就是在当时也是以善于辞令著名的，他做执政官的时候，对他的祖国曾经有过最大的贡献；他就是这样被杀死，并在死后这样被侮辱的。他的儿子已经事先被送往希腊布鲁图那里去了。西塞罗的兄弟昆塔斯和他的儿子一起被捉着了。他请求凶手们先杀他自己，后杀他的儿子；而他的儿子则请求先杀他，后杀他的父亲。凶手们说，两个请求都可以允许；于是他们自己分作两队，每队抓住一个人，信号一发出，就把两人同时杀死。

21. 当厄格那都父子互相拥抱的时候，一刀把两人同时杀死，两人的头颅被割下来，而身体其余的部分还紧紧地抱着。巴

① 公元前 43 年 12 月 7 日。西塞罗时年 64 岁。——译者

厄格那都父子、巴尔保斯和阿伦提阿斯

尔保斯首先送他的儿子向海边逃跑，以免他们两人同时逃跑引起别人注意；而他在后面不远的地方跟着。有人告诉他，或者是故意的，或者是无意的，说他的儿子已被抓着了。他就跑回来，把自己交给凶手们。他的儿子也因船只发生事故，而被溺死了。这样，厄运增加了当时的灾难。阿伦提阿斯的儿子不愿意离开他的父亲而逃跑。他的父亲费了很大的力气才说服他去寻找安全的地方，因为他还年轻。他的母亲陪着他到城门口，她回来之后也不过去埋葬她被杀死的丈夫。当她听到她的儿子也在海中丧生的时候，她自己也绝食而死。

这些可以作为好儿子和坏儿子的例子。

利加利阿斯兄弟

22. 至于兄弟们，利加利阿斯两兄弟同时被宣布为公敌，他们躲在炉灶中；直到他们的奴隶们发觉了他们的时候，一个被杀，那一个逃跑了；当他知道他的兄弟已被杀了的时候，他自己从桥上跳入台伯河中。有些渔人把他救起来了，以为他是失足落水的，而不是自己跳进去的。他坚决地反对救他，他又想跳入河中。但是当他被那些渔人阻止的时候，他大声叫道，“你们不是在救我，而是在毁灭你们自己，因为你们帮助一个被宣布为公敌的人。”但是他们还是可怜他，把他救了；直到最后有些在桥上站岗的士兵们看见了，跑过来把他的头颅割下。另有两兄弟，其中一人投了河，他的一个奴隶寻找他的尸体 5 天。最后他找着了，因为还可以认得出，他为了奖赏的缘故，把头割下来了。另一个兄弟，躲在一个粪堆里面，另一个奴隶泄露了他。凶手们不肯进入粪堆里去而用他们的长矛刺着他，把他拖出来，就照原来的样子，把头割下，洗都没有洗一下。另一个人，看见他的兄弟被捕了，而不知道他自己也是被宣布为公敌的，他跑上去，说："请先杀我。"①那个百人队长带着公敌的名单在手中，就说，"你的要求是正当的，因为你的名字在他的名字的前面。"他这样说了，就把他们两个人按照当然的次序都杀了。

23. 上面所说的，可以作为兄弟们的例子。利加利阿斯被他的妻子隐藏起来，她只把这个秘密告诉了一个女奴隶。这个女奴隶出卖了她，当她丈夫的头颅被带走的时候，她跟在后面，大声喊道，"我庇护了他，庇护者也应受同样的处罚。"因为没有人杀她，也没有人告发她，她跑到三巨头那里去，当着他们的面前，控诉她自己。他们被她对她丈夫的爱情所感动，装作没有看见她的样子，于是她绝食而死。我在此地提到她，因为她没有救出她的丈夫，她就不愿在他死后还活着。当我说到那些逃掉了的人的时候，我将提到那些热爱她们的丈夫而成功的人。另一些妇女则可耻地出卖了她们的丈夫。塞普提摩斯的妻子就是其中的一个，她和安敦尼的某一个朋友通奸。因为急于想把这个非法的关系变为正式的婚姻，她通过他的奸夫的关系，恳求安敦尼去掉她的丈夫。于是，塞普提摩斯马上就被列入公敌的名单内。当他知道这件事的时候，他逃到他妻子的房子里去，因为他不知道他妻子的阴谋。她好像很关心爱护他的样子，关起门来，把他看守在那里，一直等到凶手们来了。她的丈夫被杀的当天，她就举行她的新婚典礼。

塞普提摩斯被他的妻子出卖

---

① ἐμὲ κτείνατε πρὸ τούτου. 这句话的意思可以是"请先杀我，然后杀他"，或者是"请杀我，不要杀他"。说话人的原意是后面的意思，但是那百人队长解释为前面的意思，以开玩笑。——英译者

其他卑鄙的妇女

24. 萨拉苏斯逃跑了，因为他自己不知道怎么办，夜间又跑回城里来了，他以为危险大部分已经过去了。他的房子已经被卖掉了。只有那个连同房子一起卖掉的司阍者认识他，他把萨拉苏斯请到他屋里，答应隐藏他，并供给他最好的饮食。萨拉苏斯告诉那个司阍者，去到他妻子的房子里去请她来。她装作很想来的样子，但是黑夜里害怕，又不信任她的仆人，她说她在黎明的时候一定来。黎明的时候，她跑去找凶手们；那个司阍者看见她没有来，跑去催她；萨拉苏斯在司阍者去了之后，担心司阍者会用诡计陷害他，所以他爬到屋顶上去看会发生什么事情。他所看见的不是那个司阍者，而是他的妻子带着凶手们来了，于是他自己从屋顶上直跌下来。福尔维阿斯逃到他的一个女仆家里去，这个女仆过去是他的情妇，他给她自由，在她出嫁时又给她嫁奁。他虽然待她这样好，但是她出卖了他，因为她嫉妒那个在她和福尔维阿斯发生关系之后又和福尔维阿斯结了婚的妇人。

上面所说的，足够作为卑鄙妇女的例子。

期泰比阿斯、卡必托和维都利那斯

25. 萨谟尼安人斯泰比阿斯过去在同盟战争中是能左右萨谟尼安人的，因为他的高尚功绩、他的财富和他的家世，已经升为罗马的元老等级；他现在已80岁了，因为他的财富，他也被宣布为公敌。他把他房子的门打开，让人民和他自己的奴隶们进来，把所有他们高兴拿去的东西都拿去。他又亲手把他的财产分散给四周的人。当最后他的房屋完全空了的时候，他把门关起来，放火焚烧，自己死在里面，烈火蔓延到城中许多其他房屋。卡必托由他的半开的门口抵抗了很久那些被派来杀害他的人，把他们一个一个地杀死了。他单独一个人杀死了许多来刺杀他的人，最后因为敌人众多，他被打败并被杀死了。维都利那斯在利吉姆附近聚集了许多被宣布为公敌的人和那些跟他们一块儿逃跑的人以及那些从那18个被答应给予士兵以为胜利奖赏的城市而来的人，因为他们对于这种待遇是感到愤怒的。[①]

维都利那斯带着这些人，杀戮那些到处搜索的百人队长们，直到最后一支较大的军队被派来进攻他，就是在那个时候，他也没有停止抵抗，只是渡海到西西里去，和绥克斯都·庞培联合在一起了，当时庞培占据着这个岛屿，收容逃亡的人。他在那里很勇敢地作战，直到最后他在几次战役中被打败了。于是他送他的儿子和其余那些跟他在一起的被宣布为公敌的人到麦散那去了。当他看见他们的船只正在渡过海峡的时候，他向敌人冲去，被砍成粉碎了。

仆人和他们的主人

26. 那索为他喜爱的一个被解放奴隶所出卖之后，他从一个士兵手中夺取一把剑，杀掉那个出卖他的人，然后就把他自己交给凶手们。一个忠于主人的奴隶把他的主人留在一个小山上，跑到海边去雇一条小船。当他回来的时候，他看见他的主人正被人杀害，当主人将要断气的时候，他向他的主人大声叫道，“我的主人啊，请等一下”，于是他突然向那个百人队长攻击，把那个百人队长杀死了。他对他的主人说，“现在你可以得到安慰了”，于是他自己也自杀了。琉喜阿斯把他的钱交给两个最忠实的被解放的奴隶，动身往海边去了。他们带着钱跑掉了，他举目四顾，感觉生命无望，因此把自己交给凶手们了。雷宾那斯在

① 参阅本卷第3。——译者

苏拉宣布公敌的时候，曾经捕杀了许多人；他认为如果他不勇敢地忍受同样的命运的话，这是他的耻辱。所以他跑到他的前门口，坐在椅上，等待凶手们。塞斯提阿斯和一些忠实的奴隶们一块儿躲在田间。当他看见百人队长们带着武器和被宣布为公敌的头颅跑来跑去的时候，他不能忍受持久的恐怖了。他劝那些奴隶们燃起一个火葬堆，然后他们可以说他们正在那里对死了的塞斯提阿斯举行最后的仪式。他们被他瞒过了，就照他的吩咐，燃起了火葬堆，于是他跳入火葬堆中了。阿波尼阿斯很安稳地隐藏了他自己，但是因为他不能忍受这种简陋的生活方式，他跑出来了，把自己交给凶手们。另一个被宣布为公敌的人自动地坐在一个大家完全看得见的地方，因为凶手们迟迟没有来，他就当众自缢了。

27. 当时执政官阿西尼阿斯的岳父琉喜阿斯从海上逃跑了，但是因为他不能忍受风暴的痛苦，就跳入海中。塞森尼阿斯在那些追赶他的人前面逃跑，大声说，他没有被宣布为公敌，而是因为他有钱，他们阴谋陷害他。他们把公敌的名单给他，告诉他念名单上他的名字，当他正在念的时候，他们就把他杀了。伊密利阿斯不知道他是被宣布为公敌的，看见另一个人被追赶，他就问那个追赶的百人队长，这个被宣布为公敌的人是谁，那个百人队长认识伊密利阿斯，就回答说，“是你和他”，于是把两个人都杀了。西罗和狄西阿正从元老院议事厅里出来的时候，听说他们的名字列入公敌的名单上了，但是还没有人来追赶他们。他们马上逃出城门口，他们慌忙地跑动使他们在路上遇着的那些百人队长们发觉他们了。

爱斯略①是审判布鲁图和喀西约的法官之一，屋大维带着军队监视着这个法庭；当时所有其他的法官们都秘密投票，判决布鲁图和喀西约有罪，只有他一个人公开地投无罪的票；现在他不顾他过去的豪爽和独立的行动，自己抬运一个要抬去埋葬的尸体，把自己列入抬运棺架者之中。城门的卫兵注意了这些抬运尸体的人数比平常多了一个人，但是他们没有怀疑抬棺架的人。他们只搜查棺架，看是不是有人假装一具死尸，但是抬棺架的人证明爱斯略不是他们行业的人，凶手们就把他认识出来杀死了。

发禄和拉格斯的事件

28. 发禄被一个被解放的奴隶所出卖，他逃走了，由一个山上游荡到另一个山上之后，来到明特尼附近的沼泽地带，他停留在那里休息。明特尼的居民正在搜查这个沼泽地带，寻找盗贼；芦苇的摆动暴露了发禄隐藏的地方。他被捕获了，他说他是一个强盗。因此，他被判处死刑，他也只好听天由命了；但是因为他们准备拷打他，强迫他说出同谋者来，他不能忍受这样的侮辱了，他说，"明特尼的公民啊，我不许你们拷打或杀害一个曾经作过执政官——而且在目前的统治者的眼中看来更重要的——并且曾经被宣布为公敌的人！如果不许我逃跑的话，我宁可死于我的同辈手中。"明特尼人不相信他。他们不相信他所说的话；直到最后一个在附近搜查的百人队长认识了他，割下了他的头，把尸体交给明特尼人了。

拉格斯在田野里被那些追赶另一个人的士兵所捕获了，他们可怜他，因为他是在他们不是追赶他的时候被捉着的，让他逃

① 可能是西利喜阿·科罗那之误。——译者

入森林中。当他被另一些人追赶的时候，他又跑回到第一次捉着他的人那里去，说，“你们怜悯我，我宁愿你们杀死我，而不愿意他们杀死我，这样你们可以得到奖赏。”

这样，拉格斯以死报答了那些对他表示同情的人。

鲁福斯因为他的房子而被宣布为公敌

29. 至于鲁福斯，他在安敦尼的妻子福尔维亚的住宅附近有一座很漂亮的房屋。福尔维亚早就想购买它，但是鲁福斯不愿出卖；虽然他现在愿意无偿地献给她，但是他被宣布为公敌了。他的头被带到安敦尼那里，他说，这与他无关，他把这头送给他的妻子。她命令把这头悬挂在他自己的房屋前面，而不悬挂在讲坛前面。另一个人有一座很华丽而隐蔽得很好的别墅，别墅中有一个美丽而深邃的洞室；可能因为这个别墅的关系，他被宣布为公敌了。当凶手们向他走来的时候，他正在洞室内散步，一个奴隶看见凶手们还在一定距离之外，他把王人送进洞室的最深处，他自己穿着他主人的短紧身衣，冒充他的主人，装作很吃惊的样子，如果不是他的一个同伴奴隶泄露了这个诡计，他自己就会当场被杀。这样，他的主人就被杀死了。但是人民很愤怒，使三巨头不得安宁，直到最后，他们得到三巨头的允许，使那个出卖主人的奴隶钉死在十字架上，使那个想设法救出主人的奴隶获得自由。

一个奴隶泄露了哈特略躲藏的地方，因而获得自由。在拍卖死者的财产时，这个奴隶出高价以抵制死者的儿子们，并粗暴地侮辱了他们。他们暗中流泪，到处跟着他跑，直到最后，人民愤怒了，三巨头又使他成为被宣布为公敌者的儿子们的奴隶，因为他做得太过分了。

V. 对儿童和妇女的迫害情况

30. 这是成年人的悲惨情况，但是这个灾祸，为了财富的关系，延及孤儿们。有一个儿童，当他到学校去的时候，跟他的仆人一块儿被杀死了，因为那个仆人用手臂抱着那个儿童，不肯把他交出。阿提略刚刚穿上成年人的宽袍，[①]按照习惯，带着一队朋友们到神庙里去祭祀，他的名字出乎意外地被列在公敌的名单上，他的朋友们和仆人们逃跑了，只剩下他一个人，他失去了他豪华的仆从之后，跑到他的母亲那里去。他的母亲害怕，不敢收他。他的母亲使他失望之后，他认为向任何其他的人去请求援助也是不可靠的，因此他逃往一个山上。饥饿迫使他从山上跑到平原地方来，在那里他被一个强盗捉着了，这个强盗惯于俘虏过路的人，使他们在工场中工作。这个娇生惯养的青年不能忍受这种苦工，他带着他的脚镣逃到大路上来了，向一些从那里走过的百人队长们暴露了自己，于是被杀死了。 因财富而被宣布为公敌的儿童

31. 当这些事情正在发生的时候，雷必达举行一个凯旋，以庆祝他在西班牙的军功，一个命令公布如下："愿幸福之神保祐我们。现在向全体男女们宣布，今天你们要举行祭祀和宴会，以资庆祝。没有这样做的人，将被列入公敌的名单内。"雷必达领导凯旋的行列到卡皮托神庙去，后面跟着全体公民，他们表面上表示快乐，但内心是悲伤的。被宣布为公敌者的房屋被掠夺了， 被没收的财产之拍卖

① 依照罗马风俗，3 月 17 日为生育之神利柏的节日，满 17 岁的童子在那天初穿成年人的宽袍，登记后往卡皮托去向利柏神致祭，然后取得公民权。——译者

但是购买他们的土地的人不多，因为有些人耻于增加不幸者的负担。另一些人以为这样的财产会带来不幸的；或者以为，如果有人看见他们手中有金银，这对于他们一点也不是安全的；或者以为，他们有了目前的自己的财产，已经难免不受危险，如果增加他们的财产，那就更加危险了。只有那最冒失的人以最低的价格购买，因为只有他们买。这样，三巨头原来希望能够以产业换得足够的金钱，以作战争的准备，但是现在他们还缺少2亿德拉克玛。

对妇女们征税

32. 关于这个问题，三巨头对人民发表演说，颁布一个命令，要求1 400个最富有的妇女估计她们的财产的价值，并交纳三巨头所规定的每人应担负的份额以备这次战争之用。法令规定，如果有人隐瞒她的财产，或作虚伪的估价，应处以罚金；凡告密者，无论是自由民，或奴隶，应予以奖励。这些妇女决定去恳求三巨头的眷属们。他们在屋大维的姐姐和安敦尼的母亲那里还未失望；但是安敦尼的妻子福尔维亚把她们逐出门外，她们很难忍受她的粗暴。于是她们冲到广场里三巨头的法庭里去，人民和卫兵分开一条路让她们过去。在那里，她们推举霍腾西亚做代表，发言如下："依照我们这种地位的妇女们，向你们提出请愿的适当方式，我们求助于你们家里的夫人们；但是福尔维亚用不相宜的态度对待我们，我们因此被她赶到广场里来了。你们已经剥夺了我们的父亲们、我们的儿子们、我们的丈夫们和我们的兄弟们，你们控告他们做了对不起你们的事情；如果你们又把我们的财产夺去的话，你们使我们陷入一种和我们的身世、我们的习惯、我们的性别不相宜的地位。如果我们做了对不起你

霍腾西亚的抗议

们的事情，如你们所说我们的丈夫们所做的那样的话，那么请你们宣布我们为公敌，如你们对我们的丈夫们所作的一样。但是如果我们妇女们没有表决过你们中间任何一个人为公敌，没有拆毁你们的房屋，没有消灭你们的军队，或者领导另一支军队来反对你们的话，如果我们没有阻止你们取得职位和荣誉的话——那么，我们既没有犯同样的罪行，为什么我们受到同样的处罚呢？”

33. “你们为了争夺荣誉、兵权和政权而彼此竞争，造成这样有害的后果，我们没有分享这些荣誉、这些兵权和这些政权，我们为什么要纳税呢？难道你们说，‘因为这是战时’吗？全人类中间，因为性别的关系，妇女们是免税的，什么时候没有战争呢？什么时候曾经对妇女们征过税呢？当你们由于和迦太基的冲突，有丧失整个帝国和罗马城本身的危险的时候，我们的母亲们曾经有过一次表现得超乎女性之上的品质，做了捐献。但是那时候，她们是自动捐献的，不是从她们的地产、她们的田园、她们的嫁奁或她们的房产中捐献的，因为没有这些东西，自由的妇女们是不可能生活的；而只是从她们的珠宝中捐献的，就是这些东西，也不是按照固定的估价捐献的，不是因为害怕告密者或控告者，不是在暴力压迫之下捐献的，而是他们自愿地拿出来的。现在帝国或祖国有什么紧急危险呢？让高卢人或帕提亚人的战争来吧，在为了共同安全的热忱方面，我们将不会逊于我们的母亲们；但是为了内战，我们绝不捐献，甚至也不会帮助你们互相攻击！我们没有捐献给恺撒或庞培。马略或秦那也没有向我们征过税。在国内掌握专制政权的苏拉也没有向我们征过税，而你们说，你们正在恢复共和国。”

34. 当霍腾西亚这样说的时候，三巨头大怒，因为当男子们尚且缄默无言的时候，妇女们竟敢举行公众聚会，她们竟敢要求行政长官们对于他们的行动解释理由，当男子们在军队里服务的时候，妇女们甚至连钱都不肯供应。他们命令侍从们把她们赶出法庭；侍从们正要这样做的时候，外面的群众大声叫喊，于是侍从们停止了。三巨头说，他们等到明天再考虑这个问题。第二天他们把需要进行财产估值的妇女从 1 400 人减为 400 人，又下令凡财产超过 100 000 德拉克玛的男子、公民和异邦人，被解放的奴隶和僧侣，各种国籍的人，没有一个例外，都应当把财产的五十分之一借给他们，附有利息，并应捐献一年的收入以供战费。

三巨头减轻了捐税

士兵们的暴行

35. 罗马人因三巨头的命令遭受了这样灾难；但是，士兵们不顾这些命令，所加于罗马人身上的灾难更多。他们相信只有他们才使三巨头能够无忧无虑地为所欲为，所以他们有些人要求被没收的房屋，或被宣布为公敌者的田地、别墅或全部财产。另一些人要求作为〔富〕人们的过继儿子。另一些人自己做主，杀害那些并没有被宣布为公敌的人，劫掠那些未被控告的住宅，所以三巨头不得不颁布命令，规定执政官中应当有一个人制止那些超越命令办事的人。这个执政官不敢触犯士兵们，恐怕引起士兵们的愤怒，他只捉着一些冒充士兵，和士兵们一道犯了暴动的奴隶，把他们钉死在十字架上。

VI.被宣布为公敌者死里逃生的例子

被宣布为公敌者逃脱了的例子

36. 这些都是被宣布为公敌者所遭遇的极不幸的事情。有些人意外地被救出来了，后来上升到荣耀的地位，我比较喜欢叙述这些例子，同时对我的读者们也比较有益，因为这些事例表明这些人永远不灰心丧气，他们总是抱有希望的。有些能够做到的人，逃到喀西约或布鲁图那里去了，或逃往阿非利加去了，因为在阿非利加，科尼非喜阿斯支持共和国的事业。但是较多的人跑到西西里去了，因为西西里就在意大利的附近，绥克斯都·庞培在那里很欢迎他们。绥克斯都·庞培为了不幸者的利益表现惊人的和及时的热情，他派遣传令官去约请所有的人都到他那里来，对于救出被宣布为公敌者的人，无论奴隶也好，自由民也好，都给予奖赏，两倍于敌人悬赏杀害他们的款额。他的小船只和商船迎接那些从海上逃跑的人，他的战舰航行于沿海一带，对于在那里漂泊无依的人发出信号，把他们所发现的人都救出来了。庞培本人亲自迎接那些新来者，立时供给他们衣服以及其他必需品。那些有才能的人，他任命为他的陆军和海军将领。后来当他和三巨头议和的时候，非在和约中附有关于那些逃亡在他那里的人的条款，他不肯订立条约。① 这样，他替他的不幸的祖国做出最大的贡献，因此，除从他的父亲那里继承来的声誉外，他自己还得到了很高的声誉，而且这个声誉并不小于从他的父亲那里继承来的声誉。另一些人，用种种方法隐藏自己

① 参阅 XVII.71,72。——译者

而逃脱了，有些人躲在田野中，或坟墓中，另一些人则躲在罗马城内，经过惨痛的苦闷，直到和平恢复的时候为止。有许多惊人的例子说明妻子对丈夫的爱，儿子对父亲的爱，奴隶超乎本性地对主人的爱。现在我将叙述其中一些最显著的例子。

雷必达的兄弟被允许逃亡

37. 雷必达的兄弟鲍鲁斯利用一些百人队长的帮助逃到布鲁图那里去了，因为那些百人队长尊重他是三巨头之一的兄弟。布鲁图死后，他到朱利都去了，和平恢复之后，虽然他被邀请回来，但是他不愿意离开那里。安敦尼的母亲毫无隐瞒地庇护她的兄弟，即安敦尼的舅父琉喜阿斯，百人队长们长期以来因为她是三巨头之一的母亲而尊重她。后来当他们企图以暴力捉住他的时候，她急忙地跑到广场里去，安敦尼和他的同僚们正坐在那里；她大声呼喊说，"巨头，我向你告发我自己，因为我收容了琉喜阿斯在我的家里，而且现在还留他在那里；我将收容他直到你将我们两人一块儿杀死，命令上规定，那些庇护的人是应当受同样的处罚的。"安敦尼责备她虽然是一个好姐姐，但是一个不讲理的母亲，说她首先应当阻止琉喜阿斯不要投票表决她的儿子为公敌，而不要现在来营救他。虽然如此，他还是向执政官普隆卡请求了一道命令，恢复了琉喜阿斯的公民权。

美塞拉和毕布拉斯

38. 美塞拉是一个著名的青年，他逃往布鲁图那里去了。三巨头害怕他的豪迈精神，颁布了下面的一个布告："美塞拉的亲属们向我们证实了，当盖约·恺撒遇刺的时候他不在罗马，因此他的名字应从公敌的名单上去掉。"他不愿接受这个宽恕；但是，在布鲁图和喀西约在色雷斯战死之后，虽然还剩下相当大的一支军队，许多船舰和金钱，虽然还有很大的胜利希望，但是当兵权交给他的时候，他不愿意接受这个兵权而劝告他的同伴们对于有压倒势力的命运让步，和安敦尼的军队联合在一起。他和安敦尼发生亲密的关系，一直追随他，直到安敦尼变为克娄巴特拉的奴隶时，他痛骂安敦尼，而和屋大维联合在一起了；在安敦尼的执政官职位被取消，后来又被宣布为公敌的时候，屋大维使他为执政官，以代替安敦尼。在亚克兴战役中，他指挥海军，对抗安敦尼；战后屋大维派他为将军，去镇压暴动的克勒特人，他战胜克勒特人之后，屋大维许他举行了一次凯旋。

毕布拉斯和美塞拉同时受到安敦尼的眷顾，安敦尼任命他为海军司令官，他常是屋大维与安敦尼之间商谈的中介人。安敦尼任命他为叙利亚的总督，他死于任内。

39. 阿西略秘密地从罗马城逃出。一个奴隶把他隐藏的地方告诉了士兵们，但是他予士兵们一种希望可以得到更大的奖赏，因而说服了他们派遣一些士兵带着他给他们的一个私人标记到他的妻子那里去。当他们到了那里的时候，她把她所有的珍宝都给了他们，说她把这些东西给他们，以报答他们所允诺的事，虽然她不知道他们是否会履行他们的诺言。但是她对她丈夫的忠诚并没有使她失望，因为这些士兵们替阿西略雇了一只船，送他到西西里去了。林都拉斯的妻子请求跟着他一块儿逃亡，为了这个目的，她注意他的行动；但是他不愿意她同他一块儿遇到危险，所以他秘密地逃往西西里去了。庞培任命他为那里的大法官之后，他写信给他的妻子，说他已经得救，升任为官吏。当她知道了她的丈夫所在地的时候，她就瞒着她的母亲，带着两个奴隶逃跑了，她的母亲是监视着她的。她化装为奴隶，和

阿西略和林都拉斯

这两个奴隶一块儿逃走，途中经过很大的困难，忍受饥饿，最后在日暮的时候她能够从利吉姆渡海到麦散那。她毫无困难地知道了大法官的营帐，她在那里找到林都拉斯，不像一个大法官的样子，而是蓬头垢面，坐在一个小床上，在那里为他的妻子而悲伤。

阿彪利阿和利基那斯的逃跑

40. 阿彪利阿的妻子威胁着，如果他不带着她一块儿逃跑的话，她将告发他。所以他勉强带着她，他公开地带着他的妻子和他的男女奴隶们行走，他没有被人猜疑而逃跑了。安替阿斯的妻子把他包裹在一个衣服袋里，把袋子交给挑夫们从家里运到海边，他从那里逃到西西里去了。利基那斯的妻子在夜里把他隐藏在一条阴沟里，因为臭气难闻，白天士兵们不愿进去。第二天夜里，她把他化装为一个卖木炭的人，使他赶着一头驴子去运送木炭。她坐着肩舆在前面不远的地方引路。城门口一个士兵疑心肩舆里的人，于是搜查肩舆。利基那斯吃了一惊，往前紧走几步，装作一个过路人的样子，规劝那个士兵，不要麻烦妇女们。那个士兵以为他是一个卖木炭的人，愤怒地回答他，但是突然认识了他（因为那个士兵曾在叙利亚他的部下服过务），就说，“愉快地走你的路，将军啊，因为我还应当这样称呼你。”科波尼阿斯的妻子从安敦尼手中买到了他的安全，虽然她以前是贞节的，这样，用一种灾难挽救了另一种灾难。

41. 基塔的儿子在他的住宅的庭院里装作火葬他父亲的遗体，使人们相信他父亲已经自缢了。于是他秘密地把他的父亲运往一个新买的田园里，就离开了他。这位老人用绷带包着一只眼睛，以改变他的面貌。恢复和平之后，他把绷带去掉，发现他的那只眼睛因长久不用而失明。俄彼阿斯因为年老体弱，不愿逃走，但是他的儿子把他背在肩上，送出城门。在往西西里的其余的路程上，他有时候领着他走，有时候背着他，没有人怀疑他的行迹，也没有人嘲笑他。据说，当伊尼阿斯同样地背着他父亲的时候，甚至他的敌人们也尊敬他。因为钦佩他的孝顺，后来人民选举这位青年为营造官；因为他的财产已被没收，他不能支付担任这个职务所需要的开支，①工匠们做了有关的工作而不要工资，每个观众尽他能力所及，把钱投入乐队席中，所以他成为一个富人了。依照阿里安那斯的遗嘱，在他父亲的墓前，刻了下面的碑文："这里躺着一个在被宣布为公敌时为他的儿子所隐藏的人；他的儿子没有被宣布为公敌，但是和他一块儿逃跑，把他救出来了。" 俄彼阿斯被他的儿子所救

42. 有梅特拉斯父子两人。在亚克兴战役中，父亲担任安敦尼部下的司令官，被俘虏了，但没有被认出来。他的儿子在屋大维一边作战，在同一战役中担任屋大维部下的司令官。当屋大维在萨摩斯把俘虏们分类的时候，这个儿子和屋大维坐在一起。这位老人被领到前面来，披头散发，满身污秽，他的形状完全改变了。当他的名字被传令官在俘虏的行列中叫出来的时候，这个儿子从坐位上跳起来，费了很大的力气才把他的父亲认识出来之后，抱着他痛哭起来。于是他抑制他的悲哀，向屋大维说，"他是你的敌人，我是你的伙伴士兵。他得到你的处罚，我得到你的奖赏。我请求你，或者因为我的缘故，把他饶恕，或者因 梅特拉斯父子

① 营造官们需要很多费用，因为在他们的任期内他们习惯上经常举行许多公共赛会的。——英译者

为他的缘故，把我同时杀死。”四周的人都受到很大的感动，因此，屋大维赦免了梅特拉斯，虽然他过去对于屋大维非常仇恨，而且几次傲慢地拒绝了屋大维请他脱离安敦尼的提议。

马可和累斯肖为奴隶们所救出

43. 马可的奴隶们在整个宣布公敌的时期在他自己的住宅内，忠诚地、成功地保卫了他，直到没有什么可怕的时候他才出来，好像从流放中才回来一样。赫喜阿斯带着他的家庭仆役从罗马逃出，穿过意大利，沿途解放犯人，聚集逃亡者，起初劫掠小城镇，后来劫掠大城市，直到最后他聚集了足够的兵力，占据勃罗丁了。当一支军队被派去进攻他的时候，他带着他的部下，渡过海峡，和庞培联合在一起。

当累斯肖逃跑的时候，自己以为只有他一个人，实际上一个由他抚养成人的奴隶秘密地跟着他走，以前他对待这个奴隶很好，但是近来因为这个奴隶行为不好，被他打上烙印。当累斯肖在一个沼泽地方停下来的时候，这个奴隶跑到他的跟前。他看见这个奴隶的时候，大吃一惊，但是这个奴隶说，他感到烙印的痛苦少而记得过去的恩惠多。于是他在一个洞穴中替他主人找到一个休息的地方，他尽力用自己的劳动替他的主人取得食物。在洞穴附近的士兵们对于累斯肖发生了怀疑，就跑到那里去了。这个奴隶看见了他们的行动，跟在他们后面；他看见一个老人在士兵前面走，他跑上去，杀死那个老人，割下那个老人的头来。士兵们大吃一惊。他们把他当作一个强盗逮捕了，但是他说：“我杀死了我的主人累斯肖，因为他给我打下了这些烙印。”为了奖赏的原因，士兵们从他的手中取去了头颅，急忙地跑到城里去，结果发现他们弄错了。这个奴隶，把他的主人带走，用船把他运往西西里去了。

44. 阿彼阿斯在他的一个别墅里休息的时候，士兵们冲进来了。一个奴隶穿着他主人的衣服，躺在他的床上，自愿地代替他的主人而死，而他的主人扮成一个奴隶，站在旁边。当士兵们进攻麦尼纽斯的住宅的时候，他的一个奴隶坐在他的肩舆中，使他的同伴奴隶们抬着他，这样，他让他自己代替麦尼纽斯而被杀死，麦尼纽斯因此逃往西西里去了。维纽斯有一个被解放的奴隶，名叫腓力门，这个被解放的奴隶有一座富丽堂皇的房屋，他把他的主人藏在房屋最深处一个存钱和文件的铁柜中，夜间送食物去，直到和平恢复时为止。另一个看守主人坟墓的被解放的奴隶保护他主人的一个被宣布为公敌的儿子在坟墓中和他的父亲在一起。

忠实的被解放的奴隶

琉克利喜阿斯带着两个忠实的奴隶到处流浪，因为食物缺乏，去寻找他的妻子，他装作一个病人，由这两个奴隶抬在担架上，送往罗马城内。一个奴隶的腿折断了，所以琉克利喜阿斯扶着另一个奴隶步行。当他们到了城门口的时候(过去琉克利喜阿斯的父亲被苏拉宣布为公敌时是在那里被捕的)，他看见一队士兵跑出来了。因为这个巧合，他丧失了勇气，所以他和那个奴隶躲在一个坟墓中。当一些盗墓者跑来寻找掠获物的时候，那个奴隶让这些盗墓者把他自己的衣服剥去，以便琉克利喜阿斯能够逃到城门口去。琉克利喜阿斯在城门口等待他，把身上的衣服分给他，于是跑到他的妻子那里去，他的妻子把他藏在双重屋顶的夹板之间，直到他的朋友们使他的名字从公敌的名单中取消了的时候为止。恢复和平之后，他升到执政官的职位。

45. 塞基阿斯隐藏在安敦尼自己的家里，直到安敦尼劝说执政官普隆卡下了一个特赦令时为止。后来当屋大维和安敦尼发生冲突，元老院表决安敦尼为公敌的时候，只有塞基阿斯一个人公开地投了反对票。

庞波尼阿斯的勇敢行为

这样，这些人都被救出来了。至于庞波尼阿斯，他穿着一个大法官的官服，化装他的奴隶们为正式随员。他以一个大法官的资格，有侍从们跟着，穿过罗马城，他的随员们紧紧地和他靠在一起，恐怕他被认识出来。在城门口，他坐上公家的车辆，以三巨头派去和庞培议和的大法官的资格穿过意大利，各地人民以礼迎送，直到他乘着公家的船渡海到庞培那里去了。

逃亡者的奇异战役

46. 阿彪利阿和阿伦提阿斯冒充百人队长的身份，武装他们的奴隶作为士兵，佯作追赶别人的样子，通过了城门；在其余的路程中，他们两人走不同道路，沿途释放犯人，聚集逃亡者，直到每人得到足够的人数，可以炫耀他们的军旗，装备，和一支军队的军容。当他们分别达到海边的时候，他们驻扎在一个小山的两边，彼此都有很大的戒心。第二天黎明的时候，他们彼此从山边互相侦察之后，每支军队都以为对方是派来进攻它的另一支军队，于是他们真的发生冲突，互相打起来了。直到最后，他们发现了他们的误会的时候，他们才放下了武器，放声大哭，怪这恶运到处在追逐他们。于是他们坐船渡海，阿彪利阿到布鲁图那里去了，阿伦提阿斯到庞培那里去了。阿伦提阿斯包括在庞培所订的和解条约中，阿彪利阿被布鲁图任命为俾泰尼亚总督；当布鲁图战死之后，他以俾泰尼亚投降安敦尼，恢复了公民权。当文提狄阿斯被宣布为公敌时，他的一个被解放的奴隶把他加上脚镣，好像要把他交给凶手们的样子。但是夜间他通知一些奴隶们武装起来当作士兵，于是他把他的主人以百人队长的身份引导出来，他们走过整个意大利，直到西西里，他们过夜的时候，常常和那些搜寻文提狄阿斯的百人队长们在一起。

47. 又有一个被宣布为公敌的人，由一个被解放的奴隶隐藏在一个坟墓中，但是因为他不能忍受那个地方的恐怖，他又被送到一个租来的可怜的茅屋中。一个士兵住在附近，因为他不能忍受这种恐惧，他从一种胆怯的情感变为最惊人的大胆。他剃去他的头发，在罗马本城设立一个学校，他在那里教书，直到和平恢复时。佛鲁西阿斯在做营造官任期内被宣布为公敌。他有一个朋友是爱西斯的僧侣，他求得他朋友的长袍。他穿着这件长达脚面的亚麻长袍，戴着一顶狗头帽子，这样他作为一个爱西斯的僧侣，旅行到庞培那里去了。开来斯的居民保护他们一个公民西替阿斯，因为他过去为了他们的利益花了他自己很多金钱；他们替他预备一个武装卫队。他们威胁他的奴隶们使他们不要作声，阻止士兵们跑到他们的城墙附近来；直到骚动稍为平静的时候，他们替他派遣代表到三巨头那里去，他们允许他可以留在家中，但是不能到意大利其他地方去。这样，西替阿斯是第一个，也是惟一的一个在自己的祖国内作一个流亡的人。发罗[①] 历史家发罗的得救
是一个哲学家、史学家、战士和著名的将军，可能是因为这些缘故，他以敌视君主专制的罪名而被宣布为公敌。他的朋友们都热心地想庇护他，争着得到庇护他的荣誉。卡雷那斯得到了这

① 公元前116—前27年。他是一个共和主义者。著《罗马人民的古代文物》、《论拉丁语文》、《论农业》等书。——译者

个权利，把他带到他的一个别墅去；安敦尼旅行的时候，常停留在那里的。但是无论是卡雷那斯的奴隶，或者是发罗自己的奴隶，没有一个人把发罗在那里的事情泄露出来。

演说家维基尼阿斯的逃跑

48. 著名的演说家维基尼阿斯告诉他的奴隶们，如果他们为了一个很小而靠不住的奖金而杀害他的话，他们以后将有无穷的懊悔和恐怖；但是如果他们救了他的话，他们将会有优美的名誉和良好的希望，以后可以得到大得多、可靠得多的奖赏。所以他们把他化装为一个同伴的奴隶，带着他一块儿逃跑。当他在路上被认识出来的时候，他们和士兵们战斗。他被士兵们捉着以后，他对他们说，他们之所以要杀他的缘故，不过是想得到金钱，如果他们跟他一同到海边去的话，他们可以得到更光荣、更大的报酬，他说："我的妻子已经准备了一条船，带着金钱到了那里的。"他们接受了他的意见，和他一块儿跑到海边去。他的妻子已经先到了那个约会的地方，但是因为维基尼阿斯迟延了，她以为他已经航海到庞培那里去了。所以她上了船，但是她留下一个奴隶在那个约会的地方，如果他来了的话，可以告诉他。当那个奴隶看见了维基尼阿斯的时候，他跑上去，好像向他的主人跑去的样子，向维基尼阿斯指出那条刚刚开走的船，告诉他关于他的妻子和金钱的事以及他（那个奴隶）留在后面的原因。那些士兵们相信了他们所听到的一切；维基尼阿斯请求他们等待他的妻子被叫回来，或者跟着他去追赶她，以取得那些金钱；于是他们乘着一条小船，用他们的全力划桨，把他送往西西里。他们在那里得到了所许予他们的金钱，他们没有回去，而留在他的部下服务，一直到宣布和平的时候。

一个船长收留累比拉斯在他的船中，以便送他往西西里，于是要求金钱，威胁他说，如果他不给他金钱，他要暴露他。累比拉斯学地米斯托克利的逃亡榜样。[①] 他反转来威胁着，说他将说出船长是怎样为了金钱而帮助他逃跑的。那船长害怕了，把累比拉斯送过海到庞培那里去了。

49．马可是布鲁图的一个部将，因为这个缘故他被宣布为公敌。当布鲁图战败的时候，他被俘虏了。他装作一个奴隶，被巴布拉买去。巴布拉看见他很能干，把他的地位放在他的同伴奴隶之上，使他负责管理他的款项开支。因为他在各方面都很聪明，超乎一个奴隶的智慧之上，他的主人对他怀疑，鼓励他。他希望：如果他说出他是被宣布为公敌者之一的话，他(巴布拉)会替他取得宽恕。他坚决地否认，说出他一个假名字、家族和以前的主人的名字来。巴布拉带他到罗马来，认为如果他是被宣布为公敌的人，他会表示不愿意来的；但是他一样地跟着他来了。巴布拉的一个朋友在城门口迎接他，看见马可以奴隶的身份站在他的旁边，私自告诉巴布拉他是谁，他通过阿格里巴从屋大维那里取得允许，把马可的名字从公敌的名单上取消了。马可后来成为屋大维的一个朋友。不久之后，在亚克兴战役中，他是屋大维的一个部将，对抗安敦尼。当时巴布拉在安敦尼的部下服务，两人的运气颠倒过来了。因为当安敦尼被战败的时候，巴布拉被俘虏了，他装作一个奴隶，马可买了他，装作不认识他的样子。于是他把全部事实告诉了屋大维，请求允许他以同样

马可·罗利阿斯的冒险

① 参阅修昔底德《伯罗奔尼撒战争史》中译文，95页。——译者

的帮助来报答巴布拉，屋大维答应了他的请求。

后来这两个人得到了同样的幸运，因为两人在同一年内作了罗马的最高行政长官。

巴尔宾那斯和雷必达

50. 巴尔宾那斯逃往庞培那里，和他一块儿恢复了公民权，不久之后做了执政官。同时雷必达被屋大维排出三头同盟，降为普通公民①之后，因为下面的紧急事情去见巴尔宾那斯。密西那斯控告雷必达的儿子有谋害屋大维的叛逆罪，同时控告这个青年的母亲是知道这个罪行的。密西那斯轻视雷必达本人，认为他是一个无足轻重的人。密西那斯把雷必达的儿子送到亚克兴屋大维那里去，但是为了使他的母亲免去远途跋涉，因为他是女性，密西那斯要求她向执政官交保，保证她在屋大维面前受审时出庭。因为没有人愿意替她作保，雷必达屡次到巴尔宾那斯的住宅门口，同时也到他的法庭里去求见，虽然长时期以来他屡次被随从们所赶走，但是他经过很大的困难才见到了巴尔宾那斯，他说："原告证明我不知情，因为他们说我不是我的妻子和儿子的同谋者，我没有使你被宣布为公敌，但是现在我连被宣布为公敌的人都不如了。想想人事之无常，请给予这个站在你旁边的人一个恩惠，许他作为我妻在屋大维面前受审时出庭的保证，或者让我和她一块儿到那里去。"当雷必达这样说了之后，巴尔宾那斯怜悯他的不幸，完全不要她交保了。

西塞罗的儿子逃亡和又受眷顾

51. 西塞罗的儿子西塞罗已经由他的父亲送往希腊去了，因为他的父亲预先知道会有这些灾难的。他从希腊去和布鲁图

① 参阅 XVII. 126。——译者

联合在一起；布鲁图死后，他又和庞培联合在一起，两人都给他司令官的光荣职位。后来屋大维为了表示他背弃西塞罗的歉意起见，使少西塞罗被任命为僧侣，不久之后为执政官，然后又为叙利亚的代执政官。当屋大维送来安敦尼战败于亚克兴的消息时，就是这个西塞罗以执政官的资格，把这个消息向人民宣布，并把它贴在以前他父亲的头颅挂在那里示众的讲坛上。阿彼阿斯把他的财产分给他的奴隶们，然后和他们一块儿航海到西西里去。当遇着暴风雨的时候，奴隶们组织阴谋，想夺取他的金钱，把阿彼阿斯放在一条小船上，假装把他转移到一个较安全的地方去；但是结果，最出乎意料之外，他达到了港口，而他们的船被打沉了，他们都淹死了。安敦尼的党人请求布鲁图部下的财政官巴布利阿斯出卖布鲁图，但是巴布利阿斯拒绝了，因为这个缘故，他被宣布为公敌。后来他被恢复了公民权，成为屋大维的一个朋友。有一次当屋大维去看他的时候，他陈列了布鲁图的一些图像，屋大维称赞他这样做得好。

VII. 绥克斯提阿斯和科尼非喜阿斯在阿非利加的战争

上面是那些被宣布为公敌的人丧失了生命或救出了生命的最显著的例子。许多其他的事例我就从略了。 行省中的战争

52. 当这些事情正在罗马发生的同时，所有边远的各国都被同一骚动所产生的战争破坏了。其中最主要的是科尼非喜阿斯和绥克斯提阿斯在阿非利加的战争，喀西约和多拉培拉在叙

利亚的战争①以及在西西里周围对抗庞培的战争。② 许多城市受到被攻陷的灾祸。我将略去那些较小的城市，而只叙述那些最大的，特别是那些很著名的城市——雷俄狄西亚、塔苏斯、罗得斯、巴塔拉和桑萨斯等城市的陷落。我将简单地叙述每个城市所发生的事情。

科尼非喜阿斯和绥克斯提阿斯在阿非利加的战争

53. 罗马人从迦太基人手中取得的阿非利加那部分土地，他们还叫做老阿非利加。原先属于国王朱巴，后来被盖约·恺撒所占领的那部分土地，他们因此称之为新阿非利加；这块地方也可以叫做努米底亚的阿非利加，因此，握有新阿非利加政权的绥克斯提阿斯，受屋大维的任命，要求科尼非喜阿斯把老阿非利加交给他，因为这整个地区在三巨头分配地区时是被指定给予屋大维的。科尼非喜阿斯回答说，他不知道三巨头是怎样分配土地的；因为他是从元老院得到这个政权的，非有元老院的命令，他不能交给任何其他的人。这是他们两人战争的根源。科尼非喜阿斯的军队人数较多，武器较足。绥克斯提阿斯的军队，人数虽然比较少，但较为敏捷，因此，他能够在四周突击，断绝了科尼非喜阿斯和内地的联系，直到他被科尼非喜阿斯的部将文提狄阿斯所包围时为止；文提狄阿斯带着较多的兵力来进攻他，他勇敢地抵抗。科尼非喜阿斯的另一个部将利略劫掠绥克斯提阿斯的行省，进军到瑟塔城下，把瑟塔包围起来。

西替阿斯的冒险

54. 双方都派遣大使，想得到国王阿拉比俄和所谓西替阿斯党人的同盟；西替阿斯党人是在下面的情况下取得这个名称

① 参阅本卷第60—62、64。——译者
② 参阅本卷第85。——译者

的。一个名叫西替阿斯的人在罗马被人控告，因而逃亡，以免受审。他在意大利和西班牙聚集了一支军队，渡海到阿非利加，他在那里时而和这个地区的这个好战的国王建立同盟，时而和那个好战的国王建立同盟。那些和他建立同盟的国王总是胜利的，因此，他得到很大的声望，他的军队有惊人的效率。当盖约·恺撒追赶庞培党人到阿非利加的时候，西替阿斯和恺撒联合在一起，消灭了朱巴的著名的将军萨布拉；因为这些功绩，他从恺撒手中得到马西尼萨的领土，不是全部领土，而是其中最好的一部分领土，作为报酬，马西尼萨是这个阿拉比俄的父亲，朱巴的同盟者。恺撒把马西尼萨的领土①给这个西替阿斯和毛利泰尼亚国王菩卡斯，西替阿斯把他自己的这一部分又分给他的士兵。那时候，阿拉比俄逃往西班牙庞培的儿子们那里去了，但是恺撒死后，他又回到阿非利加，不断地派遣他自己的军队到少庞培那里去，这些军队受了很好的训练以后，他又收回了，所以他从他的国土上把菩卡斯驱逐出去，又利用计策杀死西替阿斯。虽然因为这些缘故，他和庞培党人友好，但是因为庞培党人非常不幸，他决定反对庞培党人，所以他和绥克斯提阿斯联合在一起，通过绥克斯提阿斯，他得到屋大维的宠爱。西替阿斯党人因为他们和老恺撒的友谊关系，也和绥克斯提阿斯联合在一起了。

在乌提卡的一次战役

55. 绥克斯提阿斯这样受到鼓舞，他由城中出来突击，文提狄阿斯被杀死了，他的军队被击溃。绥克斯提阿斯追赶他们，有些被杀，有些被俘。当利略听到了这个消息的时候，他解除了瑟塔的包围，和科尼非喜阿斯联合在一起。绥克斯提阿斯因胜利

① 其领土为努米底亚的一部分，在毛利泰尼亚与朱巴的王国之间。——译者

而得意，进攻科尼非喜阿斯本人于乌提卡，扎营在他的对面，虽然科尼非喜阿斯有较优的兵力。科尼非喜阿斯派遣利略带着他的骑兵去侦察，绥克斯提阿斯命令阿拉比俄带着他的骑兵从正面和利略交战，而绥克斯提阿斯自己带着他的轻装部队进攻敌人的侧面，使敌大乱，以致利略虽然未被战败，但是担心他的退路会被截断，于是他占领附近的一个小山。阿拉比俄进攻他的后卫，杀死了许多人，把小山包围起来。当科尼非喜阿斯看到这种情况的时候，他带着他大部分军队出城突击，以援助利略。在他后边的绥克斯提阿斯冲上来，进攻科尼非喜阿斯；但是科尼非喜阿斯转过来反击，虽然损失惨重，但是把绥克斯提阿斯打退了。

56. 同时阿拉比俄带着一队惯于攀登峭壁的士兵，爬上一个悬崖，来到科尼非喜阿斯的军营，偷袭进去，而没有被发觉。当军营陷落时，守卫军营的将领罗喜阿斯把咽喉伸给他的一个助手，因而被杀了。科尼非喜阿斯因战斗过于疲劳，向小山上利略那里退却，他还不知道他的军营里所发生的事故。当他正在退却的时候，阿拉比俄的骑兵向他进攻，把他杀死了；利略从小山上向下观望，看见了所发生的事情，他自杀了。当领袖们阵亡之后，士兵们向四面八方逃窜。和科尼非喜阿斯在一起的那些被宣布为公敌的人，其中有一些人渡海逃往西西里去；另一些人则逃往他们所能逃跑的地方去了。绥克斯提阿斯把很多战利品给予阿拉比俄和西替阿斯党人，但是他饶恕了所有的城市，使之归顺于屋大维。

阿非利加战事的结束

VIII. 喀西约和多拉培拉在叙利亚的战争

绥克斯提阿斯和科尼非喜阿斯在阿非利加的战争就这样结束了。这个战争因为进行得如此迅速，似乎是微不足道的。

57. 在继续叙述喀西约和布鲁图的事迹时，我将把已经说过的事[1]重复一遍，以恢复我们的记忆。当恺撒被刺时，凶手们占据了卡皮托；当元老院通过了对他们的特赦的时候，他们跑下来了。在举行恺撒葬礼的时候，罗马人民大为感动，在城市中巡逻，以搜寻杀害恺撒的凶手们。凶手们在他们住宅的房顶上自卫，那些由恺撒本人任命为行省总督的人立即离开了罗马。但是喀西约和布鲁图还是罗马的大法官，虽然恺撒已经任命喀西约为叙利亚的总督，布鲁图为马其顿的总督。他们不能马上就总督之职，他们又害怕留在罗马城内，因此，他们在大法官任期内离开罗马；为了面子关系，元老院命令他们负责管理谷物供应的事务，使他们看来似乎不是在这个时期内逃跑的样子。他们两人去了之后，叙利亚和马其顿两个行省转移到多拉培拉和安敦尼两个执政官手中了，这是元老院所极不愿意的。但是把塞勒尼和克里特给予布鲁图和喀西约，以为交换。他们轻视这两个行省，因为这两个行省都是不重要的，因为他们开始聚集军队和金钱，以便侵入叙利亚和马其顿。

前 44
布鲁图和喀西约

58. 当他们正在忙于这些事情的时候，多拉培拉在亚细亚杀死了特累邦尼阿斯，安敦尼在山南高卢围攻狄西摩斯·布鲁

前 43
喀西约在叙利亚聚集了一支军队

① 参阅 XIV，120 以下。——译者

图。元老院大怒，通过多拉培拉和安敦尼两人为公敌，又恢复布鲁图和喀西约以前的总督职务，并且把伊利里亚也交予布鲁图管辖。元老院又命令，亚得里亚海和叙利亚之间所有其他罗马行省的总督和军队司令官都应服从喀西约和布鲁图的命令。因此，喀西约在多拉培拉以前进入叙利亚，他在那里升起总督的旗帜，得到了很久以前盖约·恺撒所招募和训练的12个军团的士兵。当恺撒计划对帕提亚人进行战争时，他把这些军团中的一个军团留在叙利亚，命令西西利阿斯·巴苏斯指挥，但以他的一个青年亲属，绥克斯都·朱理亚为名义上的司令官。① 这个朱理亚是一个好游荡的家伙，他带着这个军团从事可耻的游荡；有一次当巴苏斯劝告他的时候，他侮辱了巴苏斯。后来他召巴苏斯到他那里去，当巴苏斯迟迟未来的时候，他命人把巴苏斯拖到他的面前来。结果发生了可耻的骚动，巴苏斯挨了打，士兵们看见这种情况，大为愤恨，因此把朱理亚射死了。这个事情发生之后，他们马上后悔，又害怕恺撒，所以他们彼此团结起来，发誓说，如果他们不得到宽恕和谅解的话，他们决定战斗而死；他们强迫巴苏斯也发同样的誓言。他们又招募了一个军团，两个军团都一道受训练。恺撒派遣斯泰阿斯·麦可率领3个军团去进攻他们，但是他们勇敢地抵抗，于是马喜阿斯·克利斯巴斯受命又带着3个军团从俾泰尼亚来援助麦可，这样巴苏斯就被6个军团包围了。

59. 喀西约很快就调解了这个包围，马上得到巴苏斯的军队的同意，取得这支军队的兵权，后来也取得了麦可和马喜阿斯

---

① 参阅 XV. 77 以下。——译者

的军团的兵权，麦可和马喜阿斯以友好的态度把军团交给喀西约，他们依照元老院的命令，在一切方面都服从他。大约同时，过去多拉培拉派往埃及的阿利那斯从埃及带着4个军团来了，这些军团是在庞培和克拉苏惨败之后，被解散的士兵，或者是恺撒留在克娄巴特拉那里的士兵。喀西约出其不意地在巴勒斯坦包围了阿利那斯，当时阿利那斯还不知道发生了什么事；喀西约迫使他议和，交出他的军队，因为他不敢以4个军团的兵力对抗8个军团。这样，喀西约以惊人的方式，有了12个第一流的军团了；除这些军团之外，他还有一些帕提亚的骑兵弓箭手；他在克拉苏部下做财政官时，表现得比这位将军还要精干些，从此，他在帕提亚人中间有很好的名誉；这些弓箭手就是被这个名誉所吸引而来的。

他取得来自埃及的4个军团

60. 多拉培拉正在爱奥尼亚消磨他的时间。他在那里处死了特累邦尼阿斯，向各市镇征收贡税，利用琉喜阿斯、费圭拉斯所雇佣罗得斯人、吕西亚人、旁菲利亚人和西里西亚人为水手，以组织一支海军。当一切准备好了的时候，他向叙利亚进军，他本人带着两个军团从陆路上去而费圭拉斯从海上去。当他知道了喀西约的兵力之后，他前往雷俄狄西亚，这个城市是对他友好的一个城市，位于一个半岛之上，在面向大陆一边设了防御工事，在海中有抛锚的地方，所以很容易从水上取得物资供应，同时无论什么时候他想要逃跑的话，他可以安稳地逃跑。当喀西约知道了这种情况的时候，他担心多拉培拉会逃跑，他利用石头和从郊外的房屋及坟墓中运来的各种材料，建筑一个丘冈，跨过地峡，长达两个斯塔狄亚。同时派人到腓尼基、吕西亚和罗得斯

喀西约进攻多拉培拉

去，要求那些地方派船舰来。

61. 所有这些地方的人，除西顿人以外，都不理会他，他与多拉培拉进行一次海战；在战役中，双方都有很多船舰被击沉，多拉培拉俘虏了5条船舰和船舰上的水手。于是喀西约又派人到那些拒绝他的请求的人那里去，也派人到埃及女王克娄巴特拉那里去，到她的塞浦路斯总督塞累彼俄那里去。泰尔人、阿拉德人和塞累彼俄，没有等到和克娄巴特拉商量，就把他们所有的船舰派到喀西约那里去。女王以当时埃及受饥荒和瘟疫之苦为借口，不肯派遣船舰，但是实际上因为和老恺撒的关系，她是和多拉培拉合作的。因为这个缘故，她已经派遣4个军团由阿利那斯带去，还准备了一个舰队去支援他，但为逆风所阻。罗得斯人和吕西亚人说，在内战中，他们既不援助喀西约，也不援助布鲁图；当他们以船舰供给多拉培拉的时候，他们供给这些船舰是作为一个护送队的，不知道他用这些船舰作为战争的同盟者。

他攻下雷俄狄西亚

62. 当喀西约尽力利用他现有的兵力做好了准备的时候，他又和多拉培拉进行第二次战役。在第一次战役中，胜负未分；但是在第二次战役中，多拉培拉在海上被打败了。于是喀西约完成了他的丘冈，攻击多拉培拉的城墙，使城墙震动。喀西约想贿赂一个夜间守卫的队长马苏斯，没有成功；但是他收买了一些白天守卫的百人队长们；正当马苏斯休息的时候，那些百人队长

多拉培拉被杀

们秘密地把一些小城门一一打开，使喀西约的军队在白天进城来了。当城市陷落的时候，多拉培拉把他的头颅伸到他的私人卫兵的面前，要他割下来，送到喀西约那里去，以保证他自己的完全。这个卫兵把他的头割下来，但是他也自杀了，马苏斯也自

杀了。喀西约要多拉培拉的军队宣誓，为他服务。他劫掠了雷俄狄西亚的神庙和金库，惩办了城中的主要公民，对其余的公民勒索了很重的捐税，所以这个城市陷于极端悲惨的情况中。

63. 雷俄狄西亚被攻下之后，喀西约转而注意埃及了。当他知道克娄巴特拉将要把一个很强大的舰队和屋大维及安敦尼联合起来的时候，他打算阻止这个舰队的航行，并惩罚女王，因为她有这个企图。在此以前，他认为埃及的情况对于实现这些计划是特别有利的，因为埃及已为饥荒所困，阿利那斯把军队带走以后，那里没有很多的外国军队。正当他这样兴奋，这样充满了希望，这样感到有良好的机会的时候，布鲁图送来了紧急消息，说屋大维和安敦尼正在越渡亚得里亚海了。喀西约无可奈何地放弃了他对埃及的希望。他又派遣他的帕提亚骑兵弓箭手带了许多礼物和大使们一块儿到他们国王那里去，请求多派一些辅助军来。这支军队在决定胜负的战役发生了之后才来到，劫掠了叙利亚和许多邻近的省份，直至爱奥尼亚，然后回国去。喀西约命令他的侄儿带着一个军团留在叙利亚，预先派遣他的骑兵到卡巴多西亚去，这些骑兵不久就杀了阿里俄巴赞尼斯，因为他阴谋反对喀西约。于是他们夺取了他的巨大财富和其他军需品，都带到喀西约那里来了。

布鲁图告诉喀西约说，屋大维和安敦尼正在越渡亚得里亚海了

64. 塔苏斯的人民分裂为两个党派。一个党派给喀西约戴上花冠，他是先到的。另一个党派给多拉培拉戴上花冠，他是后到的。两个党派都是以城市的名义而这样做的。因为居民先后轮流把他们的荣耀加在每个人身上，他们两人都把它当作一个反复无常的地方而怨恨它。喀西约战胜了多拉培拉之后，对这

喀西约攻陷塔苏斯

个城市征收1 500他连特的贡税。他们不能找到这笔款项，而士兵们以暴力逼他们交纳，因此人民出卖他们所有的公产，以后又把所有宗教游行用的圣物和神庙中的供神礼品都铸成货币。因为这些还不够，行政长官们出卖自由人为奴隶，首先出卖少年男女，后来出卖妇女和可怜的老人，这些老人的价格很贱；最后又出卖青年人。这些人大部分都自杀了。最后，喀西约从叙利亚回来的时候，怜悯他们所受的痛苦，把未交足的贡税免除了。这就是塔苏斯和雷俄狄西亚所遭受的灾难。

IX. 罗得斯抵抗喀西约的进攻及其陷落

喀西约要求罗得斯投降

65. 当布鲁图和喀西约会商的时候，布鲁图主张把他们的军队联合起来，把马其顿作为他们主要的根据地，因为敌人有40个军团，其中8个军团已经渡过了亚得里亚海。喀西约认为他们还可以把敌人置之度外，因为他相信敌人人数众多，粮食缺乏，会自己消耗殆尽的。他认为他们最好是征服罗得斯人和吕西亚人，因为他们和屋大维及安敦尼友好，他们都有舰队，否则当共和党人正忙于对付敌人的时候，他们会攻击共和党人的后方。他们决定这样做了之后，他们分手了，布鲁图去进攻吕西亚人，喀西约去进攻罗得斯人；喀西约是生长在罗得斯，同时又是在罗得斯受到希腊文学的教育的。因为他必须和一些有海军优势的人作战，所以他仔细地准备他自己的船舰，船舰上装满军队，在门都斯训练他们。

66. 显贵的罗得斯人对于和罗马人冲突的前途感到惊慌，

罗得斯人决心战斗

但市民很乐观，因为他们回忆以前他们对于一些性质不同的人所取得的胜利。① 他们把他们最好的33条船舰下水，但是他们这样做的时候，他们还是派遣了使者们到门都斯去，劝喀西约不要藐视罗得斯，因为罗得斯总是抵抗那些低估了它的人以保卫它自己的，劝他不要不顾罗得斯人和罗马人之间现有的条约，这个条约规定他们彼此不得以武力相对待的。如果他怀怨他们没有给予他以军事援助的话，他们愿意听罗马元老院的命令；如果元老院这样要求的话，他们愿意给予这样的援助。

当他们这样说了之后，喀西约回答说，关于其他的问题，战争会决定，而不是言语所能决定的；但是关于那个禁止他们彼此以武力相见的条约，罗得斯人首先破坏这个条约，因为他们和多拉培拉联盟，以反对喀西约。那个条约规定他们在战争中彼此互相援助，但是当喀西约要求援助时，他们向罗马元老院身上推托，现在元老院的元老们不是逃亡了，就是被控制罗马城的暴君们所俘虏了。这些暴君们将要受到惩罚，罗得斯人如果不迅速地服从他的命令的话，也将因为袒护这些暴君们而受到惩罚的。这就是喀西约对他们的答复。比较谨慎的罗得斯人更加惊慌了，但是群众受到了亚历山大和那西阿斯两个演说家的煽动，这两个人提醒他们不要忘记米特拉达梯带着更大的舰队侵略过罗得斯，在他以前狄密多留②也侵略过罗得斯。

因此，他们选举亚历山大为主席（主席是行使最高权力的行

① 此地指狄密多留·波利奥克特（公元前307年）和米特拉达梯（公元前88年）（英译注）。参阅XII. 24—26。——译者

② 马其顿国王。——译者

政长官)和那西阿斯为他们舰队的海军大将。

他们派遣阿基拉斯为大使到喀西约那里去

67. 但是他们又派了阿基拉斯为大使,到喀西约那里去,呈递一个更恳切的请愿书,因为阿基拉斯是他过去在罗得斯的希腊文学教师。他呈上请愿书,很亲密地握着喀西约的右手,说:"希腊人的朋友啊,不要毁坏一个希腊城市,自由的朋友啊,不要毁坏罗得斯。不要使一个从来没有被人征服的多利亚人的国家的光荣受到侮辱。不要忘记你在罗得斯和罗马所学的著名历史——不要忘记在罗得斯所学的关于罗得斯人为了自由反抗过许多国家、许多国王(特别是反抗狄密多留和米特拉达梯,他们两人被认为是无敌的)的伟绩,而你们说你们也正在为自由而斗争——,不要忘记在罗马所学的关于我们对于你们的贡献,其中特别是当我们和你们一块儿进攻安提阿大王的时候,所做出的贡献;关于这件事,你们曾经刻在纪念碑上,以为我们的荣耀。"

"罗马人啊,关于我们的种族,我们的尊严,我们过去从来没有被人奴役的情况,我们的同盟,我们对于你们的友谊,我所要说的就是这样。"

68. "至于你,喀西约啊,你对于这个城市应当特别尊敬,因为你是在这里长大的,受过教育的,生活在这里,有家在这里,在这里你进过我的学校。你应该对我尊重,我曾经希望我会有一天以教育过你而自豪,但是现在我替我的国家申诉这种关系,恐怕我的国家将被迫和你——它的学生,它所监护的人——作战;在这个战争中,不是罗得斯人完全毁灭,就是你,喀西约啊,被打败,二者必居其一的。除我的请求外,我还给你一个忠告:当你为罗马共和国进行这样重要的工作的时候,你在每个步骤上都要把神明当作你的领导者。罗马人啊，当你们最近通过盖约·恺撒和我们订立条约的时候，你们当着神明宣誓保证，宣誓之后，又举行奠酒，伸出右手来，这种保证，就是在敌人中间也是有效的，难道在朋友们和监护人中间不应当有效吗？除了害怕神明的裁判外，你应当注意人类的舆论，他们认为没有什么事情比破坏条约更为卑鄙的，这种举动将使破坏条约的人在一切方面都会被朋友们和敌人们所不信任。”

喀西约的答复

69. 当这位老人这样说了之后，他还握着喀西约的手不肯放，眼泪落在他的手上；喀西约看到这种情况，脸色羞红了，似乎感到惭愧，但是他把手抽出，说，“如果你没有向罗得斯人建议不要危害我的话，那么，你自己已经危害了我。如果你已经这样建议了，而他们没有采纳你的意见的话，那么，我一定替你报复。我所受到的危害是够明显的了。第一件对不住我的事是我请求援助时，我的教师和监护人置之不理。其次，他们宁愿帮助那个不是他们抚养和教育成人的多拉培拉而不愿意帮助我。爱好自由的罗得斯人啊，最坏的是这一点：布鲁图和我，以及你们在这里所看见的元老院中最显贵的人们都是从暴君统治下逃亡出来，想努力解放他们祖国的人，而多拉培拉则企图使祖国受他人的奴役，而你们以不干预我们内战为借口来袒护他。如果我们的目的也是想夺取最高权力，那么，这才是内战；但是很明显地这是一个共和国反对君主国的战争。你们为了你们的自由向我申诉，但是你们拒绝支援共和国。你们自称是罗马人的朋友，但是你们不怜恤那些没有经过审讯而被判处死刑和被没收财产的人。你们借口愿意听从元老院的命令，但是元老院现在正受到这些迫害，还不能够保卫它自己。但是元老院，当它下令所有东方的民族都应当援助布鲁图和我的时候，早已答复了你们。”

70. “你们提醒我们不要忘记，当我们扩张我们领土的时候，你们所给予我们的帮助(因为这些帮助，你们得到了丰富的利益和报酬)；但是你们看不见，当我们遭遇困难的时候，你们不肯支援我们争取自由和安全的斗争。纵或以前我们彼此没有关系的话，你们作为多利亚人种族的成员，至少现在也应当以志愿军的资格，开始为罗马共和国战争了。你们不这样想，不这样做，反而向我们引用条约——现在君主国的创立者盖约·恺撒和你们所订的条约——；但是就是这些条约上也说，在需要的时候，罗马人和罗得斯人应当彼此互助。因此，在罗马人遭遇最大的危险的时候，你们援助罗马人吧！这是喀西约向你们引用这些条约，要求你们在战争中的支援——喀西约是一个罗马公民和一个罗马将军，元老院的命令说，所有亚得里亚海以东的国家，都应当服从他的。[①] 布鲁图把这些命令给你们看了；庞培也把这些命令给你们看了，因为元老院授予他指挥海上的兵权。[②] 除了这些命令之外，还有所有逃亡的元老们的祈祷，他们有些逃到我和布鲁图这里来了，另一些人逃到庞培那里去了。条约上规定，就是单独的个人请求的时候，罗得斯人也应当援助罗马人。如果你们不把我们当作将军们，甚至不把我们当作罗马人，而把我们当作逃亡者，当作异邦人，或者如那些宣布公敌的人所称呼我们的一样，当作罪犯的话，那么，罗得斯人啊，你们和我们

① 参阅 XV. 63。——译者

② 参阅 XV. 4。——译者

之间是没有条约的，你们仅和罗马人民有条约。我们既是条约以外的人，我们决定和你们作战，直到你们在一切方面服从我们的命令时为止。”

喀西约说了这些讽刺话之后，把阿基拉斯送回去了。

71. 同时，罗得斯的领导者亚历山大和那西阿斯带着 33 条船舰进攻在门都斯的喀西约，想出其不意地袭击他。他们认为他们过去是在门都斯袭击米特拉达梯而取得了那次战争的胜利的；他们现在有点轻率地把他们的希望寄托在这个幻想上。为了表现他们的航海技术，他们第一天在奈达斯列成阵势。第二天他们在公海中出现在喀西约的军队面前。喀西约在惊慌中航海去进攻他们，这是双方兵力和能力都很强的一个战役。罗得斯人乘着他们的轻快船，迅速地冲过敌人的阵线，回转头来进攻敌人的后方。罗马人的船舰比较沉重些，每次当他们能够和敌人接近的时候，好像在陆地上交战一样，因为他们船身的重量较大，总是胜利的。喀西约因为船舰较多，能够包围敌人，于是敌人不能再转动冲破他的阵线了。当他们只能从正面进攻，然后再转向上风头的时候，在他们所陷入的狭窄海面上，他们的航海技术没有用了。用船头撞击和从侧面移动①以攻击较重的罗马船舰，给敌人的损害少；而较重的罗马船舰撞击较轻的船舰比较有效些。最后，3 条罗得斯船舰连同水手们被俘虏了，两条被撞沉了，其余的受了损失，逃回罗得斯去了。所有的罗马船舰都回到门都斯，他们在那里修理船舰，因为大部分船舰也受了损伤。

喀西约和罗得斯人的海战

罗得斯人退却

72. 罗马人和罗得斯人在门都斯海战的结果就是这样的。

---

① ἀποσίμωσις 显然是绕出阵线，以避免正面进攻。——英译者

当战争正在进行的时候，喀西约从一个山上瞭望这个战斗。当他把他的船舰修理好了之后，他航行到罗利马，这是罗得斯人在与罗得斯岛相对的大陆上一个设防的地方；他从那里用运输船把方尼阿斯和林都拉斯所带的步兵运送过海。他亲自带着80条装备得令人害怕的船舰前进。他带着他的海陆军包围了罗得斯城，于是静止了，期待着敌人会出现动摇的现象。但是罗得斯人又勇敢地航行出来了，他们又丧失了两条船之后，四面都被包围了。于是他们爬上城墙，把投射器堆满了城墙，同时抵抗那些从面向大陆一边来进攻他们的方尼阿斯的士兵。喀西约率领海军前进，准备从海上进攻城墙上的防御。他预料有这种需要，所以他带来了分段的攻城机，现在他把攻城机竖立起来了。罗德斯经过两次海上战败之后，就这样在海上和陆地上被包围了，正如突如其来地遭遇困难的时候所常有的那样，它完全没有准备就被包围；因此，很明显地罗得斯不是由于轰击，就是由于饥饿而迅速地陷落了。比较聪明的罗得斯人看到了这种情况，就跟方尼阿斯和林都拉斯取得了联系。

喀西约围攻罗得斯城

73. 当这些事情正在进行的时候，喀西约没有显示暴力或利用云梯，忽然带着一队精选的士兵在城内出现。大多数人猜测，那些倾向于喀西约的公民，因为怜悯这个城市和害怕饥饿，把那些小门打开了；事实似乎是这样的。

罗得斯陷落，被迫缴纳贡税

罗得斯就是这样陷落了。喀西约坐在法庭上，在他坐位旁边竖立一支长矛，以表示他是以长矛占领这个城市的。他以严格的命令约束他的士兵，以死威胁使用暴力或劫掠的人，于是他按名召集大约50个公民到他那里来，当他们被带来的时候，就把他们处以死刑。其余的大约 25 个人，没有被找着，他就宣布把他们放逐。所有在神庙中和国库中发现的金银，他都夺取了，他命令有金银的人在指定的日期把金银都拿到他那里来，宣布凡隐瞒者处死刑，凡告密者可以得到十分之一以为奖赏；如果告密者是奴隶的话，除金钱的报酬外，还可以得到自由。起初，许多人把他们所有的金银隐藏起来，希望这个威吓最后不会实行的；但是当他们看见告密者得到奖赏，被告发者受到惩罚的时候，他们恐慌了，他们得到允许，另外指定一个日期之后，他们有些人把金银从地下挖出，有些人从水井中取出，有些人从坟墓中取出，其数量远远地超过了以前所聚敛的金钱。

从亚细亚勒索十年的贡税

74. 罗得斯人所遭遇的灾难，就是这样的。琉喜阿斯·发禄带着一支驻军，留在那里统治他们。喀西约虽然因为罗得斯迅速地被攻下以及所取得的金银数量之大而喜欢，但是他命令所有亚细亚其他民族捐献 10 年的贡税，这笔款项他们在一个很短的时间内就交纳了。现在他得到了克娄巴特拉将带着一支巨大的舰队，装着很多的粮食，航往屋大维和安敦尼那里去的消息。以前她因为和老恺撒的关系，是袒护他们的；现在她因为害怕喀西约，更加袒护他们了。喀西约命令麦可率领一军团精兵、一定数量的弓箭手和 60 条装有甲板的船舰，前往伯罗奔尼撒，在塔纳隆地角附近埋伏着；〔他去了，〕尽量地向伯罗奔尼撒人掠夺财富。

X. 布鲁图进攻吕西亚和桑萨斯人的英勇抵抗

布鲁图在马其顿

75. 现在我决定叙述布鲁图在吕西亚所做的事了;为了恢复我们记忆起见,首先让我们看一看在上面已经说过的一些事情。[①] 当他从阿彪利阿手中得到了他部下的某些士兵连同阿彪利阿在亚细亚所征集的贡款 16 000 他连特之后,他进入彼奥提亚。因为元老院已经通过他可以利用此款以供目前的需要并任命他为马其顿以及伊利里亚的总督,他有了在伊利里亚的那 3 个军团的兵力,伊利里亚的前任总督发提尼阿斯把军队交给他了。另外还有一个军团是他在马其顿从马可·安敦尼的兄弟盖约手中俘虏过来的。[②] 除此之外,他又募集了 4 个军团,所以他共有 8 个军团,这些军队大多数是在盖约·恺撒部下服过务的。他有一支很大的骑兵队伍,许多轻装部队和弓箭手。他对他的马其顿士兵估价很高,他以罗马的方式训练他们。当他还在那里聚集军队和金钱的时候,从色雷斯来了一件很幸运的事情。情况是这样的:色雷斯的一个王公的妻子波利谟克拉提亚,因为她的丈夫为仇人所杀,她的儿子还是一个小孩,她担心她的儿子的安全,所以带着他来到布鲁图那里,把她的儿子和她丈夫的财富一起交给布鲁图。布鲁图把这个小孩交给塞西卡斯的居民抚养,等待将来他有时间去恢复他的王国。在她的财富中,布鲁图发现了出乎意外的大量金银。他把这些金银铸成货币。

① 参阅 XV63。——译者
② 参阅 XV.79。——译者

76. 当喀西约来了,他们决定首先征服吕西亚人和罗得斯人的时候,布鲁图首先把他的注意力转向吕西亚的桑萨斯人。桑萨斯人破坏了他们的四郊,使布鲁图在那里找不到住所和物资。他们又环绕着城市,挖一条壕沟,修一道堤防,垂直50多英尺高,宽度和高度相等,他们在堤上作战,可以站在堤上投射标枪和射箭,好像被一条不可逾越的河流保护着一样。布鲁图包围这个地方,他把可以移动的雉堞向前推进以掩护他的士兵,把军队分为日夜两班,从很远的地方运来物资,催促和鼓励他们,好像为了得到奖品一样,尽量使用他们的热情和劳力;这项工作,在反抗的敌人面前,似乎是完全不能做到的,或者只有用几个月的工夫才能作到的,现在在几天之内就被他完成了。现在桑萨斯人被紧密地包围起来了。

他进攻桑萨斯

77. 现在布鲁图时而用撞城机轰击他们的城墙,时而用步兵进攻他们的城门,这些步兵经常调换。守城者总是和生力军战斗,虽然疲劳了,而且都受了伤,但是只要他们的短墙仍存在的话,他们还是坚持着。当这些短墙被轰倒,城塔被击破了的时候,布鲁图预料到将要发生的事情,所以命令那些正在进攻城门的士兵撤退。桑萨斯人以为敌人的工事没有人防守了,夜间带着火把从城中冲出,想放火焚毁攻城的机械。罗马人按照命令,突然向他们进攻,他们又向城门口逃跑,但是城门的守卫者恐怕敌人跟着他们冲进城来,把城门关了,他们不能进去,所以许多被关在城外的桑萨斯人被屠杀了。

桑萨斯人的拼命防卫

78. 不久之后,剩下的桑萨斯人大约在一个中午的时候,又从城中出来突击,因为围城的军队又撤退了,他们纵火焚烧所有的攻城机械。因为上次灾难的缘故,这次城门打开,让他们可以进去,大约有 2 000 罗马士兵跟着他们冲进城内了。当其余的罗马士兵还从城门口向城内拥进的时候,忽然城门的吊闸落下来,压着他们,这或者是由于桑萨斯人的计划,或者由于绳索偶然的折断,所以有些正在冲进城内的罗马人被压成粉碎,而另一些已经冲进城内的罗马人发现他们的退路被切断了,因为没有起重机,他们是不能举起城门的吊闸的。桑萨斯人从狭窄街道的屋顶上阵雨一般地向罗马人投射投射器,罗马人经过很大的困难向前冲去,最后他们达到附近的广场,他们在那里和敌人进行肉搏战,把敌人打败了,但是在阵雨一般的弓箭射击之下,而他们既没有弓也没有标枪,所以他们逃往萨彼敦①神庙的附近,以免被包围。城外的罗马人很紧张了,他们担心城内的罗马人,他们用了一切的办法,同时布鲁图也到处乱跑,但是他们不能够冲破闸门,因为闸门是用铁保护着的;他们也不能得到云梯或攻城塔,因为他们自己的攻城机械已被焚毁。但是他们有些人做了一些临时的云梯,另一些人推动树干倚靠城墙,把它当作梯子爬上去。还有一些人把铁钩子系在绳索上面,把它们抛到城墙上去;每当有一个钩子钩着城墙的时候,他们就爬上去。

桑萨斯的陷落

79. 桑萨斯人的邻人厄南底亚人,因为和桑萨斯人有仇,所以和布鲁图建立同盟;现在他们从巉崖方面爬进城去。当罗马人看见这些厄南底亚人爬上崖石的时候,他们也千辛万苦地跟着爬上去。许多人跌下来了,但是有一些人爬上城墙,打开了有很密的栅栏保护着的一扇小门,让攻城的一些最勇敢的人进去,

---

① 荷马史诗中,领导吕西亚人援助特洛耶人的英雄。——译者

他们腾身而起，越过栅栏。因为现在人数比较多些了，他们开始乱劈那扇闸门，因为闸门的里边一面是没有铁保护着的，而另一些人从外面乱砍，以帮助他们。当桑萨斯人正在大声呼喊向萨彼敦神庙附近的罗马人进攻的时候，那些在城内和城外拆毁那扇闸门的罗马人很替他们的伙伴们担心，以疯狂的热忱努力奋斗。最后在夕阳西下的时候，他们把闸门打破了，成群地冲进城内，大声呐喊，作为通知神庙中的罗马人的一个信号。

桑萨人毁灭城市和他们自己

80. 当城市陷落的时候，桑萨斯人急忙跑到他们的家里去，把他们最亲爱的人杀死，这些人也自愿地让他们屠杀。布鲁图听到这些悲哭的声音的时候，他以为有人在那里劫掠，他命令他的军队去阻止；但是当他知道这些事实的时候，他怜悯这些公民的爱好自由的精神，派遣使者们去向他们提出条件。他们向使者们投射投射器，他们把家里的人杀死了之后，把尸体放在火葬堆上，这些火葬堆是他们事先在家里预备好了的，于是他们纵火焚烧，把他们自己也杀死在火葬堆上。布鲁图救出了那些他能够救出的神庙，但是只俘虏了桑萨斯人的奴隶；在公民中间只俘虏了几个自由的妇女和不到150个男人。

这样，桑萨斯人因为热爱自由的缘故是第三次毁灭了，因为当这个城市被居鲁士大王的将军米堤人哈巴拉斯所包围的时候，他们也同样地毁灭了自己，而不愿意受人奴役，于是这个城市变为那些被哈巴拉斯所包围的桑萨斯人的坟墓；据说，他们在腓力的儿子亚历山大手中，也遭到了同样的命运，因为就是在亚历山大已经成为地球上这样大的一部分土地的主宰的时候，他们也不愿意向他屈服。

攻下巴塔拉

81. 布鲁图从桑萨斯下到巴塔拉，这个城市有点像是桑萨斯人的港口。他带着军队包围这个城市，命令居民在一切方面服从他，否则将遭受桑萨斯人的同样的命运。他把一些桑萨斯人送到他们那里去，这些桑萨斯人为他们自己的不幸而悲伤，劝告巴塔拉人采取比较贤明的计划。因为巴塔拉的居民对这些桑萨斯人没有做任何答复，布鲁图把当天剩余的时间给予他们考虑，他就离开那里。第二天早晨他率军前进。巴塔拉人在城墙上大声叫喊，说他们愿意服从他的一切命令，打开他们的城门。他进了城，他没有杀害任何人，也没有放逐任何人；但是他命令他们把城市所有的金银交给他，每个公民把他的私产也交出，对隐瞒者的处罚和对告密者的奖赏，跟喀西约在罗得斯所宣布的完全相同。[①] 他们服从了他的命令。有一个奴隶证明他的主人隐藏了他的金子，他向那个被派来寻找这些金子的百人队长指出金子来。所有有关的人都被带到法庭里来了。那个奴隶主缄默无言，但是那个跟着来、想挽救她的儿子的母亲，大声喊道，是她隐藏了金子。那个奴隶，虽然没有被责问，和她争辩，说她扯谎，隐藏金子的是他的主人。布鲁图赞许这个青年的缄默，同情他的母亲的悲苦。他允许他们母子带着金子离开那里，不加伤害；他把那个奴隶钉死在十字架上，因为他控告他的主人过于热心。

82. 在同一个时候，被派往迈拉人的海港安得里阿斯去的林都拉斯攻破了封锁海港的铁索，爬上了迈拉城。因为居民服从了他的命令，他用和在巴塔拉一样的方法聚集了金钱后，回到

① 参阅本卷第73。——译者

布鲁图那里。吕西亚同盟派遣大使们到布鲁图那里去，答应和他订立军事同盟，把他们所有的金钱贡献出来。他对他们征收税款，他使那些自由的桑萨斯人回到他们的城市里去。他命令吕西亚人的舰队和他自己的船舰一块儿航往阿卑多斯，在那里他将和他的陆军会合，以等待喀西约，因为喀西约正从爱奥尼亚来，然后他们可以一块儿渡海到塞斯都斯去。在伯罗奔尼撒埋伏等待克娄巴特拉的麦可[1]知道她的舰队在利比亚海岸遇到暴风雨的破坏，看见打破了的船只被波浪冲到拉哥尼亚来了，知道她经过很多困难才回国，同时她也病了，因此，他航往勃隆度辛，以免他带着这样大的一支舰队没有事情做。他停泊在和港口相对的一个岛屿旁边，以阻止敌人的其余军队和物资渡海到马其顿去。每次当安敦尼用运输船派遣他的分遣队出来，等待大陆上的大风的时候，他即利用他现有的少数战舰和安装在木筏上的楼塔跟麦可战斗，使他的军队不致为麦可所俘虏。因为他进行得不顺利，所以他求助于屋大维，屋大维正在西西里沿岸的海面上和绥克斯都·庞培为争夺西西里岛而战争。

麦可航往勃隆度辛去封锁安敦尼

XI. 绥克斯都·庞培占领西西里，击败屋大维的海军。屋大维和安敦尼渡海向腓力比进军

83. 庞培的情况是这样的。他是伟大的庞培的幼子，他在西班牙最初为盖约·恺撒所藐视，认为他年纪轻，又无经验，似乎不会做出什么重要的事情来。他带着少数随从在海上漂泊，

前 45 绥克斯都·庞培在西班牙的行动

① 参阅本卷第 74。——译者

从事海上劫掠生活，隐瞒着他是庞培。当参加他一起从事劫掠的人数渐多、他的力量足够强大的时候，他才暴露出他的姓名来。那些曾经在他父亲和哥哥部下服过务的人和那些过着流浪生活的人立时都跑到他那里来，把他当作天然的领导者；被剥夺世袭王国的阿拉比俄[①]也从阿非利加跑到他那里来了，如我在前面已经说过的[②]。因为他的队伍这样扩大了，现在他所做的事情就比劫掠更为重要了；因为他从一个地方奔驰到另一个地方，庞培的名字传遍了西班牙——一个最大的行省；但是他避免和盖约·恺撒所任命的西班牙总督们交战。当恺撒知道他的行动的时候，就派遣卡赖那斯带着一支较强大的军队去打他。但是因为庞培比较敏捷些，他时而出现，时而隐蔽，他这样消耗敌人的力量，占领了许多大大小小的市镇。

前 44 84. 于是恺撒派遣阿西尼阿斯·波利俄去继任卡赖那斯的职务，进行反对庞培的战争。当他们正在势均力敌地进行战争的时候，恺撒被刺了，元老院下令召回庞培。[③] 庞培到了马塞利亚，在那里注视罗马事情的发展。元老院任命他为海上司令官，授予他和他的父亲以前行使过的同样的权力，但是他还没有回到罗马，他只带着他在各海港中所能找到的船舰，把这些船舰和他从西班牙带来的船舰联合在一起，然后他就开始航行海上

前 43 他航往西西里 了。当三巨头同盟成立的时候，他航往西西里；因为西西里的总督俾泰尼卡斯不愿把这个岛屿交出，他就围攻俾泰尼卡斯，直到

---

① 参阅本卷第 54。——译者

② 参阅 XIV. 105，122 及本卷第 54。——译者

③ 参阅 XV. 4。

被宣布为公敌的赫喜阿斯和方尼阿斯从罗马逃出，才劝告俾泰尼卡斯把西西里交给庞培。

85. 这样，庞培就占有了西西里，因此，他有了船舰、一个靠近意大利很便利的岛屿、一支现在数目相当大的军队，这支军队是由他过去所已有的军队和那些从罗马逃出来的人，包括被解放的奴隶和奴隶在内，或者由那些被宣布为士兵们胜利奖赏的意大利各城市①所派来的人所组成的。这些意大利城市害怕三巨头的胜利比什么还厉害，凡是它们能够做到来反抗他们的事，它们都秘密地做了。富有的公民们从一个他们现在已经不能再认为是他们的祖国的国家里逃出，跑到庞培这里来避难，因为那时候庞培是一切人所深为爱戴的。和他在一起的还有许多以航海为职业的阿非利加人和西班牙人，他们精于航海事务；所以庞培有充足的军官、船舰、军队和金钱。当屋大维知道了这些事情之后，他派遣萨尔维丁那斯带着一支舰队到庞培附近来消灭他，好像是一件很容易的事情一样，而屋大维自己则从意大利通过，想在利吉姆和萨尔维丁那斯相会合。庞培带着一支大的舰队前来迎击萨尔维丁那斯，于是他们两人在海峡的入口西利阿姆地角附近发生海战。庞培的船舰比较轻便些，有较好的水手装备着，在速度上和技术上都很优越；而罗马人的船舰装载量和体积都大些，行动笨重。当经常的波浪从海峡中冲出，在潮流的影响下海水到处撞击的时候，庞培的水手们所受的痛苦比他们的敌人少些，因为他们对于海上波涛的起伏已经习惯了；而萨尔维丁那斯的水手们，由于缺少经验，站立不稳，不能使用他们的桨，也

前 42

庞培和萨尔维丁那斯的海战

① 参阅本卷第3。——译者

不能管理他们的舵，因此陷于混乱。大约在夕阳西下的时候，萨尔维丁那斯是首先发出退却的信号的。庞培也撤退了。双方船舰所受的损失相等。萨尔维丁那斯退到海峡对面的巴拉鲁斯港，他在那里修理破坏的残余舰船。

屋大维和安敦尼渡过亚得里亚海

86. 当屋大维到了的时候，他郑重地答应利吉姆和维波的居民，把这两个城市从胜利奖赏的表册内免除，因为这两个城市接近海峡，所以他害怕。因为安敦尼已经派人来，要他赶快去，所以他航海到勃隆度辛去和安敦尼联合在一起，让西西里和庞培留在他的左侧，把征服西西里的事情暂时搁置了。屋大维到了的时候，麦可从勃隆度辛稍微后退一点，使他不致受安敦尼和屋大维的夹攻，他在那里守望着，想阻止运输船把军队从勃隆度辛运到马其顿去。这些运输船有三列桨巨舰护送，但是很大的顺风吹起来了，这些运输船不需要护送，毫无恐惧地冲过海面。麦可烦恼了，但是他埋伏着，等待这些空船回来。但是这些运输船回来，载着其余的军队，又乘着顺风渡过海了，直到最后全部军队以及屋大维和安敦尼都渡过海去。虽然麦可承认他的计划因命运决定而失败了，但是他还是驻扎在那里，以便尽力阻止敌人的军需、粮食或补充军队渡海。布鲁图和喀西约派遣多密提阿斯·阿希诺巴包斯①又带着50条船舰，一个军团和一队弓箭手来，同他合作，他们认为这件工作是最有利的，因为三巨头在别处没有充足的给养，所以他们认为切断他们从意大利的运输是最重要的。

所以麦可和多密提阿斯带着他们130条战舰、数量更多的

① 他的父亲，名字相同，是恺撒的敌人，在法萨鲁被杀的。——英译者

小船和他们的大军到处航行，以扰乱敌人。

87. 同时屋大维和安敦尼所预先派遣带着8个军团到马其顿去的狄西提阿斯和诺巴那斯开始从马其顿走过1 500斯塔狄亚的路程，向色雷斯的山岳地带进军，直到最后他们越过了腓力比城，夺取了在累斯卡玻里统治下的科彼利人和萨彼亚人所占有的险隘，那里是人们所知道的从亚细亚到欧罗巴的惟一道路。布鲁图和喀西约从阿卑多斯渡过海峡到塞斯都斯以后所遇着的第一个阻碍就在这里。累斯卡玻里和累斯卡斯是色雷斯王族中的两兄弟，两人统治一个国家。对于应当和哪一方面联盟的问题上，那时候，他们两人发生了意见，累斯卡斯带着军队帮助安敦尼，而累斯卡玻里则帮助喀西约，两人各有三千骑兵。当喀西约的部下跑来探问路程的时候，累斯卡玻里告诉他们说，从伊纳斯和马罗尼亚去的道路是路程短而且是经常走得最多的道路，但是这条道路通到萨彼亚人的峡谷，而这个峡谷是敌人占据着，因此是不能通过的；而那条迂回的道路很不好走，而且路程有三倍之远。

他们的先锋部队向腓力比进军

88. 布鲁图和喀西约认为敌人占据那个阵地的目的不是阻止他们通过那个地方，而是因为粮食缺乏，想通过那里往色雷斯去，而不往马其顿去，所以他们从莱西马基亚和卡狄亚（这两个地方像大门一样封锁着色雷斯的刻索尼苏斯地峡）向伊纳斯和马罗尼亚进军。[①]第二天把他们的军队带到墨拉斯湾。[②]他们在

① 原文说，他们向伊纳斯和马罗尼亚进军，然后再从那里向莱西马基亚和卡狄亚出发，这就和他们实际上往腓力比海路线相反了。什威克豪塞断定这是抄写者的错误。——英译者

② 墨拉斯湾在伊纳斯东边的一日路程，不是在西边（英译者）。墨拉斯湾在色雷斯和色雷斯的刻索尼苏斯半岛之间。——译者

这里检阅他们的军队，共有 19 个军团的步兵。其中布鲁图有 8 个军团，喀西约有 9 个军团，都不足额；但是其中有两个军团几乎是足额的，①所以他们集合了大约 80 000 步兵。除去 2 000 名色雷斯人和伊利里亚人，帕提亚人和帖撒利人的骑兵外，布鲁图还有 4 000 名高卢人和吕息坦尼亚人的骑兵。喀西约有 2 000名西班牙人和高卢人的骑兵以及 4 000 名阿拉伯人、米堤人和帕提亚人的骑兵弓箭手。亚细亚加拉西亚人的同盟国王们和王公们带着一支很大的步兵队伍和大约 5 000 名骑兵跟着他在一起。

XII. 喀西约在墨拉斯湾对士兵们的演说

布鲁图和喀西约在墨拉斯湾检阅他们的军队

89. 这就是布鲁图和喀西约在墨拉斯湾检阅的军队的数目，他们带着这支军队进行战斗，把其余的军队留在别处担任防务。他们为军队举行一次洗罪典礼之后，把过去答应的而尚未付清的全部赏赐都付给士兵。他们已经准备了充足的金钱，以便用礼物讨好士兵们，特别是那些过去曾在盖约·恺撒部下服务而人数众多的士兵们，恐怕他们一看见正在前进的少恺撒或听见他的名字，就会变心的。因为这个缘故，他们认为最好是公开地对士兵们发表演说。于是建筑一个很大的讲台，两位将军坐在台上，只有元老们跟着他们在一起。他们自己的士兵们和同

① 原文有讹误。ζνώδεκα 一字可能是 δύο 之误。这 17 个所谓军团实际只等于 12 个足额的军团。——英译者

盟军站在台下的周围，这些士兵们看到自己的人数众多，十分喜欢，因为这是他们所看见过的一支最大的军队。对两位将军来说，他们部下人数的众多是最大的希望和勇敢的直接源泉。这一点比任何东西更能够坚定军队对他们的将军们的忠诚，因为共同的希望产生了良好的感情。和在一般这种场合之下的情况一样，人们发出嘈杂的声音。传令官们和号兵们宣布肃静；当士兵们肃静了的时候，两位将军中年龄较大的喀西约走在他的同伴的前面一点，发言如下：

90. "同伴士兵们啊，像目前一样，一个共同的危险是第一件事情使我们团结在一起，彼此以忠诚相待。第二件事情是我们已经把我们所答应给你们的东西都给你们了，这就是对于我们所答应将来给予你们的东西一个最可靠的保证。所有我们的希望都寄托在勇敢上——寄托在你们同伴士兵们的勇敢上和我们的勇敢上，就是你们所看见的在这个讲台上的人，这一群显贵的元老们。正如你们所看见的那样，我们有来自罗马各省和同盟国王的最充足的军需、粮食、武器、金钱、船舰和辅助军队。共同的目的和共同的利益使你们团结在一起，那么，为什么要用言辞来鼓励你们的热情和统一你们的意见呢？这两个人，[①]我们的敌人，对我们的诽谤，你们是完全了解的，正因为这个缘故，你们才愿意拿起武器来和我们站在一起。但是再把我们的理由向你们解释一次，似乎是恰当的。这些理由可以向你们证明，我们战斗是有最光荣和最正义的原因的。"

喀西约对共和军的演说

① 指屋大维和安敦尼。——译者

91. “我们和你们一道在战争中为恺撒服务，在他的部下指挥军队，使他升到崇高的地位。我们这样长时期地继续做他的朋友，所以没有人能够认为我们谋杀他是因为任何私怨。这是在和平的时候他犯的罪行，不是侵犯我们，他的朋友们（因为就是在他的朋友中，我们也是受到他的尊重的），而是侵犯了法律，侵犯了共和国的秩序。当时没有任何最高的法律了，无论贵族的法律也好，平民的法律也好；我们的祖先们，当他们驱逐国王，宣誓绝对不容许再有国王政府的时候[①]所建立的制度也没有了。我们，那些这样宣誓的人的子孙们，支持这个誓言，防止自己遭受这个诅咒。他一个人从人民手中夺去了管理公款、军队和选举的权力，而加于他自己的身上；从元老院手中夺去了任命行省总督的权力；在各方面，他就是法律，以代替一切法律，他是一个最高统治者，以代替有主权的人民，他是一个专制君主，以代替元老院的权力；他虽然是我们的朋友和恩人，但是这种情况，我们再也不能容忍了。”

92. “可能你们不了解这些个别的事情，而只看见他在战争中的勇敢。但是你们现在只要注意那些跟你们自己有关的那一部分事情，你们就会很容易地知道这些事情的。你们是人民的一部分，当你们去作战的时候，你们在一切事情上都服从你们的将军们，好像他们是你们的主人一样；但是在和平的时候，你们又恢复了对于我们的主权。元老院首先考虑，为了你们不致有过失，使你们决定你们自己的事情；你们按照部落或百人队来表

① 参阅 I.（XI）。——译者

决;[1]你们选择执政官、保民官和大法官。你们在人民会议中决断最重要的问题;当我们应当从你们手中受赏或受罚的时候,你们决定赏罚。公民啊,这种权力的均衡使帝国升到幸福的顶点,把荣誉给予那些应当享受荣誉的人;这样,得到荣誉的人向你们表示感谢。当你们为西庇阿在阿非利加的功绩作证的时候,你们利用这种权力,使他为执政官。[2] 你们每年选举你们所愿意选举的人为保民官,于必要时,可以为了你们的利益反对我们。但是为什么我要重复这许多你们所已经知道了的事情呢?"

93. "自从恺撒的统治开始以后,你们不再选举任何行政长官了,无论大法官也好,执政官也好,或保民官也好。你们也不再为任何人的功勋作证;纵或你们作证的话,你们也不能奖赏他们了。一言以蔽之,无论为了行政长官的职位也好,或总督的职位也好,为了批准他的行政报告也好,或者为了在审判中宣布他无罪也好,没有人对你们表示感谢了。最可悲的,你们不能保卫你们的保民官,使之不受侮辱,[3]保民官的职位是你们设立的一种特殊而永久的行政长官职位,[4]你们使这个职位神圣不可侵犯。但是你们看见这些不可侵犯的人因为一个人的命令,不经

① 罗马有三个人民会议:第一个是库里亚会议,它是按库里亚(即大民族)表决的,在共和时代,它已丧失了它的实权;第二个是森都里亚会议,它是按森都里亚(即百人队)表决的,罗马的高级行政长官,如执政官、大法官、财政官等都由此产生,实权操纵在第一、二两等级手中,因为会议中的表决权按百人队的数目计算,而一、二两等级的百人队数目已超过半数;第三个是部落会议,它的表决权是在各部落中按人数计算的,平民占多数,所以比较民主。保民官由此产生。保民官常利用部落会议反对元老院。——译者

② 参阅 VIII.(上)112。——译者

③ 参阅 XIV.108。——译者

④ 参阅 XIII.1。——译者

过审判，就被无礼地剥夺了这个不可侵犯的职位，①被剥夺了他们的神圣礼服，因为他们代表你们，认为应当反对某些想宣布他为国王的人。为了你们的缘故，元老们对于此事，深为忧虑，因为保民官的职位是你们的而不是他们的。但是元老们不能公开地谴责他，或者使他受到审判，因为他有强大的军队；这些军队过去是属于共和国的，现在他把军队变为己有。所以他们采取了防止暴君政治的惟一的办法，就是谋杀暴君本人。”

94. “这个决定必须是最好的人们的决定，但是这件事必须只由少数人来做。这件事做了之后，元老院提议给予杀戮暴君者以奖赏，②这就很清楚地表示，元老们是普遍地赞许这件事情的。但是因为安敦尼借口这样会引起混乱，阻止他们这样做，并且因为我们不是为了奖赏，而只是为了祖国，才替罗马做出这件好事情来，所以元老们就没有这样做，他们不是想侮辱恺撒，而是想除掉暴君政治。所以他们通过了对所有的人特赦令，并且特别下令，对于这个杀人案件不得起诉。③不久之后，当安敦尼煽动群众起来反对我们的时候，元老院给予我们最大的行省和最大的军队的管理权，并命令亚得里亚海和叙利亚之间所有的地区都应当服从我们。④在这样做的时候，他们是把我们当作罪大恶极的怪物来处罚呢，还是把我们当作诛戮暴君者，以紫袍和捧斧权标来加以表扬呢？为了同样的缘故，元老院把少庞培（他和这次密谋无关）从放逐中召回，⑤因为他是第一个拿起武器来保

① 参阅 XIV. 108。——译者
② 参阅 XIV. 127。——译者
③ 参阅 XIV. 135。——译者
④ 参阅 XV. 63。——译者
⑤ 参阅 XIV. 122；XV. 4。——译者

卫共和国的伟大的庞培的惟一的儿子，又因为这个青年在西班牙秘密地做了一些反抗暴君政治的事情。元老院又通过法令，以公款偿还他父亲财产的价值，任命他为海军大将，使他可以掌握兵权，因为他是站在共和国一边的。除去元老院还应当用许多言语向你们宣布这件事以外，你们还要求元老院能有些什么举动或表示来说明所做的一切都是他们所赞许的呢？但是他们将来会这样做和说出这一件事情来的；当他们能够说和能够酬谢你们的劳绩的时候，他们一说出，就会用丰富的礼品来报答你们的。”

95. “他们目前的情况，[①] 你们是知道的。他们没有经过审判就被宣布为公敌了，他们的财产被没收了。他们没有被判罪，就在家里、在街道上、在神庙中，被士兵们、被奴隶们、被私人的仇敌们所杀害了。他们从隐藏的地方被拖出，到处被追赶，虽然法律是允许任何人自愿流亡的。过去敌人的头颅从来没有被带到广场里去的，只有虏获的武器和船嘴才带到那里去；而现在最近做过执政官、大法官、保民官、营造官和骑士们的头颅都在那里示众。悬赏以奖励这些可怕的事情。这是所有过去已经医治好了的创伤的溃破——突然逮捕人，而妻子们和儿子们，被解放的奴隶们和奴隶们做出各种各样寡廉鲜耻的事情来。现在罗马已经陷入这种绝望的情况中。所有这些恶行的罪魁是三巨头，他们首先宣布他们自己的兄弟们、叔伯们和监护人为公敌。[②] 历史告诉我们，罗马城曾经有过一次被最凶暴的蛮族人所攻陷，[③]

① 参阅 XVI. 5,17 以下。——译者

② 参阅本卷第 5,12。——译者

③ 公元前 390 年高卢人攻陷罗马。参阅 IV.(I)1。——译者

但是高卢人从来没有割下人的头颅，他们从来没有侮辱过死者，他们从来没有嫉妒他们的敌人有隐藏或逃跑的机会。我们从来没有这样对待过我们在战争中所攻下的城市，也从来没有听到别人这样做过。并且，这不是一个普通的城市，而是世界的主宰，被那些推举出来恢复秩序、整顿共和国的人这样糟蹋。过去塔魁尼阿斯因为在感情冲动之下，侮辱了一个妇女，被我们的祖先们从王位上赶下去，[①]于是为了这一行为，我们的祖先决定不再受国王们的统治——塔魁尼阿斯哪里做过像他们所做的这样的事情呢？”

96. “公民啊，当三巨头正在犯了这些暴行的时候，他们称我们为身败名裂的恶汉。他们甚至宣布那些当恺撒被杀的时候不在罗马的人为公敌，[②]而他们说，他们是替恺撒复仇。许多这样的人是在这里，如你们所看见的，他们都是因为他们的财富、他们的家族、他们对于共和政府的爱戴而被宣布为公敌的。因为这个缘故，庞培也和我们一同被宣布为公敌，虽然当我们做这件事情的时候，他远在西班牙。因为他的父亲是共和党人(元老院召他回国，任命他为海军大将，也是因为这个缘故)，他被三巨头宣布为公敌了。那些妇女们也被断定有罪，要交纳捐款，[③]难道她们也参加了杀害恺撒的密谋吗？财产达到 100 000 德拉克玛的平民，也在告密者和罚款压力之下，被迫而把财产估

① 根据罗马传说，塔魁尼阿斯之子绥克斯都强奸一妇女琉克利喜阿，因而引起人民的愤怒，人民在布鲁图的领导下，驱逐塔魁尼阿斯，废除王政，建立共和。参阅李维，I. 57—60。——译者

② 参阅 XV. 95。——译者

③ 参阅本卷第 32。——译者

值，[1]难道他们也参加了密谋吗？更有甚者，新的赋税和新的捐献已经加在他们身上。三巨头虽然这样勒索也还没有把他们所答应给予他们军队的款项完全付清，而我们没有做任何违反正义的事情，反而把我们所答应的款项完全给予你们，还准备了别的款项以作更大的奖金。所以神明保祐我们，因为我们所做的是正义的。”

97. “除去神明保祐之外，你们只要看一看这些人——你们的同胞公民们，——就能够知道人类也是赞助我们的；这些同胞公民们是你们过去常常看见的，曾做过你们的将军，你们的执政官，而且当他们做将军和执政官的时候得到了你们的赞扬。你们看见，他们把我们当作主持正义和保卫共和的人来投靠。他们拥护我们的主张，替我们祈祷，协助我们来做那些尚未完成的工作。我们对那些挽救他们的人所悬的奖赏比三巨头对那些杀害他们的人所悬的奖赏，是远为正义的。三巨头知道我们既然因为恺撒擅自建立君主国而杀害了恺撒，我们绝不会容忍他们取得恺撒的权力；我们自己也不会取得这个权力，而只是替一般人民恢复我们从我们的祖先们所继承的原有政府。所以你们看见两方面决定战争的目的是不同的——敌人的目的是想建立君主国和专制制度，正如他们宣布公敌时所已经证实的那样；而我们所追求的不过是恢复祖国的自由，在祖国的法律下，作为普通公民而有单纯的生活权利而已。自然，在你们面前的人们是拥护我们的，正像过去神明保祐我们一样。在战争中，最大的希望是在正义一边的。”

---

① 参阅本卷第 34。——译者

98. “任何人不要因为过去当过恺撒部下的士兵而担心。那时候，我们不是他的士兵，而是我们祖国的士兵，所给予的薪饷和奖赏，不是恺撒的，而是共和国的。因为同样的理由，你们现在也不是喀西约的或布鲁图的士兵，而是罗马的士兵。我们这些罗马的将军们是你们的同伴战士。如果我们的敌人也有我们这种精神的话，那么，所有的人都可能不遭遇任何危险而放下武器，把所有的军队都交还共和国，让它依照它所认为最适宜的方法处理。如果他们愿意接受这些条件的话，我们要求他们这样做。他们既然不愿意这样做（因为他们宣布公敌以及他们所做的其他事情，他们是不能这样做的），那么，同伴士兵们啊，让我们有坚定不移的信心和忠诚的热忱，往前进军，只是为了元老院的自由、为了罗马的人民而战。”

99. 他们都大声呼喊，“前进！”极力催促他马上领导他们前进。喀西约对于他们的精神非常高兴，于是又宣布肃静，继续向他们演说：“同伴士兵们啊，愿那些主持正义战争和信义的神明报答你们的热忱。让我告诉你们，在将军们的深谋远虑所能提供的一切方面，我们比敌人优越得多。在军团的数目方面，我们和他们是一样多的，虽然我们在后方许多需要军队的地方留下了许多部队。在骑兵和船舰方面，在各国王，各国家以及远自米提人和帕提亚人所派来的辅助军方面，我们大大地超过了他们。此外，我们只在前面对付一个敌人，而庞培在他们后方的西西里是跟我们合作的；在亚得里亚海方面，麦可和阿希诺巴包斯，除了两个军团的士兵和一队弓箭手之外，还带着一个大的舰队和足够的小船到处巡逻，用各种方法扰乱他们；而我们的后方，无论在陆地上或海上，都是没有敌人的。关于金钱，有人称金钱为战争的命脉，他们是缺少的。他们不能支付他们所答应给予军队的款项。宣布公敌所取得的收益没有达到他们所预期的数目，因为善良的人不愿购买使人怀恨的地产。① 他们也不能从别处取得资源，因为由于内战、苛捐杂税和宣布公敌，意大利的财源已经枯竭了。感谢我们的深谋远虑，我们现在有充足的金钱，不久我们能够给予你们更多的奖赏，从我们的后方诸国收集的巨款还正在途中。”

100. “军粮的供应是人数众多的军队里的主要困难；他们只能从马其顿一个山区和帖撒利狭小的地区取得军粮，而且这些军粮必须用很艰苦的劳力才能够运到他们那里去。如果他们企图从阿非利加或琉卡尼亚或亚浦利亚取得任何粮食的话，庞培、麦可和多密提阿斯会把他们完全截断。我们有充足的粮食，每天由海上从色雷斯和幼发拉底河之间所有的岛屿和大陆上，毫不费力地运来，并无阻碍，因为我们没有敌人在我们的后方。所以进行速战，或拖延战争，以饥饿消耗敌人，这完全由我们决定。同伴士兵们啊，以人们的深谋远虑所能做到的而论，我们的准备工作是这样巨大的。希望以你们的努力和神明的保祐，将来事情的发展能和这些准备工作相适应。我们已经把我们所答应酬劳你们过去功绩的款项付给你们了，已经给予你们丰富的礼物，以酬劳你们的忠诚；为了这次更大的战役，在神明保祐之下，我们一定为你们准备和这次战役相称的奖赏。现在为了增加你们已有的工作热忱，为了纪念这次会议和这些话，我们决

① 参阅本卷第 31。——译者

定从这个讲坛上再给你们一点礼物——每个士兵1 500意大利德拉克玛，每个百人队长5倍于此数，每个军团将校按比例增加。”

他们向敌人进军

101. 他这样说完了这些话，以行动、语言和礼物鼓励了军队的士气之后，他解散了这个会议。士兵们留在那里很长的时间，尽量赞扬喀西约和布鲁图，答应尽他们的责任。将军们马上数出金钱来分给他们，对于最勇敢的士兵们，根据各种理由，给予以额外赏金。他们接受了这些金钱之后，就一队一队地从会场里散出，开始向多利斯卡斯进军，不久之后将军们也跟着来了。有两只鹰降落在军旗顶上的两只银鹰上面，啄着银鹰，或者如另一些人所说的，保护银鹰，它们停留在那里，将军们从公众储藏中用饲料喂养它们，直到战役开始的前一天它们才飞走。军队环绕着墨拉斯湾行军两天之后，到达伊纳斯，又从那里向多利斯卡斯和沿海其他市镇前进，直到塞里阿姆山。

XIII. 布鲁图和喀西约艰苦地通过色雷斯森林地带到达腓力比

提利阿斯·西姆柏带着舰队，侧击敌人

102. 因为塞里阿姆山突入海中，喀西约和布鲁图转向大陆上去，但是他们派遣提利阿斯·西姆柏带着一个舰队、一个军团的士兵和一些弓箭手，航行绕过这个海角；这个海角的土地虽然肥沃，但是以前被人放弃了，因为色雷斯人不惯于航海，害怕海盗，所以避免在沿海居住。因此卡尔西斯人和其他希腊人占据了这个地方，因为他们是以航海为业的民族；他们使这个地方的商业和农业繁荣起来了；因为有交换商品的机会，色雷斯人非常喜欢。最后，阿明塔斯的儿子腓力把卡尔西斯人和其他希腊人赶走了，所以除去他们的神庙遗迹以外，那里看不见他们的痕迹了。提利阿斯沿着这个海角航行，于是又放弃了这个海角；他按照喀西约和布鲁图的命令，在宜于扎营的地方进行测量和制图，常常带着他的船舰靠近这个海角，使诺巴那斯相信再据守这个山峡已无益处，因而放弃这个山峡，结果是，正如他所预料的，因为他的舰队一出现，诺巴那斯担心萨彼亚人的山峡的安全，要求狄西提阿斯赶快从科彼利人的山峡去支援他，狄西提阿斯真的去支援他了。科彼利人的山峡一旦被放弃，布鲁图和喀西约马上就进军，通过了这个险隘。

布鲁图和喀西约为山岳所阻

103. 当这个策略很明显了的时候，诺巴那斯和狄西提阿斯坚守萨彼亚人的山峡。布鲁图和他的部下又找不到通过这个山峡的道路了。他们大为沮丧，担心虽然时间紧迫，季节迟暮，他们现在不得不回去，开始走那条他们过去所不屑走的迂回道路。当他们正在这种情况之下的时候，累斯卡玻里说，有一条三日路程的迂回道路（沿着萨彼亚山的旁边），因为崖石多、水源缺乏和稠密的森林，在此以前，这条道路是人们所不能走过的。但是如果他们能够带着他们的饮水，修建一条狭窄、而足能通行的小路的话，他们会完全为树林所遮蔽，就是飞鸟也看不见他们。第四天他们就可以到达哈柏苏斯河畔（这条河是流入赫马斯河的）；再过一天，他们就可以到达腓力比，以侧击敌人，把敌人完全截断，使他没有退却的机会。他们采纳了这个计划，因为再没有别的办法可想了，特别是因为这个计划有包围敌人这样大的一支军队的希望。

色雷斯森林中的艰苦行军

104. 他们预先派遣琉喜阿斯·毕布拉斯带着一队士兵和累斯卡玻里去开辟一条小道。他们发现这是一个很费力气的工作,但是他们以高度的热情,完成了这项工作,特别是当有些先去的人回来说他们已经远远地看见了那条河的时候,他们的热情更高。到了第四天的时候,他们因艰苦的工作和口渴而疲惫了,他们所带的水也快喝完了,于是他们回忆起来以前所说的,他们在无水的地区只有三天。所以他们陷入恐慌之中,害怕他们中了敌人的诡计。他们不是不相信那些预先派去的,说他们已经看见了那条河的人,而是认为他们自己被领导着向另一个不同的方向走了。他们意志消沉,放声大哭。当他们看见累斯卡玻里骑着马在旁边走,鼓励他们奋勇前进的时候,他们痛骂他,向他投石头。当毕布拉斯用鼓舞的言辞要求他们坚持到底的时候,在傍晚时,最前面的士兵们看见那条河了,他们很自然地大声欢呼,这个欢呼的声音依次传下去,直达后卫。当布鲁图和喀西约知道了这个消息的时候,他们马上匆忙地向前跑,领导其余的军队通过那条已经开辟好了的小路前进。但是他们完全没有把他们的行动瞒过敌人,也没有包围他们,因为累斯卡玻里的兄弟累斯卡斯被叫喊的声音所惊醒,发生怀疑,就在那里侦察;当他看见那些事情的时候,他大吃一惊,因为这样大的一支军队通过一条无水可取的小路,他认为那里有深密的树林,就是野兽也不能穿过的。他马上把这个消息告诉了诺巴那斯的军队。诺巴那斯当夜就从萨彼亚人的山峡向安菲玻里退却。这两个色雷斯人兄弟每一个人都在他自己的军队里受到嘉奖,一个是因为他领导一支军队由一条秘密的小路前进;另一个则是因为他发现了这个秘密。

105. 这样,布鲁图和喀西约以惊人的勇敢行动向腓力比进军,提利阿斯也在那里登陆,于是全部军队都在那里会合了。腓力比这个城市,以前叫作达都斯,更早以前叫作克累奈德,①因为那里有许多泉水从一个小山的周围涌出,腓力把这个城市设防,因为他认为这是对付色雷斯人的一个绝好的要塞,并以他自己的名字命名为腓力比。它位于一个险峻的小山上,其面积大小正等于山的顶峰。累斯卡玻里领导布鲁图和喀西约的军队通过城的北面树林,其南面是一片伸展到海滨的沼泽地,其东面为萨彼亚人和科彼利人的山峡,其西面是一块很肥沃而美丽的平原,伸展到麦西那斯和德拉毕斯卡两个城市以及斯特赖梦河,约350斯塔狄亚。据说,柏塞芬尼,②当她正在这里采花的时候,被人劫走了。西加克兹河也在这里,他们说,神在越渡此河的时候,他的战车的轭折断了,这条河就是因为这个情况而命名的。这个平原向下倾斜,所以对于那些从腓力比下来的人来说,行动是很容易的;但是对于从安菲玻里上去的人来说,是很困难的。　他们到达腓力比

106. 离腓力比不远还有一个小山,叫做戴奥尼索山,山中有金矿,叫作阿西拉。从此再过10斯塔狄亚,又有两个小山,离腓力比本城18斯塔狄亚,两山彼此距离8斯塔狄亚。喀西约和布鲁图在这些小山上扎营,喀西约扎在南边的山上,布鲁图扎在　他们在那里扎营

① 意为"众泉"。——译者

② 希腊神话中植物生长女神狄密特之女,为死人国王普鲁图劫去为妻。——译者

北边的山上。他们没有进攻正在退却的诺巴那斯的军队,因为他们听到安敦尼快要到了,而屋大维因为生病,留在伊庇丹努了。这个平原的地位非常适于作战,山顶上适于扎营,因为这个地方的一边是连续不断的沼泽和池塘,直到斯特赖梦河畔,而另一边是没有道路和不可逾越的峡谷。两山之间距离 8 斯塔狄亚,是从欧罗巴到亚细亚去的主要通道,好像在两扇大门之间一样。他们在这个空地上建筑一道堡垒,从军营到军营,在当中留了一扇门,所以这两个军营实际上变成了一个军营。沿着这道

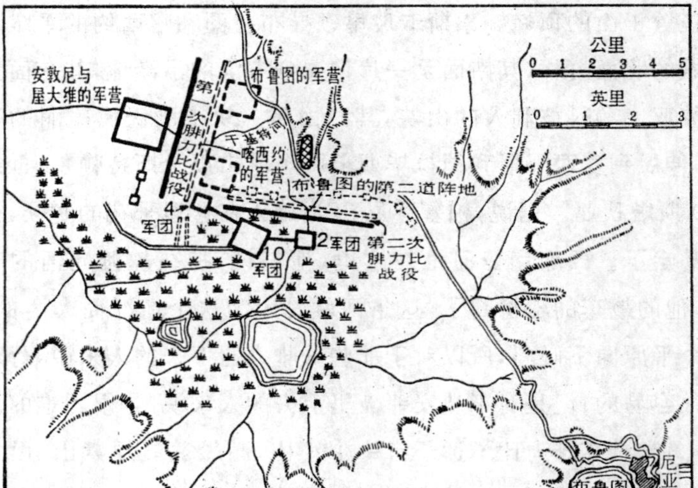

腓力比战役图

堡垒有一条河,有人称之为干加河,另一些人称之为干基特河。堡垒的后面是海,他们能够保持海上物资运输的安全。他们的仓库在塔索斯岛上,离军营 100 斯塔狄亚;他们的三列桨战舰停泊在尼亚玻里,离军营 70 斯塔狄亚。

XIV. 第一次腓力比战役

107. 布鲁图和喀西约很满意这个地势，开始在他们的军营里设防，但是安敦尼迅速地进军，想在敌人之先占领安菲玻里，以为作战的有利阵地。当他看见这个地方已由诺巴那斯设了防的时候，他很喜欢。他把他的物资和一个军团留在那里，由彼那里阿斯指挥；他以最大的勇敢向前进军，扎营在平原上，离敌人仅 8 个斯塔狄亚，敌人的优越地势和他自己的恶劣形势马上就显现出来了。敌人居于高地，而他扎在平原；敌人从山中取得燃料，而他则从沼泽中取得燃料；敌人从河中取得饮水，而他则从新挖掘的井中取得饮水；敌人从塔索斯取得他们的物资，只需要运输几个斯塔狄亚的距离，而他则需从距离 350 斯搭狄亚之远的安菲玻里地方运输物资。安敦尼看来是迫不得已这样做的，因为那里没有别的山，平原地区其余的地方是一个洼地，常有被河水泛滥而淹没的危险；并且因为在那里挖掘的井有清洁而充沛的泉水。虽然安敦尼迫不得已而这样做，但是他的勇敢使敌人惊愕，因为他们看见他一到，就这样藐视地靠近他们扎起营寨。他建立了许多楼塔，在他的周围都用壕沟、壁垒和栅栏防御起来。敌人也在他们的工作有缺点的地方完成他们的防御工事。喀西约看到安敦尼的进军是轻率的，他把从军营到沼泽地的一段惟一的没有完成的防御工事筑成，过去因为这一段很狭窄而被忽视了，所以现在除布鲁图侧面的悬崖和喀西约侧面的沼泽地以及沼泽地对面的海面外，都已完全设了防。在中央，一

安敦尼到达安菲玻里

他勇敢地向腓力比进军

切都有壕沟、栅栏、壁垒和大门阻拦着。

双方的兵力

108. 这样，双方都为自己设了防御工事，同时只有骑兵小战，以互相试探对方的兵力。当他们已经做好了一切他们想做的事，同时屋大维已经到了的时候（虽然他的身体还弱，不能参加战斗，但是他能坐着肩舆，在队伍中走动），屋大维和安敦尼马上准备战斗。布鲁图和喀西约也率领他们的军队出来，站在他们的高地上，但是没有下来。他们决定不交战，希望以给养缺少来消耗敌人。双方各有步兵 19 个军团，但是布鲁图和喀西约的军团是不足额的，而屋大维和安敦尼的军团是足额的。在骑兵方面，屋大维和安敦尼有 13 000 人，而希鲁图和喀西约有 20 000 人，双方都有色雷斯人的骑兵。这样，在人数的众多方面，在司令官们的精神和勇敢方面，在武器和军需方面，双方都表现了最光辉灿烂的壮观；但是他们相持数日，没有一点动静。布鲁图和喀西约不希望交战，而希望以军粮缺乏继续消耗敌人，因为他们自己有来自亚细亚的充分给养，都是由海上从附近的地方运来的；而敌人什么东西都缺乏，什么东西都不是来自他们自己的领土。他们不能通过商人从埃及得到任何东西，因为埃及闹饥荒，已经枯竭了；也不能从西班牙或阿非利加得到任何东西，因为有庞培从中阻挠；也不能从意大利得到任何东西，因为有麦可和多密提阿斯从中阻挠。当时供给他们的地方只有马其顿和帖撒利，这两个地方不会维持他们多久的。

布鲁图和喀西约希望以饥饿困窘敌人

安敦尼想迫使敌人交战

109. 布鲁图和他的将军们主要考虑到这些事实，因而拖延战争。安敦尼害怕拖延，决定迫使敌人交战。他想出一个计策来，秘密地通过沼泽地带，如果可能的话以达到敌人的后方，不让他们知道，并切断他们从塔索斯来的粮道。所以他每天把他的军队列成战斗的形势，把所有的军旗都竖立起来，好像他的全部军队都排列出来了的样子；而实际上他的一部分军队昼夜在沼泽中赶造一条狭窄的通道，割下芦苇，在芦苇上造一条堤，两侧放一些石头，使泥土不致掉下来，在较深的地方就用木桩架桥，一切都在非常寂静中进行。他的通道四周的芦苇还在生长，所以敌人不能看见他的动作。这样工作了10天之后，他突然在夜间派出一支军队占据他的阵地内的一切据点，同时建筑几个方形碉堡。喀西约看到这项工作的巧妙和隐蔽，大吃一惊。他想出一个对抗的计策，以切断安敦尼和他的方形碉堡的联络。他造一条横亘的城墙，从他的军营直达海边，跨过整个沼泽地带，割草搭桥，和安敦尼所做的一样，在他的土岗顶上竖立栅栏，这样阻挡了安敦尼所造的通道，所以那些在墙内的人不能逃往安敦尼那里去，安敦尼也不能援助他们。

他进攻喀西约的防御

110. 大约中午的时候，安敦尼看到这种情况，大为愤怒，马上把他的军队调回来（这支军队原是面向着另一个方向的），领导他们进攻他的军营和沼泽之间喀西约的横亘的城墙。他带着工具和云梯，想猛力攻下这条城墙，冲进喀西约的军营。当他正在那里越过两军间的空地，斜着向山上大胆地进攻的时候，布鲁图的士兵们看到敌人这样傲慢，当他们武装起来站在那里的时候，敌人竟敢大胆地斜着向他们的前线冲去，因而被激怒了。所以他们没有得到他们军官们的命令，就自动地向敌人进攻，把他们所遇着的敌人大肆屠杀（从侧面进攻的时候，这是很自然的）。战役一旦开始，他们就进攻列阵在他们对面的屋大维的军队，把

布鲁图击溃屋大维的军队，攻下他的军营

他们击溃，追赶他们到安敦尼和屋大维两人共有的军营，把这个军营攻下来了。屋大维本人不在那里，正如他自己在他的《回忆录》中所写的那样，因为他在梦中受到警告，要他当心那一天。

安敦尼击溃喀西约的军队

111. 当安敦尼看见两军交战的时候，他很高兴，因为他的给养发生困难，他迫使敌人交战的。他认为他最好不要再回到平原地带去，恐怕在改变的时候，他的队伍会发生混乱。所以他跑着继续进攻，因为他已经开始进攻了。他冒着阵雨般的投射器前进，向前直闯，一直打到喀西约的军队前。喀西约的军队坚持阵地，看到这种料想不到的勇敢精神，大为吃惊。他勇敢地冲破敌人的前卫，向敌人军营和沼泽之间的城墙冲去，不顾城墙上向他投射的投射器，破坏栅栏，填塞壕沟，挖掘墙脚，杀死守门的人，直到最后他从门中冲入，另一些人冲破了城墙，还有一些人从碎石堆上爬上城墙。这一切进行得如此迅速，所以当那些刚攻下城墙的人，遇着那些在沼泽中工作的喀西约的部下跑回来援助他们朋友的时候，他们猛力进攻，也击溃了这些人，又把他们赶到沼泽中去，于是马上进攻喀西约的军营。这些人只是那些跟安敦尼一块儿爬进城墙的士兵们，其余的士兵们正在城墙外和敌人进行战斗。

他攻下并劫掠喀西约的军营

112. 军营的地形很坚固，所以只有少数人防守着军营；因此，安敦尼很容易地战胜了他们。军营外喀西约的士兵们已经大败了，当他们看见军营失陷的时候，就毫无秩序地四处逃散。这是全胜，双方都是一样：布鲁图打败了敌人的左翼，攻下了敌人的军营，而安敦尼战败了喀西约，以不可抗拒的勇敢，劫掠了他的军营。双方都有很大的伤亡，但因为平原广阔和尘土蔽天，他们都不知道彼此的命运。当他们知道这些事实的时候，他们召回他们溃散的军队。那些跑回来的人像是挑夫，而不像士兵，立时彼此还认识不出来，一切东西也看不清楚。不然的话，任何一边的士兵们会抛掉他们的负荷，猛烈地进攻那些这样毫无秩序地运走掠夺物的另一方面的人。据估计，在喀西约方面，阵亡的有 8 000 人；在屋大维方面，阵亡的两倍于此数。

XV. 喀西约自杀与安敦尼海军的被毁灭

喀西约自杀

113. 当喀西约被逐出城墙外，连一个可以去的军营也没有了的时候，他急忙地跑上小山，到腓力比城去，观察当地的形势。因为尘土蔽天，他不能正确地看出当时的情况，也不能看见所有的一切，只看见自己的军营被攻陷了。因此，他命令他的持盾者平达鲁斯把他杀死。当平达鲁斯还在迟疑的时候，一个使者跑来了，说在另一翼，布鲁图胜利了，现在正在劫掠敌人的军营。喀西约只回答说，"请告诉他，我为他获得全胜而祈祷。"于是他转向平达鲁斯说，"你还等待什么呢？你为什么不使我免于受辱？"于是当他把咽喉伸出来的时候，平达鲁斯把他杀死了。这是关于喀西约之死的一种说法。另一些人说，当一些骑兵们带着布鲁图的好消息快到了的时候，喀西约以为他们是敌人，派遣提丁尼阿斯去探听真情；这些骑兵快乐地挤在提丁尼阿斯的周围，因为他是喀西约的朋友，同时高声欢呼。喀西约以为提丁尼阿斯落在敌人手中了，于是说："难道我要等着看见我的朋友从我的手中被夺去吗？"于是他和平达鲁斯一块儿退入营帐里去，以后再没有人看见过平达鲁斯了。因为这个缘故，有些人认为他杀死喀西约不是奉到命令的。

喀西约就是这样在他的生日那天结束了他的生命。那次战役恰巧是在他的生日那天打的。提丁尼阿斯自杀，因为他迟到了。

布鲁图抚尸痛哭

114. 布鲁图抚着喀西约的遗体大哭，称他为最后一个罗马人，意思就是说，在道德上再没有人可以和他相比的。他责难喀西约过于急躁和轻率，但是同时他认为喀西约是幸福的，因为他免除了烦恼和痛苦。他说，"烦恼和痛苦将领导布鲁图到哪里去，啊！到哪里去呢?"他把尸体交给朋友们去秘密地埋葬了，恐怕军队看见这个情景会被感动得痛哭流涕。他自己整夜忙于恢复喀西约的军队里的秩序，没有吃饭，也没有照顾到自己的身体。次日早晨，敌人把他们的军队列成战斗阵势，使他们显得没有被打败的样子。布鲁图看出了他们的计谋，就大声喊道："让我们也武装起来，装作是被打败了的样子。"所以他把军队列成横队，敌人就撤退了。布鲁图对他的朋友们开玩笑地说："当他们以为我们是疲惫了的时候，他们向我们挑战，但是他们不敢让我们去试验。"

在亚得里亚海的海战

115. 在腓力比战役的同一天，在亚得里亚海发生了另一个灾祸。多密提阿斯·喀尔文那斯正在用运输船运送两个军团的步兵到屋大维那里去，其中一个军团是称为马斯军团[①]的，它采用这个名称作为勇敢的标志。他还带了一个近卫大队，约2 000人、4个骑兵队和人数很多的其他精选的部队，由一些三列桨船

① 参阅XV.45,66以下。——译者

舰运送。麦可和阿希诺巴包斯带着130条战舰来迎战。少数在前面走的运输船扯起风帆逃跑了。但是风突然停止了，其余的船舶在风平浪静的海面上四处漂浮，神明把这些船舶交给它们的敌人手中。敌人向每条船进攻，把它撞碎，而他们自己毫无危险；那些护送它们的三列桨船舰也不能有任何帮助，因为这些三列桨船舰的数目少，所以被包围了。那些遭遇这个危险的人作出了许多勇敢的事迹。有时候，他们匆忙地用绳索把他们的船舶曳拢来，用桅杆把它们系紧，以防止敌人冲破他们的阵线。但是当他们作好了这件事的时候，麦可用火箭向他们射击。于是他们尽快地把绳索解开，因为怕火，彼此又分开了，这样，他们又有被三列桨船包围或撞沉的危险了。

安敦尼的舰队被毁灭

116. 有些士兵们，特别是那些以勇敢著名的马斯军团士兵们被激怒了，因为他们会白白地丧失他们的生命，所以他们自杀了，而不愿意被烧死；另一些人跳上敌人的三列桨船舰，使敌人付出很高的代价。在长久的时间内，半焚毁的船舶漂浮在海上，载着一些因烈火或饥渴而快要死亡的人。另一些人抱着桅杆或船板，被抛在荒凉的崖石上或海角上，其中有些人意外地被救出来了。其中有些人甚至舐食沥青或咀嚼帆布或绳索，支持了五天，直到浪潮把他们带到陆地上来。更大的一部分人为他们的不幸所制服，因而投降敌人。17条三列桨船舰投降了，船舰上的人对麦可宣了誓。人们都以为他们的将军喀尔文那斯已经死亡了，但是五天之后，他乘着他的船回到勃隆度辛。

这就是在腓力比战役的同一天在亚得里亚海所遭遇的灾难，这与其称之为一个海上战役，毋宁称之为一个海上灾难，更为恰当些。后来人们知道这两个战役是在同一天发生的时候，感到惊异。

XVI. 第二次腓力比战役与共和军的溃败

布鲁图对他军队的演说

117. 布鲁图召集他的军队，发表演说如下："同伴士兵们，在昨天的战斗中，你们在一切方面都胜过敌人。虽然没有命令，你们就勇敢地开始了这个战斗，完全消灭了他们远近闻名的第四军团（他们的左翼是靠这个军团的）和所有支持这个军团的军队，直达他们的军营，你们首先攻克并且劫掠了他们的军营，所以我们的胜利远远地超过了我们的左翼所遭遇的灾难。但是当你们有能力完成全部工作的时候，你们宁愿去劫掠，而不愿去杀死战败的敌人，因为你们大部分的人从敌人旁边走过奔向他的财产。我们在这点上也胜过他们：我们有两个军营，敌人只攻陷一个，而我们攻下了他们所有的军营，所以在这方面，我们所获得的利益，两倍于我们所受的损失。在这次战役中，我们所获得的利益是如此巨大的。我们在其他方面怎样远远地胜过他们，你们可以从我们的俘虏口中知道——关于他们粮食的缺乏和昂贵，进一步取得物资的困难，以及他们怎样濒于绝粮的地步。他们不能从西西里、撒丁尼亚、阿非利加或西班牙得到任何东西，因为庞培、麦可和阿希诺巴包斯带着260条船舰封锁了他们的海上交通。他们已经把马其顿的资源用尽了。他们现在只倚靠帖撒利。帖撒利的物资又能够维持多么久呢？"

118. "因为，当你们看到他们急于求战的时候，你们要记着，他们是被饥饿所迫，所以宁愿战斗而死。在我们的计划中，我们打算先让饥饿和他们交锋，当必须跟他们战斗的时候，我们会发现他们已经衰弱而精疲力竭了。在适当的时机还没有到的时候，我们不要因为我们的热情而走入歧途。任何人都不要以为我的指挥已经迟缓而无动作，只要他注意一下我们后方的海上，海上送给我们所有这些支援和粮食，使我们能够不冒险而取得胜利，如果你们等待而不理会敌人的侮辱和挑衅的话，敌人并不比我们勇敢，正如昨天的战事所显示的，而是正在努力想避免另一个危险。我现在希望你们抑制你们的热情，当我要求的时候，再让它充分地表现出来。等到神明愿意我们的战事结束的时候，我将把胜利的赏赐全部给予你们。现在为了你们在昨天战役中的勇敢，我愿意给予每个士兵 1 000 德拉克玛，军官们按照比例给予。”

这样说了之后，他依次把奖赏分给各军团。有些作家说，他还允许他们可以劫掠拉西第梦和帖撒罗尼加诸城市。

安敦尼对士兵们的演说

119. 同时，屋大维和安敦尼看见布鲁图不愿意作战，把他们的部下召集起来，安敦尼对他们发表演说如下：“士兵们，我一定相信敌人在他们的演说中会自称在昨天的胜利中他们有一份，因为他们驱逐了我们一些人和劫掠了我们的军营；但是他们的行动表示这个胜利完全是你们的；因为我断言，无论明天也好，或以后任何一天也好，他们是不愿意作战的。这就是他们昨天战败了，没有勇气再战的最明显的证据，正好像那些在公众赛会中打败了的人一样，总是站在竞技场之外。当然，他们不是集结这样人数众多的一支军队来色雷斯荒凉地带的要塞中消磨他们的时间的。但是当你们正要来到的时候,他们建筑要塞,因为他们害怕;现在你们已经来到了,而他们由于昨天的战败固守在要塞中;也是因为这次败仗,他们一位年龄较大、经验较多的将军[①]在完全绝望中自杀了,这种行动本身就是他们惨败的最大证明。因此,他们不接受我们的挑战,跑下山来,而倚靠他们的悬崖绝壁而不倚靠他们的武器,我的罗马士兵们啊,勇敢些吧,再迫使他们作战,如昨天你们迫使他们作战一样。对那些害怕我们的人屈服,对于这样懒汉纵容,或者我们显然是战士,而比不上城墙那样坚固,我认为这是可耻的。我们到这里来,不是想在这个平原上消磨我们的生命,如果我们拖延的话,我们一切都会缺乏了。如果我们善于计划的话,我们将严肃地进行战争,使最持久的和平有可能。"

120. "我们发动和筹划昨天的战役,没有引起你们的责难;现在我们一定想出新的机会和办法来达到这个目的。在另一方面,当我们要求你们的时候,你们一定要以勇敢来报答你们的将军们。你们也不应当因为敌人昨天劫掠我们的军营而暂时烦恼,因为财富不在于我们现有的财产,而在于用全力战胜敌人,这不仅会使我们这些胜利者恢复昨天的损失(这些东西还是安全地在敌人手中),而且会加上敌人的财富。我们既然急于想取得这些东西,就让我们赶快发动战争。我们昨天从敌人手中所取得的东西和我们所丧失的东西是一样多的,或许更多些,因为他们带着他们在亚细亚所勒索和掠夺的一切东西,而你们是从你们的祖国来,把所有的奢侈品留在家里,只带来必需的东西。

① 指喀西约。——译者

如果我们军营里有些奢侈浪费的东西，那就是你们的将军们的财富，他们愿意把所有这些财富给予你们，作为取得胜利的奖赏。但是就是为了补偿这些损失，我们一定给予每个士兵5 000德拉克玛的额外奖赏，每个百人队长5倍于士兵的数目，每个军团将校两倍于百人队长的数目。”

121. 他这样说了之后，第二天他又把他的部下列成阵势。因为就是在那个时候，敌人还不下来，安敦尼很厌烦了，但是他还是每天率领他的部队出来。布鲁图把他的一部分军队列成阵线，以防止被迫作战；他用另一部分军队保护他的运输粮食的道路。离喀西约的军营很近的地方有一个小山，因为很近，容易受到军营里弓箭的射击，所以敌人很难占据这个小山。但是过去喀西约驻扎一支守卫军在山上，以防止任何人冒险进攻这个小山。因为布鲁图放弃了这个小山，屋大维以四个军团的兵力，在夜间占领了这个小山，用柳条编织的东西和兽皮保护着他们自己，以防备敌人的弓箭手。当他们取得这个地势之后，他们又把10个军团向海边移动了5个多斯塔狄亚。他们又在前面4个斯塔狄亚的地方驻扎两个军团，以便这样伸长，使他们完全达到海边，其目的是想在沿海地带，或通过沼泽地区，或用别的方法冲破敌人的阵线，以切断敌人的军粮运输。布鲁图在他们的军营对面，建筑设防的据点，以及用别的方法来对抗这个行动。

他向敌人挑战

122. 屋大维和安敦尼的工作变为紧张了，饥饿已经感觉到了。因为感到〔即将到来的饥荒的〕严重性，他们对于这个饥荒的恐惧与日俱增，因为帖撒利已经不能再供给足够的粮食了，他们也不能希望从海外取得任何东西，因为海上到处都是敌人控

巨头军营中粮食的缺乏

制着。双方面的军队现在都听到了他们最近在亚得里亚海惨败[①]的消息，这就使他们发生了新的恐慌；同时，冬季也快到了，而他们还驻扎在这个泥泞的平原上。因为考虑到这些问题，他们派遣一个军团到亚加亚去，尽量搜集他们所能够找到的食物，把这些食物火速地运送到他们那里去。他们不能够在这样危急的情况下安静下来，同时他们别的计策也都无效，所以他们停止在平原上挑战，而大声呼喊着向敌人的要塞进军，向布鲁图挑战，辱骂讥笑他，其目的不是在于包围他，而是在于以疯狂的袭击，迫使他应战。

希鲁图不愿作战

123. 但是布鲁图坚持他的原意，特别是因为他知道敌人的饥荒，他自己在亚得里亚海的胜利和敌人因粮食缺乏而不顾一切，他更加坚持了。他宁愿忍受围攻，或任何其他事情，而不愿跟这些因饥饿而拼命、把希望寄托在战斗上的人作战，因为他们无其他办法可想。但是他的士兵们没有深思远虑，跟他的想法不同。他们认为这样关闭在要塞中，无事可做，懦弱畏缩，像妇女们一样，是痛苦的。他们的军官们虽然赞成布鲁图的计划，但是也烦恼了，认为在目前的士气下，他们可以更快地战胜敌人。布鲁图是一切怨言产生的原因，他对于一切人都是温和的——他和喀西约不同：喀西约在一切方面都是严肃而专横的，因为这个缘故，军队服从他的命令不敢怠慢；当他们得到命令的时候，他们不敢过问他的权力，不敢质问他所以下这些命令的理由，也不敢批评这些命令。但是对于布鲁图，因为他的脾气温和，他们不希望别的而希望和他分享指挥权。最后，士兵们开始愈来愈公开

他的士兵们难于驾驭了

① 参阅本卷第116。——译者

地成群结队聚集在一起,彼此互相质问,“为什么我们的将军要把耻辱加在我们身上呢?我们这些战胜了敌人、把他们击溃了的人;我们这些屠杀了那些抵抗我们的人、攻下了他们的军营的人——难道我们最近犯了什么罪过吗?”布鲁图没有注意这些怨言,也没有召集会议,恐怕那些不讲道理的群众,特别是那些雇佣兵,强迫他改变他的立场,冒犯他的尊严,因为那些雇佣兵,象反复无常寻找新主人的奴隶们一样,总是把他们安全的希望寄托在背叛降敌的行为上的。

124. 他的军官们也不断地刺激他,力劝他利用军队现在的热情,这种热情很快就会带来光荣的后果的。如果战争不利的话,他们可以退入他们的城墙内,这条城墙可以把他们和敌人隔离。布鲁图对于这些人特别感到烦恼,他很痛心,因为他们是他的军官,和他有同样的危险,而他们也反复无常地袒护士兵们,宁愿去试一下迅速而无把握的侥幸机会,而不愿意取得一个毫无危险的胜利。但是他让步了,结果毁灭了他自己和他们,他只用这些话来谴责他们,“我似乎是和伟大的庞培一样①进行战争,但现在不是我指挥,而是被指挥了”。我想布鲁图抑制他自己,只说了这些话,以便隐藏他最大的忧虑,他担心他部下那些过去曾在恺撒部下服过务的士兵们会产生不满的情绪,因而投向敌人。他自己和喀西约从一开始就怀疑这一点,他们过去总是小心翼翼,不使士兵们对他们有这种不满的借口。 他的军官们劝他作战

125. 所以布鲁图勉强地带着他的军队出来,在城墙前面排成战斗行列,命令他们不要离开那个小山太远了,以便在必要 他勉强地对他们让步

① 参阅 XIV. 69。——译者

时，他们可以有一个安全退却的地方和一个向敌人投射标枪的良好地势。每个队伍里的士兵们彼此互相鼓励。双方都急于一战，都有过高的信心。一方面是害怕饥饿；另一方面，因为他们的将军还主张拖延的时候，他们强迫他作战，而感到相当惭愧，担心他们不能履行他们的谎言，证明他们比他们所夸张的软弱，因而使他们不是因为善于谋划而得到嘉奖，而是因为轻率冒进而遭到谴责，因为布鲁图也骑着马通过士兵的行列，带着严肃的面容，在他们面前出现，有机会的时候，他就用这样的话来提醒他们这些事情。他说，"当我能够用别的方法取得胜利的时候，你们愿意作战，你们迫使我作战。不要使我或你们自己失望。你们居于高处的优越地位，你们的后方一切都是安全的。敌人的形势是危险的，因为他处于你们和饥饿之间。"

他一面说这些话，一面向前走着，士兵们请他相信他们，以自信的呼声回答他的语言。

屋大维和安敦尼鼓励他们的军队

126. 屋大维和安敦尼骑着马，走过他们自己的士兵的队伍，和那些离着他们最近的士兵们握手，他们不隐瞒他们有饥饿的危险，因为他们相信这可以及时鼓舞勇气。他们说，"士兵们啊，我们已经找着敌人了。那些我们想在他们的要塞外面捉着的人就在我们的面前了。你们中间不要有任何人使他的挑战变为耻辱，或者证明他的威吓和他自己是不相称的。不要有任何人宁愿忍受不能控制的而痛苦异常的饥饿而不愿攻击敌人的城墙和身体，敌人的城墙和身体是可以用勇敢、刀剑和拼命攻下来的。我们目前的形势是这样紧迫，一切都不能拖延到明天。今天就要决定我们的命运，不是完全的胜利，就是光荣的死亡。如果你们胜利的话，你们在一天之内，一击之下，就获得了粮食、金钱、船舰和军营，以及我们自己所应许的胜利奖赏。战争的结果一定会是这样的，如果我们从一开始向他们进攻的时候就记着，我们粮食的缺乏迫使我们不得不这样做，如果我们击破他们的阵线后，马上就切断他们逃回他们军营门口的道路，驱逐他们到崖石上去，或者进入平原里去，这样战争不致再爆发，或者这些敌人逃走后进入一个无事可做时期——无疑地，只有这些懦弱的战士们才把希望不寄托在战斗上，而寄托在逃避战斗上。”

127. 屋大维和安敦尼这样鼓励那些跟他们接触的士兵们的士气。军队的取胜心被鼓舞起来，想表现他们无辱于他们的司令官们，也想避免饥饿的危险；因为亚得里亚海上的惨败，①使这种危险大大地增加了。如果必要的话，他们宁愿在战斗中忍受痛苦，还有胜利的希望，而不愿被一个不可抗拒的敌人②所消耗而死。

每个人都和他邻近的人互相交换这种思想，受到这种思想鼓舞后，双方军队的士气惊人地提高，都充满了毫无畏惧的勇敢。他们现在忘记了他们是他们敌人的同胞公民，而彼此互相谩骂、威吓，好像他们从出生以来就是敌人一样，他们一时的愤怒消灭了他们的理智和天性。双方都预料这一天和这一天战役将完全决定罗马的命运之事实上，它果然决定了罗马的命运。

128. 当天是消磨在准备工作上，直到第九时，③在两军之

① 参阅本卷第116。——译者
② 指饥饿。——译者
③ 约下午三时左右。——译者

战前的灾异

间的空地上，两只老鹰在万籁无声的寂静中互相扑击。在布鲁图一边的老鹰败逃的时候，他的敌人发出高声的叫喊，于是交战了。一开始，战斗就是激烈可怕的。他们不需要弓箭、石头或标枪，这些是在战争中常用的，因为他们不用一般的排演和战术，而是短兵相接进行肉搏战，他们杀死敌人和被敌人杀死，彼此都想冲破对方的阵线。在一方面，这是为了自己的生存而还不是为了胜利而战；在另一方面，这是为了胜利，为了满足那个被迫而勉强作战的将军而战。屠杀和呻吟之声是可怕的。阵亡者的尸体被运回来，另一些人从后卫跑上去，填补死者的空位。将军们到处飞跑，监督一切事情，以他们的热情鼓励他们的部下，鼓励那些苦战的人继续苦战，把那些精疲力竭的人换班休息，使前线总是有新生的勇气。

第二次腓力比战役

最后，屋大维的士兵们，或者由于害怕饥饿，或者由于屋大维自己的幸运（因为布鲁图的士兵们当然是没有过失的），推动敌人的阵线向后退却，好像他们是转动一个很重的机器一样。布鲁图的士兵们最初被赶着一步一步地慢慢向后退却，没有丧失他们的勇气。不久之后，他们的行列被冲断，他们的退却比较迅速了，于是后方的第二和第三行列也跟着退却，都毫无秩序地混杂在一起，彼此互相拥挤，又被那些不停地追赶他们的敌人所拥挤，直到最后，这种退却很明显地变为溃逃了。当时屋大维的士兵们特别注意他们所受的命令，他们自己冒着很大的危险，夺取敌人要塞的城门，因为他们受到城墙上和正面的投射器的射击，但是他们阻止了大部分敌人不能进入城墙内。这些敌人有些逃往海边，有些通过西加克兹河逃入山中。

129. 敌人溃败后，两个将军彼此分配了剩下来的工作：屋大维去俘虏那些从军营里逃出来的人，监视敌人的主要军营，而安敦尼指挥一切，到处进攻，袭击那些逃亡者和那些还聚集在一起的人，袭击其他敌人扎营的地方，同样猛烈地摧毁了所有的军营。因为担心主要的敌人会逃掉，又聚集一支军队来，他急忙地派遣骑兵到大道上和战场的出路上去截获那些企图逃跑的人。这些骑兵分配了他们的工作：有些人带着色雷斯人累斯卡斯急忙地跑上山去，因为他知道这些道路。他们包围那些设防的据点和悬崖，搜索逃亡者，监视那些在里面的人。另一些人则追赶布鲁图本人。琉西略看见他们凶猛地冲上来了，他冒充布鲁图，投降了，请求他们把他交给安敦尼，而不要交给屋大维；主要是因为这个缘故，他们相信他是布鲁图，企图逃避他的不可调和的死敌。当安敦尼听说他们把他带来了，他跑去会见他，但他停了一下，沉思这个人的命运、品位和美德，考虑他应该如何接待布鲁图。当他来到了的时候，琉西略说出他自己来，他十分勇敢地说，"你们没有俘虏布鲁图，美德永远不会被卑贱所俘虏的。我瞒过了这些人，所以我来到这里。"安敦尼看见那些骑兵因为他们的错误而惭愧，安慰他们说，"你们替我捉着的人并不太坏，而是比你们所想象的要好些——正好像一个朋友比一个敌人好得多一样。"于是他把琉西略交给他的一个朋友照顾，后来他使琉西略在自己的部下服务，委任他一个亲信的职位。

共和军的溃败

XVII. 布鲁图的自杀。对布鲁图和喀西约的评论

布鲁图逃往山中

130. 布鲁图带着一支人数颇多的军队逃往山中，想在夜间回到他的军营里去，或向海边移动。但是所有的道路都有守卫者包围着，他和他所有的部下带着武器过了一夜，据说，他仰视天上的星辰，叹息说：

"不要忘记，宙斯，这一切灾难的制造者。"① 意思是指安敦尼。据说，安敦尼后来当他自己在危险中的时候，也重念了这句诗，后悔当初他可以跟喀西约和布鲁图合作的时候，他变为屋大维的工具。但是目前安敦尼和他的前哨一块儿，带着武器过了一夜，以防备布鲁图，用堆集起来的尸体和战利品作为矮墙，以保卫自己。屋大维辛苦地工作，直到半夜，于是因病，退而休息去了，留下诺巴那斯在那里监视着敌人的军营。

他的军官们不愿再战

131. 第二天，布鲁图看见敌人还在那里埋伏等待他，同时跟他一块儿上山的士兵不到 4 个足额的军团，因此他认为最好是不对士兵们讲话，而只对军官们讲话，因为这些军官们已经因为他们的错误而深自惭愧和后悔了。他派人到他的军官们那里去，想考验他们，看他们是不是愿意冲破敌人的防线，去恢复他们自己的军营，因为这个军营还是他们自己留在那里的军队占据着。这些军官们，虽然他们轻率地冲出进行战斗是不明智的，大部分表现得很勇敢，但是现在因为神意使他们迷惑了，给他们

① 幼里披底《美狄亚》，332 页。——英译者

的将军一个不应有的答复，说他应当为自己打算，他们已经多次尝试了他们的运气，他们不愿意抛弃最后留下来的一点和解的希望。于是布鲁图对他的朋友们说，“如果这些人的倾向是这样的话，我对我的祖国已经没有用了。”他叫他的一个朋友伊壁鲁斯人斯特拉图来，命令他把他杀死。当斯特拉图还劝他仔细考虑一下的时候，布鲁图叫他的一个仆人来。于是斯特拉图说，“如果决心已经确定了的话，在执行你的最后命令的时候，你的朋友不应当不如你的仆人。”他说完了这句话之后，就用剑刺入布鲁图的腰部，布鲁图没有畏缩或躲闪。

布鲁图自杀

132. 喀西约和布鲁图这两个最高贵、最显赫的罗马人有无可比拟的道德，只是犯了一种罪行，他们两人就是这样死了；因为虽然他们是伟大的庞培的党人，而且无论在和平时期或战争时期，曾经是盖约·恺撒的敌人，但是恺撒把他们当作朋友，而且自从把他们当作朋友以后，他对待他们如同自己的儿子。元老院总是特别爱护他们的，当他们遭遇不幸的时候，元老院总是同情他们。因为他们两人的缘故，元老院给予所有的凶手们以特赦；当他们逃亡的时候，元老院任命他们为总督，使他们不致变为流亡者；元老院不是漠视盖约·恺撒，也不是因为他的遭遇而高兴，元老院钦佩他的勇敢和幸运，所以在他死时给他以公葬，批准他的法令，长期任命他所指定的人为行政长官和总督，认为没有什么比他所建议的还更好些。但是元老院对于这两个人的热情和对于他们的关怀使元老院有共同谋杀恺撒的嫌疑——他们两人是这样为一切的人所敬爱。最显贵的流亡的人对于他们两人比对绥克斯都庞培更加尊敬，虽然庞培和三巨头

布鲁图和喀西约的品格

比较接近，而且不是不可和解的，而他们两人和三巨头比较疏远，而且是不可和解的。

133. 当他们必须拿起武器来的时候，不到两个整年的工夫，他们聚集了20个军团以上的步兵，大约20 000骑兵和2 000条战舰，以及与之相适应的器械和大量的金钱，这些金钱有些是来自自愿的捐献，有些是来自强迫的勒索。他们成功地和许多民族、许多城市和反对党派的人进行战争。他们使马其顿和幼发拉底河之间所有的民族都归他们统治。他们使那些过去跟他们作过战的人跟他们建立同盟，而这些人对他们最为忠诚。他们使独立的国王和王公，甚至在某种小的程度上使帕提亚人为他们服务，虽然帕提亚人是罗马人的敌人；但是他们没有等待帕提亚人来参加这次决定性的战役，因为担心这个野蛮而敌对的种族会熟习于和罗马人作战。最了不起的一件事情就是他们的大部分军队是过去盖约·恺撒的军队，而对于恺撒非常爱戴，但是这些军队就被那杀害恺撒的凶手们所说服，跟随他们来反抗恺撒的儿子，比跟随恺撒的战友和同僚安敦尼更为忠诚些；因为就是在他们被打败了的时候，也没有一个士兵叛离布鲁图和喀西约，而有些士兵们，在战争开始之前，就在勃隆度辛叛离了安敦尼。① 他们过去在庞培部下服务，而现在在布鲁图和喀西约部下服务的原因都不是为了他们自己的利益，而是为了共和的事业；这固然只是表面上假托的名义，但总是可悲伤的。这两个领袖，当他们认为他们已经不能对他们的祖国有用的时候，都同样地轻视他们自己的生命。在他们所注意和努力的方面，喀西约

① 参阅XV.43—45。——译者

密切地注意战争，好像一个角斗士注意他的对手一样。布鲁图，不管他在什么地方，对于一切事物都要看看，要听听，他是一个名声不小的哲学家。

他们对恺撒所犯的罪行

134. 跟这些美德和优点相对照，也必须谴责他们对于恺撒所犯的罪行，这不是一个平常或细小的罪行，因为这是出乎意料之外的，对于一个朋友所犯的罪行，是忘恩负义地对于一个在战争中饶恕了他们的恩人所犯的罪行，是穷凶极恶地在元老院议事厅中对于国家的元首，对于一个穿着他的神圣礼服的最高僧侣，对于一个对罗马和罗马帝国比其他的人最有用而没有匹敌的最高统治者所犯的罪行。因为这些缘故，上天神明对于他们愤怒了，常常显示他们行将毁灭的预兆，当喀西约正在替他的军队举行去邪洗罪典礼的时候，他的侍从把花冠翻过来放在他的头上；喀西约供献给神的礼物，一个镀金的胜利女神雕像倒下来了。许多飞鸟在他的军营上翱翔，但是没有发出一点声音来；成群的蜜蜂不断地落在他的军营上。当布鲁图在萨摩斯庆祝他的生日的时候，据说，正在宴会的时候，虽然没有一个灵敏的人使用过这样的引语，但是他无缘无故地高声念出这样一行诗句：

“残酷的命运

利用拉图那①的儿子的帮助，杀害了我。”②

布鲁图营帐中的幽灵

有一次，当他带着军队将从亚细亚渡海进入欧罗巴的时候，夜间他还醒着，在微弱的灯光之下，他看见一个怪形的幽灵站在

① 阿波罗的母亲。——译者

② 《伊利亚特》XVI. 849（原注）。参阅中译本（1958 年人民出版社出版，320 页）。——译者

他的旁边。他大胆地喝问他是谁，是人还是神；那个幽灵回答说，“布鲁图，我是你的守护神灵。[①] 在腓力比，我将在你的面前再出现。”据说，在最后一次战役之前，这个幽灵又在他的面前出现了。

当士兵们正在出发作战的时候，他们在城门口遇着一个埃塞俄比亚人，因为他们认为这是一个不祥之兆，马上就把这个人砍成粉碎。在一个胜负未决的战役之后，喀西约就无缘无故地失望而自杀了；[②]布鲁图当他自己有充足的粮食、又控制了海上的时候，被迫放弃了聪明的拖延政策，而和那些为饥饿所迫的人交战，[③]所以他的灾祸与其说是来自敌人，不如说是来自他自己的军队：这些事情，无疑地不是由于人力而产生的。虽然他们参加了许多次战斗，但是他们从来没有在战斗中受过伤，但是两人都杀害了他们自己，好像他们过去杀害恺撒一样。喀西约和布鲁图所受到的惩罚就是这样的。

135. 安敦尼发现了布鲁图的尸体，用最好的紫袍把它包裹起来，火葬后，将遗灰送给他的母亲塞尔维利亚。布鲁图的军队，当他们知道布鲁图已死的时候，派遣代表们到屋大维和安敦尼那里去，获得了宽恕；他们两人把这支军队分了，共约 14 000 人。除了这些士兵之外，要塞内很多士兵也投降了。这些要塞和敌人的军营被屋大维和安敦尼的军队所劫掠。布鲁图军营里的显著人物，有些人在战斗中阵亡了；有些人和这两位将军一样，自杀了；另有一些人决心继续战斗，至死方休。这些著名的

① 罗马人迷信每个生物(无论动物或人)，乃至每个地方都有它的守护神灵的。——译者

② 参阅本卷 110—113。——译者

③ 参阅本卷 123—125。——译者

人物之中，有伟大的喀西约的侄子琉喜阿斯·喀西约和伽图的儿子少伽图。少伽图向敌人猛攻了许多次，于是当他的部下开始退却的时候，他抛弃了他的头盔，或者是想使敌人认识他出来，或者是想使敌人容易射中他，或者两个原因都有。拉比欧是一个有学问的著名人士，是现在还享有盛名的法学家拉比欧[①]的父亲；他在他的营幕中挖掘一个和他的身体一样大小的壕沟，他命令他的奴隶们去做他没有完成的事情，按照他自己的意思安排了他的妻子和儿女，把信件交给他的仆人带给他的家属。于是他按照罗马人解放奴隶的习惯，用右手牵着他的一个最忠实的奴隶，使他飞快地团团转。于是当奴隶转身的时候，他就把剑交给那个奴隶，对准他的咽喉。这样他的营帐就变为他的坟墓了。 少伽图之死

136. 色雷斯人累斯卡斯从山中带来了许多军队。他请求赦免他的兄弟累斯卡玻里，作为给他的奖赏，他的请求被照准；从此可以看得很清楚，从一开始这两个色雷斯人彼此并没有发生意见，但是他们看见两支巨大的敌对军队在他们的领土附近发生战争，因此他们这样地分配了幸运的机会，使胜利者可以营救战败者。布鲁图的妻子波喜阿，即少伽图的妹妹，知道布鲁图和少伽图都在上述的情况下死亡了，虽然仆人们很严密地监视她，但是她从仆人们所带着的火盆中抓着一些火炭儿，吞下去了。其余那些逃往塔索斯的贵族中，有些人从那里乘船逃跑了，有些人带着残余的军队投奔美塞拉·科维那斯和琉喜阿斯·毕 波喜河之死

① 罗马著名的法学家（公元前50—公元18年），著书四百卷，均已失传。后世法学家著作中引用他的文字很多，他是倾向于共和主义的。——译者

布拉斯这两个和他们的品位相等的人，决定跟着这两个人替自己打算的办法去作。他们跟安敦尼和屋大维达到协议，根据这个协议，在安敦尼到达塔索斯的时候，他们马上把所有的金钱和武器，以及储藏在那里的丰富粮食和军事物资都交给安敦尼了。

这次战役巨大的胜利

137．这样，屋大维和安敦尼以惊人的勇敢，经过两次步兵战役取得了空前的胜利，因为过去从来没有过这样多、这样强大的罗马军队彼此发生冲突的。这些士兵们不是按照普通征兵办法入伍的，而是精选的人。他们不是新兵，而是经过长期训练。他们彼此互相对抗，不是进攻外族或蛮族。他们说同样的语言，用同样的战术，有同样的纪律和毅力；因为这些原因，我们可以说，他们双方都是无敌的。在战争中，也从来没有过像这次一样的激烈和勇敢的，当时是公民对抗公民，家族对抗家族，同伴士兵们彼此互相对抗。这点由下面的事实可以得到证明：把两次战役都计算在内，就是胜利者一边，阵亡的人数也没有比战败者一边少些。

这次战役的持久后果

138．这样，安敦尼和屋大维的军队证实了他们将军们的预言，[①]在一天之内，一击之下，他们就从极端危险和饥饿以及毁灭的恐惧下转而获得了大量的财富、绝对的安全和光荣的胜利。并且当安敦尼和屋大维进入战斗的时候，他们所预言的结果就实现了。他们的政府形式主要是那一天的战事决定的，但是他们没有恢复民主政治。除了不久以后，有安敦尼和屋大维的冲突以外，人们彼此之间也不再需要有类似的竞争了。安敦尼和屋大维的冲突是罗马人之间的最后一次冲突。布鲁图死后，在

① 参阅本卷第126。——译者

绥克斯都·庞培以及那些带着很多残余军事物资逃跑了的喀西约和布鲁图的朋友们领导下所发生的事情，在勇敢方面，在人们、城市和军队对他们的领袖们的忠诚方面，都不可能和以前相比；也没有任何贵族，也没有元老们，也没有同样的光荣伴随着他们好像伴随着布鲁图和喀西约一样。

第十七卷 （内战史第五卷）

I. 安敦尼在东方的行动

溃散的共和军

1. 喀西约和布鲁图死后，屋大维回到意大利，而安敦尼前往亚细亚，他在亚细亚遇见埃及女王克娄巴特拉，他一看见她，就被她的美色所迷惑了。[①] 这种情欲使他们两人以及埃及走向毁灭的道路。因为这个缘故，本卷的一部分将说到埃及——但是这只是一小部分，不值得在标题上提出，因为这是附在内战史中叙述的，而内战史在本卷中占着一个大得多的部分。在喀西约和布鲁图之后，其他类似的内战发生了，但不是像他们过去一样，没有一个人指挥着全部军队。这些后来发生的内战是分散发生的，直到以后共和党最后一个领袖绥克斯都·庞培（伟大的庞培的幼子）也跟布鲁图和喀西约一样，被杀死了，雷必达被剥夺了他在三头同盟中的地位，[②]而罗马人的全部政权集中在安敦尼和屋大维两人身上。这些事情发生的经过如下。

他们是怎样再聚集起来的

2. 喀西约和布鲁图留下别号巴密西阿斯的喀西约带着一个舰队和一支军队，在亚细亚聚集金钱。喀西约死后，事先他没有料到布鲁图也会遭遇同样的命运，他选择了他想配备人员的30条罗得斯人的船舰，除一条神圣的船以外，他把其余的船舰

---

① 参阅本卷第 8。——译者

② 参阅本卷第 126。——译者

都焚毁了，这样，罗得斯人就不至于叛变。他这样做了之后，就带着他自己的船舰和这30条船舰离开了那里。布鲁图所派遣、带着13条船舰到罗得斯去的克罗狄发现罗得斯人暴动了（因为现在布鲁图也死了），他带走了那里的驻军，共3 000士兵，跟巴密西阿斯联合在一起。图鲁略也跟他们联合在一起，图鲁略另有一个船只众多的舰队和以前他在罗得斯勒索的巨额金钱。这个舰队现在十分强大，那些在亚细亚各地工作的人成群地跑到这个舰队里来了，他们尽量把士兵们好好地配备在船舰上，也配备了一些奴隶、俘虏和他们所接触的岛上居民，使他们作为桨手。西塞罗的儿子①和那些从塔索斯岛逃出来的一些贵族们也参加他们一起。这样，在短时间内，很多军官、士兵和船舰聚集在那里并组织起来。他们又接收了雷必达②的军队（过去雷必达曾用这支军队迫使克里特屈服于布鲁图），于是起航往亚得里亚海去，跟麦可和多密提阿斯·阿希诺巴包斯联合在一起，这两人有一支大军在他们指挥之下。这些人中间，有一些人跟麦可一起航海到西西里去，跟绥克斯都·庞培联合在一起，其余的人留在那里和阿希诺巴包斯另组成一派。

喀西约和布鲁图所组织的军队的残余势力就是这样第一次又聚集起来了。

3. 在腓力比胜利之后，屋大维和安敦尼举行一个盛极一时的祭祀，极力赞扬他们的军队。为了筹备胜利的奖赏起见，屋大维回到意大利去，分配土地给士兵们，并解决殖民地问题。因为 战后屋大维和安敦尼

① 也名叫西塞罗。——译者

② 三巨头之一雷必达的兄弟。——英译者

他生病，他选择了这项工作。安敦尼跑到爱琴海以东诸国去聚敛他们已经答应给予士兵们的金钱。他们两人和从前一样，分配了各行省，此外又取得了雷必达的行省。[①] 由于屋大维的建议，他们决定使山南高卢独立，如老恺撒曾经有意这样做的那样。雷必达已被告发，说他把三巨头的事情泄露给庞培了。他们决定，如果屋大维发现这个告发不真实的话，应当把别的行省给予雷必达。除了那些请求仍留在军队里的 8 000 人以外，他们使服役满期[②]的士兵们退伍。他们把这些留下的士兵分配了，组成卫兵大队。他们所保留的军队，包括投降的布鲁图的部下在内，共有 11 个军团的步兵和 14 000 骑兵，其中安敦尼率领 6 个军团和 10 000 骑兵，准备远征外国。屋大维有 5 个军团和四千骑兵，但是他把两个军团给予安敦尼，以和安敦尼留在意大利、由卡雷那斯指挥的其他军队相交换。

安敦尼在亚细亚

4. 于是屋大维向亚得里亚海前进；但是安敦尼到达以弗所的时候，他向这个城市的保护女神举行了一个盛大的祭典，他赦免了那些在布鲁图和喀西约惨败之后，逃到神庙里去祈祷的人，只有参加谋杀恺撒阴谋的培特罗尼阿斯和在雷俄狄西亚把多拉培拉出卖给喀西约的昆塔斯两人不在被赦之列。他聚集了希腊人和住在亚细亚地区帕加玛周围各民族在那里的和平使者以及其他被召来的人，举行会议。安敦尼对他们发表演说如下："希腊人啊，你们的国王阿塔拉斯在他的遗嘱中把你们遗留给我们，[③]

① 即那旁·高卢和西班牙，参阅 XVI. 2。——译者

② 20 年。——译者

③ 参阅 XII. 62。——译者

我们马上证明我们待你们比过去阿塔拉斯待你们好最多，因为我们免除了你们过去交给他的赋税，直到我们中间的群众煽动家又使这些赋税成为必要的时候为止。但是当赋税必须缴纳时，我们也没有按照固定的估价，把赋税强加在你们身上，我们只要求你们将每年的收获捐献一部分，使我们可以和你们分担收成的好坏。当那些得到元老院的许可，承包赋税的商人向你们超额征收，以蹂躏你们的时候，盖约·恺撒把你们已经缴给他们的赋税的三分之一豁免了，并且禁止了他们的暴行；因为他把向耕种土地的人征税的权利转给你们了。这种人就是我们可敬的公民所称为暴君的，你们捐献大量的金钱给这些杀害你们恩人的凶手们，以反抗我们这些想替他复仇的人。”

他在以弗所发表公开演说

5. “现在既然正义的司命女神决定了战争的胜负，不是如你们所盼望的，而是依公理所在，如果我们把你们当作我们敌人的同盟者的话，那么，我们将不得不惩罚你们。但是我们愿意相信你们是为势所迫，不得不这样做，因此，我们不愿意使你们受到更重的惩罚，但是我们需要金钱、土地和城市，以作为我们士兵们的奖赏。除骑兵和其他各样兵种以外，现在有28个军团的步兵，连同辅助兵共约170 000人以上。为了这样多的士兵，我们所需要的巨额款项，你们是能够想象得到的。屋大维已经到意大利为士兵们预备土地和城市去了——如果说得更坦白一点，就是到意大利没收土地去了。为了使我们不至于被迫而驱逐你们离开你们的田地、城市、住宅、神庙和坟墓起见，我们不是向你们征收你们的全部财产（因为那是你们所不能交付的），而只是一部分，很少的一部分，我认为如果你们知道了这个数目的话，你们会很高兴地交付的。因为你们在两年之内所捐献给我们敌人的数目（那时候，你们是给了他们十年的赋税）对于我们就很够用了，但是这笔款项必须在一年之内交付，因为我们急于需要这些款项。因为你们知道我们对你们的仁慈，我只补充一句话：这种惩罚比你们应当得到的任何惩罚都还轻得多。”

居民的痛苦

6. 安敦尼这样说到了为28个军团的步兵筹备奖赏，但是我想他们在穆提那达成协议而答应这些奖赏时，他们有43个军团，[1]而这次战争可能使人数减少到这个数目了。当他还正在说话的时候，希腊人俯伏在地上，说他们过去被迫屈服于布鲁图和喀西约的暴力之下，他们应当受到怜惜，而不应当受到处罚；他们很愿意向他们的恩人捐献，但是他们已经被他们的敌人剥夺了一切，他们不但把金钱交给敌人，而且金钱缺少时，又把他们的金银器皿和装饰品都交给敌人了；他们的敌人把这些东西，当着他们的面前，铸成钱币。最后，因为他们的哀求，他们说服了安敦尼，把这笔款项减少为九年的捐税，在两年之内付清。安敦尼又命令国王们、王公们和各自由城市都要按照自己的力量，再贡献捐款。

安敦尼巡视东方诸省

7. 安敦尼正在巡视东方诸行省的时候，盖约的兄弟琉喜阿斯·喀西约和其他一些人担心他们自己的安全，当他们听到以弗所得到宽赦的时候，他们以哀求者的身份去见安敦尼。除去那些参加谋杀恺撒阴谋者外，他都赦免了；他只对那些阴谋者是

① 马略军事改革以后，罗马的军制是这样的：每个军团为六千人；每军团有10个大队，每个大队有3个中队，每个中队有2个百人队。实际上每个军团的人数不一定是足额。——译者

无情的。他救济那些受痛苦最深的城市。他完全豁免了吕西亚人的赋税，对他们重建桑萨斯。① 他把安得罗斯、提诺斯、那克索斯和门都斯给予罗得斯人；但是不久之后，他又剥夺了他们这些城市，因为他们统治这些城市过于残暴。他使雷俄狄西亚和塔苏斯②成为自由市，完全豁免它们的赋税。他下令解放那些被出卖为奴隶的塔苏斯居民。当雅典人跑到他那里来请求提诺斯的时候，他把厄基那和伊科斯、西俄斯、塞阿塔斯和塔巴累修斯给了他们。当他继续前进，到了福里基亚、密西亚、加拉西亚、卡巴多西亚、西里西亚、西利一叙利亚、巴勒斯坦、伊都里亚和叙利亚的其他行省时，他对所有这些地方都征收沉重的捐税；他作为仲裁者，处理诸国王间和城市间的争端——例如在卡巴多西亚，他处理阿里阿累西斯和西息那之间的争端时，他把这个王国给予西息那了，因为他的母亲格拉菲拉的美貌使他吃惊。在叙利亚，他使一些城市一个一个地从暴君统治之下解放出来。

他在西里西亚遇见克娄巴特拉，变为她的奴隶

8. 克娄巴特拉跑到西里西亚来见他；他责难她在替恺撒复仇的事业中没有和他们共艰苦。她不仅不表示歉意，反而向他列举她所做的事情。她说，她立时派遣了留在她那里的4个军团到多拉培拉那里去，她又准备了一个舰队，但是因为逆风和多拉培拉的不幸③（他的战败是突然发生的），所以她没有把这个舰队派遣出去；但是她没有援助喀西约，虽然喀西约曾经两次威胁她；当战争正在进行的时候，她不顾正在埋伏等待她的麦可，亲

① 参阅 XVI. 76－80。——译者

② 参阅 XIV. 64——译者

③ 参阅 XVI. 60－62，64——译者

自带着一个强大的舰队航往亚得里亚海，以支援他们抵抗喀西约；但是暴风雨把舰队冲散了，她本人卧病在床；因为这个缘故，她不能再航海出去，直到最后他们已经取得了胜利。安敦尼因她的机智和美貌而惊异，他好像一个青年人一样，被她俘虏了；虽然他已经是四十岁的人了。据说，他总是这样多情的，在很久以前，他在亚历山大里亚做加宾尼阿斯部下的骑兵司令官时，①他第一次看见她，当时她还是一个女孩子，他就爱上了她。

阿星诺伊的被杀

9. 安敦尼以前对于公务的兴趣马上开始衰退了。他不顾法律，不管人的法律也好，神的法律也好，凡是克娄巴特拉所命令的，他一定做到。当她的妹妹阿星诺伊在米利都的阿提密斯·吕科菲尼神庙中哀求的时候，安敦尼派遣刺客到那里把她杀死了。克娄巴特拉的塞浦路斯总督塞累彼俄过去援助过喀西约，②现在以哀求者的身份住在泰尔，安敦尼命令泰尔人把他交给她。当克娄巴特拉的弟弟托勒密在尼罗河畔跟恺撒作战③失踪的时候，有一个人自称是托勒密，他现在在阿卡狄亚人手中也是一个哀求者，安敦尼命令阿卡狄亚人把这个哀求者交出。以弗所的阿提密斯神庙中的祭司（他们称这个祭司为麦加培扎斯④）过去曾经把阿星诺伊作为一个女王来欢迎，安敦尼下令把这个祭司捉到他的面前来，但是因为以弗所人向克娄巴特拉哀求，安敦尼才把他释放。安敦尼是这样迅速地变质了，这种情欲是他后来所遭遇的灾祸的起点和终结。当克娄巴特拉回国的时候，安敦尼

① 参阅 XI. 51。——译者
② 参阅 XVI. 61。——译者
③ 参阅 XVI. 90。——译者
④ 这是一个称号。——英译者

派遣一队骑兵到离幼发拉底河不远的巴尔迈拉去劫掠，以细故责难那里的居民，说他们住在罗马人和帕提亚人的边界上而没有加入任何一方；因为他们是商人，从波斯运来印度和阿拉伯的产品而在罗马领土内销售。事实上安敦尼是想使他的骑兵发财。但是有人事先警告了巴尔迈拉人，所以他们把财产运过了河，他们站在河岸上，如果有人向他们进攻的话，他们就射击，因为他们是熟练的弓箭手。骑兵们在城内没有找到任何东西。他们打了一个转，没有遇着敌人，就空手回来了。 进攻巴尔迈拉，无功

10. 在安敦尼方面，这个行动似乎是后来不久引起帕提亚战争爆发的原因，因为许多从叙利亚驱逐出来的统治者逃往帕提亚人那里去了。叙利亚过去是塞留古·尼卡托的子孙们所统治，直到安提阿·庞护和他的儿子安提阿的统治时代为止，[①]如我在我的叙利亚史已经叙述过的。庞培把它并入罗马版图，[②]斯卡鲁斯受命为大法官，统治这个地区。斯卡鲁斯之后，元老院又派遣了其他的人，包括那个和亚历山大里亚人作战的加宾尼阿斯[③]在内。加宾尼阿斯之后，克拉苏为总督，他在和帕提亚人作战的时候，丧失了生命。[④] 克拉苏之后，毕布拉斯为总督。在恺撒死时，以及在接着发生的内战时期中，暴君们把这些城市一个一个地占据了。他们是得到帕提亚人的支援的，因为在克拉苏惨败之后，帕提亚人侵入叙利亚，和暴君们合作；安敦尼驱逐

① 参阅 XI. 53 以下。——译者
② 参阅 XII. 106。——译者
③ 参阅 XI. 51。——译者
④ 参阅 XVI. 18。——译者

了这些暴君，他们逃往帕提亚去了。于是他对当地群众征收很重的贡赋，对巴尔迈拉人犯了我在上面已经说过的暴行。他没有等待这个扰乱的地区安定下来，就把他的军队分散在各行省的冬营里去，他本人就往埃及，和克娄巴特拉在一起了。

安敦尼往埃及，和克娄巴特拉在一起

11. 她替他举行了一个盛大的欢迎会，他没有佩戴任何职位标帜，以一个普通人的习惯和生活方式在那里度过了那个冬季，或者是因为他是在外国法律管辖下，在一个女王统治的城市中，或者是因为他把他的过冬生活当作一个欢乐的佳节；因为他甚至把一个将军应有的照顾和护卫都抛弃在一边了，他身上不穿他自己祖国的衣裳，而穿着希腊人的方块外衣，脚上穿着雅典人及亚历山大里亚僧侣穿的亚狄迦白鞋，这种鞋子，他们叫做非卡修姆。由于顺从克娄巴特拉的缘故，他只到神庙里、学校里和学者的讨论会去，和希腊人在一起消磨他的时间；他在亚历山大里亚的短期居住完全是为了克娄巴特拉。

II. 屋大维在意大利。没收土地，分配给士兵们以及士兵们的横暴与人民的痛苦

屋大维回到罗马

12. 安敦尼的情况就是这样的。当屋大维回罗马的时候，在勃隆度辛，他的病情加剧了，谣传他已死亡。他的病好了的时候，他马上回到罗马，把安敦尼所写的信给安敦尼的朋友们看。安敦尼的朋友们指示卡雷那斯，把那两个军团交给屋大维，并且写信给在阿非利加的绥克斯提阿斯，要他把那个行省交给屋大维。这是安敦尼的朋友们的行动；而屋大维把阿非利加移交给

雷必达，以和他以前的行省[①]相交换，因为雷必达似乎没有犯任何严重的罪过。屋大维又出卖那些在宣布公敌时所没收的剩余财产。派遣士兵们往他们的殖民地去和分配土地是一件极端困难的工作，因为士兵们要求在战前所选择的作为他们勇敢赏赐的那些城市，[②]而那些城市要求全意大利都应分摊这项负担，或者这些城市和其他城市一起抽签，那些放弃土地的人应当论价得到赔偿，但当时没有钱。他们成群结队，老的和少的，妇女和儿童，都来到罗马广场和神庙，痛哭流涕说，他们这些意大利人没有作过什么错事，因而不应当从他们的田园和庐舍里被驱逐出来，如同那些在战争被征服的人民一样。罗马人也跟他们一起，痛哭悲伤，特别是当他们想到，战争的进行和胜利奖赏的颁发都不是为了共和国的利益，而是为了反对他们自己和为了改变政体；建立殖民地的目的，在于使民主政治永远不再抬头——殖民团体是由被雇佣者所组成的，由统治者安置在那里，使他们随时可以满足统治者所要达到的要求。

意大利人的恐慌

13. 屋大维向这些城市说明这种情况的必要性，但是他知道这个说明是不会使它们满意的，事实上也真没有使它们满意。士兵们横行霸道地侵犯他们的邻人，他们夺取了比所给予他们的份地更多的土地，并且选择了最好的土地；就是屋大维申斥他们，并且给予他们许多其他礼物的时候，他们还不停止，他们藐视他们的统治者，因为他们知道这些统治者需要他们，才能使自己的权力巩固起来，因为三头执政五年的期限快满了，为了彼此

土地的没收和分配

① 那旁·高卢和西班牙。参阅 XVI.2。——译者

② 参阅 XVI.3。——译者

安全起见，军队和统治者需要互相倚赖。领袖们依靠士兵们才能继续维持他们的政权，而士兵们，为了要占有他们所分到的土地，就需依靠那些给予他们土地的人使他们能够永久掌握政权。他们相信，如果那些给予他们土地的人没有一个强有力的政府的话，他们就不能牢固地保持他们所占有的土地，由于这个必要，他们善意地为他们的领袖而战。屋大维把许多其他礼物送给愤怒的士兵们，甚至从神庙借贷。因为这个缘故，军队的情感又倾向于他了；一方面因为他给予他们许多土地、城市、金钱和房屋，另一方面因为他成为那些被剥夺土地和房屋的人所辱骂的目标，而他为了军队的缘故，忍受这种辱骂，所以军队对他更加表示感激。

和琉喜阿斯·安敦尼发生纠纷的开始

14. 安敦尼的兄弟琉喜阿斯·安敦尼（当时是执政官），安敦尼的妻子福尔维亚和安敦尼不在罗马时的代理人曼尼阿斯看到这种情况，他们利用诡计，想把殖民地事拖延到安敦尼回国的时候再解决，使这项工作看来不完全是屋大维一个人的工作，而他一个人也就不能单独得到士兵们的好感，安敦尼也就不能被夺去士兵们的爱戴。但是因为士兵们很性急，这种拖延办法是不可能的。安敦尼的党羽于是请求屋大维从安敦尼自己的朋友中选择安敦尼军团里的殖民团的领导者，虽然在和安敦尼的协议中屋大维有绝对的选择权利的；他们发出怨言，因为安敦尼不在那里。他们把福尔维亚和安敦尼的儿女们带到军队的面前去，用那些会引起恶感的言辞，请求士兵们不要忘记安敦尼，或者使安敦尼失去因为对他们的帮助所应得到的光荣和感激。当时不但在士兵间，而且在其他所有的人中间，安敦尼的声誉达到了顶点。人们认为腓力比的胜利，[1]完全是他的功绩，因为屋大维当时生了病。虽然屋大维不是不知道这是违反了协议，但是他让了步，以对安敦尼表示好感，他任命安敦尼的朋友们为安敦尼军团的殖民团的领导者。这些领导者为了表示他们比屋大维更加爱护士兵们，允许士兵们犯更大的暴行。所以罗马城中另一个集团中出现了另一群人，即被剥夺土地财富的邻居们，在士兵们手中受到了许多损害，他们大声疾呼，反对屋大维，说建立殖民地比宣布公敌更加恶劣，因为宣布公敌的矛头只是对着敌人，而建立殖民地则是对付无辜的人。[2]

士兵们的暴行

15. 屋大维知道这些公民受到非法行为的损害，但是他无法制止，因为没有钱偿还耕者的土地价值，士兵们的奖赏也不能迟延，因为敌人尚在发动战争。庞培统治着海上，切断了罗马粮食的来源，使罗马陷于饥荒之中；阿希诺巴包斯和麦可正在聚集一支新的舰队和陆军；如果士兵们以前的劳绩不给予奖赏的话，他们将来就不会那么热心了。五年的任期将要过去，必须有士兵们的好感，才能延长这个任期，这是一件很重要的事；因此，他愿意暂时容忍士兵们的专横。有一次在戏院里，当屋大维在那里的时候，一个士兵没有找着自己的坐位，于是跑去占据了一个为骑士保留的坐位。人们把他指出来，屋大维使那个士兵离开了那个坐位。士兵们大为愤怒。当屋大维正要离开那个戏院的时候，士兵们跑来包围他，要求交出他们的同伴来，因为他们

屋大维无力制止他们

① 参阅 XVI. 110—112，125 以下。——译者

② 被剥夺土地的人中间，有维吉尔，荷拉斯，提巴拉斯和普罗柏提阿斯。——英译者

没有看见那个士兵，他们以为他被杀掉了。当那个士兵被带来的时候，他们以为那个士兵是从牢狱里放出来的，但是那个士兵否认他被关在牢狱里，并说明一切经过。他们说，他是受人教唆说谎的，责备他出卖了他们的共同利益。这就是他们在戏院里横行霸道的例子。①

16. 大约在这个时候，士兵们被召往马斯广场去分配土地，在天还没亮的时候，他们就匆忙地跑到那里去了；因为屋大维迟迟没有到，他们大怒。一个百人队长诺尼阿斯很直率地谴责他们，劝告他们说，被指挥的人对待他们的指挥官应当有礼貌，说屋大维之所以迟到是因为他有病，而不是因为他对于他们不关心。他们最初嘲笑他是一个拍马屁的人。因为双方激动的情绪渐渐增加，他们辱骂他，向他投击石头；当他逃跑的时候，他们追赶他。最后，他跳入河中，他们把他拖出来杀死了，把他的尸体抛在屋大维将要经过的道路上。所以屋大维的朋友们劝他不要到他们那里去，而应躲避他们的狂暴行为。但他还是去了，因为他认为，如果他不去的话，他们的疯狂会更增加。当他看见诺尼阿斯的尸体的时候，他把头转向一边。他假装认为这只是少数人所犯的罪行，他谴责了他们，告诫他们以后要彼此容忍，于是进行分配土地。他允许有功绩的人请求奖赏，他出乎他们意料之外，也把奖赏给予一些没有功绩的人。最后，他们惊慌失措；他们对于他们的无礼感到后悔和惭愧。他们谴责了他们自己，请求他查出那些杀害诺尼阿斯的人，加以惩办。他回答说，他知

诺尼阿斯的被杀

① 斯韦托尼阿斯(《奥古斯都传》14)说到这个戏院中的事件。他说，屋大维几乎丧失了他的生命，只因为那个士兵突然出现，他才免于危险。——英译者

道这些人，他将以他们自己知道有罪的良心和他们同伴们的谴责来惩罚他们。士兵们这样得到了赦免、赏赐和礼物的荣耀，于是马上改变了态度而大声欢呼。

17. 当时士兵们非常跋扈，这两件事情就是许多事件中的例子。其原因是大多数将军们不是正规地选拔出来的，如在内战期间经常是这样的，他们的士兵不是依照祖先的习惯而征募的，也不是为他们祖国的利益；他们不是为公众服务，而是为那些把他们组织起来的个人服务；他们为这些个人服务，不是根据法律的力量，而是因为私人的许愿；不是为了反对公共的敌人，而是为了反对私仇；不是为了反对外国人，而是为了反对在品位上和他们相等的同胞。所有这些事情破坏了军事纪律，士兵们认为他们并不是在军队里服务，而是根据他们自己的爱好和判断来援助那些为了私人的目的而需要他们的领袖。背叛在过去是杀无赦的，而现在反而得到奖赏，整个军队背叛，包括一些著名人物在内，他们认为从一方面转变到另一方面，不是一种背叛行为，因为所有的党派都是一样的，没有一个党派和其他党派不同是和罗马人民的共同敌人作战的。这些将军们有一个共同的借口，说他们都是为了祖国的利益而奋斗，这种借口使背叛更加容易，因为每个人在思想上认为无论在哪个党派中都是为祖国服务。这些将军们了解这些事实，宽容这种行为，因为他们知道他们领导军队的权力是倚靠他们的赐予，而不是倚靠法律。

士兵们的跋扈和背叛及其原因

III. 琉喜阿斯·安敦尼发动对屋大维的战争

罗马的饥荒

18. 这样,一切分裂为党派,军队对于党派的领袖们抗命不服,肆无忌惮;同时罗马感到饥荒,因为海外粮食的供应被庞培所截断,而意大利的农业又被战争所破坏。一切生产的食物都被军队所消耗。他们大部分的人夜间在城内劫掠。还有比劫掠更坏的暴行也受不到惩罚。人们认为这些都是士兵们做的。人民关闭他们的店铺,驱逐他们的官吏,好像在一个为饥饿所迫,为强盗所扰害的城市里一样,他们不需要有法庭或有用的工艺了。

琉喜阿斯·安敦尼拥护公民的主张

19. 琉喜阿斯·安敦尼是一个共和党人,对于在指定的时期内似乎还不会结束的三头同盟没有好感,因而和屋大维发生争论,甚至于发生了更为严重的纠纷。那些被剥夺了土地的人向每个重要人物哀求,只有琉喜阿斯·安敦尼一个人亲切地接待他们,答应帮助他们;他们也答应执行他的命令。所以安敦尼的士兵们责难他,说他作一些不利于安敦尼的事情,屋大维也同样地责难他,福尔维亚也责难他,说他在一个不适当的时候煽动战争。直到最后,曼尼阿斯对她说,意大利太平无事的时候,安敦尼会永远跟克娄巴特拉在一起;但是如果意大利发生战事,他就会很快地回来;这样,他就恶毒地改变了她的心理。于是福尔维亚从一个妇人的嫉妒心理出发,唆使琉喜阿斯跟屋大维不和。当屋大维正在领导最后一个殖民团离开罗马的时候,她派安敦尼的儿女们和琉喜阿斯跟着他去,使屋大维不至于因为军队只看见他一个人而得到过多的荣誉。屋大维的一队骑兵被派往勃罗丁沿岸去，因为那个地方正受庞培的蹂躏，琉喜阿斯认为，或者装作认为这支骑兵是派去对付他和安敦尼的儿女们的。因此，他跑到安敦尼的士兵殖民地去，召集一个卫队，向士兵们控诉屋大维，说他对于安敦尼不忠诚。屋大维回答说，一切都是以他和安敦尼之间的友好和谐的关系为基础，琉喜阿斯别有用心地想煽动他们两人之间的战争，以反对三头同盟，而士兵们是因为三头同盟的关系而牢固地占有他们的殖民地的；他所派去的骑兵队现在正在勃罗丁执行三头同盟的命令。

琉喜阿斯和屋大维纠纷的调解

20. 当军队里的军官们知道了这些事实的时候，他们在替隆调解琉喜阿斯和屋大维之间的纠纷，使他们两人根据下列的条件达到协议：两执政官依照祖先们的惯例行使他们的职权，三巨头不得干涉他们；土地只分配给在腓力比作战的士兵们；从被没收的财产中所得到的金钱以及将来还要出卖的财产中所得到的价值，安敦尼在意大利的军队也应分到同等的一份；以后安敦尼和屋大维两人都不能在意大利征兵；安敦尼的两个军团在屋大维部下服务，参加反对庞培的战争；阿尔卑斯山的通道对屋大维派往西班牙的军队应当开放，阿西尼阿斯·波利俄不得再阻挠他们；琉喜阿斯应当满意这些条件，遣散他的卫队，勇敢地执行他的职务。他们通过军队里的军官们的影响而达到的协议就是这样的。在这些条件中只有最后两个是实现了的；萨尔维丁那斯跟着屋大维一块儿越过阿尔卑斯山，但是他心里是不愿意去的。

21. 因为其余的条件都没有实行，或者拖延了，琉喜阿斯就到普勒尼斯特去了，说他害怕屋大维，因为屋大维以职位的关系，有一个卫队，而他自己则没有保障。福尔维亚跑到那里去见雷必达，说她现在为她的儿女们担心了。这次她利用雷必达作为借口，以代替屋大维。他们两人都写信，把这些事情告诉安敦尼，又派遣朋友们带着信件到他那里去，诉说每种痛苦的详情。关于安敦尼的复信，虽然我曾经搜寻过，但我没有找到明确的记载来。军队里的军官们彼此宣誓团结起来，再作他们两个行政长官的调解人，依照公理作出决定，双方的任何一方如果拒绝服从决定的话，他们即强制执行；为了这个目的，他们召集琉喜阿斯和他的朋友们来参加。这些人不肯来；屋大维当着罗马贵族们的面前，对军队里的军官们，以令人不愉快的言辞谴责他们。罗马贵族们急忙跑到琉喜阿斯那里去，哀求他怜悯被内战所破坏了的罗马城和意大利，而同意根据共同的协议，由他们自己或军官们来决定一切。

新的纠纷又发生了

22. 虽然琉喜阿斯对于那些说话的人和他们所说的话表示尊重，但是曼尼阿斯冒失地说，安敦尼没有做别的事，只从外国人手里聚集金钱，而屋大维以他的恩惠首先得到了军队的好感和意大利一些令人满意的地方；为了这个目的，他欺骗安敦尼，把山南高卢解放了，山南高卢以前是给了安敦尼的；他分配给士兵们的不是那 18 个城市，而几乎是整个意大利；[①]他不是使那 28 个参加战役[②]的军团，而是使 34 个军团分得了土地，也分得了那些他以和庞培作战为借口而从神庙中收集来的金钱，虽然

① 参阅本卷第 3、12。——译者

② 腓力比战役。——译者

罗马受饥荒的压迫，但是目前他还没有做一点反抗庞培的事；他分配这些金钱，以取得士兵们的欢心，使士兵们对安敦尼有成见，被宣布为公敌者的财产还没有大量地出卖可以马上分给士兵们；最后，如果屋大维真的想要和平的话，他应当汇报他已经做过的事，而在将来只能做那些共同达成协议的事。曼尼阿斯这样傲慢地说明了他的看法，暗示屋大维不能擅自做任何事情，屋大维和安敦尼的协议是无效的，虽然这个协议规定每人在他所接受的任务内有绝对的权力，每人对于对方所做的事应当有批准权。当屋大维看到他们到处在准备战争的时候，双方都同样地备战了。 准备战争

23. 在安科那殖民地的两个军团过去在老恺撒部下和在安敦尼部下都服过务，现在听到双方备战的情况，由于对双方的友谊关系，派遣大使们到罗马来，恳求他们达成协议。屋大维回答说，他没有准备和安敦尼作战，但是琉喜阿斯准备和他作战。于是这些大使们和军队里的军官们组织一个联合使团到琉喜阿斯那里去，请求他把他和屋大维的争执交给一个法庭来裁判；他们明白地表示他们将要做的事情，如果他不接受这个裁判的话。琉喜阿斯和他的朋友们接受了这个建议，指定罗马和普勒尼斯特中间的一个城市加俾爱作为审判的地点。他们为仲裁人准备了一个会议厅，为辩护人准备了两个讲台在会议厅的中央，如在正规审判时一样。屋大维首先到了那里，他派遣一些骑兵，沿着琉喜阿斯将要走来的道路上，以便发现是否有任何诡计。这些骑兵遇着了琉喜阿斯的骑兵，或者是他的前哨，或者也和对方一样，是来侦察的；双方发生冲突，屋大维的骑兵杀死了琉喜阿斯 建议再来一次调解

的一些骑兵。琉喜阿斯撤退了，说他害怕落在圈套中，军队里的军官们虽然召他来，答应护送他，但是不能说服他再来了。

会商无结果

24. 这样，会商无结果，于是屋大维和琉喜阿斯决定战争，甚至现在还发表彼此互相痛恨的宣言。琉喜阿斯的军队是他以执政官的身份指挥的6个军团和在卡雷那斯指挥下的11个安敦尼的军团，这些军团都在意大利。屋大维有4个军团在加普亚和他的随身卫队。萨尔维丁那斯正领导其他的6个军团往西班牙去了。[①] 琉喜阿斯从那些没有战事的安敦尼的行省中取得金钱的供给。但是战争在所有分给屋大维的行省中，除撒丁尼亚外，[②]都在疯狂地进行；因为这个缘故，他向各神庙借钱，答应以后附带谢礼来归还——从罗马的卡皮托神庙，从安提昂、拉努维阿姆、尼摩斯[③]和提布尔等地的各神庙，当时有很多的圣款储存在这些城市中。

绥克斯都·庞培势力的增长

25. 在意大利以外，屋大维的情况也是很混乱。由于宣布公敌、士兵殖民以及屋大维和琉喜阿斯的倾轧等等原因，庞培的声誉和势力大为增加。那些担心他们自己安全的人，或者财产被剥夺的人，或者那些最厌恶这种政府的人大多数都跑到他那里去，和他联合在一起。青年人热心参加军事，以求得到利益，他们认为不管在谁的部下服务，都没有区别，因为一切军役都是罗马人的军役，因此他们宁愿和庞培联合，因为他代表一个比较好的方面。他已经因海上掠夺而致富了，他有一个船舶众

① 原文上说，“从西班牙来”，但是很明显，这是一个错误，可能是阿庇安本人的错误。参阅下面第27节。——英译者

② 此外原文可能有脱漏。——英译者

③ 在阿里西亚附近。——英译者

多的舰队，水手齐备。麦可带着两个军团的士兵、500 名弓箭手、大量金钱和 80 条船舰也跟他联合在一起；①他又派人去塞法伦尼亚调来其他军队。因此，有些人认为，如果庞培在那时候侵入意大利的话，他可能很容易地征服它，因为当时意大利被饥荒和内战所消耗，正在希望他去。

26. 但是庞培缺乏智慧。他的用意不是侵略，只是防御；他的确进行防御，但是在这方面他最后也失败了。在阿非利加，安敦尼的部将绥克斯提阿斯刚刚依照琉喜阿斯的命令，把军队交给屋大维的部将方哥。绥克斯提阿斯又奉命收回指挥权，因为方哥不肯交出军队，他聚集一支由一些退伍的老兵、一群各种的阿非利加人和当地王公的辅助兵所组成的军队，对方哥作战。方哥的两翼都被打败，又丧失了他的军营，他认为他是被出卖了，因而自杀了；于是绥克斯提阿斯又成为两个阿非利加行省②的主宰。毛利泰尼亚国王菩卡斯受琉喜阿斯的怂恿，和屋大维在西班牙的代理人卡赖那斯作战。阿希诺巴包斯带着 70 条船舰、两个军团的士兵和一支包括弓箭手、投石手、轻装部队和角斗士的军队，在亚得里亚海巡逻，蹂躏三巨头统治下的地区。

在阿非利加的情况

27. 屋大维派遣一个军团的士兵到勃隆度辛去，同时匆忙地把萨尔维丁那斯从西班牙的进军中召回。屋大维和琉喜阿斯两人都派遣军官们到意大利各地去征募军队，他们彼此间发生了或多或少的重要遭遇战和多次的埋伏战。意大利人的好感倾向于琉喜阿斯，因为他们相信他是为他们反对新殖民者而战争。

战事的开始

① 参阅本卷第 2。——译者

② 即新旧阿非利加。参阅 XVI. 53。——译者

不仅那些被分配给军队的城市,[①]并且几乎整个意大利都动起来了,因为担心遭受同样的待遇。它们把那些替屋大维向神庙借钱的人逐出城外,或杀死,派人守卫它们的城墙,和琉喜阿斯联合在一起。在另一方面,那些被派到殖民地的士兵们则和屋大维联合在一起。每一个人都参加一方,好像这是他们自己的战争一样。

屋大维想求和平

28. 虽然这些事情正在进行中,但是屋大维召集了元老院和骑士等级,对他们发表演说如下:"我很清楚地知道,琉喜阿斯和他的朋友们责难我软弱,缺乏勇气,因为我不跟他们作战;因为我召集你们开会,他们会更责难我的。但是我有强大的军队,他们是和我一同受到迫害的,有些是被琉喜阿斯剥夺了他们的殖民地的,另一些是现在在我手中的;除了作战的意图外,我在其他各方面都是很强的。我非在迫不得已的情况下,我不喜欢进行内战,或者在彼此冲突中毁灭我们残余的公民;我最不喜欢进行这一次内战,因为这次内战的可怕情景不是从马其顿或色雷斯向我们传来,而是发生在意大利本土;如果意大利变为战场的话,除生命的损失外,意大利还会遭到无穷无尽的灾祸。因为这些缘故,我迟疑不决。现在我还是不承认我做了对不起安敦尼的事情,我也没有受到安敦尼的侵害,但是我恳求你们,为你们自己的缘故,劝劝琉喜阿斯和他的朋友们,使他们跟我和解。如果甚至现在你们还不能说服他们的话,我马上就会对他们显示我以前的行动是出自善意,而不是由于懦弱;我请求你们不但在你们自己的面前,而且也在安敦尼的面前,替我作见证,请求

① 参阅本卷第3、12。——译者

你们，因为琉喜阿斯的傲慢而支持我。”

29. 屋大维这样说了。因此，有些听了他的话的人又到普勒尼斯特去了。琉喜阿斯只对他们说，双方已经开始战争了，屋大维在玩弄手腕，因为他最近已经派遣一个军团到勃隆度辛去阻止安敦尼回国了。曼尼阿斯又拿出一封安敦尼的信来，不知是真的，还是假的；信中说，如果有人侵犯他的尊严的话，他们应当战争。当元老们询问是否有人侵犯了安敦尼的尊严，劝曼尼阿斯把这个问题提交法庭来审判的时候，他用了很多模棱两可的话来回答。最后，他们无功而还。他们也没有集体地答复屋大维，或者因为他们每人单独地传达了这个消息，或者因为他们感觉惭愧，或者因为其他的原因。战争爆发了，屋大维马上出发，参加战争，留下雷必达带着两个军团守卫罗马。于是大部分贵族跟琉喜阿斯联合在一起，这是很明显地表示他们是不喜欢三巨头的统治的。 使团往见琉喜阿斯，无结果

IV. 屋大维围攻琉喜阿斯·安敦尼于培鲁西亚

30. 下面就是这次战争中的主要事件。在亚尔巴的琉喜阿斯的两个军团发生兵变，驱逐他们的指挥官们，开始暴动。屋大维和琉喜阿斯两人都急忙地跑到他们那里去。琉喜阿斯先到了那里，以巨额的赏赐和巨大的诺言慰留了他们。当福尼阿斯带着一队援兵到琉喜阿斯那里去的时候，屋大维进攻他的后卫。福尼阿斯逃往一个小山上，夜间撤退到他的同党人所占据的一个城市孙提亚。屋大维不敢在夜间追赶他，因为疑心有埋伏；但 战争开始了

是第二天他围攻孙提亚和福尼阿斯的军营。琉喜阿斯正在迅速地向罗马进军，他派遣3个大队向前挺进，他们在夜间悄悄地进入城内。他自己带着主力军、一些骑兵和角斗士跟在后面。守城门的诺尼阿斯让他进了城，把他自己所指挥的部队交给琉喜阿斯。雷必达逃往屋大维那里去了。琉喜阿斯向公民们发表演说，说他要惩办屋大维和雷必达，因为他们的统治是违法乱纪的；他的兄长将自动地辞掉非法政府中的职务，而接受执政官的职位，以非法的行政长官职位换取一个合法的行政长官职位，以暴君政治换取他们祖先的宪法。

琉喜阿斯宣称他的用意在恢复共和

31. 所有的人都喜欢这篇演说，认为三头政治已告结束。人民欢呼他为大元帅。他进兵攻击屋大维，从安敦尼士兵的殖民地城市中募集了一支生力军，加强了他们的要塞。这些殖民地对安敦尼有很好的感情。安敦尼的财政官巴佩提阿斯因为和安敦尼发生意见而回国了；有人问他的时候，他回答说，安敦尼不喜欢那些和屋大维作战，使他们的共同统治受到损失的人；因此，有些人从琉喜阿斯那边转到屋大维这边来了，因为他们不知道巴佩提阿斯所玩弄的欺骗手段。萨尔维丁那斯正带着一支大军从高卢回到屋大维那里去，琉喜阿斯想在途中堵截他。安敦尼的部将阿西尼阿斯和文提狄阿斯也追赶萨尔维丁那斯，以阻止他前进。屋大维最亲密的朋友阿格里巴担心萨尔维丁那斯会被包围，因此他夺取了苏特利昂，这是一个对于琉喜阿斯很有用的要塞，他希望以此牵制琉喜阿斯，引诱琉喜阿斯去进攻他而不去进攻萨尔维丁那斯，这样，萨尔维丁那斯的地位将在琉喜阿斯的后方，就会去援助他（阿格里巴）。结果，一切真如阿格里巴所预

他想阻止萨尔维丁那斯

阿格里巴阻止了他

料的。琉喜阿斯没有能够实现他的计划阻止萨尔维丁那斯，因而前进想跟阿西尼阿斯和文提狄阿斯联合在一起。萨尔维丁那斯和阿格里巴从两方面威胁他，特别是等待机会，想在峡谷中捉着他。

32. 当琉喜阿斯看出他们的计策的时候，他不敢和这些从两方面包围他的军队交战；所以他绕道往培鲁西亚去了（培鲁西亚是一个防御工事很坚固的城市），驻扎在培鲁西亚的附近，在那里等待文提狄阿斯。阿格里巴、萨尔维丁那斯和屋大维进攻他和培鲁西亚，用三支大军把他们包围起来，屋大维迅速地从各方面召集援兵，以进攻这次战争中一个最重要的据点，他在那里围攻琉喜阿斯。他又派遣别的军队去牵制文提狄阿斯的军队，因为文提狄阿斯的军队快要来了。但是文提狄阿斯的军队因为他们自己的缘故，迟疑不前。因为他们完全不赞成这次战争，又不知道安敦尼对这次战争的看法，又因为互相竞争的缘故，彼此不愿意放弃军事上的领导地位。琉喜阿斯不出来和这些包围他的军队作战，因为他们的设备比较好，人数比较多，受过很好的训练，而他自己的军队绝大部分是新兵；他也不继续前进，因为这么多的敌人在他的侧面。他派遣曼尼阿斯到文提狄阿斯和阿西尼阿斯那里去，催促他们赶快来援助被包围的琉喜阿斯；他派遣提西那斯带着4 000骑兵去劫掠敌人的军需，以便迫使敌人解围。琉喜阿斯进入培鲁西亚城内，使他在必要时，可以在这要塞中过冬，以等待文提狄阿斯和阿西尼阿斯的到来。

琉喜阿斯被包围在培鲁西亚城内

33. 屋大维很迅速地率领他的全部军队，筑成一条栅栏和壕沟，把培鲁西亚包围起来，这条包围线周围56个斯塔狄亚，因为培鲁西亚位于一个小山上；他把包围线延长到台伯河畔，使一切东西都不能运进那个地方去。在琉喜阿斯方面，他在山脚下设防，也建筑一条相同的对抗堡垒。福尔维亚力劝文提狄阿斯、阿西尼阿斯、阿泰阿斯和卡雷那斯迅速地从高卢去援救琉喜阿斯；她调集援兵，命令普隆卡率领这些援兵到琉喜阿斯那里去。普隆卡消灭了屋大维的一个正在向罗马进军的军团。当阿西尼阿斯和文提狄阿斯受福尔维亚和曼尼阿斯的怂恿，正在进军去援助琉喜阿斯（但是有点迟疑，因为他们不知道安敦尼的意图），以解其围的时候，屋大维和阿格里巴留下一支守卫军在培鲁西亚，带着大军来阻止他们。阿西尼阿斯和文提狄阿斯的军队还没有彼此取得联系，而行军又不是很敏捷的，因此退却——阿西尼阿斯退到拉文那，文提狄阿斯退到阿里密浓。普隆卡逃入斯波雷敦。屋大维驻扎一支军队在他们军队的前面，使他们不能联系起来，于是他迅速地回到培鲁西亚，加强了围攻，使壕沟的深度和广度加倍，深广度都达到 30 英尺。他增加了围城壁垒的高度，在上面建筑了 1 500 个木塔，两塔之间距离 60 英尺。他又有坚强的方形碉堡和各种其他的围城工具，各种工具都有两面，一面围攻城内的人，一面抵抗城外的袭击。当这些工事正在建筑的时候，城内的人常常出来突击和战斗；在战斗中，屋大维的军队以利用投射器占优势，而琉喜阿斯的角斗士则长于肉搏战。所以这些人在肉搏战时杀死了很多人。

他在那里等待援兵

34. 当屋大维的工事完成了的时候，琉喜阿斯的军队感到饥荒，情况一天一天地恶化，因为他和这个城市都没有事先作好准备。屋大维知道这种事实，很小心地防守着。在1月1日的前一天，琉喜阿斯想利用这个假日的夜间出来突击敌人的城门，因为他想敌人在这一天会离开守卫的，他想冲过敌人的防线，把他的其他军队引进城来，因为他在许多地方都有充足的军队。但是在附近埋伏的那个军团和屋大维本人带着的一些卫兵大队向他进攻，琉喜阿斯虽然勇敢地战斗，但是被驱逐回来了。约在同时，罗马的人民群众公开地谴责这次战争和这次胜利，因为谷物都有卫兵守护着，以为士兵之用。他们冲入房屋内，搜寻食物，把一切他们所能找到的东西都带走了。

35. 正当琉喜阿斯饥饿待毙的时候，文提狄阿斯和他的朋友们深以袖手旁观为耻，都进军前来支援他，想打败恺撒围攻琉喜阿斯的军队。阿格里巴和萨尔维丁那斯带着更多的军队来迎战。文提狄阿斯和他的朋友们恐怕被敌人包围。所以分散进入离培鲁西亚160斯塔狄亚的福尔贞尼昂要塞中。阿格里巴在那里围攻他们；他们点起许多火光，作为信号，以通知琉喜阿斯。文提狄阿斯和阿西尼阿斯认为他们应当更前进作战，但是普隆卡说，因为他们处于屋大维和阿格里巴的中间，他们最好是等待事情的演变。普隆卡的意见被采纳了。培鲁西亚城内的人，当他们看见火光的时候，很高兴；但是当文提狄阿斯迟迟未到的时候，他们猜想他也遭遇困难了；当火光熄灭了的时候，他们以为他是被消灭了。琉喜阿斯受饥饿的压迫，又进行了一次夜战，从一更①到天亮，沿着整个环城的壁垒战斗；但是他战败了，被赶回培鲁西亚城内去。他在城内计算剩余的粮食，禁止把粮食给奴隶们，不许他们逃跑，恐怕敌人对于他绝望的情况知道得更清楚。

前40
他的部将不去援助他

培鲁西亚的饥荒

① 约下午6时到9时。——译者

奴隶们成群地到处游荡，投宿于城内和城市及堡垒之间空地上，吃着他们在任何地方所能找着的野草或绿叶。琉喜阿斯把那些死了的奴隶埋在长沟中，因为如果火葬的话，他担心敌人会知道发生了什么事；如果不埋葬的话，他又担心发出来的有毒的臭气会使人生病。

琉喜阿斯突围的尝试

36. 因为饥荒和死亡不知道何时才可以停止，在这种情况下，士兵们难于驾驭了，他们恳求琉喜阿斯再做一次进攻敌人工事的尝试，他们相信完全能够突破敌人的防线。他称赞他们的热心，他说，"在我们最近的战斗中，我们还没有依照我们目前紧急需要的程度作战。现在我们要么就投降，如果投降比死还不如的话，那么，就必须战斗至死。"所有的士兵们都热心地同意这个意见，为了使每个人不致以夜间作为借口起见，他们要求在白天里领导他们出去。琉喜阿斯在黎明的时候，率领军队出城。他带了许多铁的工具和各种形式的云梯，以为爬城战斗之用。他带了填塞壕沟用的机械和可以折叠的攻城楼塔，从塔上可以把木板搭到城墙上；也带了各种投射器和石头，以及准备放在栅栏上的柳条制品。他们猛烈地进攻，填满壕沟，爬上栅栏，向敌人的壁垒前进，有些人挖掘敌人壁垒的墙脚，另一些人安放云梯，同时另一些人把攻城楼塔推动上来，用石头、箭和铅球保卫他们自己，完全不顾自己的死亡。这种战斗在许多地方进行，敌人被牵制在许多不同的方向，因此，抵抗力比较薄弱。①

37. 在一些地方，木板已经架在敌人的壁垒上；这种战斗是很冒险的，因为在木桥上战斗的琉喜阿斯的军队四面八方都受

① 此处原文是不完整的。——英译者

投射器和标枪的射击；尽管这样，他们仍向前冲去，有少数人跳过了敌人的壁垒。其他的人也跟着跳下去。如果不是屋大维知道他们没有许多这样的机械，因而把他最好的后备军调来增援那些疲倦了的士兵们的话，他们在拼命战斗中可能有些成就。现在这些增援的生力军把进攻的敌军从壁垒上抛下来，粉碎他们的攻城机械，从壁垒上很藐视地把投射器向他们射击（再也不害怕他们了）。虽然敌人的盾牌和身体被刺穿了，甚至他们的叫喊声都发不出来了，但是他们还勇敢地坚守他们的阵地。当被杀死在壁垒上的人的衣服被剥掉，尸体被抛下来落在他们中间的时候，他们不能忍受这个侮辱，而躲开不看这个情景，暂时站在那里犹豫不决，好像运动员在比赛中得到一个暂时的喘息一样。在这个情况下，琉喜阿斯怜悯他们，发出退却的号声。于是屋大维的军队兴高采烈地敲撞着他们的武器，表示胜利，因而琉喜阿斯的军队大为激怒，又抓着他们的云梯（虽然他们已经没有攻城的楼塔了），拼命地把云梯运到敌人的壁垒前面。但是他们不能对敌人加以任何损害，因为他们没有力量了。琉喜阿斯在他们中间跑，恳求他们不要再牺牲他们的性命，并把这些呻吟叹息不甘心的士兵们领回来。

拼命战斗之后，他被打败了

38. 这次激烈的围攻就是这样结束了。为了使敌人不再来进攻他的工事起见，屋大维把他一部分后备军驻扎在要塞一带，命令其他地方的另一些士兵们，只要听到号声，就跳上壁垒。虽然没有人督促他们，他们不断地作这种练习，一方面熟习这种技术，一方面使敌人感到恐惧。琉喜阿斯的军队开始士气消沉了。正如在这种情况下所常发生的情形一样，哨兵们放松了他们的警惕性。这样，逃亡的人更多了，不仅普通士兵们，而且有时候比较高级的军官们也逃亡了。现在琉喜阿斯由于怜悯那些濒于死亡的士兵群众，有议和的倾向了，但是有些屋大维的敌人担心他们自己的安全，还阻止他。但是因为他看见屋大维对待逃兵很宽大，而希望和平的心理在所有的人中间增加了，所以琉喜阿斯害怕，如果他拒绝和谈的话，他会有被移交的危险。

他开始有投降的意思

V. 琉喜阿斯无条件投降

他对士兵们讲话，谈到这个问题

39. 于是琉喜阿斯作了一种尝试，这个尝试给了他满意的鼓舞之后，他把他的军队召集起来，对他们发表谈话如下："同伴士兵们，我看到三头政治是一个暴君政治，它是以跟布鲁图和喀西约作战为借口而建立的，但是他们死后，这种暴君政治还是没有解除；那时候，我的用意是想替你们恢复共和制度。雷必达在政府中的地位已被剥夺，安敦尼远在国外，聚集金钱，只有这一个人，[①]依照他自己的意志处理一切，罗马政府的古代制度只是一种伪装，一种笑柄。我有恢复我们祖先的自由和民主政府的意思，所以我请求，在胜利的奖赏分配之后，君主制度应当解散。当我的请求没有得到认可的时候，我想利用我的职权强制执行。屋大维虚伪地在军队面前控诉我，说我由于怜悯那些土地所有者，阻碍殖民地的建立。在很久的时间内，我不知道这个诽谤；就是当我知道此事的时候，我也以为任何人不会相信的，因为人人看见领导殖民地的官吏是我本人指定去分配土地给你们的

① 指屋大维。——译者

人。但是这个毁谤引起一些人误入迷途，他们和屋大维联合在一起，以便和你们作战，如他们所想象的。但是结果，他们会发现他们是违反他们自己的利益而作战。我深信你们是选择了一个比较好的主张，你们为了这个主张受到的痛苦超过了你们的力量所能忍受的。我们不是被敌人战败的，而是被饥饿战败的，我们自己的将军们使我们成为饥饿的俘虏。我是应当为我的祖国战斗而死的。这样的结果将使我的高尚目的带上了美名的光荣。为了你们的缘故，我不甘心忍受那种命运，因为我重视你们甚于我自己的声誉。我将派人到那个胜利者那里去，请求他随意惩罚我一个人，以代替你们全体；请求他不要赦免我而要赦免你们，因为你们是他的同胞公民，过去是他的士兵，你们现在没有做错事，你们作战不是没有好的理由的，你们不是因为战争，乃是因为饥饿而失败的。”

40. 他这样说了之后，马上从贵族中选择三个人为使者。士兵群众痛哭流涕，有些人是为了他们自己，有些人是为了他们的将军，因为在他们看来，他们的将军是被最卓越的民主政治的目的所激励，现在迫不得已而屈服了。当这三个使者被屋大维接见的时候，他们提醒他，双方的士兵们都是同一种族的人，他们曾经并肩作战。他们提到双方面贵族的友谊，也提到他们祖先们的美德，他们的祖先们是不许一切纠纷变为不可和解的。他们提出其他类似的论点，想用以说服屋大维。屋大维知道敌人中有些还是新兵，而另一些是殖民的老兵；因此，他狡猾地回答说，由于对安敦尼的尊重，他愿意赦免安敦尼的士兵们；但是其余的人应当无条件投降。这个答复是当着三个使者的面前说

他派遣使者到屋大维那里去

的。但是他把三个使者中的一个，即福尼阿斯，带到一边，他开导福尼阿斯说，琉喜阿斯和其他的人都有获得宽大待遇的希望，只有他自己的私人仇敌除外。

他亲自到屋大维那里去

41. 屋大维的这些私人仇敌知道了福尼阿斯的私自会晤，疑心这是和他们有关的，因此，当他回来的时候，他们指责他，要求琉喜阿斯或者订立一个包括所有人的新约，或者战斗而死，说这次战争不是一种任何人的私人战争，而是一种为了他们祖国利益的公战。琉喜阿斯因为可怜他们是和他同等级的人，允许了他们，说他一定另派一个使团去。他又说，没有一个人比他自己更适于担任这个任务，于是他马上动身去了，没有传令官，只派一些人先去通知屋大维，说他来了。屋大维马上前来会见他。在那里他们彼此见面，他们的朋友们围绕着他们，双方都因为将军们的旗帜，军事装备而特别引人瞩目。于是琉喜阿斯遣退[1]他的朋友们，只带着两个侍从，以他的外表形状表示他内心的情绪。屋大维了解他，学他的榜样。表示他对琉喜阿斯心怀善意。当他看见琉喜阿斯匆忙地跨进了他的要塞，借以表示他已经投降了的时候，他先跑出他的要塞，使琉喜阿斯还可以自由考虑，决定他自己的利益。这样，当他们向前行走的时候，他们就以他们的随员和他们的外表，彼此预先表示了他们的思想。

琉喜阿斯的发言

42. 当他们走到壕沟旁边的时候，他们彼此互相敬礼，于是琉喜阿斯说："屋大维啊，如果我是一个和你作战的外国人的话，那么，这样被打败，我会认为这是一个耻辱，投降更是耻辱，我自己有一个很容易的办法，可以避免这样的耻辱。但是因为我是

① 可能是："脱掉他的军服，遣退……。"——英译者

为了我们的祖国，和一个同胞、我的平辈作战，为了这样一个事业，被这样一个人打败了，我不以此为耻辱。我说这些话的目的，不是请求你免除你所愿意加在我身上的苦难（因为你看见我没有任何保证，就跑到你的军营里来了），而是替别人请求在正义和对于你自己有利的范围内的饶恕。我希望我可以把这点向你说清楚，你须把他们的问题和我的问题分开；当你知道，应当受谴责的只是我一个人的时候，你可以把你的愤怒加在我身上，不要以为我到这里来的目的是为争辩（因为那是不合时宜的），而是来说真理，因为我不能有其他的说法。”

43. “我对你作战的目的不是想消灭你而继承你的领导地位，而是想替祖国恢复那个被三头政治所推翻的贵族政府，这点就是你自己也不会否认的。因为，当你们创立三头政治的时候，你们承认这是和法律不相符合的；但是你们建立了它，把它当作一个必要的和暂时的机构，因为喀西约和布鲁图还活着，你们是不能跟他们和解的。后来他们（他们过去是那个党派的首领）已经死了，其余的人，如果还有一些人留下来的话，拿起武器，不是反对国家，而是因为害怕你们；并且五年的任期快要满了，那时候我要求，依照我们祖先的习惯，恢复行政长官的职位。就是我的兄长，我也没有爱他甚于我的祖国，只希望在他回国的时候，说服他同意，急于想在我的执政官任期内完成这项工作。如果你早已开始了这种改革的话，那么，只有你一个人可以得到这个光荣。我既然不能说服你，作为一个公民、一个贵族和一个执政官，我想进军罗马，使用武力。这些就是我作战的原因，而且只有这些原因；不是因为我的兄长，不是因为曼尼阿斯，不是因为福尔维亚,不是因为那些在腓力比作战的士兵们的殖民地,也不是因为对那些被剥夺了土地的人表示同情,因为我自己任命了殖民团体的领导者到我兄长的军团里去,他们剥夺了那些种地人的土地而分与士兵们。但是你在士兵们面前,以此来攻击我,把战争的原因从你自己身上转到土地分配问题上,你主要是用这种方法把他们拉到你一边去,以打败了我,因为你使他们相信,我是为了反对他们而作战,他们是为了保卫他们自己以反对我作恶。当然,在你作战的时候,你需要用些手段。你既然战胜了,如果你是祖国的敌人的话,你必然也会把我当作敌人,因为我希望实现我所认为是祖国的利益,但是饥荒使我不能实现这种希望。”

琉喜阿斯无条件投降

44.“虽然我对你说了这些话,但是我向你投降了,正如我已经宣布的,请你随意处理。我单独跑到这里来的目的,只是想表示在战争以前、在战争时期以及现在我对于你的看法。关于我自己的事我就说到此为止。关于我的朋友们和我的全部军队,如果你不怀疑我的话,为了你自己最大的利益着想,我愿给你一点忠告,就是你不要因为你我之间的争端,而对他们施行严厉的惩罚。因为你是一个凡人,受命运的支配,而命运是变化无常的,不要使那些在你将来危险或困难的时候愿意替你冒险的人从你身上得到教训,认为在你的统治之下,除胜利者外,是没有安全的希望的,因而踌躇不前。纵或一个敌人的所有的忠言都是可疑的,或者是不可信的,我也毫不迟疑,向你恳求,不要因为我的过失或我的不幸而处罚我的朋友们,而要把全部处罚加在我一个人身上,因为只有我自己是应当受到谴责的。我有意地把我的朋友们留在我的后边，使我不至于被怀疑我好像要在他们的面前，利用这些话来暗中博得他们的欢心。”

45. 琉喜阿斯这样说完了之后，他又缄默了。屋大维说：“琉喜阿斯啊，当我看见你没有任何保证跑来的时候，我就匆忙地在我的堡垒外面会见你，使你就是现在也还可以自由运用你的思考，能够说出或作出任何你所认为对于你自己最有利的事来。你既然向我投降了（如那些承认错误的人所常作的那样），我没有必要来讨论你用了这样多的诡计来污蔑我。你开始就伤害我，你还继续伤害我。如果你是到这里来商订条约的话，那么，你就是在和一个曾经受到你的伤害的胜利者交涉。既然你自己、你的朋友们和你的军队无条件地投降，那么，你不仅取消了所有的仇恨，而且也取消了你的权力，因为在商订条约的情况下，你必须把权力交给我。这个问题不但牵涉你和你的朋友们所应受到的惩罚，而且也牵涉我自己作为一个公正的人，应该怎样处理的问题。因为神明的缘故，因为我自己的缘故和因为你的缘故，琉喜阿斯啊，我会把后者当作主要问题来考虑；我不会使你来到这里的目的失望的。”

他们彼此说了这些话，我尽可能地从《回忆录》①中体会说话人的意思，把它译成我们的文字。② 于是他们分别了，屋大维称赞和钦佩琉喜阿斯，因为他没有说什么不礼貌和不谨慎的话（如人在患难中所常说的那样）；琉喜阿斯也称赞屋大维的态度

---

① 此处所说的《回忆录》可能是屋大维本人的《回忆录》，在 X. 14 和 XVI. 110 中也提到这部《回忆录》。——英译者

② 希腊文。——译者

温和和语言简练。其他的人从双方的面部表情来体会他们话的意思。

46. 琉喜阿斯派遣军团将校到屋大维那里去领取军队里的口令，他们把军队的名册带给他，正如当时在习惯上请求口令的军团将校必须把每天登记的士兵名册交给司令官那样。他们得到口令之后，还在岗位上放哨，因为屋大维命令那天夜里各军还要自己站岗；第二天早晨，屋大维举行祭祀，琉喜阿斯派遣他的军队，携带武器，到屋大维那里去，但是准备行军。当他们到了相当距离的时候，他们就把屋大维当作大元帅，欢呼致敬。依照屋大维的指示，各军团分别站在不同的地方，殖民的老兵和新兵分开站着。当屋大维祭祀完毕之后，他坐在法庭的前面，戴着桂冠，这是胜利的象征，他命令全体士兵们在他们站着的地方放下武器。当他们把武器放下来了之后，他命令老兵们向前靠拢一点，好像有意申斥他们忘恩负义，使他们恐惧的样子。他将要做的事情是事先已经知道了的，他自己的军队，或者是有意的（因为常常是事先告诉了士兵们的），或者是出自同情心，好像同情他们自己的亲属一样，从他们原来站着的队形散开，成群地拥挤在琉喜阿斯的士兵们的周围，如同围绕着他们以前的同伴士兵们一样，拥抱着他们，和他们一块儿痛哭，替他们恳求屋大维，不停地哭喊和拥抱着他们；新兵们也同样地流露着热情，所以不可能辨别哪些是新兵，哪些是老兵了。

两军的士兵们互相拥抱

47. 因为这个缘故，屋大维没有坚持他的原意，但是经过困难，才把这种激动情绪安静下来之后，他对他自己的士兵们发表谈话如下："同伴士兵们，你们对我的行为永远是这样的，使你们对于我的请求永不落空。我认为新兵们是在被迫之下而为琉喜阿斯服务的，但是这些老兵们，过去是常常和我们一块儿在军队里服务的，而现在你们挽救了他们，使他们免于处罚，我要质问他们在我们手中受过什么痛苦，或者他们有什么请求没有得到满足，或者他们希望从什么人手中可以得到更大的恩惠，以至于他们拿起武器来反对我，反对你们，反对他们自己。因为我所遭遇的一切困难都是从分配土地的问题上产生的，在分配土地时，他们有他们的一份。现在如果你们许可我的话，我一定要问他们这些问题。"他们不允许他质问了，只继续哀求他。他说，"我使你们如愿以偿。让他们不因为他们的罪行而受到惩罚，只要以后他们能和你们同心同德。"双方面的士兵们都对屋大维欢呼感激，答应了这个要求；屋大维让他自己的一些士兵们款待他们一些士兵们如同客人。他命令其余的人在他们所驻扎的地方建立营帐，和其他的人保持相当的距离，等待他指定城市作为他们的冬营并派人领导他们到那里去。

48. 于是屋大维坐在他的法庭上，把琉喜阿斯以及和他在一起负责的罗马人从培鲁西亚召来。许多元老们和骑士们都来了，因为他们幸运的突然改变，他们都表现一种可怜的样子。当他们离开培鲁西亚的时候，马上有一队卫兵驻扎在它的附近。当他们到了法庭的时候，屋大维使琉喜阿斯坐在他自己的旁边，其余的人，有些由屋大维的朋友们看管，另一些人由一些百人队长们看管，所有这些看管的人都是预先得到指示，要对他们表示尊敬，只是暗中监视他们。他命令那些在城墙上向他伸出手来的培鲁西亚人，除去他们的市议会议员外，都走向前来，当他们

除少数领导者外，屋大维赦免了琉喜阿斯和其余全体人员

来到近前的时候，他赦免了他们；但是他把市议会的议员们，除去琉喜阿斯·伊密利阿斯一人外，都投入狱中，不久之后，就把他们处死了；琉喜阿斯·伊密利阿斯在审判杀害恺撒的凶手们时曾在罗马为法官，他公开地主张处罚凶手们，并劝所有的法官都这样做以赎罪。

培鲁西亚毁于火中

49. 屋大维是有意把培鲁西亚交给士兵们劫掠，但是当地一个公民塞斯提阿斯（他似乎有点神经错乱，他曾经在马其顿作过战，因此他自称为马其顿人）纵火焚烧他的房屋，自己投入火中，大风吹着烈火，延烧整个培鲁西亚城；这个城市，除发尔康[①]的神庙外，全部毁于火中。培鲁西亚就这样毁灭了，这是一个以古老和重要而著名的城市。据说，这是伊达拉里亚人在意大利最早建立的12个城市中的一个。因为这个缘故，对于朱诺的崇拜在那里盛行，如在伊达拉里亚人中间普遍盛行一样。但是后来那些分配了这个城市的残余物品的人把发尔康作为保护神以代替朱诺。第二天，屋大维跟他们所有的人和解了，但是士兵们还是不断地骚动，反对其中一些人，直到这些人被杀死为止。这些人是屋大维个人的主要敌人，即卡纽提阿斯，盖约·弗拉维，克罗狄·俾泰尼卡斯和其他一些人。琉喜阿斯在培鲁西亚的被围攻就是这样结束了，这样一个可能长期拖延而使意大利陷于无穷灾难的战争就是这样完结了。

① 冶铁之神，朱比特和朱诺之子。——译者

VI. 安敦尼回到意大利，与屋大维的冲突

50. 阿西尼阿斯、普隆卡、文提狄阿斯、克拉苏、阿泰阿斯和那个党派的其他一些人有许多不可藐视的军队，人数约有13个军团训练得很好的步兵和6 500人以上的骑兵，他们把琉喜阿斯当作这次战争中的主要人物，因此从各路退到海边，有些人退到勃隆度辛，有些人退到拉文那，有些人退到他林敦，有些人退到麦可和阿希诺巴包斯那里去，还有其他一些人退到安敦尼那里去了。屋大维的朋友们跟在他们的后面，向他们提出议和的条件，当他们拒绝议和的时候，就不断地袭击他们，特别是袭击他们的步兵。其中只有普隆卡的两个军团，在卡美里亚被拦阻，阿格里巴说服他们投降了。福尔维亚也带着她的儿女们，率领那些将军们送给她作为护送队的3 000骑兵，逃往代西阿尔基亚，①从那里又逃到勃隆度辛。在勃隆度辛有5条战舰，是他们派人从马其顿带来的，于是她由普隆卡伴随着，上了战舰，航海而去；普隆卡由于懦弱无能，抛弃了他的残余军队。这些士兵们选择了文提狄阿斯做他们的司令官。阿西尼阿斯把阿希诺巴包斯拉到安敦尼一边来了。阿西尼阿斯和文提狄阿斯两人都写信，把这些事实告诉安敦尼；因为期待着他会早日到达，他们准备了登陆的地方，在全意大利储备了粮食。

（阿西尼阿斯、普隆卡和文提狄阿斯的军队）

51. 屋大维正在筹划夺取安敦尼的另一支大军，这支军队是在阿尔卑斯山附近，由福飞阿斯·卡雷那斯指挥。屋大维已经

（屋大维得到了卡雷那斯的军队）

① 即近代浦祖俄利的希腊名称。——英译者

怀疑安敦尼了，他希望如果安敦尼还对他友好的话，他就替他保留这些军队；如果战事爆发的话，他就使这支大军来增加他自己的力量。当他迟迟未决还在等待一个表面上很好的机会的时候，卡雷那斯死了；屋大维相信他找到了办理两件事情的很好的借口，于是他跑去夺取了那支军队，并夺取了高卢和西班牙，这些省都是安敦尼的行省。卡雷那斯的儿子福飞阿斯吓慌了，没有经过战斗就把一切交给了他。

屋大维一下就得到了11个军团的士兵和这些大的行省，他把主要的军官们撤换而代之以他自己的将官，然后回罗马去了。

52. 因为那时还是冬季，安敦尼留下那些被派往他那里去的殖民地老兵的代表们，他还隐瞒着他的意图。在春天，他从亚历山大里亚起程，由陆路到泰尔，从那里又改由海道经过塞浦路斯和罗得斯到亚细亚行省去。他在那里知道了培鲁西亚的战事，他责备他的兄弟和福尔维亚，特别责备曼尼阿斯。他在雅典会见了福尔维亚，她是从勃隆度辛逃到那里的。他的母亲朱理阿逃到庞培那里，庞培用战舰把她从西西里送到雅典，由他党内一些贵族、他的岳父琉喜阿斯·利波、萨特尼那斯和其他一些人护送。这些人被安敦尼能够做伟大事业的才能所吸引，想使他和庞培发生友好关系，组织同盟，以对抗屋大维。安敦尼回答说，庞培送他的母亲到那里，他表示感激，在适当的时候，他将报答他的恩惠；如果和屋大维发生战事的话，他将和庞培建立同盟；但是如果屋大维遵守他们的协议的话，他将努力使屋大维跟庞培和解。

安敦尼的妻子和母亲在雅典会见了他

53. 这就是他的答复。当屋大维从高卢回到罗马的时候，他听到了关于航往雅典的那些人的事情。因为他不确实地知道安敦尼所作的答复，他开始煽动殖民地的士兵们反对安敦尼，宣扬安敦尼有意使庞培和那些士兵们现在所占有的土地的原来所有者回国，因为那些土地所有者大部分逃往庞培那里去了。虽然这个煽动的理由表面上似乎很值得喝彩，而士兵们就是在那个时候也没有任何热情去拿起武器来反对安敦尼，因为他在腓力比[①]所获得的声誉一直使他深得民心。屋大维考虑到他自己在军队人数方面，比安敦尼、庞培和阿希诺巴包斯都多得多，因为他现在有 40 多个军团，但是因为他没有一条船，也来不及建造船只，而他们有 500 条战舰，他担心他们会巡逻沿海一带，使意大利陷于饥饿。当他正在考虑这些事情的时候，同时有人提出一些女子向他求婚，他就写信给密西那斯，请密西那斯介绍他和庞培的岳父利波的妹妹斯克利波尼亚订立婚约。这样，如果有必要的话，他就有方法跟庞培和解。当利波听到这件事情的时候，他写信给他的家属，说他们应当毫不犹豫地把她许配给屋大维。于是屋大维用各种借口，把他所不信任的安敦尼的朋友们和士兵们送往这个地方和那个地方，他派遣雷必达带着安敦尼的 6 个军团到阿非利加去，阿非利加原是分配给雷必达的，那 6 个军团是最可怀疑的。

屋大维开始怀疑安敦尼

54. 于是屋大维召琉喜阿斯到他的面前来，称赞琉喜阿斯对他兄长的友爱，因为他在实现安敦尼的愿望的时候，把过失归在自己身上，但是谴责他忘恩负义，如果他从他[屋大维]本人得到这样大的恩惠之后，还不肯供认安敦尼的事情，据说，安敦尼

他和琉喜阿斯谈论这个问题

① 参阅 XVI. 110—112；125 以下。——译者

已经公开地和庞培建立了同盟。屋大维说,“因为相信你,当卡雷那斯死了的时候,我通过我的朋友们替安敦尼管理他的行省和军队,使他们不至于没有一个首领;但是现在这个阴谋已经暴露了,我将为我自己保留这些行省和军队;如果你想到你兄长那里去的话,我一定毫无畏惧地让你去。”他这样说,不是想试探琉喜阿斯,就是想把他所说的话,传到安敦尼那里去。琉喜阿斯用和以前一样的精神回答说,“我知道福尔维亚是赞成君主制的,但是我和她联合在一起,想利用我兄长的士兵们来推翻你们所有的人。现在如果我的兄长是来解散君主制的话。我一定公开地,或者秘密地跑去跟他联合在一起,为了祖国,再和你作战,虽然你曾经是我的恩人。但是如果他是寻找同盟者来帮助他维持这个暴君政治的话,那么,在我认为你还不是想建立一个君主国的时候,我一定站在你的一边作战,以反对我的兄长,因为我永远把我的祖国放在私人恩德之上,放在我的家族之上。”琉喜阿斯这样说完了。屋大维如在最近〔在培鲁西亚〕一样地①钦佩他,因而说,他不是愿意煽动他来反对他的兄长,而是因为琉喜阿斯还是本来面目,他愿意把整个西班牙和西班牙的军队委托琉喜阿斯,以现在指挥那些军队的培都西阿斯和琉喜阿斯②做他的部将。

这样,屋大维很恭敬地遣退了琉喜阿斯,但是利用他的部将秘密地监视他。

---

① 参阅本卷第45。——译者

② 可能是琉喜阿斯·卡赖那斯。——英译者

55. 安敦尼留下生病的福尔维亚在西息温，带着一支人数不多的军队和他在亚细亚建造的200条船舰从科西拉起航，进入亚得里亚海。安敦尼听说阿希诺巴包斯带着一个舰队和许多军队来会见他。于是安敦尼的一些朋友们认为，就是信赖他们之间所已经交换的协议，也是不安全的，因为在审判恺撒的凶手们时，阿希诺巴包斯是已经定了罪；定罪之后，他又被列入公敌的名单中；在腓力比的战役中，他曾经跟安敦尼和屋大维作过战。但是安敦尼带着他的5条最好船舰前进，表示他对阿希诺巴包斯很有信心的样子，他命令其余的船舰在一定距离内跟在后面。当看见阿希诺巴包斯带着他的全部军队和舰队迅速地划着前进的时候，站在安敦尼旁边的普隆卡大为吃惊，劝他停止前进，派少数人前往试探，好像试探一个可疑的人一样。安敦尼回答说，他宁愿因对方破坏条约而死，不愿做一个懦弱的样子而得救，因而继续前进。现在他们来到近前了，载着两个领袖的船舰因为他们的职位标帜可以辨认得很清楚，彼此靠近了。依照通常的习惯安敦尼的第一个侍卫站在船头上，他或者因为忘记了阿希诺巴包斯是一个目的可疑的人，他也正领导着他自己的军队，或者因为一种高傲的心理，好像他是会见附属的人或比自己地位低的人一样，命令他们落下他们的旗帜。他们落下了旗帜，把他们的船舰靠在安敦尼的船舰旁边。当两个司令官见面的时候，他们彼此互相致意。阿希诺巴包斯的士兵们把安敦尼当作大元帅欢呼致敬。普隆卡经过困难才恢复了他的勇气。安敦尼在他自己的船舰上接待阿希诺巴包斯，然后航往巴利伊斯，在那里阿希诺巴包斯有他的步兵，他把他的营帐让给安敦尼。

安敦尼向意大利航行

与阿希诺巴包斯在亚得里亚海会晤

安敦尼到勃隆度辛，包围这个城市

56. 他们从那里航往勃隆度辛，[1]屋大维的5个大队驻防在那里。公民们把城门关闭起来，把阿希诺巴包斯当作旧日敌人，把安敦尼当作引导敌人的人，不许他们入城。安敦尼大怒，认为这只是一个借口而事实上屋大维的驻军是按照屋大维的指示，拒绝他入城，因此他建筑一条壕沟和栅栏的防线，跨过那个连接城市和大陆的地峡。这个城市位于一个半岛上，半岛前面有一个新月形的海港，从大陆上来的人再不能到城市所在的高地上来了，因为这个高地已被切断和包围。安敦尼又用许多紧密地接连在一起的高塔，包围海港（这个海港是很大的）和海港内的岛屿。他派遣军队到意大利沿海一带去，命令他们夺取形势便利的地方。他又号召庞培带着他的舰队进攻意大利，做一切他所能够做的事。庞培迅速地派遣美诺多鲁斯带着一个船只众多的舰队和4个军团的士兵来，他们夺取了屋大维的撒丁尼亚岛和岛上的两个军团，这两个军团因庞培和安敦尼的一致行动而惊慌失措了。在意大利，安敦尼的部下夺取了奥索尼亚的西彭敦城。庞培围攻条立爱和康孙提亚，用他的骑兵劫掠了这两个城市的土地。

57. 屋大维这样突然地在这许多的地方受到攻击，他派遣阿格里巴到奥索尼亚去援救那里的遭难居民。阿格里巴沿途把殖民地的老兵召集起来，他们在相隔一段时间之后，跟着他前进，以为他们是去跟庞培作战；但是当他们知道这件事情是因为安敦尼而引起的时候，他们转变了方向，秘密地跑回去了。因此，屋大维很为惊慌。但是，当屋大维带着另一支军队向勃隆度辛

① 公元前40年夏季。——译者

进军的时候，他又遇着那些殖民地的老兵，他中途阻止他们，说服了那些他自己移往殖民地的老兵跟随他。他们不好意思拒绝，但是他们内心里想使安敦尼和屋大维和解，如果安敦尼拒绝调解而一定进行战争的话，那么，他们就保卫屋大维。屋大维因病在卡纽新停留了几天。虽然他的军队比安敦尼的军队多得多，但是他发现勃隆度辛已在包围中，他没有其他办法，只好驻扎在勃隆度辛的附近，等待事情的发展。

屋大维进军到那里去

58. 虽然安敦尼军队的人数比较少些，但是他利用壕沟和栅栏，很容易地防卫自己，他火速地派人去调来他在马其顿的军队；同时，他利用这样的计策：他在夜间秘密地派遣一些战舰和商船到海上去，船上载满了普通公民群众，第二天他们分批回来，都是全身武装，使屋大维看见，好像是刚从马其顿开来的样子。安敦尼已经准备了攻城机械，将进攻勃隆度辛人了，屋大维非常苦恼，因为他不能保护他们。但是在傍晚的时候，两军都得到消息，说阿格里巴已经攻下了西彭敦，庞培在条立爱被打退了，但是还在围攻康孙提亚。因为这个消息，安敦尼感到不安。当他听到塞维利阿带着 1 500 骑兵来援助屋大维的时候，安敦尼不能抑制自己的愤怒了，他停止了晚餐，从餐桌上跳起来，带着当时在身边的朋友们和 400 骑兵，以最勇猛的精神向前推进，在希里亚城市附过进攻那 1 500 骑兵，当时他们还在睡觉，陷于惊慌之中，不战而被俘，当天安敦尼又回到勃隆度辛。这样，安敦尼在腓力比所获得的无敌威名还是这样令人害怕的。

安敦尼派人到马其顿去，把军队调来

59. 安敦尼的卫队以安敦尼的威名而自豪，成群地跑近屋大维的军营，责难他们以前的伙伴们，不应该到那里来攻打安敦

两军士兵的友谊来往

尼，他们在腓力比[①]之所以获得安全，都是受安敦尼的恩赐。当屋大维的士兵们回答说是安敦尼方面的士兵们来对他们作战的时候，他们发生争论，彼此互相指责。安敦尼的士兵们说，勃隆度辛闭门不纳安敦尼，[②]卡雷那斯的军队被夺去[③]了；而另一方面的士兵们则诉说关于勃隆度辛的被包围，南意大利的被侵略，安敦尼和杀害恺撒的凶手之一阿希诺巴包斯所订立的协议，和他们公敌庞培所订立的条约。最后，屋大维的士兵们向对方暴露了他们的目的，说他们跟着屋大维到此地来，不是他们忘记了安敦尼的好处，而是有意想使他们达到一种协议；如果安敦尼拒绝而继续战争的话，那么，他们就保卫屋大维以反抗安敦尼。当他们走近安敦尼的防御工事的时候，他们也公开地说了这些事情。

福尔维亚之死

当这些事情正在进行的时候，福尔维亚死亡的消息传来了。据说，她因安敦尼的谴责而沮丧，因而生病了；有人认为她是因为安敦尼对她的愤怒，而自愿在病中牺牲的，因为在她生病的时候，安敦尼离开了她，甚至在他将要远行的时候，也没有去看她。这个横暴的妇人曾经因为她对于克娄巴特拉的嫉妒而煽动了这样悲惨的一次战争，[④]她的死亡似乎对于摆脱了她的双方都是幸运的。但是安敦尼因为这件事情很感到悲伤，因为他认为在某种意义上他是她死亡的原因。

---

① 参阅 XVI. 110—112；125 以下。——译者

② 参阅本卷第 56。——译者

③ 参阅本卷第 51。——译者

④ 参阅本卷第 19。——译者

VII. 勃隆度辛协定

60. 有一个琉喜阿斯·科克西犹斯是双方的一个朋友，去年夏季屋大维派遣他跟着科新那到腓尼基去见安敦尼；科新那回来了之后，科克西犹斯还留在那里。这个科克西犹斯抓着这个机会，假意说，屋大维派人来约他回去，做友谊的访问。当安敦尼允许他回去的时候，为了试探安敦尼的意向起见，他问安敦尼是不是愿意写封信给屋大维，以他作为使者。安敦尼回答说，"因为我们现在是敌人，除互相指责之外，我们还能够彼此写些什么呢？不久以前，我已经写了答复，他所给我的信件由科新那带去了。如果你高兴的话，你可以把这些信件的副本带去。"他这样说，是开玩笑的，但是科克西犹斯还不许他称屋大维为敌人，因为屋大维对待琉喜阿斯和安敦尼的其他朋友们都是很宽厚的。安敦尼回答说，"他关闭城门，不许我进入勃隆度辛，他从卡雷那斯手中夺去了我的行省和军队。他只对我的朋友们好，很明显地，他不会继续对他们友好的，只是以他的恩惠使他们变为我的敌人。"科克西犹斯听了这些怨言之后，不愿意再刺激他这样一个天性暴躁的人，只访问屋大维去了。

科克西犹斯设法调解

61. 当屋大维看见了他的时候表示诧异，因为他没有早点来。屋大维大声说，"我挽救了你的兄弟，①不是想要你成为我的敌人。"科克西犹斯回答说，"为什么你跟敌人交朋友，反而称你的朋友为敌人，从他们手中夺去他们的行省和军队？"屋大维

他和屋大维的会晤

① 指过去安敦尼的财政官马·科克西犹斯·纳尔革。——英译者

回答说，"卡雷那斯死了之后，当安敦尼还在远方的时候，这样大的资源留在象卡雷那斯的儿子那样一个年轻的人的手里是不妥当的。他们煽动琉喜阿斯到疯狂的程度，阿西尼阿斯和阿希诺巴包斯就在附近，将利用这些资源来反对我们。同样，我也突然夺取了普隆卡的军团，[①]以免他们和庞培党人联合起来。他的骑兵事实上已到西西里去了。"科克西犹斯说，"关于这些事情，传说不同，但是就是安敦尼也不相信人们对他所说的话，直到勃隆度辛把他当作敌人，拒之于城门之外时为止。"屋大维说，"关于这件事情，我并没有下命令，因为事先我不知道他来了，我也没有料到他会带着敌人来到这里。勃隆度辛人和留在那里跟他们在一块儿的市长因为阿希诺巴包斯的袭击，根据他们自己的意见，拒绝安敦尼于城外，因为安敦尼与公敌庞培建立同盟，又想把杀害我父亲的一个凶手阿希诺巴包斯带进城来，阿希诺巴包斯是经过元老院的表决、法庭的裁判和宣布公敌而定了罪的，他在腓力比战役之后，围攻过勃隆度辛，现在还封锁着亚得里亚海沿岸，他曾经焚毁我的战舰，并且劫掠过意大利。"

他为安敦尼的公正辩护

62. 科克西犹斯说，"但是你们曾经同意你们可以随意跟任何人协商的。但是安敦尼没有跟任何凶手订立条约，他尊重你的父亲不亚于你。阿希诺巴包斯不是杀害你父亲的凶手，投票判定他的罪名是因为私人的仇恨，他没有参加当时的任何阴谋。如果因为他是布鲁图的朋友，我们就认为他是不能赦免的话，那么，我们不是对每一个人几乎都仇恨了吗？安敦尼和庞培订立协议的目的不是想跟他一起来进行侵略战争，而是想得到他的

① 参阅本卷第50。——译者

帮助，以防备你的进攻，或者是想使他和你建立友好的关系，因为就是他也没有做出什么事情使他成为一个不能和解的人。这些事情只能归咎于你一个人，因为如果意大利没有战争的话，这些人也不会派遣大使们到安敦尼那里去。”屋大维重复他的控诉说，“曼尼阿斯、福尔维亚和琉喜阿斯发动战争，反对意大利，也同样地反对我；庞培以前没有来进攻过，现在因为受到安敦尼的鼓舞，袭击沿海一带。”科克西犹斯回答说，“不是受到安敦尼的鼓舞，而是受到他的指使；我不隐瞒这个事实：因为意大利的其余部分没有海军防御将被一个强大的舰队攻击，除非你们两人同意讲和。”屋大维对于这个巧妙的暗示相当重视，因此考虑了片刻，然后说，“但是庞培会吃亏的。他刚从条立爱被击退，正如他所应受的打击”。于是科克西犹斯说完了整个争论之后，把谈话引到福尔维亚之死，①说她的生病是因为不能忍受安敦尼的愤怒，因忧郁而糟蹋她自己，因为就是她生了病的时候，他也不愿意去看她，他多少是他的妻子死亡的原因。他接着说，“现在她已经死了，留下来的事情只有你们两人彼此坦白地说出你们相互间的猜疑来就完了。”

屋大维写信给安敦尼的母亲

63. 这样，科克西犹斯取得了屋大维的信任，那天在屋大维那里作客，请求屋大维写信给安敦尼，好像年轻的人写信给长辈一样。屋大维说，他不愿意写信给现在还在那里和他作战的人，因为安敦尼也没有写信给他，但是他愿意向安敦尼的母亲诉苦，因为虽然她是一个亲戚，屋大维对她是最尊敬的，但是她从意大利逃跑，好像她不能从屋大维手中得到一切，如同从她自己的儿

① 参阅本卷第59。——译者

子手中得到的一样。这也是他用写信给朱理亚来开始通信的一个办法。当科克西犹斯将要离开军营的时候，许多比较高级的军官们把军队的目的告诉了科克西犹斯。他把这件事情和他所知道的其他的事情都告诉了安敦尼，使他可以知道，他们会因为他不愿意达成协议而和他作战。所以他劝安敦尼应当使庞培回到西西里去，不要袭击意大利了；应当把阿希诺巴包斯派到别的地方去，等到订好和约时为止。安敦尼的母亲也要求他这样做，因为她是属于朱理亚氏族的。安敦尼担心，如果和议不成的话。他将不得不忍受耻辱去再请求庞培的援助；但是他的母亲鼓舞他使他相信协议一定会成功的；科克西犹斯又证实她的话，暗示着他所知道的事情还没有说完。所以安敦尼让步了。命令庞培回西西里去，并表示他会注意他们彼此的利益的；他又派遣阿希诺巴包斯去做俾泰尼亚的总督。

屋大维和安敦尼的和解

64. 当屋大维的士兵们知道了这些事情之后，他们推选代表们，派遣他们到两个司令官那里去。他们不注意双方的彼此责难，因为他们被推选出来的目的不是解决争端，而是恢复和平。在他们中间又加入了科克西犹斯，作为双方的朋友，以及安敦尼方面的波利俄和屋大维方面的密西那斯。他们决定，安敦尼和屋大维对于过去的事情，彼此不再追究，对于将来，彼此保持友好。并且因为屋大维的姐姐屋大维亚的丈夫马塞拉斯最近死了，调解人决定，她的兄弟应当把她许配给安敦尼；这件事他马上做了。于是安敦尼和屋大维互相拥抱，因此，士兵们大声欢呼，昼夜连续不断地向两位将军祝贺。

65. 现在屋大维和安敦尼两人重新瓜分整个罗马帝国，以伊利里亚的斯科德拉城为界线，当时认为这个城市大约是在亚得里亚海湾的中间。从这个地方以东到幼发拉底河为止，所有的行省和岛屿都是属于安敦尼的；以西到海洋为止，是属于屋大维的。雷必达统治阿非利加，以屋大维所给予他的地方为限。屋大维将和庞培作战，除非他们达成某种协议；安敦尼将对帕提亚人作战，以报复他们对于于克拉苏的背叛。[1] 屋大维将跟阿希诺巴包斯订立一个如安敦尼跟阿希诺巴包斯所已经订立的同样的协议。他们两人都可以自由地在意大利征募同等数目的士兵。

他们重新瓜分帝国

这些是屋大维和安敦尼所订和约的最后条款。立时他们每一个人都派遣他们的朋友们去做紧要的事情。安敦尼派遣文提狄阿斯到亚细亚去进攻帕提亚人和雷宾那斯的儿子雷宾那斯[2]，因为在最近的边疆纠纷中，雷宾那斯和帕提亚人已经侵入叙利亚，并且进军直达爱奥尼亚。

雷宾那斯和帕提亚人所做的事以及他们的灾难，我将在我的《帕提亚历史》[3]中叙述。

66. 但是同时，用突击的方法已经恢复了撒丁尼亚的屋大维的部将赫勒那斯又被庞培的部将美诺多鲁斯所逐出。因此，屋大维大怒，拒绝了安敦尼使他和庞培达成一种协议的努力。他们一起到罗马去举行婚礼。安敦尼把曼尼阿斯处死，因为他

安敦尼娶屋大维亚

① 参阅 XIV.18。——译者

② 老雷宾那斯为庞培党人，死于西班牙（XIV.62、95、105）；其子少雷宾那斯为帕提亚人的将军。——译者

③ 阿庇安的《罗马史》原来计划最后一部分是《帕提亚历史》，但是这部分他没有写成。——译者

过去非难克娄巴特拉以煽动福尔维亚，[①]他是过去很多罪恶的根源。安敦尼又向屋大维揭露这个事实：指挥隆河河畔屋大维军队的萨尔维丁那斯曾经有意背叛屋大维；当安敦尼正在围攻勃隆度辛的时候，萨尔维丁那斯曾经写信给安敦尼，说到此事。安敦尼揭露这个秘密并没有得到普遍的同意，而是因为他真诚地、热心地想表示他的善意。屋大维马上召萨尔维丁那斯到罗马来，假装说有秘密的事要跟他谈，并将使他再回到军队里去。当他到了的时候，屋大维使他和他的罪证对质，把他处死，把他的军队交给安敦尼，因为他认为这支军队是不可靠的。

VIII. 罗马人民迫使屋大维和安敦尼跟绥克斯都·庞培订立和约

绥克斯都·庞培断绝罗马的粮运

67. 现在罗马遭受饥荒了，东方的商人因为害怕控制西西里的庞培，不敢在海上航行；西方的商人被占领撒丁尼亚和科西嘉的庞培部将所阻挠，而对面阿非利加的商人也被出没于两岸间的庞培敌舰所阻止。这样，粮食价格大涨，人民认为造成饥荒的原因是由于领袖们的斗争，大声疾呼，反对他们，力促他们跟庞培讲和。因为屋大维绝不让步，安敦尼，因为粮食缺乏，力劝屋大维迅速作战。因为没有作战的金钱，于是公布了一个命令：奴隶主对每个奴隶应当缴纳对布鲁图和喀西约作战时所规定的25德拉克玛的半数，作为税款；那些继承遗产的人也应当捐献一部分。人民愤怒地撕毁了布告。他们愤怒，因为三巨头不是

广场中的暴动

① 参阅本卷第19。——译者

为了进行国外战争，不是为了扩充帝国的领土，而是为了私人的仇恨，为了增加他们自己的势力（宣布公敌、谋杀和这次可怕的饥荒都是由此产生的），耗尽国库，劫掠行省，把征收捐税和没收财产的沉重负担加在意大利本土之后，现在又来剥夺他们所剩余的财产了。

他们成群结队大声疾呼，用石头投击那些不跟他们联合在一起的人，威胁着将要劫掠和焚毁他们的房屋，直到最后全体民众都被煽动起来了。

群众投石打屋大维，屋大维为安敦尼所挽救

68. 屋大维带着他的朋友们和少数随员来到广场，想阻止人民，说明他们的报怨是不合理的。当他一露面的时候。他们马上向他毫不留情地投击石头；当他们看见他耐心地忍受这样的对待，自己出来首当其冲，甚至伤口中流出血来了的时候，他们也不感到惭愧。当安敦尼知道这件事情正在发生的时候，他匆忙地跑来帮助他。当人民看见安敦尼从圣道跑下来了的时候，他们没有向他投石头，因为他是赞成跟庞培订立和约的，但是他们告诉他走开。当他不肯走开的时候，他们也向他投石头了。他把城外一支比较大的军队调进城来。就是这样，人民也不让他通过；因此，士兵们在街道和广场的两边分开，他们从这条狭窄的街道上进攻，把他们所遇着的人都打倒。因为人很拥挤，人民无法逃走，广场也没有出路。于是发生了屠杀和伤亡，而屋顶上发出尖叫和呻吟的声音。安敦尼费了很大的力气，才进入广场，当时屋大维很明显地处于危险中。安敦尼把屋大维从这个危险中抢救出来，把他安全地带回他的家里。群众被驱散了之后，尸体被抛入河中，以避免他们可怕的形状。人们看见这些尸体随水漂流而下，又产生了新的悲伤。士兵们剥去他们的衣服，有些恶棍也和士兵们一样，把那些比较好的衣服当作他们自己的财产拿跑了。这个暴动被镇压了，但是带来了对三巨头的恐惧和仇恨；饥荒更加严重了；人民呻吟着，但是没有骚动。

前39 与绥克斯都·庞培的议和

69. 安敦尼向利波的亲属建议，他们可以把利波从西西里召回，以祝贺他的妹夫，[①]和做一些更为重要的事情；他本人可以给他一个安全通行的护照。他的亲属马上写了信给他，庞培也默许。利波到了的时候，停泊在彼得卡萨岛，这个岛现在叫做伊那里亚。[②] 当人民知道这件事的时候，他们又聚集起来，痛哭流涕地恳求屋大维，把护照证件送给利波，因为利波是想和他商议和约的。他勉强写了证件。人民威胁着庞培的母亲谟西亚，说要把她和她的房屋一起烧掉；他们要求她和她的儿子通信，以求有利于和议。当利波看到他的敌人们将要让步的时候，他要求和这些领袖们会面，以便作出他们彼此都能同意的让步。人民强迫他们这样做，因此，屋大维和安敦尼到培宜去了。

70. 庞培所有的朋友们，除美诺多鲁斯一人外，都一致力劝他讲和；美诺多鲁斯从撒丁尼亚写信给庞培，劝他猛力地进行战争，或者还拖延下去，因为饥荒正在替他们作战；这样，如果他决定讲和的话，他会取得更有利的条件。美诺多鲁斯又劝他不要相信麦可，因为麦可反对这些意见，这意味着他正在替自己追求权力。庞培近来已经因为麦可的高级地位和他的倔强态度而烦恼了；现在因为这个缘故，更加厌恶他了，因此无论什么事都不和

① 此外原文可疑。——英译者
② 近代的伊斯基亚。——英译者

他往来，及至最后，麦可因不平而辞职到叙拉古去了。他在那里看见一些追踪他的庞培的卫兵，他对他们毫不顾虑地说出了他对庞培的意见，于是庞培收买麦可的一个军团将校和一个百人队长，派遣他们去杀害麦可，而说他是被奴隶们杀害的。为了使别人相信这个谎言起见，他把一些奴隶们钉死在十字架上。他想隐瞒这个罪行没有成功。——这是他杀害俾泰尼卡斯①以后的第二个罪行——可是，因为麦可是一个以军功而著名的人，他自始即忠于那个党派，他在西班牙对庞培有过很大帮助，而且他是自动地跑到西西里②跟庞培联合在一起的。

绥克斯都将麦可处死

71. 麦可就是这样死了。庞培的其他朋友们劝他讲和，他们非难美诺多鲁斯，说他喜欢权势，说他反对讲和不是由于对他主人的忠心，而是由于他想指挥一个军队和一个行省。庞培让步了，他带着许多最好的船舰，自己坐在一第六列桨的漂亮船上，航往伊那里亚。在傍晚的时候，他以这个风度，当着敌人的面前，傲慢地航往浦泰俄利。第二天清早，两套木桩竖立在海上，彼此相隔一个短短的距离，两套木桩上面架设了木板。屋大维和安敦尼站在靠近海岸一边的讲台上，而庞培和利波占据各海一边的讲台上，中间隔着一段狭小的水面，使他们用不着大声叫喊，彼此就可以听得见。庞培认为他来的目的是代替雷必达的地位，来参加政府的；而屋大维和安敦尼只允许把他从放逐中召回，此外一点也不肯让步。因此，他们一事无成，暂时分别了。但是在

绥克斯都·庞培到浦泰俄利，跟安敦尼和屋大维举行会议

① 参阅 XVI. 84。——译者

② 参阅第 2。——译者

朋友们方面，和议还在继续进行，他们彼此提出各种不同的建议。庞培要求在被宣布为公敌的人和那些跟他在一块的人中间，那些参加暗杀盖约·恺撒的人应当有一个安全流亡的地方，对于其余的人应当恢复他们的家园和公民权，归还他们所丧失的财产。屋大维和安敦尼为饥荒所迫，为人民所迫，必须达成协议，所以勉强地承认恢复他们四分之一的财产，答应把这些财产从现在占有者手中买回。他们写信把这个意思告诉了被宣布为公敌的人，希望这样会使他们满意。他们接受了所有这些条件，因为他们看到庞培对麦可所犯的罪行，已经对庞培存有戒惧之心了。所以他们聚集在庞培的周围，恳求他达成协议。于是庞培愤怒撕破他的衣裳，说他被那些他过去为他们作战的人所出卖了，他屡次召唤美诺多鲁斯的名字，认为他是最有将才的人，而且是他的惟一的朋友。

他们达成协议

72. 最后由于他的母亲谟西亚和他的妻子朱理亚的怂恿，这三个人(屋大维、安敦尼和庞培)在浦泰俄利的防波堤上又集会了。波涛冲击着防波堤的两边，附近停泊着船舰，作为戒备。他们在这里根据下面的条件达成协议：他们在陆地上和海上的战事马上停止，不得扰乱各地的商业；庞培的驻军退出意大利，不得再收容逃亡的奴隶；他不得以船舰封锁意大利沿岸，但是只要安敦尼和屋大维还继续统治其他国家的时候，他仍然统治撒丁尼亚、西西里和科西嘉，以及其他现在在他手中的岛屿；他应当把那些很久以前就规定作为那些岛屿的贡税的谷物送到罗马去；此外，他还可以占有伯罗奔尼撒；他不在罗马的时候，他可以被选为执政官，通过他所选择的任何朋友来执行他的职务；他被登记为占卜官团[1]的成员之一。给予庞培本人的条件就是这样的；而那些现在还在放逐中的贵族们，除了那些因为参加暗杀盖约·恺撒的案件而被元老院的表决和法庭的裁判所定罪的人以外，都可以回国。其余的人，那些仅因为恐惧而逃亡的人和他们被暴力所夺走的财产，除动产外，都一律恢复，但是被宣布为公敌的则只能收回其财产的四分之一。在庞培的军队里服务的奴隶们应获得自由；在庞培的军队里服务的自由人，在他们退伍的时候，应得到和那些在屋大维和安敦尼部下服务的人一样的奖赏。

船上和岸上举行宴会

73. 和约的条件就是这样的。条约后面附上了他们的签名和盖章，把条约送到罗马，交给维斯塔神庙女祭司们[2]保管。于是他们彼此设宴招待，抽签决定宴会的次序。第一个宴会是在庞培的六列桨木船舰上举行，这条船舰停泊在防波堤的旁边。接着两天由安敦尼和屋大维设宴，他们也在堤上的营帐里举行，借口这样全体人员都可以参加，但是实际上可能是为了比较安全和减少害怕心理，因为就是在那个时候，他们也没有放松戒备的。他们的船舰并排停泊，周围都有警卫防守着，参加宴会的人都暗藏短剑。据说，当这三个人正在船舰中宴会的时候，美诺多鲁斯写信给庞培，劝他计诱他们两人，为他的父亲和哥哥的不幸遭遇复仇，利用这个最有利的机会恢复他父亲所曾经行使过的职权，说他带着他自己的船舰应当注意不使他们一个人逃跑；但是庞培以无愧于他的家族和他的地位的态度回答说，“愿美诺多

① 罗马高级僧侣团体之一，由占卜官 16 人组成。——译者

② 她们是国灶的守护者，公家和私人的重要文件常交她们保管。——译者

鲁斯不让我知道，就把这件事做了。”他的意思就是说，虚伪的誓言可能对于美诺多鲁斯是适宜的，但是对于庞培是不适宜的。在这次宴会中，庞培之女，即利波的外孙女，许配给安敦尼的继子马塞拉斯，即屋大维的外甥。第二天，他们指定以后四年的执政官：第一年为安敦尼和利波，安敦尼可随意选定代表，执行他的职务；第二年为屋大维和庞培；第三年为阿希诺巴包斯和索西阿斯；第四年又是安敦尼和屋大维；因为这样，他们已经做了第三届执政官，人民盼望在那个时候他们会把政权还给人民。

罗马人民的欢乐

74. 他们把这件事情做完了之后，就分手了，庞培由海道回西西里，屋大维和安敦尼由陆地上回罗马。当罗马人和意大利人知道这个消息的时候，人人欢喜，因为和平恢复了，他们免于内战之苦了，他们的儿子们不致被征入伍了，他们免于卫兵的专横了，奴隶不至于逃亡了，田野不至于被劫掠了，农业不至于被破坏了，最重要的，压迫他们的最严重的饥荒可以没有了。所以当两巨头开始起程的时候，人民为他们举行祭祀，把他们当作救星。如果他们不是乘夜间秘密地进城，以免遭人嫉妒的话，罗马人民会给他们举行一个盛大的欢迎会。不高兴的只有那些人，他们分到的土地又交还和庞培一起恢复公民权的人。他们认为有一些不可调和的敌人作为地主和他们居住在一起，这些人会随时给他们一些迫害。那些和庞培一块儿流亡的人，除少数外，全体都在浦泰俄利和庞培告别，动身前往罗马。他们的回来，又引起人民的快乐和欢呼，因为这样多的显贵的人意外地从死亡中被救出来了。

75. 做了这些事情之后，屋大维起程往高卢，因为高卢仍在混乱中；安敦尼起程去进行对帕提亚人的战争。元老院批准了他已经做的事或将要做的事之后，安敦尼派遣他的部将到各处去，按照他的意思处理一切问题。他到处随意扶植国王，以他们缴纳规定的贡税为条件；在本都，立米特拉达梯之孙、法那西斯之子大流士为王；在伊都密亚和撒马利亚，立赫罗德为王；在彼西底亚，立阿明塔斯为王；在西里西亚一部分领土上，立波利蒙为王；以及在其他国家，立其他的人为王。为了使他带往冬营里去的士兵们发财致富并为了训练他们起见，他派遣一些士兵们去进攻伊庇丹努附近的一个伊利里亚部落巴提尼人，因为他们过去是拥护布鲁图的；派遣另一些士兵们去进攻另一个伊利里亚部落达达尼人，因为他们是经常侵扰马其顿的。他命令其余的士兵们留在伊壁鲁斯，使他们都在他的周围，因为他本人想在雅典过冬。他派遣福尼阿斯到阿非利加去，把在绥克斯提阿斯指挥下的4个军团调来以参加反对帕提亚人的军事。当时他还不知道雷必达已经夺取了绥克斯提阿斯的这些军队的兵权。　安敦尼回到东方

76. 在处理完这些问题之后，他和屋大维亚在雅典过冬，正好像去年他和克娄巴特拉在亚历山大里亚过冬一样，①只阅览从军队里送来的报告，把一个司令官的显赫生活变为一个普通人的简朴生活，穿着四方形的大披肩和亚狄迦的鞋子，没有群众等在他的门口。他穿着同样的衣服出去，没有戴上职位标帜，只有两个朋友和两个侍从跟着，去听公众教师们的讨论和演讲。他依照希腊人的方式用餐，和希腊人一块儿消磨闲暇时间，跟屋大维亚一起享受希腊人的节日。他很爱屋大维亚，因为他天性过　他在雅典过冬　前38

① 参阅本卷第10—11。——译者

于喜欢女人。冬季完结的时候,他好像是另外一个人了。他改变了他的服装;他的衣服一改变,他的整个外貌也改变了。马上就有一群人在他的门口附近——侍从们、军官们、卫兵们以及一切使人感到恐怖和畏惧的东西。以前因为他的命令在那里等候的外交使节被接见了,诉讼案件被判决了,船舰下水了,所有其他准备战争的工作都发动了。

IX. 和约的破坏。绥克斯都·庞培大败 屋大维海军于丘米和西西里海峡

绥克斯都与屋大维之间和约的破坏

77. 当安敦尼忙于这些事情的时候,屋大维和庞培之间现有的条约被屋大维所承认的原因以外其他一些可疑的原因所破坏了。这些原因是下列的一些事情:过去安敦尼把伯罗奔尼撒让给庞培,以马上交付当时伯罗奔尼撒所应缴纳的贡税,或者由庞培向安敦尼保证缴纳这笔贡税,或者庞培要等到这笔贡税征收完了之后为条件的。但是庞培不是以这些条件来接受伯罗奔尼撒的。他认为伯罗奔尼撒以及当时所应缴纳的贡税都是给予他的。他或者因为这种情况而烦恼,如屋大维所说的,或者由于他经常轻诺寡信,或者因为他看见别人有庞大的军队而嫉妒,或者因为美诺多鲁斯挑拨他把这个协议看作只是一种休战,而不是一种持久和平。庞培开始建造船舰,征募水手,有一次又向他的士兵们发表大声疾呼的演说,告诉他们必须准备应付一切事变。海上又发生神秘的劫掠,罗马人民的饥荒减轻得很少,或者根本没有减轻,他们大声叫喊,说和约没有使他们免于痛苦,只

是增加了第四个暴君。屋大维捉住一些海盗，对他们加以拷讯，他们说，他们是庞培派出来的。屋大维把这件事向人民宣布，他亲自写信给庞培，指出此事；庞培否认这件事，反而提出关于伯罗奔尼撒问题的怨言。

78. 那些还在庞培那里的贵族们看见庞培总是为他的被解放的奴隶所左右；这些贵族们或者为了他们自己的目的，或者为了讨好屋大维，贿买了他的一些被解放的奴隶，要他们煽动他们的主人反对美诺多鲁斯，当时美诺多鲁斯还统治着科西嘉和撒丁尼亚。这些被解放的奴隶很愿意这样做，因为他们嫉妒美诺多鲁斯的权势。这样，庞培对美诺多鲁斯就疏远了。大约同时，屋大维的一个被解放的奴隶菲列得尔福斯航海到美诺多鲁斯那里去取谷物，美诺多鲁斯的一个最亲密的朋友密西利俄到屋大维那里去商量美诺多鲁斯投降的事情。美诺多鲁斯答应把撒丁尼亚、科西嘉、3 个军团的步兵和许多轻装部队交给屋大维。不管这件事是菲列得尔福斯做的，或者是由于庞培听了别人对美诺多鲁斯的诽谤所引起的后果，屋大维并没有马上接受这个请求，但是不久之后就接受了，因为他认为事实上和约已经破裂了。他邀请安敦尼从雅典回来，在一个指定的日期和安敦尼在勃隆度辛会晤，以便和他商量这次战争。同时，他从拉文那调来战舰，从高卢调来一支军队以及其他的军械，迅速地开往勃隆度辛和浦泰俄利。他打算，如果安敦尼同意的话，他就从意大利的两方面航往西西里。

79. 在约定的日期，安敦尼带着少数护卫来了。但是当他看见屋大维不在那里的时候，他也没有等待，或者因为他不赞成 安敦尼回到勃隆度辛这次战争，因为这是违背和约的，或者因为他看到了屋大维的巨大军事准备工作(因为想做一个惟一的统治者的愿望，使他们无时无刻不是互相警惕的)，或者因为一个灾异使他惊慌了。一个睡在他的营幕附近的卫兵被发现为野兽所吃掉，只剩下脸部，好像这个脸部是留下来，以便认识这个人的样子。他既没有发出一声叫喊，和他一同睡在那里的人也没有一个人知道这是怎么一回事。勃隆度辛人说，正在黎明之前，他们看见一头豺狼从营幕中跑出去了。但是安敦尼写信给屋大维，劝他不要破坏和约，他威胁美诺多鲁斯说，他会把美诺多鲁斯当作他自己的一个逃亡奴隶来惩办，因为美诺多鲁斯过去曾经是伟大的庞培的奴隶，当伟大的庞培的财产根据战时法律被拍卖的时候，安敦尼已经把他的财产都买到手。

美诺多鲁斯的叛变

80. 屋大维派遣官吏们去接收撒丁尼亚和科西嘉，美诺多鲁斯把这些地方交给他们。他建筑了许多城塔，加强了意大利的海防，以防止庞培又来袭击。他下令在罗马和拉文那建造新的三列桨战舰，派人去伊利里亚调来一支大军。当美诺多鲁斯来了的时候，他使美诺多鲁斯成为一个自由的公民，而不是一个被解放的奴隶，在海军大将喀尔维西阿斯的部下，指挥他自己带来的船舰。他完成了这些准备工作，并聚集了更多的军需之后，他还是拖延着；他谴责安敦尼，因为安敦尼没有等他。他命令科尼非喜阿斯把已经准备好了的一切带到他林敦去。当科尼非喜阿斯正在航行的时候，他遇着暴风，只有那条海军大将的船舰被毁坏了，这条船舰是专为屋大维建造的。他们认为这是将来要发生的事情的预兆。因为一般人还认为这次战争是违背和约的，屋大维想消除这种怀疑。他写信给罗马人民，并告诉他的士兵们，说庞培鼓动海盗，已经破坏了和约，海盗们已经供认了这件事情；美诺多鲁斯已经把全部计划揭露出来了，安敦尼也知道此事，因此他不肯交出伯罗奔尼撒。

屋大维对绥克斯都作战

81. 当一切准备好了的时候，他起程航往西西里，他本人由他林敦动身，而喀尔维西阿斯·萨宾那斯和美诺多鲁斯从伊达拉里亚起航。步兵被派到利吉姆，所有的军营里都表现得行动迅速。当屋大维已经行动起来向他进攻的时候，庞培还不知道美诺多鲁斯已经叛变了。当敌人的舰队正在从两方面进军的时候，他在麦散那等着屋大维的进攻。他命令他的被解放的奴隶中美诺多鲁斯最大的死敌门尼克拉底率领一个大舰队去抵抗喀尔维西阿斯和美诺多鲁斯。在黄昏的时候，门尼克拉底在公海上被他的敌人发现。他们退到丘米附近的一个海湾里，在那里过了一夜，当时门尼克拉底正在向伊那里亚航行。黎明的时候，他们把航队列成半月形的阵势，尽量靠近海岸，以防止被敌人冲破。门尼克拉底又出现了，他马上向前冲去。因为他的敌人不进到公海里来，他在那里不能做出什么重要的事情，所以他进攻，想把敌人赶到陆地上去。他们把船舰冲向沙滩，转回来抵抗向他们进攻的船头。门尼克拉底有机会可以随意撤退，再向前进攻，可以轮流把新的船舰带上来作战，而敌人的船舰搁浅在礁石上，不能移动。它们好像是陆军跟海军作战一样，既不能追逐，又不能退却。

美诺多鲁斯和门尼克拉底在丘米附近的海战

82. 在这种形势下，美诺多鲁斯和门尼克拉底彼此看见了；他们两人马上离开其余的人，大声叫喊，彼此愤怒地互相冲击，他们好像下了赌注，认为他们两人的战斗是决定这次战役的结果谁是胜利者的样子。他们的船舰猛烈地互相冲撞，都受了很大的创伤，美诺多鲁斯丧失了他的船头，而门尼克拉底失掉了他的桨叶。两条船上都抛出铁钩来，于是两条船紧紧地联结在一起，不能转动，但是人们好像在陆地上战斗一样，仍然表现得很勇敢。标枪、石头和弩箭像阵雨一般地投射，两条船都搭桥到对方的船上，作为跳板。因为美诺多鲁斯的船比较高些，所以他搭的桥给那些敢于过桥的人一条比较好的道路；因为同样的缘故，他的投射器也比较有效。许多人已经被杀死了，其余的人受了伤，美诺多鲁斯的手臂被一支标枪射穿，但是这支标枪被拔出来了。门尼克拉底的大腿上被一支西班牙人的标枪所射中；这种标枪完全是铁制的，上面有许多倒刺，所以不容易拔出来。虽然门尼克拉底已经不能参加战斗了，但是他还是一直留在那里，鼓励他的部下，直到最后他的船舰被俘虏的时候，他投入深海而死。美诺多鲁斯把俘虏的船舰拖到陆地上，但是他自己不能再做任何事情了。

美诺多鲁斯受伤，门尼克拉底溺死

83. 海战的左翼的情况就是这样的。喀尔维西阿斯把航行的路线从右边转到左边，把门尼克拉底的一些船舰截断，使之脱离主力舰队；当它们逃跑的时候，喀尔维西阿斯把它们赶到公海上。门尼克拉底的同伴一个被解放的奴隶和他的部将德摩卡利斯进攻喀尔维西阿斯的其余船舰，使一些船舰逃跑，使另一些船舰触礁毁坏，在水手们离开以后，他纵火焚烧这些船舰。最后，喀尔维西阿斯从追逐中回来，带回他自己后退的船只，阻止了火的继续焚烧。因为天已将黑，所有的人都到前夜驻扎的地方休

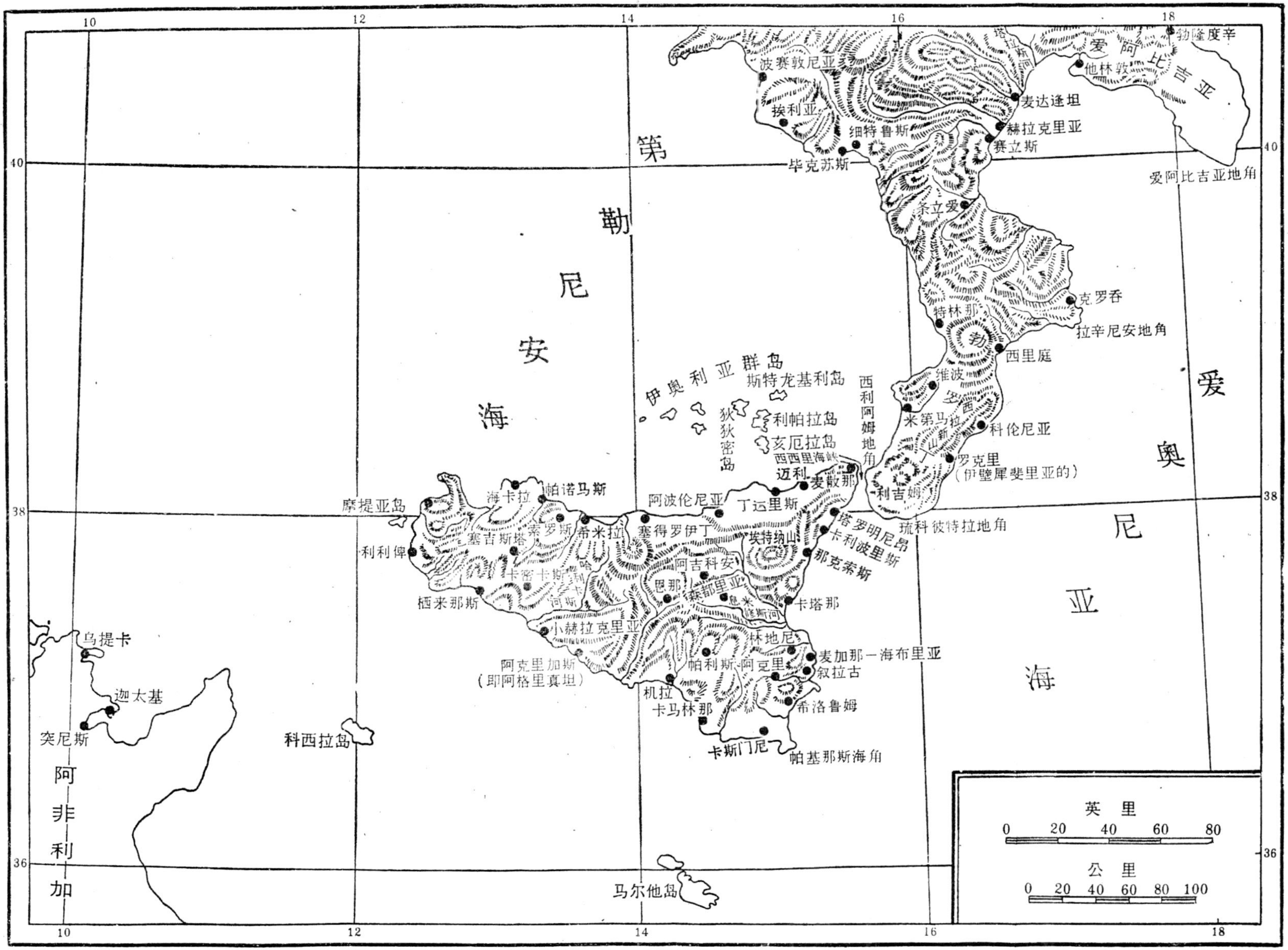
第勒尼安海
伊奥利亚群岛
斯特龙基利岛
利帕拉岛
玄尼拉岛
狄狄密岛
西西里海峡
西利阿姆地角
爱奥尼亚海
阿非利加
波赛敦尼亚
挨利亚
细特鲁斯
毕克苏斯
麦达逢坦
赫拉克里亚
赛立斯
爱阿比吉亚
他林敦
勃隆度辛
爱阿比吉亚地角
条立爱
克罗吞
特林那
拉辛尼安地角
西里庭
维波
科伦尼亚
米第马
罗克里
（伊璧犀斐里亚的）
利吉姆
琉科彼特拉地角
迈利
麦散那
丁运里斯
塔罗明尼昂
卡利波里斯
那克索斯
埃特纳山
阿波伦尼亚
塞得罗伊丁
帕诺马斯
海卡拉
摩提亚岛
利利俾
塞吉斯塔
索罗斯
希米拉
卡密卡斯
栖来那斯
小赫拉克里亚
阿克里加斯
（即阿格里真坦）
恩那
阿吉科安
森都里亚
卡塔那
林地尼
麦加那—海布里亚
叙拉古
阿克里
帕利斯
机拉
卡马林那
希洛鲁姆
卡斯门尼
帕基那斯海角
乌提卡
迦太基
突尼斯
科西拉岛
马尔他岛
英里
公里
0 20 40 60 80
0 20 40 60 80 100
10
12
14
16
18
40
38
36

西西里和南意大利

息去了。

这就是海战的结果,在战斗中庞培的海军处于绝对的优势;但是德摩卡利斯因为门尼克拉底的死亡很为悲伤,这为这是可能的最大一次败仗(因为门尼克拉底和美诺多鲁斯是庞培部下两个最好的海军司令官),因而放弃一切,马上航往西西里,好像他不仅丧失了门尼克拉底的身体和一条船舰,而是丧失了整个舰队一样。

屋大维舰队的被击败

84. 喀尔维西阿斯预料德摩卡利斯会再来向他进攻,他留在他驻扎的地方,不能在公海上作战了,因为他最好的船舰已被毁灭,其余的船舰已不适于战斗。当他知道他的对手已经航往西西里去的时候,他修理他的船舰,在沿岸航行,勘查这些海湾。同时屋大维带着一支很大的舰队和军队,从他林敦前往利吉姆,在麦散那附近和庞培相遇,庞培只有40条船舰。屋大维的朋友们劝他利用这个最有利的机会,趁庞培的其他海军还没有到达的时候,以他的大舰队进攻庞培,因为庞培只有这样少的船舰。他没有采纳这个计策,只等待喀尔维西阿斯,他说,当他正在期待援兵到来的时候去冒险,不是一个好的策略。

当德摩卡利斯到达麦散那的时候,庞培任命他和另一个被解放的奴隶阿波罗菲尼斯为海军大将,以代替美诺多鲁斯和门尼克拉底。

85. 当屋大维知道喀尔维西阿斯在丘米惨败的时候,他航出海峡去迎接喀尔维西阿斯。他走过了一段很长的距离之后,当他经过斯提利斯,转入西利阿姆地角的时候,庞培突然从麦散那冲出,进攻他的后卫,并向他的前哨推进,攻击他的整个阵线,

庞培第二次胜利

向他挑战。虽然这样被包围了，屋大维的舰队没有应战，他不许战斗，或者因为他害怕在海峡中作战，或者因为他坚持他原来的计划，非等到喀尔维西阿斯来了以后，他不作战。但是依照他的命令，所有的船舰都紧紧地靠近海岸，抛锚停泊，用船首对着敌人以自卫。德摩卡利斯用他的两条船舰轮流进攻敌人的一条船舰，使敌舰陷于混乱，撞在礁石上，彼此互相冲击，船舰里开始灌满了水。所以这些船舰，和在丘米的船舰一样，因为被那些可以进退自由的敌舰所紧紧地绊着和不断地袭击，没有回击一下就丧失了。

屋大维被逐到岸上，退入山中

86. 屋大维从他的那条触礁的船舰上跳出来，把那些游泳逃往岸上的人从水中拖出，带着他们逃往上面的山里去。但是科尼非喜阿斯和在那里的其他将军们彼此互相勉励，没有等待命令，就解开船舰上的锚，航往海中，与敌人作战，因为他们认为在战斗中被打败，比受敌人的打击时不加抵抗而失败，总是好些。首先科尼非喜阿斯以惊人的敏捷冲击德摩卡利斯的旗舰，把它俘虏了。德摩卡利斯跳到另一条船舰上去。于是，当战斗与屠杀正在进行的时候，喀尔维西阿斯和美诺多鲁斯已经在公海上出现，随着波涛的起伏前进，虽然屋大维的陆地上和海上的军队都还没有看见他们。庞培的军队，因为在海中较远的地方，首先看见他们；当他们看见了敌人的时候，他们退却了，因为天快黑了，他们已经疲倦，不敢和敌人的生力军战斗了。

这种局面的发生对于那些当时正在困难中的士兵们是很及时的。

87. 但是在夜间，那些从船舰上逃往岸上的人躲在山中，燃起很多火光，作为对那些还在海上的人的信号，他们在那里过了一夜，没有食物，没有照顾，一切都很缺乏。屋大维的生活也和其余的人一样，他到处跑动，鼓励他们忍受困难，直到天亮。当他正忍受这些痛苦的时候，他不知道喀尔维西阿斯已经到了，也不能从船舰上得到任何他们所需要的东西，因为他们正在忙于打捞破船。但是好运气从另一方面来了。第13军团从山中来到了，他们知道了这次惨败的消息，根据火光判断他们的道路，他们从山谷间向前挺进。他们找着了他们的司令官以及那些和他一起逃在那里的士兵们，这些人正在那里忍受疲劳和饥饿的痛苦，他们帮助他们，分工合作，有些照顾这些人，另一些照顾另一些人。百人队长们把他们的司令官带到一个临时的营帐里，因为他的随身侍从在黑暗中狼狈地分散了，没有一个在那里。他马上派遣使者到各地去通知，说他是安全的；他知道喀尔维西阿斯已经带着他的舰队的先头部队到了；因为看到了这两件出乎意外的有利事件，他让他自己稍事休息。

X. 屋大维残余舰队的毁灭。他向安敦尼求援

88. 第二天早晨，当屋大维向海洋瞭望的时候，他看见他的船舰有些完全被焚毁了，有些一部分被焚毁了，有一些还在那里燃烧着，有一些被击碎了；海面上到处漂流着风帆、舵和船索，而被救出来的船舰则大部分受了损伤。他把喀尔维西阿斯的舰队排列在前线之后，修理那些最需修理的船舰，把它们的棱角切掉；同时，敌人毫无动静，或者是因为他们害怕喀尔维西阿斯，或

西西里海峡中可怕的风暴

者因为他们已经决定在公海上再进攻。这样,他们留在两岸,直到中午的时候,南风暴起,向他们吹着,在那个急流的狭窄海峡中引起猛烈的波涛。当时庞培在麦散那海港内。屋大维的船舰又在这个崎岖不平的荒凉海岸旁被击碎了。这些船舰,有些冲在礁石上,有些互相冲撞,因为这些船舰上的人员配备不全,他们不能好好地控制船舰。

89. 美诺多鲁斯担心这个正在吹着的风暴的猛烈程度会增加,因此,他把船舰向海中更远一点移动,于是抛锚停泊;在这里,因为海水很深,波浪比较没有那么猛烈;就是在这里,他也靠努力划桨,以免被赶到岸边去。其他有些人也学他的榜样,但是大部分的人认为大风不久就会停息,如春季所常发生的那样;他们在向陆地和向海面的两端抛锚,停泊起来,用撑竿把船彼此推开。因为风势更加猛烈了,一切都陷于混乱中。船舰相碰,击断了它们的锚,在岸边颤动,或互相冲撞。惊慌的呼声和痛苦的呻吟声混杂在一起;鼓励的言辞,充耳无闻。命令不能听见,舵手和普通水手不能分清,知识与权威都同样地没有用处了。那些留在船舰上的人和那些落在海中的人同样地遭到毁灭,那些落入海中的人被暴风、波涛和浮木所压倒。海面上到处漂流着风帆、桅杆和人,活的和死的。那些想游泳到陆地上去逃生的人被波涛冲击在崖石上。当海水变为汹涌澎湃的时候,[①]如那个海峡中所常发生的那样,他们大为恐慌了,因为他们不惯于这种情

屋大维舰队的毁灭

① 指卡利波提斯的旋涡(英译者)。参阅《奥德赛》(XII. 85 以下;245 以下。中译本,319 页以下),奥得修斯所遇的六头十二足的女怪西即指此地的旋涡。——译者

况，于是他们的船舰在海面上旋转，彼此互相碰撞比以前更厉害了。天黑了以后，风势更加猛烈，所以他们不是死于白昼，而是死于黑暗之中了。

生命的巨大损失

90. 整个夜间听到呻吟的声音，听到有人在沿岸叫喊的声音，他们呼喊他们在海上的朋友们和亲属们的名字。当他们没有听到回声的时候，他们把这些人当作已经死亡而悲伤。不久之后，又听到另一些人从波浪中抬起头来，向岸上的人求救的叫喊声音。无论在陆地上或在水面上，都毫无办法。不仅对那些已被卷入旋涡的人和那些还留在船舰上的人，海水是冷酷无情的；而且在陆地上也几乎和在海上一样都是很危险的，因为在陆地上的人也可能被波浪冲到崖石上面去。他们受到这次意外的暴风的打击，所以那些最靠近陆地的人害怕陆地，但是不能找到足够宽阔的海面来避免互相碰撞，因为那个地方狭窄，天然出口的困难，以及猛烈的波浪，周围高山引起的旋风和海水的旋涡席卷一切，这样使他们既不能停留，也不能逃掉。夜间的黑暗更增加了他们的痛苦。所以他们甚至于连看也不能彼此看见，就死亡了，有些人发出杂乱的叫声，另一些人默不作声地屈服，接受了他们的命运，有些人甚至于只求快死，因为相信他们命中注定是不能挽救的。这个灾祸远远地超过了他们的经验，所以他们连救出他们自己的偶然希望都没有了。最后，将近黎明的时候，风势突然变小了；日出之后，风完全停息了；但是就是在那个时候，暴风虽然停息了，滚滚波涛不断起伏还继续了一个很长久的时间。这次暴风的猛烈是当地最老的居民的记忆中所没有过的。这完全是史无前例的。屋大维的大部分船舰和士兵们都被这次暴风所毁灭了。

屋大维退到维波

91. 屋大维在前一天的战役中已经损失惨重，遭受两次严重的灾祸后，他当夜即取道山中，匆忙地逃往维波，因为在那里他毫无办法，不能挽救这些灾难。他写信给他的朋友们和将军们，要求他们提高警惕，以防止各处组织阴谋来反对他，正如在困难的时候所常常容易发生的事情那样。他把他所带来的步兵派到意大利沿海所有的重要地方去，以防止庞培因为他的幸运而敢于侵略大陆。但是庞培没有远征大陆的思想。他甚至没有追击那些遇难之后所剩下来的船舰，也没有进攻那些在暴风停息之后逃走了的船舰；相反地，当他们尽力用绳索系着他们的船舰，乘着顺风航往维波的时候，他没有注意这些敌人。他不注意他们，或者因为他认为这次灾祸已经足以毁灭他们了，或者因为他不知道如何把胜利进行到底，或者，如我在各处[①]已经说过了的，因为他在进攻方面完全无能，因而他只决定自卫，以防敌人的侵袭。

庞培没有追击

92. 屋大维所救出的船舰不到一半，而且这些也都受了严重的损伤。他留了一些军官们在那里负责管理这些船舰，他前往坎佩尼亚，非常沮丧，因为他没有别的船舰了，而他所需要的船舰很多；他也没有时间来建造这些船舰。他为饥荒和人民所迫，人民又不断地烦扰他，要求他订立一个新的条约，嘲笑这次战争是破坏了旧条约。他需要金钱，但是他没有。罗马人不缴纳税款，也不让他使用那些他所计划的收入。但是他总是善于发现那些对于他有利的东西。他派遣密西那斯到安敦尼那里

屋大维向安敦尼求援

① 参阅本卷第26、100、143。——译者

去，解释近来引起他们两人争吵的一些事情，因而使安敦尼改变思想和他订立同盟。如果密西那斯不能成功的话，他想用商船把他的步兵运往西西里，放弃海上而在陆地上进行战争。当他正在忧郁的时候，他得到消息，说安敦尼已经同意和他订立同盟；他又听到在阿格里巴领导下的军队对阿奎丹的高卢人取得了一个光辉的胜利。① 他的朋友们和某些城市也答应供给他船舰，而且建造了船舰。

因此，屋大维解除了他的忧郁，从事准备工作，其规模比以前更加大。

93. 在春天开始的时候，安敦尼按照他所答应的，带着 300 条船舰从雅典向他林敦航行来支援屋大维。但是屋大维改变他的计划，想延缓安敦尼的行动，直到他自己的船舰造成时为止。当安敦尼又派人来说他的军队已经准备好，而且力量足够了的时候，他又提出别的理由来拖延。很明显的，他又因为一些事情对安敦尼不满了，或者他藐视安敦尼的援助，因为他自己的资源是充足的。安敦尼烦恼了，但是他还留在那里，又和屋大维通信，因为他的舰队的支出是繁重的。此外，他需要意大利的士兵们，以为对帕提亚人进行战争之用，他想把他的舰队和屋大维的一部分军队互相交换；因为，虽然他们的条约上规定，②他们每人都可以在意大利补充士兵，但是当意大利落在屋大维的统治下的时候，他很难在那里补充军队。因此，屋大维亚跑到她的兄弟那里，作他们两人的解调人。屋大维抱怨说，当他在［西西

前 36 安敦尼带着 300 条船舰来支援他

① 此处原文可能有脱漏或错误。——英译者

② 参阅本卷第 65。——译者

里]海峡中遭遇危险的时候,安敦尼把他抛弃了;屋大维亚回答说,那一点已经通过密西那斯解释了。屋大维说,安敦尼曾派遣他的被解放的奴隶卡利阿斯到阿非利加雷必达那里去,劝诱雷必达和他订立同盟来反对屋大维;屋大维亚说,她知道卡利阿斯是被派去商谈一件婚姻,因为安敦尼想在出征帕提亚人之前,依照过去所订的婚约,把他的女儿嫁给雷必达的儿子。屋大维提出这个问题之后,安敦尼把卡利阿斯送到屋大维那里,允许他审问卡利阿斯。屋大维不愿接见卡利阿斯,但是他说,他愿意到麦达蓬坦和他林敦之间的一个地方(那里有一条河,①那个城镇即以河名为名)去,和安敦尼会晤。

屋大维和安敦尼的会晤

94. 他们两人碰巧同时达到那条河边。安敦尼从他的战车上跳下来,一个人登上一条停泊在附近的小船,向屋大维那里划去,表示他信任屋大维是一个真心的朋友。当屋大维看见这种情形的时候,他也学安敦尼的榜样。所以他们在河中相遇,彼此争着到对方的岸上去。屋大维胜利了,因为他正想到他林敦去看屋大维亚。他和安敦尼同坐在安敦尼的战车上,前往安敦尼在他林敦的住宅,没有带卫队,在那里过了一夜,毫无防备。第二天,安敦尼也表现同样的信任。这样,他们不断地从由于彼此竞争而产生的猜疑转变为由于彼此的需要而产生的信任了。

95. 但是屋大维把征讨庞培的军事延迟到次年。因为帕提亚人的战争,安敦尼不能等待。但是他们彼此进行一次交换:安敦尼给予屋大维 120 条船舰,这些船舰马上送来,在他林敦移交;为了报答他起见,屋大维允许送给他20 000意大利的军团

① 塔拉斯河。——英译者

士兵。屋大维亚向安敦尼请求，把10条三列桨的法塞利大船（一种战舰和商船合并构造的船只）作为礼物，送给她的兄弟；而屋大维回礼，送给她1 000名精兵，作为她的卫队，这些士兵由安敦尼亲自挑选。因为人民所表决的三头政治的期限将要满了，他们不再征求人民的同意，把三头政治的期限又延长5年。① 这样，他们分手了，安敦尼直接回到叙利亚去，把屋大维亚和他们已经生下来的一个女儿留在她的兄弟那里。

安敦尼回去，准备进攻帕提亚人

96. 但是美诺多鲁斯——或者因为他是一个天生的叛徒，或者因为他害怕安敦尼以前的威胁，安敦尼曾经说过，他将把美诺多鲁斯当作一个背叛的奴隶来惩办，②或者因为他在屋大维那里没有得到他所希望的那样被重视，或者因为庞培的其他被解放的奴隶不断地指责他，说他对主人不忠实，因而力劝他回去——因为现在门尼克拉底已经死了，请求饶恕；他得到饶恕之后，带着7条船舰，不让屋大维的海军大将喀尔维西阿斯知道，就叛降庞培了。因为这个缘故，屋大维撤销喀尔维西阿斯的军职，任命阿格里巴以代替他。

美诺多鲁斯投降庞培

当舰队准备好了的时候，屋大维照下列的仪式，为这个舰队举行一个去邪清垢典礼。祭坛建立在海边；在祭坛的周围，用船舰排成一个圆形，群众排列在船舰上，非常肃静。举行祭祀仪式的祭司们站在水边致祭，然后用小船载着祭品，环绕舰队航行三次，将军们和祭司们一块儿航行，恳求神明把不祥的预兆降在牺牲上，而不要降在船舰上。于是他们把内脏分开，把一部分抛在

前36

① 延长到公元前33年12月31日。——译者

② 参阅本卷第79。——译者

海中，把其余的部分放在祭坛上焚烧，群众合唱赞美圣歌。罗马人是这样举行舰队的去邪清垢典礼的。

XI. 屋大维再进攻绥·庞培，连遭失败。阿格里巴败培彼阿斯于迈利

山征绥克斯都·庞培

97. 计划决定屋大维从浦泰俄利起航，雷必达从阿非利加起航，道拉斯从他林敦起航，进攻西西里，以便同时从东方、西方和南方包围西西里。屋大维已经把起航的日期预先通知了所有的人；这是夏至后的第10天。依照罗马历，这是为了纪念第一恺撒而称为朱理亚月，[①]以代过去的5月的1号。[②] 屋大维确定这个日期，可能是因为他的父亲的关系，他认为这是一个吉祥的日子，因为他的父亲永远是胜利的。庞培命令普林尼带着一个军团和相当多的轻装部队驻扎在利利俾，以对抗雷必达。他防守整个西西里海岸，从东边到西边，特别防守利帕拉[③]和科西拉[④]等岛屿，恐怕这两个岛屿的一个会被屋大维占据，另一个会被雷必达占据，作为进攻西西里的便利海港和海军基地。他把最好的一部分海军力量聚集在麦散那，等待着机会。

98. 这样，双方都作好了准备工作，当指定的日期一到，他

---

① 罗马的5月(Quintilis)即现在的7月(罗马历以3月为1月)，恺撒生于该月12日，故以朱理亚为7月(July)的名称。——译者

② 罗马历每月的1号称为“朔”日(Calends)；3、5、7、8等月的7号，其他月份的5号，称为“上弦”(nones，即由望日上溯至第9日)；3、5、7、8等月的15号，其他月份的13号，称为“望”日(Ides，即上弦后的第8日)。——译者

③ 在西西里之东北。——译者

④ 现在的庞特雷里亚岛，在突尼斯与西西里之间。——译者

们都在黎明的时候起航，雷必达带着1 000条辎重船、70条战舰、12个军团的士兵、500努米底亚人骑兵和大量的军械，从阿非利加起航；道拉斯只带着安敦尼留在那里的130条船舰中的102条，从他林敦起航，因为其余船舰上的桨手在冬季里死亡了。屋大维从浦泰俄利起航，他举行祭祀，从海军大将的船舰上倾奠酒于海中，向顺风、向救主内普敦、①向平静无波的海洋祈祷，请求他们帮助他对抗他父亲的敌人。他预先派遣了一些船舰去勘查各海湾，阿彼阿斯带着一个大的分舰队跟在后面，作为后卫。他们起航后的第三天，刮起了强烈的南风，雷必达的许多辎重船翻掉了。但是他达到了西西里海岸，在利利俾围攻普林尼，占据了一些城市，有些城市是被说服投降的，有些是以武力征服的。当暴风开始刮起来了的时候，道拉斯回到他林敦去了。当阿彼阿斯环绕密纳瓦地角航行的时候，他的船舰，有些触在礁石上，被撞碎了，有些被暴风吹在沙滩上，其余的分散了，也不是完全没有受到损伤。在暴风开始的时候，屋大维躲避在隐蔽的埃利亚海湾中，只有一条6列桨大舰在地角附近失事了。南风刮了之后，继之以西南风；西南风使这个海湾波动起来了，因为这个海湾是面向西方的。当风正在刮的时候，航出海湾是不可能的；用桨或锚也不能使船舰稳定下来。这些船舰彼此互相碰撞，或者向礁石上碰撞；在夜间，更乱成一片。

雷必达从阿非利加带来一个舰队

又一次暴风毁坏了屋大维的船舰，引起迟延

99. 当暴风停息了的时候，屋大维埋葬死者，照顾伤者；对于那些游泳上岸的人，给予衣服和新的武器；利用他现有的物资，修补全部舰队。他损失了6条重船，26条较轻的船只和更

① 海神。——译者

多的利布尼大船。[1] 他可能花费将近30天的时间来修补这些船只。现在夏季快要完了，因为这个缘故，他认为最好把战争推迟到明年夏季；但是罗马人深受粮食缺乏的痛苦，他把他的船舰拖到陆地上去，迅速地准备一切，他派遣他所丧失的船舰上的水手们去补充道拉斯舰队中没有水手的空船。为了预防更为严重的不幸可能发生起见，他派遣密西那斯到罗马去，因为有些人还没有忘记伟大的庞培，这个人的名声还没有失去对他们的影响。屋大维自己访问全意大利的新殖民地，消除它们的疑惧，这些殖民地因为最近所发生的事件而激动起来了。他又到他林敦，视察道拉斯指挥下的海军。于是他前往维波，他在那里鼓励他的步兵，催促他们准备舰队，因为第二次侵入西西里的时期快要到了。

绥克斯都·庞培没有利用他的机会

100 但是庞培仍不屑于利用敌人船舰多次失事对他所提供的良好机会。他只对海洋和内普敦致祭，自己装作是他们的儿子，他相信，他的敌人在夏季里这样两次受到挫折不会不是神明的特别行动。据说，因为这些情况，他妄自尊大到这种程度，以至于他改变了罗马将军们习惯上所常穿的紫色外袍，而换上了一件深蓝色的外袍，以表示他是内普敦的继子。他希望屋大维现在不会再来了。但是当他听得屋大维正在建造船舰，那个夏季里又将来进攻他的时候，他发现他是跟一个有这样倔强精神和这样巨大准备工作的人作战，因而惊慌了。他派遣美诺多鲁斯率领他带来的那7条船舰，侦察屋大维的船坞，尽量破坏这些船坞。在过去一些时候，美诺多鲁斯已经烦恼了，因为庞培

[1] 参阅XIV.39。——译者

没有派他做海军司令官；现在他看见庞培只把他自己带来的那7条船舰交给他，因为他受到怀疑。所以他阴谋新的叛变。

101. 他知道，无论事情结果如何，他应当做出一番勇敢的事业来以表现他自己，他把他所有的黄金分给他的伴侣们，经过3天海上划船，走完了1 500斯塔狄亚的路程，没有被人发觉，像闪电一样，突击那些守卫屋大维船坞的船只，把守卫的船只三三两两地掳走，又击沉、俘虏或焚毁那些满载谷物、停泊在那里或沿着海岸航行的商船。美诺多鲁斯的袭击使一切都陷于混乱中。屋大维和阿格里巴两人都不在那里，因为阿格里巴离开那里去取木材去了。有一次，他以冒险的精神，自动地、傲慢地把他的船舰向一个沙滩划去，装作陷入泥沙中的样子，等到他的敌人从山上冲下来，把他当作一个必然的俘虏，向他扑去的时候，他倒退了，使他的敌人大为吃惊。

美诺多鲁斯又作了叛徒

当他已经充分地表现他作为一个敌人或朋友所能够做的事情之后，他释放他所俘虏的一个名叫累比拉斯的元老，他心中已为将来打算了。

102. 当他上次叛降的时候，他已经和屋大维的一个伴侣明狄阿斯·马塞拉斯结为朋友，现在他对自己的部下说，明狄阿斯有意背叛他自己的党派，投降庞培。于是他走近敌人，邀请明狄阿斯同他到一个小岛上去，以便会商。当明狄阿斯来到没有他人在声音所及的距离之内的时候，美诺多鲁斯说，他回到庞培那一边去，是因为他受了当时海军大将喀尔维西阿斯的虐待；但是因为阿格里巴受命指挥这个舰队了，如果明狄阿斯能够从美塞拉（他是代理阿格里巴的职务的）那里替他取得安全护照的话，他愿意回到屋大维那里去，因为屋大维没有做出对他不起的事情。他说，他回到屋大维那里的时候，他一定以光辉的功绩弥补他的过失，但是在他取得安全护照以前，他不得不和从前一样，扰乱屋大维的军队，以避免嫌疑；他的确这样做了。作这样卑鄙的勾当，美塞拉有点犹豫，但是他答应了，或者因为他认为在战时，这样的事情是必要的，或者因为他事先已经知道或猜想到屋大维的意思了。所以美诺多鲁斯又叛变投降了。当屋大维来到的时候，他拜倒在屋大维的脚下，恳求屋大维宽恕他而不要追问他逃亡的原因。屋大维允许他的安全，因为已经对他提出了保证，但是暗中派人监视他。屋大维免去了他的三列桨战舰舰长们的职务，允许他们随意到他们所愿意去的地方。

他带着他的船舰投降屋大维

屋大维军队的部署

103. 当舰队准备好了的时候，屋大维又起航了。他在维波登陆，命令美塞拉（他有两个军团的步兵）渡海到西西里，和雷必达的军队联合在一起，由那里到塔罗明尼昂前面的海湾，就驻扎在那里；他派遣3个军团到斯提利斯和海峡的尽端，在那里等待事变。他命令道拉斯，从他林敦绕道航行到塔罗明尼昂对面的西拉新山。道拉斯这样做了，他已经准备好战斗和划船。他的步兵跟他平行前进，骑兵在陆地上侦察，利布尼大船在海上侦察。当他正在这样行军的时候，已经从维波前进的屋大维在西拉新出现，他称赞了这支军队的良好秩序之后，就回维波去了。我在前面已经说过了，[①]庞培防守着岛上所有登陆的地方，他的舰队留在麦散那，以便支援那些需要援助的地方。

104. 屋大维和庞培的准备工作就是这样的。同时还有4

① 参阅本卷第97。——译者

个军团（这是雷必达剩下来的军队）正在途中，乘着商船，从阿非利加航往雷必达那里去。庞培的一个舰长培彼阿斯在海上遇着他们，他们把他当作一个朋友接待（他们以为这些船只是雷必达派来迎接他们的）之后，他把他们毁灭了。雷必达从各地派出一些船舰，当这些船舰到了的时候，那些逃脱了的商船误以为是另外一些敌人，于是跑掉了。所以有些船只被焚毁了，有些被俘虏了，有些倾覆了，其余的回到阿非利加去了。两个军团死于海中；或者如果其中有人能游泳的话，当他们达到岸上的时候，庞培的部将提西那斯就把他们杀死了。其他军团又上了船，跟雷必达联合在一起，有些早到，有些迟到。培彼阿斯航行回到庞培那里去了。 雷必达遭遇不幸

105. 屋大维事先侦察了海上之后，他带着全部舰队，从维波渡海到斯特龙基利，[①]这是伊奥利亚群岛5个岛屿之一。他看见在他前面西西里海岸上，在培罗拉斯、迈利和丁达里斯等地都有大军，他猜想庞培本人是在那里。于是他留下阿格里巴在那里指挥军队，又回维波去了。他从维波带着美塞拉和3个军团匆忙地开到道拉斯的军营，想趁庞培不在那里的时候，夺取塔罗明尼昂，这样，可以同时从两方面来威胁他。为了实行这个计划起见，阿格里巴移军前进，从斯特龙基利到亥厄拉岛，因为庞培的驻军没有抵抗，他就占领了那个地方，打算第二天进攻在迈利的庞培部将德摩卡利斯，德摩卡利斯有40条船舰。庞培看见了阿格里巴的威胁姿势，从麦散那派遣他的被解放的奴隶阿波 阿格里巴占领亥厄拉岛

① 近代的斯特隆波里。——英译者

罗菲尼斯带着45条船舰到德摩卡利斯那里去，他本人带着70条船舰跟在后面。

他进攻庞培的舰队，取得胜利

106. 阿格里巴在黎明之前，带着一半船舰航出亥厄拉，其目的只是和培彼阿斯在海上交战。当他又看见阿波罗菲尼斯的舰队和另一翼的70条船舰的时候，他马上通知屋大维，说庞培带着他的较大一部分海军在迈利。于是他本人带着他的重船舰在中央列阵，迅速地从亥厄拉召来他的其余舰队。双方的准备工作都是绝好的。船头和船尾都有高塔。士兵们照常受到鼓励，军旗升起来之后，这些船舰互相突击，有些俯首冲击，有些从侧面冲击。士兵们的叫喊声和船边喷出的浪花声增加了当时场面的恐怖。庞培的船舰短些，轻些，更便于突进突退和封锁敌人。屋大维的船舰大些，重些，因而迟慢些，但是冲击较为有力，也没有那么容易受到损伤。庞培的船员比较是更好的水手，但是屋大维的船员比较更为强而有力。因此，庞培的船员不是在肉搏战方面而是在行动灵活方面见长。他们击破桨叶和船舵，割掉桨柄，或者切断敌人船舰的联络，对于敌人船舰所造成的损失不下于撞击。屋大维的船员企图利用他们的船嘴，切断敌舰（因为敌舰比较小些），或者撞碎它们，或者突破它们。当他们开始进行肉搏战的时候，因为他们的船舰高些，他们能够从上面用投射器向敌人射击，比较容易抛下他们的“渡乌”[①]和铁钩。庞培的士兵们每次当他们这样被打败了的时候，就跳入海

① 有长钉的厚板，用以钩住敌船的（英译注）。罗马人利用这种有长钉的厚板钩住敌船，然后从板上跳入敌舰，和敌人进行肉搏战。——译者

中。

他们被他们的小船救出，这些小船专为这个目的在海上荡漾徘徊。

107. 但是阿格里巴直接向培彼阿斯冲去，击中他的船首下面，把船首打得粉碎，毁坏了船舱，船塔上的士兵们被震动跌落下来，海水冲入船中，下层的桨手都被淹毙。其余的士兵们冲破甲板，泅水逃生了。培彼阿斯逃到他自己船舰旁边的一条船舰上，又回来战斗。庞培从一个山上瞭望，看见他的船舰不能前进，每当这些船舰和敌舰接战的时候，船舰上的战士们就被杀光，又看见敌人的援兵从亥厄拉来支援阿格里巴，因此他发出信号，命令他的船舰以良好的秩序退却，它们用时而前进，时而后退的方法，慢慢地退却了。阿格里巴继续向它们进逼，它们不逃往沙滩上，而逃往因河水淤积在海中形成的沙洲间。

108. 阿格里巴的舵手们阻止他把他的大船舰冲向沙洲上去。他在公海中抛锚，想封锁敌人，如果必要的话，想进行夜战；但是他的朋友们劝他不要轻率从事，不要使他的士兵们过于疲劳和缺乏睡眠，不要信赖这个多风暴的海洋。所以在黄昏的时候，他勉强地撤退了。庞培的部下航往他们的港内，他们丧失了30条船舰，击沉了敌人的5条船舰，使敌人遭受其他巨大的损失，而他们自己也受了同样的损失。庞培称赞他自己的部下，因为他们抵抗了这样巨大的船舰，他说，与其说他们是和船舰战斗，不如说，他们是和城墙战斗；他给予他们奖赏，好像他们是胜利者一样。他鼓励他们相信，因为他们的船舰轻便些，他们能在海峡中战胜敌人，因为海峡中的水流是很急的。他又说，他将适当地增加他的船舰的高度。

XII. 庞培再败屋大维的海军。阿格里巴最后打垮庞培的海军

阿格里巴和培彼阿斯两人在迈利附近的海战就是这样结束了。

屋大维渡过海峡，要求塔罗明尼昂投降

109. 但是庞培猜想屋大维已经到道拉斯的军营里去，以便进攻塔罗明尼昂；事实正是这样的。所以他在晚餐后，马上航往麦散那，留下一部分军队在迈利，使阿格里巴相信他还是在那里。阿格里巴给他的士兵们足够的休息之后，就航往丁达里斯，很明显的，这个城市是准备投降的。他进了城，但是驻军勇敢地战斗，把他赶出来了。有些别的城市袒护他，接受了他的驻军，那天晚上，他回到亥厄拉。同时屋大维已经从西拉新航往琉科彼特拉，因为他确实知道，由于阿格里巴的关系，庞培已经从麦散那到迈利去了。他将于夜间从琉科彼特拉渡过海峡，到培罗明尼昂去；但是当他知道了海战情况的时候，他改变了他的原意，认为胜利者不应当偷渡海峡，应当在白天带着他的军队勇敢地渡过海峡；因为他完全相信庞培还在那里抵抗阿格里巴。在黎明的时候，他从山上俯视海上，看见海上没有敌人，他就尽量地带着他的船舰所能载运的士兵起航，留下美塞拉率领余众在那里，以等待这个舰队回来。他到了塔罗明尼昂的时候，就派遣使者要求这个城市投降。因为他的卫队被拒绝进城，他航往俄诺巴拉河和维纳斯神庙，他的船舰停泊在那克索斯人的阿基哲

特神[1]的庙宇附近，打算扎营在那里以进攻塔罗明尼昂。阿基哲特是阿波罗的一个小神像，这个小神像是那克索斯人最初移居西西里的时候[2]所建立的。

110. 当屋大维从他的船上登陆的时候，他的脚一滑，跌倒了，但是没有人帮助，他自己爬起来了。当他还在那里安营扎寨的时候，庞培带着一个巨大的舰队出现了——一个惊人的景象，因为屋大维相信他已经被阿格里巴打败了。庞培的骑兵同时前进，在行军的速度上和舰队竞赛，在另一方面他的步兵也出现了；屋大维的军队大为惊慌，因为他们三面被敌人包围了；屋大维本人也恐慌了，因为他不能派人通知美塞拉来增援。当屋大维的士兵们正在军营设防的时候，庞培的骑兵向他们袭击。如果他的步兵和海军跟他的骑兵同时进攻的话，庞培可能取得更大的成就；但是事实上，因为没有战争经验，不知道屋大维军营里的惊慌情况，又迟疑不敢在傍晚的时候开始战斗，所以他的一部分军队驻扎在科克塞那斯地角附近，而他的步兵则认为靠近敌人扎营是不智的，因而退到非尼克斯市镇。天色已晚，他们休息去了，而屋大维的士兵们完成了他们的扎营工事，但是因为疲劳和缺乏睡眠，也不能战斗了。除舰队外，他们有 3 个军团、500 名没有马匹的骑兵、1 000 名轻装步兵和 2 000 名以同盟者的资格在军队里服务但还没有入伍的移民。

他突然在陆地上和海上被庞培攻击

111. 屋大维把他的全部步兵交给科尼非喜阿斯指挥，命令

① 意为“保护神”。参阅修昔底德《伯罗奔尼撒战争史》，中译本第 420 页。——译者

② 公元前 735 年。——译者

他把敌人打退，做任何在紧急情况下所需要做的事情。他自己在黎明前，乘着船向海的那一边驶去，恐怕敌人在这一方面也会把他包围起来；他把舰队的右翼交给提丁尼阿斯，把左翼交给卡利西阿斯，而他自己则乘着一条利布尼大船，围绕全部舰队航行，鼓励他的士兵们。他这样做了之后，他把将军的旗帜落下来，正如在极端危急的时候所常做的那样。庞培航出港口，向他进攻，他们两次发生遭遇战，因天黑而停止了。有些屋大维的船舰被俘虏和焚毁了；另一些船舰张开小风帆，违反命令，向意大利海岸航行。庞培的船舰追赶了一段路程之后回来进攻其余的船舰，俘虏了一些，焚毁了另一些。有些船员游泳到岸上，这些人大部分被庞培的骑兵所屠杀或俘虏了。有些人动身想去科尼非喜阿斯的军营；当他们来近军营的时候，科尼非喜阿斯只派出他的轻装部队来援助他们，因为他认为出动他的精神沮丧的军团士兵来对抗那些因为胜利而大受鼓舞的敌人步兵是不慎重的。

屋大维的舰队被击溃

112. 那夜大部分的时间，屋大维是在他的小船上度过的，不知道他是否应当通过他溃散了的残余舰队回到科尼非喜阿斯那里去，还是应当逃往美塞拉那里去。天意把他和单独一个持盾者带到了阿巴拉港，他没有朋友，也没有侍从或奴隶。有些从山上下来打听消息的人发现他身心都受到挫伤，用划艇（为了便于隐藏起见，他们常常把他从一个划艇上带到另一个划艇上）把他带到离那里不远的美塞拉军营里。他还没有注意到他身体的需要，就马上派遣一条利布尼大船到科尼非喜阿斯那里去，带信给山中各地，说他是安全的，命令所有的军队支援科尼非喜阿斯；又写信给科尼非喜阿斯，说他马上会派遣援兵去支援他。于

屋大维逃到岸上聚集他在陆地上的军队

是他照料他自己的身体和略事休息之后，在夜间带着美塞拉起程往斯提利斯，卡赖那斯带着3个军团驻扎在那里，正准备上船；他命令卡赖那斯航往另一方面去，他不久之后也预备跟着到那里去。他写信给阿格里巴，催促他派遣拉罗尼阿斯带着一支军队，迅速地去营救科尼非喜阿斯。因为那些革命者的关系，他又派遣密西那斯到罗马去；那些煽动骚乱者中间，有一些人受到惩罚。他又派遣美塞拉到浦泰俄利去，把第一军团带到维波来。

113. 这就是过去在罗马，被三巨头宣布为公敌，①三巨头悬赏给予杀害他的人以金钱和自由的那个美塞拉。他曾逃往喀西约和布鲁图那里去。喀西约和布鲁图死后，他根据他和安敦尼所订的协议，把舰队交给安敦尼。在这里回忆这件事情以纪念罗马人的宽宏大量，这似乎是恰当的，因为当那个宣布他为公敌的人，②孤身一人，为不幸所压倒，落在他手中的时候，美塞拉把那个人当作他的司令官进行挽救，并予以照顾。

科尼非喜阿斯能够很容易地保卫他的军营，抵抗敌人的进攻；但是因为有缺少粮食的危险，所以他调出他的军队，向敌人挑战。但是庞培不想跟这些人交战，因为这些人把惟一的希望寄托在战斗上，他想以饥饿迫使他们屈服。科尼非喜阿斯把那些从船舰上逃到他那里来而没有武器的人放在中央之后，他就率军出发，在宽敞的平原地带，非常痛苦地受敌人骑兵的射击；在崎岖不平的地区，又受阿非利加努米底亚人的轻装部队的射击，这些努米底亚人的轻装部队从远距离投射标枪；他们在被

科尼非喜阿斯进军，到西西里

① 参阅XVI.38。——译者

② 指屋大维。——译者

敌人袭击的时候就逃走。

他的军队受到可怕的损失

114. 第四天，他历尽千辛万苦才达到一个无水的地区。据说，那个地方过去曾有一条火河泛滥，那条火河流下来，直达海边，使那个地区的泉水都枯竭了。那个地区的居民只在夜间通过那个地方，因为那个地方闷热，又多灰尘。因为不知道路，又怕遇着埋伏，科尼非喜阿斯和他的部下不敢在夜间进军通过那个地方，特别是因为夜间没有月亮；在白天，他们也不能忍受，甚至担心他们会被闷死。他们的脚会被烧坏（特别是那些没有穿鞋的人），因为当时正是夏季最热的时候。因为令人难于忍受的口渴，他们不可能迟延，所以他们不能再抵抗那些来袭击他们的人，不得不受到创伤，而没有任何防卫的办法。当他们看见这个火烧地区的出口被敌人占据了的时候，身体健全的士兵们，不顾那些生病而没有保护的伙伴们，以惊人的勇敢，向山峡中冲去，用他们剩余的全部力量战胜了敌人。当他们看见第二个山峡也被敌人占据的时候，他们完全绝望，又因口渴和炎热而精疲力竭了。科尼非喜阿斯指出附近的一个泉水给他们看，以鼓励他们，他们又打败了敌人，但是他们自己也受到重大的损失。另一队敌军占据了那个泉水，现在科尼非喜阿斯的士兵们丧失了所有的勇气，完全屈服了。

他被阿格里巴所挽救

115. 当他正在这种情况下的时候，阿格里巴所派来的拉罗尼阿斯带着3个军团在遥远的地方出现了。虽然来者是不是一个朋友还不很清楚，但是希望总是引起他们盼望这是一个朋友，所以他们又恢复了精神。当他们看见敌人放弃了那个泉水。以免两面受敌的时候，他们高兴得尽力欢呼；当拉罗尼阿斯的军队也欢呼响应的时候，他们跑去夺取了那个泉水，领导者禁止他们饮水过多，那些不注意这个忠告的人，在饮水的时候就死了。

科尼非喜阿斯和那些想设法离开那里的军队就是这样意外地逃到迈利①阿格里巴那里去了。

116. 但是阿格里巴刚刚攻下了达里斯，这个要塞有充足的粮食，有最好的进行海战的形势。屋大维把他的步兵和骑兵都运送到那里去。他在西西里共有21个军团的步兵、20 000骑兵和5 000多轻装部队。庞培的驻军还占据着迈利、从迈利到瑙罗卡斯和培罗拉斯所有的地方以及全部海岸。这些驻军因为害怕阿格里巴，不断地燃烧着大火，表示他们将纵火焚烧所有前来进攻他们的船只。庞培还占据着岛上两边的峡谷。他在塔罗明尼昂附近和迈利周围的山中要道设防；当屋大维从丁达里斯前进的时候，他扰乱屋大维，但是不和屋大维交战。因为相信阿格里巴正在调动舰队来进攻他，庞培把他的阵地转移到培罗拉斯，放弃迈利周围的峡谷；屋大维占据了这些峡谷，以及迈利和很小的阿提密喜安市镇，据说，太阳神的畜群是在这个小镇，奥得修斯曾在那里睡眠。②

屋大维占据北岸的一些小镇

117. 当阿格里巴的军事行动的消息被证明不确的时候，庞培因为丧失了峡谷而感到烦恼，③他要求提西那斯带着他的军队来支援他。屋大维想截击提西那斯，但在迈康尼阿斯山附近迷失了道路。他没有营帐在那里过了一夜。那天夜里下了大

① 这是阿庇安的一个错误，参阅下文。——英译者

② 参阅《奥德赛》中译本，332页以下。——译者

③ πσθεıs 一字，无疑是一个错误。这里的意思应当是"烦恼"而不是"高兴"。——英译者

雨，正如秋季所常有的现象，他的一些持盾者整夜撑着一个高卢式的盾牌，遮盖他的头部，挨特那山发出震耳的隆隆之声和持续不断的轰鸣声，同时喷出的火焰照亮了军营，所以军队里的日耳曼人，因为恐惧，从他们的床上跳起来了。另一些人过去听见过关于挨特那山的事情，他们在这惊人的现象面前不会感到恐慌，纵或火的洪流滚到他们身上。此事发生以后，屋大维蹂躏培利斯特尼亚人的领土，正在那里征发粮食的雷必达和他相遇了，他们两人都在麦散那附近扎营。

挨特那火山爆发

118. 在整个西西里虽然有许多次遭遇战，但是没有全面的会战，屋大维派遣道拉斯首先攻克那些供给庞培粮食的市镇，以断绝庞培的粮食来源。庞培因此深感不便，所以他决定孤注一掷，进行一次大战。因为他害怕敌人的步兵，而对于自己的船舰很有信心，他派人去问屋大维是否愿意在海战中决一雌雄。虽然屋大维害怕一切海战，直到现在为止，在海战中他还是处于很不利的地位，但是他认为拒绝应战是卑鄙的，因此，他接受了挑战。他们确定一个日期；为了那一天，双方各准备了 300 条船舰，各种投射器、楼塔和一切他们所能够想得到的机械。阿格里巴设计了一种叫做“钳子”的机械，用一块长达 5 腕尺的木头，外边包着铁，两端有铁环。在一端的铁环上系着这个“钳子”，这是一个铁“钳子”；另一端的铁环上系着许多绳索，用弩炮把“钳子”投射出去，抓着敌人的船舰之后，就用机械的力量把这个“钳子”拉回来。

庞培要求屋大维在海上决战，屋大维接受挑战

119. 当约定的日期①到了的时候，首先听到桨手们敌对的

① 公元前 36 年 9 月。——译者

叫喊声，接着就是用机械或用手投射出来的投射器，如石头、火把和弩箭。于是双方船舰互相冲撞，有些冲击船舰的腹部，有些冲击船头，有些冲击船嘴，打击这些地方最为有效，可以使战士们心绪忙乱，使船舰失去作用。另一些船舰扬帆急驶，冲破敌人的阵线，同时投射弩箭和标枪；小艇救出那些落在水里的人。士兵们奋勇战斗，而水手们发挥他们的力量，舵手们使尽他们的技能和肺部的力量，将军们鼓励他们的部下，所有的机械都被使用。那种"钳子"取得最大的成功。因为"钳子"很轻，可以从很远的距离向敌舰抛去，当绳索从后面拖着"钳子"的时候，"钳子"就紧紧地抓着了敌舰。因为"钳子"上有铁皮，受攻击的敌人不容易把它割断，那些想割断绳索的人也因为"钳子"的长度，不能触及绳索。因为这个工具是从来没有人知道的，敌人没有准备带有镰刀的撑杆。在这种意外危急的时候，有一件事似乎是可以做的，那就是倒划，把船舰撤退，但是敌人也倒划，双方人员所使用的力量相等，而"钳子"就发生作用。

一个顽强而持久的战斗

120. 因此，当船舰被拖在一起的时候，就有各式各样的战斗，船上的人们彼此跳到对方船舰的甲板上。他们大部分人使用同样的武器，几乎都说拉丁语言；当他们混在一起的时候，双方的口令都泄露给对方了，因此，要辨别一个敌人和一个朋友已经是不容易的了。因此发生了许多各式各样的欺诈行为，双方对于使用同样口令的人缺乏信心。他们彼此不能辨识，因为现在正在战斗，又是在海上，各样的尸体、武器的相击声和船舰的冲撞声混作一团；除火攻以外，没有哪一种方法他们没有试用过。在开始战斗以后，他们没有利用火攻，因为他们的船舰紧紧地连锁在一起了。在陆地上，双方的步兵凝视着这次海战非常焦急，因为他们自己安全的希望是与之相连的。无论他们怎样仔细地观看，他们一点也辨别不清楚，只看见600条船舰排成一条很长的阵线，时而听到这方面的叫喊和呻吟的声音，时而听到那方面的叫喊和呻吟的声音，互相交替着。

121. 从楼塔上的军旗（这是他们之间惟一的区别）来判断，阿格里巴费了很大力气，才看出庞培的船舰所受的损失比较大些，他鼓励他旁边的人，好像他们已经取得了胜利一样。于是他向敌人冲去，不停地压迫敌人，直到他战胜了那些和他距离最近的人。于是敌人放下他们的楼塔，转过船头向海峡逃跑。其中在前面的17条船舰逃到海峡中去了。其余的被阿格里巴截断，有些被赶得搁了浅。追赶的人，也跟着上去，或把那些搁浅的船舰拖走，或纵火焚毁那些船舰。当那些还在战斗的庞培的船舰看见这种情况的时候，它们向敌人投降了。于是在船舰上的屋大维的士兵们大声欢呼胜利，在陆地上的那些士兵们也欢喜若狂，和船舰上的士兵们互相呼应。而庞培的士兵们则痛苦呻吟。庞培本人从瑙罗卡斯跑出，慌忙地逃往麦散那，甚至在惊慌中，对于他的步兵也没有下命令。因此，屋大维又从提西那斯手中，根据协商的条件，接受了这些步兵的投降；此外还接受了骑兵的投降。这些骑兵是他们的军官们带着来投降的。在这次战斗中，屋大维的3条船舰被击沉了。庞培的船舰中，有28条是被击沉的，其余或被焚毁，或被俘虏，或触礁而被撞破，只有那17条船舰逃掉了。

阿格里巴获得胜利

庞培逃往麦散那

122. 庞培在途中听到他的步兵背叛的消息，于是他脱下了他的司令官服装，换上了一个普通公民的服装。传达命令到麦散那去，把一切东西尽可能地都装上船舰。这项准备工作很久以前就已经做好了。他匆忙地把普林尼和他带着的8个军团从利利俾召回，他想带着这些军队逃跑。普林尼急忙地依照这个命令行事，但是因为其他的朋友们、驻军和士兵们正在陆续逃亡，敌人的舰队正在驶进海峡，庞培甚至没有在这个防御很好的城市等待普林尼来，就带着他的17条船舰从麦散那向安敦尼那里逃跑了，因为他记得他曾经在同样的情况下救了他的母亲。[1] 他离开之后，普林尼到了麦散那，占据了那个地方。屋大维自己留在瑙罗卡斯的军营里，但是命令阿格里巴围攻麦散那。于是阿格里巴和雷必达一起围攻麦散那。普林尼派遣代表来商议和约。阿格里巴想等到第二天早晨屋大维到了的时候才商谈和约，但是雷必达答应了和约的条件；为了使普林尼的士兵们对他有好感起见，他允许他们跟其余的军队一起，劫掠麦散那城市。

他离开西西里

雷必达劫掠麦散那

XIII. 雷必达被免除司令官职务。屋大维回罗马，任终身保民官职务

普林尼的士兵们原来只求保全生命，现在他们获得了意外的利益，他们整夜跟雷必达的士兵们一起劫掠麦散那，于是把他们自己编在雷必达的旗帜之下。

123. 包括这些新增加的军队在内，现在雷必达有22个军

① 参阅本卷第52。——译者

雷必达要求西西里

团的步兵和一大队骑兵；所以他趾高气扬，借口他是首先侵入这个岛屿的，并曾劝告许多城市和三巨头联合，因此他想自己占有西西里。他马上通知这些地方的驻军，不要接受屋大维的使者，他夺取了所有的峡谷。第二天屋大维到了，他通过朋友们谴责雷必达；这些朋友们提醒雷必达，他是作为屋大维的同盟者来到西西里，而不是为自己夺取西西里。雷必达回答说，他以前的分地被剥夺了，[①]这些分地现在为屋大维所独占；如果屋大维高兴的话，他现在愿意以阿非利加和西西里换取以前的分到的土地。屋大维大怒，他在盛怒之下，亲自来到雷必达那里，痛责他忘恩负义。他们彼此尽力威胁，不欢而散。他们马上在自己的周围布置卫队，屋大维的船舰停泊在离海岸很远的地方，因为传说，雷必达有意纵火焚烧他的船舰。

124. 士兵们认为他们又将从事内战，叛乱将永无终止之日，大为愤怒。但是他们没有把雷必达比拟屋大维，就是雷必达的军队也没有把这两个人相比拟。他们钦佩屋大维的精力，也知道雷必达的怠惰；他们指责他不应该让战败的敌人平等地享

屋大维收罗他的军队

受战作品。当屋大维知道他们这种情绪的时候，他派遣使者到他们那里去，秘密地劝告他们考虑个人的利益。他们中间有许多人被他收买了，特别是那些过去曾在庞培部下服务的人，因为他们担心，如果屋大维不批准的话，他们的投降是不会发生效力的。当雷必达由于愚笨，还不知道这些事情的时候，屋大维带着一大队骑兵，来到他的军营，他把骑兵留在门口，他只带着少数人跑进军营里去。当他向前走的时候，他对他所遇着的人宣布，

① 参阅 XVI. 2；XVII. 3。——译者

他违反他的本意而被拖入战争。那些看见了他的人把他当作大元帅欢呼致敬。首先是那些被收买的庞培部下，他们集合起来，请求他饶恕。他说，请求饶恕的人没有做他们自己的利益所要求他们应当做的事情，这使他感觉诧异。他们了解他的意思，马上夺取他们的军旗，投到他一边去，而其余的人也开始拆除他们的营帐。

125. 当雷必达知道这种骚动的时候，他从他的营帐里跳起来，拿起武器。彼此互相殴击已经开始了，屋大维的一个持盾者被杀。屋大维自己被一件武器击在胄甲上面，但是没有刺入肉内，他带着他的骑兵逃跑。当他逃跑的时候，雷必达的一个卫兵分队嘲笑他。屋大维大怒，不能抑制自己，他带着他的骑兵把他们截断，消灭了他们。其他卫队的军官们背叛了雷必达，效忠于屋大维，有些是马上投降的，另一些是在夜间投降的，有些是没有受人怂恿而自动投降，另一些是假装多少受骑兵的压迫而投降。有一些人还在那抵抗袭击，把袭击者打退，因为雷必达从各方面调来了援兵；但是当这些士兵们也叛变了的时候，他剩下来的军队，甚至那些对他最有好感的军队，也改变了态度。又是那些还留在他这边的庞培的士兵首先行动，一队一队地先后转变了。雷必达武装另一队士兵去阻止他们逃跑，但是就是那些为这个目的而武装起来的士兵也跟其余的人一块儿跑到屋大维那一边去了。当他们离开的时候，雷必达威胁他们，恳求他们。他紧紧地握着军旗，说他绝不放弃这些军旗，直到最后，一个旗手对他说"松手吧，否则你会死！"于是他害怕，就松手了。

雷必达军营里的冲突

他的士兵叛离了他

126. 最后归降屋大维的是骑兵，他们派遣使者到屋大维那里去,问他是否可以杀掉雷必达,因为他已经不是司令官了。他的答复是否定的。这样,雷必达发现他自己被所有的人所遗弃,这样高的地位和这样大的一支军队,顷刻之间就被剥夺了。他更换了服装,匆忙地跑到屋大维那里去,所有旁观的人都跟着他跑去欣赏这个情景。当他到了的时候,屋大维惊起,阻止他跪拜,他穿着当时穿在身上的一套普通公民的服装,被送往罗马去了,他的司令官职务被免除,但是他所担任的僧侣职务①没有被免除。

他被免除司令官的职务

这个人过去做过司令官,曾经是三巨头之一,任命过行政长官,曾经宣布过他的同辈中这样多的人为公敌,他就是这样以一个普通公民的身份终其身,有时向一些过去被宣布为公敌、后来做了行政长官的人请求照顾。②

屋大维不追赶庞培

127. 屋大维既不追赶庞培,也不许别人去追赶,或者因为他避免侵犯安敦尼的领地,或者因为他想等待看安敦尼如何对待庞培,如果安敦尼做得不对的话,然后利用此事作为争吵的借口(因为他们长期以来互有怀疑,认为当其他竞争者被消灭了的时候,野心会使他们两人互相冲突的);或者因为,如屋大维后来所说的,庞培不是杀害他父亲的凶手。现在他把他的军队聚集在一起,他共有 45 个军团的步兵、25 000 骑兵、大约 40 000 轻装部队和 600 条战舰;他又有一个巨大数目的商船,但是他把这些商船送还它们的主人了,他给予士兵们以胜利的奖赏,一部分当时给付,一部分他答应以后给付。他分配冠冕及其他荣誉给

① 最高僧侣是终身职位,参阅本卷第 131。——译者

② 参阅 XVI. 50。——译者

所有的人，赦免了庞培部下的首领们。

128. 因为有了这一切的成功，他的鸿运兴隆，不是言语所能形容的，但是幸福之神对于他的幸运变为嫉妒了。他的军队叛变，特别是他自己的部队。他们要求退伍并要求给予他们的奖赏应该和参加腓力比战役的战士们所得到的奖赏相等。屋大维知道这次战争不能和那次战争等量齐观。但是他答应了给付他们的功绩所应得到的赏赐，包括那些在安敦尼部下服务的人在内，等到他们回来的时候。至于他们破坏纪律的问题，他用威吓的口气，提醒他们不要忘记他们祖先的法律，不要忘记他们的誓言，不要忘记对破坏纪律的处罚。因为他们一点也不理会他所说的话，他改变了他的威吓口吻，恐怕叛变的风气扩大到他新得的部队内。他说，在适当的时候，他将跟安敦尼一道，使他们退伍。他又说，他一定不再使他们从事内战，内战幸而已告结束；只用他们来反抗伊利里亚人和其他蛮族部落了，[①]因为他们还在扰乱和平，这种和平是经过许多困难才取得的；从对外战争中，士兵们会得到很多的财富。他们说，他们非等到他们已经得到以前战争的赏赐和荣誉，绝不再从事战争了。他说，给予他们以荣誉，就是现在他也绝不迟疑；但是他已经给予他们许多赏赐了，现在再把冠冕给予军团，把紫边长袍和他们本地城市的主要议员的职位给予百人队长们和军团将校们。当他正在分配其他这类的奖赏的时候，军团将校俄飞利阿斯大声喊道，冠冕和紫袍是儿童的玩具，士兵的奖赏是土地与金钱。群众大声呼喊，"说得对"；因此，屋大维大怒，从讲坛上跑下来了。士兵们围绕着那

兵变

屋大维出现了，赏赐他的军队

① 参阅 X. 16—28。——译者

个军团将校，称赞他，辱骂那些没有和他们合并在一起的士兵们。那个军团将校说，保卫这样一个正义的主张，只有他一个人就够了。这样说了之后，第二天他就失踪了，从此没有人知道他的下落。

129. 以后士兵们再不敢单独地吐露他们的怨言了，只成群地联合起来，共同要求退伍。屋大维用各种方法抚慰他们的领导人。他解除了那些曾参加腓力比战役[①]和穆提那战役[②]而愿意退伍的人的兵役，因为他们服务期限已满。这些人共20 000人，他遣散了他们，马上送出西西里，恐怕他们诱惑别人。他只对那些曾经参加穆提那战役的人补充说，虽然他们这样被遣散了，但是他一定要履行他在那时候对他们所做的诺言。他来到其余的军队面前，要求他们为这些叛乱者的伪誓罪作见证，这些叛乱者之被遣散，不是出自他们司令官的本意的。他表扬了那些留下来和他在一起的人，鼓励他们可以期待迅速地解除兵役；他说，将来没有人会因此而失望，说他们退伍的时候一定是很富有，又说他现在就发给他们每人500德拉克玛。他这样说了之后，就从西西里勒索贡税达1 600他连特，任命阿非利加和西西里的总督，分配一部分军队到每个行省去。他把安敦尼的船舰送回他林敦。他用船舰预先运送一部分军队回意大利去；当他离开西西里的时候，他带着其余的军队。

他回意大利

罗马给予他无限的荣誉

130. 当他到达罗马的时候，元老院通过赠予他无限的荣誉，使他有权利接受全部荣誉，或者接受那些他所愿意接受的荣

① 参阅XVI.110—112；125以下。——译者

② 参阅XV.49以下。——译者

誉。元老们和人民，头戴花冠，出城很远来迎接他；当他到了的时候，他们护送他，首先到神庙里，然后从神庙到他的家里。第二天，他对元老院，对人民发表演说，详述从开始到目前，他的功绩和他的政策。他把这些演说词写下来，以小册子的形式发表，他宣布和平与德政，说内战结束了，豁免尚未缴纳的捐税，免除农民的赋税和租种公有土地者的欠款。在元老院所通过给予他的荣誉中，他接受了一个小凯旋仪式，①每年在他胜利的日子举行庆祝典礼和一个金像竖立在广场中；这个金像外面罩着他进罗马时所穿的衣服，站在一个用俘虏的船舰上的船嘴覆盖的圆柱上。金像安置在那里，像上刻有下面的铭语：

“他恢复了陆地上和海上长期以来被破坏了的和平。”

131. 当人民想把最高僧侣的职位从雷必达手中移交给屋大维（这个职位在法律上是终身的）的时候，屋大维不愿意接受；他们恳求把雷必达当作公敌来处死的时候，他不许这样做。他送一些密封的信件给所有的军队，命令他们在同一个指定的日期拆开信件，执行信内的命令。这些命令是关于内乱时期参加军队的逃亡的奴隶，庞培曾经请求解放这些奴隶，元老院与和约已经允许了这个请求。这些奴隶在同一天内都被逮捕，送往罗马，屋大维把这些奴隶交还他们的罗马主人或意大利主人，或这些奴隶主的继承人。他也把西西里奴隶主的奴隶交还。他把那些没有人认领的奴隶，在他们原来逃亡的城市里处以死刑。②

他不肯惩办雷必达

① 举行小凯旋式时，胜利的将军头戴挑金镶冠，徒步或乘马入城；举行凯旋时，则头戴桂冠，乘战车入城。——译者

② 屋大维是这样巩固奴隶制以保护奴隶主的利益的。——译者

132. 这样，内乱看来终结了。现在屋大维年28岁。许多城市联合起来，把他列入它们的保护神之内。这时候，在意大利和罗马盗贼成群，出没无常。他们的行为与其说是秘密的偷盗，不如说是无耻的劫掠。屋大维派萨宾那斯制止这种混乱局面。萨宾那斯把许多捉着的强盗正法，在一年之内，恢复了全部治安。据说，现在还存在的守夜大队的办法和制度是起源于那个时候。屋大维这样空前迅速地肃清了这种祸害，令人惊异。他让任期一年的行政长官处理公务，在许多细节方面都是依照国家的习惯。他焚毁了有关内争证据的文件，他说，等安敦尼从帕提亚战争回来的时候，他将完全恢复宪法，因为内战已经结束了，他相信安敦尼也是愿意放弃政权的。因此，人民欢呼，推选他为终身保民官，人民提供这个永久的职位，劝他放弃以前的职位。他接受了这个职位，同时他私自写信给安敦尼，谈到政府的事情。毕布拉斯将离开安敦尼的时候，安敦尼指示他去和屋大维商量。安敦尼派遣总督们去统治各行省，如同屋大维所做的一样，他有意和屋大维联合起来，参加对伊利里亚人的远征。

盗贼被镇压

屋大维当选为终身保民官

XIV. 绥克斯都·庞培之死

133. 庞培从西西里逃往安敦尼那里去，[1]停留在拉西尼昂地角，劫掠富有的朱诺神庙的财物。他在密提林登陆，在那里住过一些时候，当他的父亲和恺撒作战的时候，他的父亲让他跟着他的母亲住在那里，当时他还是一个儿童；他的父亲战败之后，

绥克斯都·庞培逃往安敦尼那里

① 接本卷第122的叙述。——译者

又在那里和他在一起。因为现在安敦尼正在米提跟米提人和帕提亚人进行战争，庞培决定在他回来的时候，投靠他。当他听到安敦尼被打败了，这个消息还没有完全证实的时候，他的希望又恢复了，他幻想，如果安敦尼死了的话，他可以继承安敦尼的位置；如果安敦尼回来了的话，他可以分享他的政权。他经常想起不久以前征服亚细亚的雷宾那斯。当他有这种心情的时候，他得到消息说，安敦尼已经回到亚历山大里亚了。因为他计划想达到这两个目的，他派遣使者到安敦尼那里去，表面上是投降安敦尼，听候处理，把自己作为一个朋友和同盟者，向他提出；但是实际上是去探听安敦尼的真实情况。同时，他秘密地派遣另一些人到色雷斯和本都诸王公那里去，如果他不能从安敦尼那里取得他所希望的，他就打算通过本都，逃往亚美尼亚去。他又派人到帕提亚人那里去，希望他们在对抗安敦尼的后一段战争中，把他作为一个将军来热烈地欢迎，因为他是一个罗马人，特别是因为他是伟大的庞培的儿子。他修理他的船舰，训练他在船舰上带来的士兵们，时而借口他害怕屋大维，时而借口他准备支援安敦尼。

他计划协助安敦尼，或取而代之

134. 当安敦尼听到庞培来了的时候，他马上派遣泰提阿斯去抵抗他。安敦尼命令泰提阿斯在叙利亚收集船舰和士兵，如果庞培表示敌意，就猛力向他进攻；如果庞培愿意服从安敦尼的话，就应优待他。于是他接见已经到了那里的使者们。他们对他发言如下："庞培派遣我们到你这里来，不是因为他不能够逃往西班牙（如果他想继续战争的话；因为他父亲的关系，西班牙对他是友好的，当他还比较年轻的时候，西班牙赞助他的事业，

安敦尼派遣泰提阿斯去抵抗他

庞培的使团

就是现在，为了那个目的，也还是邀请他的)，而是因为他愿跟你共享和平；如果必要的话，他情愿在你的命令下战斗。他提出这些建议，不自今日始，而是当他占领西西里，破坏意大利的时候，当他救出你的母亲，把她送到你这里来的时候，[①]就提出了这些建议的。如果你接受了这些建议的话，庞培就不会被逐出西西里(因为你就不会把船舰供给屋大维来反对他)，他也不会因为屋大维没有派遣那些他所答应派遣给你的军队而在帕提亚战败了。事实上，除了你的其他领土之外，现在你可能已经占领了意大利。因为在那个对于你最有利的时候，你没有接受这些建议，他现在又向你提出，使你不要常常因为屋大维的言辞和你们现在的婚姻关系而落入他的圈套中，因为你会记得，虽然他和庞培有婚姻关系，[②]但是他在已经订立了和约之后，毫无理由地向他宣战了。他又剥夺了政府中他的伙伴雷必达的分地，[③]也没有把任何部分分给你。"

135. "现在你是防止他建立他所渴望的君主国的惟一的一个人了。真的，如果不是庞培从中阻挠的话，他早已向你进攻了。虽然你自己早有所见，庞培出自善意，请你注意这些事情，因为比较起来他是喜欢一个坦白而宽宏大量的人而不喜欢一个欺诈、奸险而狡猾的人。他不责备你把一些船舰送给屋大维来进攻他，因为你由于需要想换得一些士兵来参加帕提亚的战争，但是他要提醒你，那支军队并没有派来。总之，庞培把他自己和那

① 参阅本卷第52。——译者

② 屋大维的妻子是庞培的岳父利波的妹妹。参阅本卷第53。——译者

③ 参阅本卷第3、126。——译者

些现在还在他手中的船舰以及那些就是在他逃亡的时候，也没有叛离他的最忠诚的士兵们一起交给你。如果和平维持下去的话，你挽救了伟大的庞培的儿子，这是你的无上的光荣。如果战争爆发的话，在正将到来、事实上已经到来的冲突中，他对你是有很大的帮助的”。

136. 当使者们这样说完了之后，安敦尼把他送给泰提阿斯的命令给他们看，他说，如果庞培真的是这样想的话，他会在泰提阿斯护送之下，亲自到这里来的。同时，庞培所派往帕提亚的使者们被安敦尼的将军们所俘虏，带到亚历山大里亚。安敦尼审问每个使者之后，他把庞培的大使们召来，把那些被俘虏的人给他们看。就是那时候，他们还替庞培辩护说，他是一个陷于绝境的青年，担心安敦尼对他不同情，为势所迫，就是罗马的死敌，他也不得不去尝试一下。他们说，一旦他知道了安敦尼的诚意，他就会马上表示出他自己的诚意，那时候他就不需要有任何其他企图或想法了。安敦尼在其他方面总是天性坦白，宽宏大量，不怀疑别人的，所以他相信了他们的话。

安敦尼俘虏了庞培所派往帕提亚的使者们

137. 同时，当庞培到了的时候，安敦尼的亚细亚总督福尼阿斯看见他的行动安静，接待了他，因为福尼阿斯没有足够的力量来阻止他，又不知道安敦尼的意思。福尼阿斯看见庞培训练他的军队，他就从行省的居民中召集军队，匆忙地召来阿希诺巴包斯（他在附近指挥一支军队），又从另一方面召来阿明塔斯。阿希诺巴包斯和阿明塔斯迅速地响应了号召，庞培抱怨福尼阿斯说，当他已经派遣大使们到安敦尼那里去，正在那里等待安敦尼的答复的时候，福尼阿斯把他当作敌人看待。当他这样说的时 前35

候，他在考虑，和库里阿斯同谋，逮捕阿希诺巴包斯；库里阿斯是阿希诺巴包斯部下的一个军官。他想扣留阿希诺巴包斯作为一个重要的人质，于必要时，可以和他自己交换。这个诡计被发觉了，库里阿斯当着在那里的罗马人面前被判罪处死。庞培处死他的被解放的奴隶提奥多鲁斯，因为只有他是参加这个秘密计划的，庞培相信这个秘密是他泄露的。因为他不能再对福尼阿斯隐瞒他的计划了，他用诡计占据了拉姆普萨卡斯；那个城市里有许多意大利人，这些人是盖约·恺撒作为移民安置在那里的。他以大量的赏金引诱这些意大利人在他的军队里服务。现在他有 200 骑兵和 3 个军团的步兵，他从海陆两方面进攻塞西卡斯。他在两方面都被击退了，因为安敦尼有一支军队，虽然人数不多，在塞西卡斯监视着安敦尼在那里所豢养的角斗士。所以庞培退到亚加亚人的海港内，聚集粮食。

庞培的诡计被发觉了

138. 福尼阿斯没有开始采取敌对的行动，只把一大队骑兵驻扎在庞培的旁边，以防止敌人劫掠粮食，或吸引那些城市到他那一边去。因为庞培没有骑兵，他从前面袭击福尼阿斯的军营，同时秘密地派遣一支军队绕到福尼阿斯的后方。因此福尼阿斯指挥他的军队抵抗庞培从前面的进攻，但是他被后方的军队逐出军营了。当他的士兵们逃过斯卡曼得平原的时候，因为近来下雨，平原地带浸透了水，庞培追赶他们，杀死了许多人。那些被救出来的士兵们暂时退到一个安全地方去，因为他们已经不适于战斗。那些因为不断的苛捐杂税的压榨而贫穷了的人很愿意加入庞培的军队，特别是因为他在亚加亚人的海港中取得了胜利，因而获得了很大的名声；当时他们正在等待从密西亚、普

他开始对安敦尼的部将采取敌对行动

罗蓬提斯和其他地方来的援兵。庞培缺少骑兵，因而不能夺取粮食。这时候，他听到屋大维派来一队骑兵到安敦尼那里去，安敦尼正在雅典过冬。所以庞培派遣一些秘密使者，携带黄金去收买这支军队。

安敦尼的马其顿总督捉着了这些人，把他们的黄金分配给这些骑兵。

139. 但是庞培占领了尼西亚和尼科米底亚，他在那里得到大量金钱，他的势力出乎意外地迅速增长起来了。但是驻扎在离他不远的地方的福尼阿斯在春天开始的时候，得到了援兵，首先是从西西里来的那70条船舰，这些是安敦尼借给屋大维进攻庞培的船舰中被救出来的船舰，[1]因为西西里战争结束之后，屋大维把这些船舰送回来了。其次，泰提阿斯又带着120条船舰和一支大军从叙利亚来了，所有这些军队都在普罗科尼撒登陆。所以庞培惊慌起来了，焚毁他自己的船舰，武装他的桨手，因为他相信，把他所有的军力联合起来，在陆地上作战，比较有利。巴马的喀西约，那西狄阿斯，萨特尼那斯，德谟斯，安提斯提阿斯和当时还和他在一起作为朋友的其他著名人物，其中地位最高的方尼阿斯以及庞培的岳父利波看到，就是在安敦尼付以全权的泰提阿斯已经到了之后，庞培还不停止对于优越兵力的反抗，感觉到他是没有希望了；因此，他们替自己谈判好了条件之后，就倒到安敦尼那一边去了。

安敦尼派遣援兵来抵抗他

140. 庞培现在为他的朋友们所遗弃，退到俾泰尼亚的内地，据说，他想从那里到亚美尼亚去。有一天夜里，当他悄悄地

一次夜战

---

① 参阅本卷第129。——译者

跑出他的军营的时候，福尼阿斯和泰提阿斯追赶他，阿明塔斯也来追赶。猛追之后，他们在傍晚的时候赶上了他，各人都在一个小山的附近扎营，没有壕沟或栅栏，因为天色已晚，他们也疲倦了。当他们在这种情况下的时候，庞培带着300轻装部队进行夜袭，杀死了许多还在睡眠中或从床上跳下来的人。其余的士兵来不及穿好衣服，就可耻地溃逃。很明显，如果庞培以他的全部军队进行夜袭的话，或者如果他把他所取得的胜利进行到底的话，他会把他们完全打败了。但是他被恶魔所迷，又把这些机会失掉了；他从这件事中没有得到别的好处，只是他更加深入这个地区的内地了。他的敌人们联合起来，截断他的粮食供应，直到最后，他因粮食缺乏而陷于危险中。于是他设法和福尼阿斯会晤，因为福尼阿斯过去是伟大的庞培的朋友，他的地位比较高，他的性格比较诚实可靠。

庞培提出向福尼阿斯投降，福尼阿斯不肯接受

141. 庞培站在一条河边，跟福尼阿斯隔河相对的时候，他说，他已经派遣大使们到安敦尼那里去了；他又说，同时因为他需要粮食，他们给了他，所以他做出他所做的事情来了。他接着说，"如果你们是依照安敦尼的指示来对我作战的话，那么，他没有看透正将到来的战争，因而把他自己的利益看错了。如果你们还不知道安敦尼的意旨就对我作战的话，那么，我声明，恳求你们等到我派往安敦尼那里去的使团回来的时候，或者现在就逮捕，把我带到安敦尼那里去。福尼阿斯啊，我只愿意向你投降，只求你保证一定把我平安地带到安敦尼那里去"。他这样说，因为他相信安敦尼是一个宽厚的人，他只担心在途中发生事故。福尼阿斯答复他如下："如果你想投降安敦尼的话，你应当在开始

的时候就投降；不然的话，也应当在密提林安静地等待他的答复。但是既然你想作战，你才做出你已经做的事情来，那么，有什么必要一定向一个已经知道你的行为的人再详细叙说你的行为呢？如果你现在已经悔悟了的话，那么，你不要使我们这些将军们彼此发生冲突，而应当向泰提阿斯投降，因为安敦尼已经把这些事情，交给了他。你向我请求的保证，你可以向他请求。他已经接到了安敦尼的命令，①如果你进行战争的话，就把你处死；但是如果你投降的话，那么，就很客气地把你送到他那里去。”

庞培拒绝向泰提阿斯投降

142. 泰提阿斯对他进行战争，庞培很为愤怒，认为泰提阿斯忘恩负义，因为有一次泰提阿斯被俘虏，庞培饶恕了他的性命。除愤怒之外，他认为泰提阿斯不是出身于贵族，一个庞培家族的人向泰提阿斯投降，有失他的尊严。并且他疑心泰提阿斯，或者是因为他知道泰提阿斯的性格，认为他是不可靠的，或者是因为他知道，如上面所说的，他对于泰提阿斯施恩之前，曾做过一些损害泰提阿斯的事情。他又向福尼阿斯提出投降，恳求福尼阿斯接受他。当福尼阿斯拒绝的时候，他说他愿向阿明塔斯投降。福尼阿斯说，阿明塔斯不会接受他的，因为那是对安敦尼所全权委任的人一个侮辱。这样，他们两人的会谈就结束了。福尼阿斯的军营里流行着一种意见，认为庞培没有别的办法了，第二天他一定会向泰提阿斯投降的。夜间到了的时候，庞培使营火照常燃烧着，军号照常在间隔的时间内通宵发出信号，而他却

① 参阅本卷第134。——译者

悄悄地带着一队准备得很好的士兵从军营里退出，事先没有告诉他们是到那里去。他想跑到海边去，焚毁泰提阿斯的舰队；如果不是斯卡鲁斯叛离了他，而把他离开了军营和他所走的路线告诉敌人（虽然斯卡鲁斯不知道他的计划）的话，那么，很可能他会把泰提阿斯的舰队焚毁了。阿明塔斯带着 1 500 骑兵追赶庞培，庞培是没有骑兵的。当阿明塔斯来到近前的时候，庞培的士兵们倒向他一边去了，有一些是偷偷地，另有一些是公开地。庞培几乎完全被遗弃了；他害怕他自己的士兵们，因而无条件地向阿明塔斯投降了，虽然他不屑于在有条件的情况下向泰提阿斯投降。

143. 绥克斯都·庞培就是这样被俘虏了。他是伟大的庞培最后留下来的一个儿子，幼年就丧失了父亲，①当他还是一个年轻小伙子的时候又丧失了哥哥。② 他的父兄死了之后，他长时期隐藏起来，在西班牙过着掠夺生活，后来他宣布他是庞培的儿子，因而聚集了很多群众。于是他更公开地从事劫掠生活。在盖约·恺撒死后，他激烈地进行战争，聚集了一支大军以及船舰和金钱，占领岛屿，成为西部海洋③的主人，使意大利发生饥荒，迫使他的敌人们依照他所提出来的条件订立和约。④ 最重要的，是他在宣布公敌的时候对罗马所做出的贡献；当时，罗马遭受完全毁灭，他救出了许多贵族，由于他的缘故，后来他们安全地回

---

① 参阅 XIV. 84 以下。——译者

② 参阅 XIV. 104 以下。——译者

③ 西部地中海。——译者

④ 参阅本卷第 71—74。——译者

到了家乡。[①] 但是他犯了一些奇怪的错误:他对于他的敌人从来不采取进攻的政策,虽然命运之神给了他许多机会;[②]他只防卫自己。

144. 在这些经历之后,庞培被俘虏了。泰提阿斯使庞培的士兵们在安敦尼的军队里服务,在米利都把庞培处死,时年四十。[③] 他这样做,或者是他自己做主的,因为他愤恨以前庞培对他的侮辱,而对于以后的恩德忘恩负义;或者是执行安敦尼的命令。有人说,下这个命令的是普隆卡,不是安敦尼。他们认为当普隆卡做叙利亚总督的时候,安敦尼写信授权给他,于紧急时,可以代安敦尼署名,使用安敦尼的印章。有人认为命令是普隆卡写的,而安敦尼是知道的,但是因为庞培这个名字安敦尼不好意思写这个命令,又因为克娄巴特拉由于伟大的庞培的关系而袒护他。又有一些人认为普隆卡知道这些事实,因而自己把责任担负起来,下这个命令,以为预防,恐怕庞培有了克娄巴特拉的合作,会破坏安敦尼和屋大维之间的良好关系。

145. 庞培死后,安敦尼又远征亚美尼亚,屋大维则远征伊利里亚人,[④]因为伊利里亚人正在劫掠意大利,他们之中有些人从来就没有屈服于罗马人,另一些人是在内战时期叛变的。因为关于伊利里亚人的事情,我知道得不很清楚,这些事情本身也不足以构成一卷书,又没有别的适当地方可以叙述,所以我把这

---

① 参阅本卷第 74。——译者
② 参阅本卷第 25、91。——译者
③ 公元前 75—35 年——译者
④ 参阅 X.18—28。——译者

些事情记在上面(从罗马人得到伊利里亚的时候开始,叙述到终结时为止),[①]附在《马其顿史》[②]的后面,[③]因为马其顿和伊利里亚是互相毗连的。

---

① 原意不明。——英译者

② 第9卷。——译者

③ 第10卷。——译者

附　录　一

古代罗马及其邻国大事年表

（公元前753—前30年）

序　　例

1. 表中圆括弧（　）内的阿拉伯数字表示该事物发生的起讫年代。人物死亡后面所附年代是他出生的年代，国王死亡后所附的年代是其即位的年代。除标明“公元”字样者外，均为公元前的年代。
2. 表中方括弧[　]内的罗马数字及阿拉伯数字，表示该事见本书中第几卷第几节。如果内中还有圆括弧内的罗马数字，这表示该卷内的片段号码。例如[IV.（I）1]，即该事件见于本书第四卷第一片段第一节。如果前面的事件与后面的事件见于同一卷中，则后一事件的后面只载节的号码，省去卷的号码。

公元前	罗马与意大利	西西里及附近岛屿	西班牙与高卢
753	罗马王政时期(—509)[I] 罗马城的建立(754—)[I(II)]		
约 750	伊达拉里亚人定居意大利(—700) 希腊人向南意移民(—680)	希腊人向西西里移民(—680)	
743			
726			
722			
660	伊达拉里亚人统治意大利(—509)		
630			伐提塞斯的阿贡多尼阿斯(—550)[VI. 2,63]
605			
600			马塞利亚(马赛)的建立
594			
578	塞维阿·图利阿改革(—534)		
558			
550		西西里希腊诸城市间的战争	
546			
538			
535		伊达拉里亚人与迦太基人败希腊人于科西嘉附近	
529			

迦太基与北非	希腊、马其顿与伊利里亚	小　　亚	叙利亚、埃及及其他
	希腊移民运动(—550)		
	第一次美塞尼亚战争(—724)		
			埃及努比亚王朝(—686)
			亚述灭以色列
			亚述帝国亡(884—)，米提帝国兴起(—550)[序 9]
	梭伦改革		
	拜占庭的建立		米提帝国亡；波斯帝国兴起(—330)[序 9]
		波斯灭吕底亚	
			波斯灭巴比伦
			波斯王居鲁士死(558—)

公元前	罗马与意大利	西西里及附近岛屿	西班牙与高卢
525			
522			
520		迦太基人征服撒丁尼亚[VIII.(上)2]	
512			
509	塔魁尼阿斯被逐出罗马[I.(II)]:伊达拉里亚人在罗马的统治终结(616—) 罗马共和国成立(—30)		
508			
505			
500			
494	罗马平民与贵族的斗争:第一次退到圣山:保民官的设立[XIII.1]		
493	罗马人与拉丁人订立同盟		
492			
490			
488	马喜阿斯率领服尔细人进攻罗马[II.(V)]		
486	斯柏尼阿斯·喀西约提出第一次土地法		
485			

迦太基与北非	希腊、马其顿与伊利里亚	小　　亚	叙利亚、埃及及其他
			波斯灭埃及
			波斯高墨塔暴动
			波斯王冈比西死（529—）［XII. 112, 115］
			大流士远征西徐亚，失败。
迦太基与罗马订立条约	克利斯梯尼改革（雅典奴主民主国家的确定）		
	伯罗奔尼撒同盟		
		米利都反抗波斯起义（—494）	
	亚哥斯奴隶暴动		
	希波战争（—449）		
	马拉松之役［VII. 39］		
			波斯王大流士死（521—）

公元前	罗马与意大利	西西里及附近岛屿	西班牙与高卢
480	罗马与赫尼西人同盟	叙拉古人败迦太基人于希米拉	
478		叙拉古僭主基隆卒(485—)传位于其弟海埃罗第一(—466)	
477			
474	叙拉古人败伊达拉里亚人于丘米		
464			
461			
457			
456	罗马移平民于阿芬丁山冈		
455			
451	十二铜表法(—450)		
449	平民第二次退到圣山：发利略与霍拉西法案		
445	罗马平民始可与贵族通婚		
444	军事保民官的设立		
443	监察官的设立		
438	对维爱第二次战争(—426)		
431	罗马人打垮厄魁人		
429			

迦太基与北非	希腊、马其顿与伊利里亚	小　　亚	叙利亚、埃及及其他
	第三次德摩比利之役[XI. 18]；萨拉密之役		
	提洛同盟：雅典的海上霸权(—404)[序 8；VIII.(上)87]		
	斯巴达希洛人起义(第三次美塞尼亚战争，—456)		波斯王薛西斯死(485—)
	伯利克里时代(—456)		
	雅典筑长城		
			雅典远征埃及失败(454)
		希腊人败波斯人于塞浦路斯的萨拉密：卡里阿斯和约	
	雅典与斯巴达三十年和平条约		
	伯罗奔尼撒战争(—404)		
	伯利克里死(495—)		

公元前	罗马与意大利	西西里及附近岛屿	西班牙与高卢
425			
421			
415		雅典人远征西西里，失败(—413)	
411			
410		叙拉古民主宪法的实行(—409)	
406	罗马人打败服尔细人；对维爱第三次战争(—396)		
404			
403			
401			
399			
396	罗马并吞维爱[II.(VIII)]:[标志着伊达拉里亚人势力的衰落]		
395			
394			
391			高卢人侵入北意[IV.(II)]
390	高卢人侵入罗马[IV.(III-V)]		
386			
384	卡皮托的马可·曼利阿斯被处死		
379			
378			

迦太基与北非	希腊、马其顿与伊利里亚	小　亚	叙利亚、埃及及其他
	希洛人暴动		
	尼西阿斯和约		
	雅典寡头政变		
	雅典投降；三十暴君；海上同盟解散；毁长城［VIII.（上）87］		
	斯巴达霸权（—371）		
	雅典民主宪法的恢复		
		希腊万人军远征（—460）	小居鲁士争夺王位的战争（—400）
	斯巴达的基那敦暴动	斯巴达王阿尔吉西洛斯远征小亚（—394）	
	科林斯战争（—386）		
	雅典重建长城（—391）		
		大王和约	
	底比斯的民主改革		
	雅典第二次海上同盟（—355）		

公元前	罗马与意大利	西西里及附近岛屿	西班牙与高卢
371			
367	李锡尼与绥克斯都法案[XIII.8] 高卢人第二次进攻罗马，被击退[IV.(I)1]		
362	第一次从平民中选出执政官		
361	高卢人第三次进攻罗马[IV.(I)1;(IX)]		
359			
358	罗马与拉丁人的条约；侵略伊达拉里亚南部诸城市(—351)		
357			
356	第一次从平民中选出独裁官		
355			
351	第一次从平民中选出监察官		
350	罗马人与服尔细人战争(—345)		
348	恢复对迦太基人的条约		
346		叙拉古内战，西西里霸国瓦解	
345			
343	第一次萨谟尼安战争(—341)[III.(I)]		

迦太基与北非	希腊、马其顿与伊利里亚	小 亚	叙利亚、埃及及其他
	琉克持拉之役:底比斯霸权(—362)		
	美塞尼亚脱离斯巴达的统治		
	门丁尼亚之役		
	同盟战争(—355)		
	“神圣战争”(—346)		
	雅典第二次海上同盟瓦解		
	腓力势力侵入中希腊		
			腓尼基人反波斯人的起义

公元前	罗马与意大利	西西里及附近岛屿	西班牙与高卢
340	拉丁人反抗罗马的战争（—338）		
339			
338	罗马彻底征服拉丁姆		
337	第一次从平民中选出大法官		
336			
335			
334			
333			
332			
331			
330			
327	第二次萨谟尼安战争（—304）[III.（IV）]		
326	罗马废除债权制		
323			
321	罗马军队在考狄昂山峡投降[III.（IV）]		

迦太基与北非	希腊、马其顿与伊利里亚	小　　亚	叙利亚、埃及及其他
	希腊各国反马其顿的斗争		
	喀罗尼亚之役：希腊联军败绩		
	科林斯会议：马其顿在希腊霸权的形成		
	马其顿王腓力死(359—)[序 83；XVI. 105]		
	亚历山大镇压色雷斯、伊利里亚及希腊诸国的暴动		
		亚历山大侵入小亚	
			伊苏斯之役；亚历山大侵入叙利亚、腓尼基、巴勒斯坦
			侵入埃及；亚历山大里亚城的建立
			高加米拉之役：波斯亡(558—)
			征服中亚(—327)
			远征印度(—325)
			亚历山大大王死(336—)；继承人战争(—276)[序 1. 10；XI. 52；XV. 149 以下]
			埃及托勒密王朝(—30)

公元前	罗马与意大利	西西里及附近岛屿	西班牙与高卢
316		叙拉古国王阿加托克利(—289)[III.(XI)1]	
315			
314			
312		迦太基侵入西西里	
301			
300		阿加托克利夺取科西嘉	
298	第三次萨谟尼安战争(—290)[III.(V,VI)]		
295	罗马人败萨谟尼安人联军于孙提亚		
290	罗马征服中意大利		
289		马麦丁人占领麦散那	
287	平民第三次退至圣山：霍天西阿法案：平民部落会议有通过法律的权力		
283			
281	对他林敦战争(—272)[III.(VII)]		

迦太基与北非	希腊、马其顿与伊利里亚	小　　亚	叙利亚、埃及及其他
		安提哥那斯和其他“继承人”的战争(—301)[XI. 53—55]	
	挨托利亚同盟(—146)		
			塞留西王朝(条支)(—64)
		伊普苏斯之役[XI. 55]	
			安提阿城的建立[XI. 57]
		帕加马独立(—133)	托勒密第一死(305—)
		米特拉达梯第二建立本都王国[XII. 9]	

公元前	罗马与意大利	西西里及附近岛屿	西班牙与高卢
280	皮洛斯在南意大利登陆[III.(VIII)]，败罗马人于赫拉克里亚	西西里希腊人城市受迦太基的威胁	
279	春罗马拒绝皮洛斯的和平建议[III.(X)]；皮洛斯又败罗马人于阿斯库伦		
278		秋皮洛斯侵入西西里(—375)[III.(XII)]	
276			
275	皮洛斯回意大利[III.(XII)]，败于贝尼温敦，回希腊		
272	罗马攻陷他林敦		
270	罗马攻陷利吉姆[罗马征服南意大利]		
269	商业发达，罗马始铸银币		
265	罗马统一意大利	海挨罗第二为叙拉古王(—215)[V.(II)2]	
264	第一次布匿战争(—241)[V.(II)2；VIII.(上)3以下]		
263		叙拉古与罗马同盟	
262		罗马占领阿格里真坦	
261			

迦太基与北非	希腊、马其顿与伊利里亚	小 亚	叙利亚、埃及及其他
	亚加亚同盟(—146)	塞留古第一死(312? —)[XI. 53—65]	
迦太基与罗马同盟,共同抵抗皮洛斯		高卢人侵入小亚[XI. 65]	
		安提阿战败高卢人[XI. 65]	安提阿败托勒密于叙利亚 第一次叙利亚战争(—273)
		帕加马伦美尼斯第一(—241)	
			安提阿第一死(280—)[XI. 65]

公元前	罗马与意大利	西西里及附近岛屿	西班牙与高卢
260		罗马在迈利附近取得第一次海军胜利	
259		罗马侵占撒丁尼亚和科西嘉	
257		累基拉斯海军在丁达里斯的胜利	
256		挨克诺姆的胜利	
255		罗马舰队在巴基那斯被毁灭	
253		罗马舰队在巴利纽拉斯被毁;罗马海陆战事危机时期(—242)	
250		帕诺马斯之役;包围利利俾	
247		哈密尔卡·巴卡在西西里对罗马人的进攻	
246			
245			
243	罗马用志愿贷款建造舰队		
241		迦太基人战败于爱加特群岛,罗马占领西西里	

迦太基与北非	希腊、马其顿与伊利里亚	小　　亚	叙利亚、埃及及其他
			第二次叙利亚战争
累基拉斯侵入阿非利加(—255)			巴克特里亚(大夏)独立(—139)
累基拉斯战败被俘[VIII.(上)3];罗马海军在赫密昂角的胜利			
			帕提亚(安息)独立(—公元 226)
			安提阿第二死(261—)[XI. 65]
			托勒密第二死(283—)[序 10;V(1)]
	斯巴达王亚基斯第四改革失败(—241)		
迦太基与罗马订立和约[V.(II)1]		帕加玛王阿塔拉斯第一(—197)	

公元前	罗马与意大利	西西里及附近岛屿	西班牙与高卢
240	森都里亚会议改革		
238		罗马占领撒丁尼亚，(稍后)科西嘉[VI. 4]	哈密尔卡往西班牙[VI. 5]
235			哈密尔卡侵略西班牙
232	盖约·夫雷密奈那斯的土地法		
231			罗马专使与哈密尔卡举行会议
230			
229			哈密尔卡遇害；哈士多路巴继任为西班牙总督[VI. 5,6]
228			新迦太基的建立
227		撒丁尼亚与科西嘉变为罗马行省	
226			罗马与哈士多路巴订立挨布罗条约[VI. 7]
225			罗马征服山南高卢
223			
221			哈士多路巴遇刺；汉尼拔为西班牙总督[VI. 8]
			萨干坦与罗马同盟[VI. 7]

迦太基与北非	希腊、马其顿与伊利里亚	小　　亚	叙利亚、埃及及其他
雇佣兵与阿非利加人起义(—237)[V.(II)3;VIII.(上)5]	伊利里亚国王阿格朗(—230)势力增加[X.7]		
	斯巴达王克里昂米尼第三改革失败(—221)		
		阿塔拉斯败加卢人	
	第一次伊利里亚战争(—228)[X.7]罗马势力进入希腊的开始		
			塞留古第二死(247—)(XI.16)
		塞留古第三死(226—)[XI.66]	
	马其顿王腓力第五(—179)		托勒密第三死(—246)[IX.(III-IV)]

公元前	罗马与意大利	西西里及附近岛屿	西班牙与高卢
219	罗马专使在迦太基		春汉尼拔进攻萨干坦 11月萨干坦陷落［VI. 10—12］
218	第二次布匿战争（—201)［VI. 13—34］		春汉尼拔由西班牙出发，进攻意大利，败罗马人于提塞那斯与特利比亚河畔［VII. 3—7］
217	春汉尼拔败罗马军于特拉西美诺湖畔［VII. 10］ 非比阿为独裁官，实行拖延政策［ VII. 12］		罗马海军在挨布罗河附近的胜利
216	坎尼之役［VII. 19—26］ 中意大利许多城市叛离罗马 秋加普亚叛变		
215	汉尼拔在南意大利	海挨罗死，叙拉古与汉尼拔同盟	两西庇阿在西班牙（—212)［VI. 14—15］
214	汉尼拔进攻赫拉克里亚与他林敦，失败	秋马塞拉斯往西西里	
213		罗马人围攻叙拉古	
212	罗马围攻加普亚［VII. 36］ 汉尼拔攻陷他林敦、麦达蓬坦和赫拉克里亚［VII. 32 以下］		两西庇阿阵亡［VI. 16］
211	汉尼拔进攻罗马［VII. 38］ 加普亚陷落［43］	春叙拉古陷落	

迦太基与北非	希腊、马其顿与伊利里亚	小　　亚	叙利亚、埃及及其他
	第二次伊利里亚战争［X. 8］		第四次叙利亚战争
	马其顿王腓力进攻伊利里亚，无功。		
	腓力与汉尼拔同盟［IX.（I）］		
西法克斯暴动［VI. 15］	第一次马其顿战争（—205）［IX.（I）］		
哈士多路巴对西法克斯的战争(—212)［VI. 15］	腓力第二次在伊利里亚冒险		
迦太基与西法克斯议和［VII. 37；VIII.（上）10］			

公元前	罗马与意大利	西西里及附近岛屿	西班牙与高卢
210		罗马攻陷阿格里真坦 西西里改为行省	克劳狄·尼禄宗挨布罗战线 秋西庇阿到达西班牙[VI. 19]
209	罗马再攻陷他林敦，居民降为奴隶[VII. 49]		西庇阿攻陷新迦太基[VI. 20]，练新兵，外交活动
208	马塞拉斯战死[VII. 50]		西庇阿在巴库拉的胜利 哈士多路巴由西班牙往意大利，在高卢过冬
207	哈士多路巴侵入意大利，败亡于密塔拉斯河畔[VII. 52]		西庇阿在伊利巴的胜利
206	汉尼拔退守勃罗丁[VII. 54] 西庇阿当选为明年执政官		西庇阿攻下垓提斯[VI. 37]建立意大利卡城返罗马[38] 西班牙被划为行省[同上]
205	罗马恢复罗克里[VII. 55]； 马哥在利格里亚[VII. 54]	西庇阿至西西里[VIII. (上)8]	
204	4月培新那斯的“黑石”运至罗马[VII. 56]		

迦太基与北非	希腊、马其顿与伊利里亚	小　　亚	叙利亚、埃及及其他
	斯巴达内比斯僭主政治(—192)[IX.(VII)]		
	腓力与罗马订立和约[IX.(III)2] 挨托利亚同盟企图废除债务		
西庇阿在阿非利加登陆[VIII.(上)13] 冬西法克斯伪装调停[17]			

公元前	罗马与意大利	西西里及附近岛屿	西班牙与高卢
203	马哥失败[VIII.(上)9];汉尼拔被召回迦太基[VII.58—60;VIII.(上)31]		
202			
201			
200			
198	罗马大法官增至六人;拉丁姆奴隶密谋	伽图在撒丁尼亚	
197			土狄坦尼亚人暴动[VI.39]

迦太基与北非	希腊、马其顿与伊利里亚	小 亚	叙利亚、埃及及其他
西庇阿袭击哈士多路巴，大捷[19—21]，进攻迦太基[24]，西法克斯被俘[26]，西庇阿在大平原之捷，两次休战和约被破坏[32,34,37,39]			托勒密第四死(221—)[IX.(III-IV)]
秋西庇阿大败汉尼拔于撒马[VIII.(上)43—47]			
和约成立[54—61]			
马西尼萨为大努米底亚国王；迦太基降为附庸			
	罗马使节在希腊与东方 7月罗马对腓力宣战(第二次马其顿战争，—197)	马其顿王腓力进攻帕加马、罗得斯[IX.(IV)]	罗马使节见安提阿 安提阿侵占南叙利亚[XI.1]
	6月罗马人败腓力于星诺塞法利，冬订立和约[IX.(IX)]	安提阿侵占以弗所[XI.1] 帕加马王攸美尼斯第二(—159)	

公元前	罗马与意大利	西西里及附近岛屿	西班牙与高卢
196	伊达拉里亚奴隶起义		
195			伽图至西班牙，镇压暴动[VI. 39]
194			吕息坦尼亚人反抗罗马人的战争
193			
192			
191	罗马人对叙利亚的战争(—189)		
190			
189			

迦太基与北非	希腊、马其顿与伊利里亚	小　亚	叙利亚、埃及及其他
汉尼拔在迦太基的民主改革	6月夫雷密奈那斯宣布希腊“自由”[IX(IX)4]		
	安提阿在色雷斯接见罗马大使[XI. 2]		
罗马使节在迦太基	罗马向内比斯宣战，内比斯屈服	秋汉尼拔在以弗所见安提阿[XI. 4]	安提阿与埃及订约[XI. 5]
汉尼拔出走异乡			
马西尼萨侵略迦太基			
	夫雷密奈那斯回罗马		安提阿与罗马重开谈判
迦太基人的党争[VIII.(上)68]	挨托利亚人邀请安提阿至希腊[XI. 12]		罗马大使与安提阿谈判决裂[XI. 9]
	内比斯进攻亚加亚		
马西尼萨侵略迦太基			
	内比斯败亡；斯巴达人被迫加入亚加亚同盟		
	腓力援助罗马人[XI. 16]	李维率舰队至小亚，攸美尼斯及罗得斯人与罗马人联合，败安提阿海军于科利卡[XI. 22]	
	4月安提阿败于德摩比利，逃往以弗所[XI. 19—20]		
	罗马人征服挨托利亚；斯巴达退出亚加亚同盟	1月安提阿败于马格尼西亚[XI. 33, 36]	

公元前	罗马与意大利	西西里及附近岛屿	西班牙与高卢
188			
187			
186			
185	亚浦利亚牧奴暴动		
184	伽图任监察官；大西庇阿·阿非利加那死(236—)		
183			
182			
181			罗马人侵略克勒特—伊伯里亚[VI.42]
180			老革拉古和约，结束西班牙战争[VI.43]
179			
175			
174			
172	攸美尼斯在罗马控告柏修斯[IX.(XI).1]		
171			
170			
169			

迦太基与北非	希腊、马其顿与伊利里亚	小　　亚	叙利亚、埃及及其他
			安提阿与罗马订立和约[XI.38—39]塞留西王朝衰落
			安提阿第三死(223—)
	冬罗马使命在腓力王廷		
	腓力之子狄密多留在罗马[IX.(IX).6]		
		本都与帕加马战争(—180)	
马西尼萨袭击迦太基		汉尼拔自杀于俾泰尼亚(247—)[XI.11]	
	腓力远征巴尔干		托勒密第五死(203—)[XI.66—68;IX.(XI)4]
	腓力处死其子狄密多留		
	马其顿王腓力第五死(221—),柏修斯即位		
			塞留古第四(187—)
马西尼萨侵略迦太基[VII.(上)68]			
马西尼萨侵略迦太基	罗马使节在希腊[IX.(IX).1]		
	第三次马其顿战争(—168)[IX.(XI)以下]柏修斯占领帖撒利北部		安提阿侵略埃及[187—]

公元前	罗马与意大利	西西里及附近岛屿	西班牙与高卢
168			
167			
163			
160			
159	反贪污法		
157			
156			
154			吕息坦尼亚人反抗罗马人的战争(—138)[VI. 56]
153			克勒特-伊伯里亚人反抗罗马人的战争(—151)[VI. 44]
152			

迦太基与北非	希腊、马其顿与伊利里亚	小　　亚	叙利亚、埃及及其他
	6月鲍鲁斯败柏修斯于彼得那 提洛被宣布为自由港	帕加玛和罗得斯的势力为罗马削弱 鲍鲁斯劫掠伊壁鲁斯[X. 9]	安提阿为罗马所阻(187—)
	马其顿被分为四区		犹太人反塞留西统治的起义 安提阿第四(175—)[XI. 66]
		帕加马王阿塔拉斯第二(—139)	
伽图至阿非利加，伪装调停[VIII.(上). 69]	罗马人侵略达尔马西亚[X. II]		犹太独立，成为祭司国家
		米特拉达梯第五(—121)与罗马同盟[XII. 10] 俾泰尼亚国王普鲁西亚进攻帕加马，为罗马制止[XII. 2]	
迦太基党争；马西尼萨侵略迦太基[70]			

公元前	罗马与意大利	西西里及附近岛屿	西班牙与高卢
151			
150			
149	反贪污永久法庭的设立		
148	少西庇阿当选为执政官[VIII.(上).112]		
147			维里阿修斯反抗罗马人的战争(—138)[VI. 61—74]
146			维里阿修斯屡败罗马军队[VI. 63、64]
145			
143			克勒特-伊伯里亚人暴动(纽曼细阿战争,—133)[VI. 76]
141			

迦太基与北非	希腊、马其顿与伊利里亚	小　亚	叙利亚、埃及及其他
迦太基与马西尼萨作战[VIII.(上)70]			
迦太基败绩[71—73]；罗马决定无理干涉。			
第三次布匿战争(—146)乌提卡降罗马[75]；	安德利斯卡斯(伪腓力)领导下马其顿人起义(—148)[VIII.(上)135]	普鲁西亚为其子尼科美德所杀[XII.7]	
罗马军在北非登陆[79]；迦太基被围			
罗马侵略军被击败[97—110]			
少西庇阿至阿非利加，恢复军纪，加强对迦太基的围攻[113—118]	马其顿降为罗马行省；亚加亚同盟反抗罗马人的战争		
春迦太基的陷落与毁灭[132]	科林斯的陷落与毁灭(希腊被罗马征服)		
			托勒密第六之死(181—)[XI. 66—65；IX.(XI)4]
			安息并巴比伦尼亚

公元前	罗马与意大利	西西里及附近岛屿	西班牙与高卢
140			罗马人与维里阿修斯订立和约，旋又破坏[69,70]
139			维里阿修斯遇害[74] 纽曼细阿人迫使庞培订立屈辱条约，元老院破坏之[79]
138			吕息坦尼亚人暴动被镇压
137			狄·布鲁图率军通过吕息坦尼亚 曼西那斯败降纽曼细阿人，订立和约，元老院又破坏之[VI.80]
135		第一次西西里奴隶起义(—132)[XIII.9]	
134	12月10日提比略·革拉古当选为133年保民官，提出土地法案[XIII.9]		少西庇阿至西班牙，恢复军纪[84以下]；围攻纽曼细阿[93]
133	罢免保民官屋大维，通过土地法，组织土地委员会[12—13] 革拉古遇害[14—17]		纽曼细阿陷落
132	惩办革拉古的朋友，土地委员会继续存在[18]		

迦太基与北非	希腊、马其顿与伊利里亚	小　亚	叙利亚、埃及及其他
		阿塔拉斯第三之死(138—)，遗嘱以帕加马赠与罗马	
	雅典罗立温银矿奴隶起义	亚里斯多尼卡领导下的奴隶起义(—129)[XIII.18]	
		罗马以帕加马为亚细亚行省	

公元前	罗马与意大利	西西里及附近岛屿	西班牙与高卢
131			
129	少西庇阿遇害(185—)[20]		
123	盖约·革拉古为保民官[21],以司法权授予骑士[22]		
122	盖约·革拉古重当选为保民官,替意大利人要求罗马公民权[XIII.23]		
	革拉古在第三次竞选中失败		
121	盖约·革拉古被杀[26]		
118			罗马征服那旁-高卢,建立行省
116			
115			
113			西姆布赖人与条顿人侵入诺利康[IV.(XIII)]

迦太基与北非	希腊、马其顿与伊利里亚	小　亚	叙利亚、埃及及其他
			埃及内战
		阿揆略以福里其给本都王米特拉达梯第五[XII.11]	
盖约·革拉古企图在阿非利加移民[VI.136；XIII.24]			
		本都国王米特拉达梯第六为母所逼，出逃(—63)[XII.10]	
朱古达势力兴起；元老院派人去调停努米底亚事件			
		米特拉达梯第六取得政权，扩充领土	

公元前	罗马与意大利	西西里及附近岛屿	西班牙与高卢
112			西班牙人暴动(—98)[VI. 99]
111			
110			
107	马略第一任执政官；始募志愿军和无产者		
106			
105			西姆布赖人与条顿人侵入那旁-高卢和北意大利[IV.(I)2]
104	马略第二任执政官；军事改革	第二次西西里奴隶起义(—101)	
103	马略第三任执政官		马略在那旁-高卢练兵
102	马略第四任执政官		马略败条顿人于阿奎-绥克斯泰[IV.(I)2]
101	马略第五任执政官		马略败西姆布赖人于维尔塞莱
100	马略第六任执政官[XIII. 29]；保民官阿彪利阿分配高卢土地法案[29] 阿彪利阿的暴动[30]		

迦太基与北非	希腊、马其顿与伊利里亚	小　亚	叙利亚、埃及及其他
朱古达反抗罗马人的战争（—105）［VIII.（下）］			
朱古达击败罗马军队			
马略败朱古达			
苏拉以诡计擒朱古达			
		罗马人与海盗战争，安敦尼被派往西里西亚	
		米特拉达梯与俾泰尼亚国王尼科美德瓜分巴夫拉哥尼亚并占领加拉西亚	
		米特拉达梯占领卡巴多西亚	

公元前	罗马与意大利	西西里及附近岛屿	西班牙与高卢
99	反动势力赞助元老院[32—33]		
98	马略离开罗马		西班牙人暴动被镇压。狄第阿斯屠杀科林达人民[VI. 100]
96			
95			
93			
92			
91	保民官德鲁苏进行改革,被杀[XIII. 35—36] 意大利人起义(同盟战争,—88)[39];罗马人在阿斯库伦被屠杀		

迦太基与北非	希腊、马其顿与伊利里亚	小　　亚	叙利亚、埃及及其他
塞勒尼国王阿彼翁遗嘱以其王国赠罗马[XII. 121]			
		米特拉达梯被罗马人逐出卡巴多西亚；罗马人使阿里俄巴赞尼斯为卡巴多西亚国王[XI. 10]；提格累尼斯第二为亚美尼亚国王(—56) 提格累尼斯把阿里俄巴赞尼斯逐出卡巴多西亚 苏拉使阿里俄巴赞尼斯复位[XII. 57]	

公元前	罗马与意大利	西西里及附近岛屿	西班牙与高卢
90	同盟军战败罗马军[43] 罗马给予不参加暴动的城市居民以公民权[49]		
89	攻克阿斯库伦;苏拉在南部的胜利[50—52] 罗马人反对高利贷的暴动[54]		
88	意大利人起义被镇压[53] 第一次内战(—86)保民官萨尔彼喜阿斯·鲁福斯以东方军事指挥权授予马略,以代苏拉[55—56] 苏拉率军进占罗马,加强元老院的权力,削弱保民官的权力[57—60] 马略出逃[60—62]		
87	秦那与马略攻入罗马[XIII. 64—70] 屠杀苏拉党人[71—74] 苏拉被宣布为公敌		
86	秦那与马略为执政官;马略死(157—)[XIII. 75]		

迦太基与北非	希腊、马其顿与伊利里亚	小　亚	叙利亚、埃及及其他
		罗马人怂恿尼科美德对米特拉达梯作战[XII. 11]	
		第一次米特拉达梯战争(—84)[17—58]大败罗马军队[18—21]	
	雅典及其他希腊城市与米特拉达梯同盟[XII. 28—29]	米特拉达梯努力达于小亚，屠杀罗马人和意大利人[22—23]，围攻罗得斯[24—27]	
	苏拉围攻雅典[XII. 30—38]	米特拉达梯支援海盗[XII. 63]	
	雅典陷落[38] 喀罗尼亚之役[42—45] 奥科美那斯之役[49—50]	米特拉达梯取消债务，解放奴隶，允许希腊城市自由	

公元前	罗马与意大利	西西里及附近岛屿	西班牙与高卢
85			
84	新公民被分配于各部落中；秦那被杀[78]		
83	第二次内战(—73)；苏拉在意大利登陆[79]		
82	苏拉战胜民主党人[84—94]，宣布公敌[95—97]，苏拉的反动独裁(—79)罗马军事独裁的开始[98—102]	庞培在西班牙镇压马略党人	塞多留为西班牙总督[XIII. 108]
81			塞多留被逐出西班牙
80			塞多留领导吕息坦尼亚人反抗罗马的战争(—72)[108—113]
79	苏拉辞去独裁官职位[103]		塞多留击败梅特拉斯·庇护[108]

迦太基与北非	希腊、马其顿与伊利里亚	小　　亚	叙利亚、埃及及其他
		苏拉允许米特拉达梯媾和[54—58]；恢复尼科美德与阿里俄巴赞尼斯的王位	
		苏拉征收小亚人民五年捐税[61—62]	
		罗马将军侵略本都；第二次米特拉达梯战争(—81)，罗马将军大败[64]	提格累尼斯侵占叙利亚和西里西亚[XI. 48,69,70]
庞培在阿非利加		罗马与米特拉达梯媾和[66]	
		米特拉达梯镇压黑海北岸诸部落的暴动[67]	

公元前	罗马与意大利	西西里及附近岛屿	西班牙与高卢
77	雷必达暴动失败[XIII. 107]		雷必达党人投奔西班牙,与塞多留联合[XIII. 108]
76			塞多留败梅特拉斯和庞培[110,112]
75			塞多留与米特拉达梯同盟[XII. 68]
74	斯巴达克奴隶大起义(—71)[116—120]		
73			
72	斯巴达克大败罗马军于穆提那;败两执政官的军队,进军罗马[117]		塞多留遇害(122—)[XIII. 113] 庞培战败柏彭那、西班牙暴动被镇压[115]
71	克拉苏残暴地镇压斯巴达克起义军;庞培从西班牙回意大利,屠杀奴隶起义军的残余部队[118—120]		

迦太基与北非	希腊、马其顿与伊利里亚	小　　亚	叙利亚、埃及及其他
		俾泰尼亚国王尼科美德死，以其国赠与罗马[XIII. 71，111]	
		第三次米特拉达梯战争(—63)[XII. 69—110]米特拉达梯攻入俾泰尼亚[71]，围攻塞西卡斯[73]	拉基底王室的托勒密以塞勒尼赠罗马[XIII. 111]
		琉卡拉斯进攻米特拉达梯，解塞西卡斯之围[72—76]	
		米特拉达梯逃往亚美尼亚[52]	

公元前	罗马与意大利	西西里及附近岛屿	西班牙与高卢
70	庞培与克拉苏同为执政官，苏拉宪法被取消		
69			
68			
67	元老院授庞培以非常的权力，使之进行对海盗的战争［XII. 94—96］		
66	第一次喀提林阴谋		
65	克拉苏任监察官		

迦太基与北非	希腊、马其顿与伊利里亚	小　　亚	叙利亚、埃及及其他
		琉卡拉斯侵入亚美尼亚，占领提格累诺塞塔[84以下]	
		米特拉达梯回本都[XII. 88]	
		琉卡拉斯军队里的不满情绪	
		米特拉达梯战败罗马军队于西拉[89]	
		庞培在西里西亚，破坏海盗巢穴[96]	
		庞培代琉卡拉斯指挥东方战争[97]	
		米特拉达梯战败，逃往亚美尼亚[99]	帕提亚和庞培订立协议，袭击亚美尼亚
		庞培进军亚美尼亚，提格累尼斯降[104—105]	庞培远征伊伯里亚和阿尔巴尼亚[XII. 114]
		米特拉达梯逃至黑海北岸，联络西徐亚诸部落，计划由高卢进攻意大利[101—102;107]	

公元前	罗马与意大利	西西里及附近岛屿	西班牙与高卢
64			
63	西塞罗任执政官[XIV.2] 保民官塞维利阿·鲁拉斯提出土地法案，失败 恺撒当选为最高僧侣 第二次喀提林阴谋，罗马最后的民主远动[XIV.2—6]		
62	1月喀提林败亡[7] 恺撒任大法官 12月庞培回意大利，遣散军队[XII.116]		
61	元老院不批准庞培在东方的措施[XIV.4] 9月28日庞培举行凯旋[XII.116—117]		恺撒任远西班牙总督[XIV.8] 在日耳曼人国王阿里俄维斯塔支持下，塞奎尼人败爱杜伊人，爱杜伊人求援罗马
60	恺撒归自西班牙[XIV.8]，前三头同盟成立[9]		赫尔维提亚人向西迁徙
59	恺撒任执政官[10] 庞培娶朱理阿[14] 恺撒以土地分配给多子女之人[10]，免除骑士的欠款[13] 恺撒取得高卢和伊利里亚的统治权[13]		

迦太基与北非	希腊、马其顿与伊利里亚	小　亚	叙利亚、埃及及其他
			庞培灭叙利亚，塞留西王国亡(312—)[XI.49,70]
		米特拉达梯自杀(121—)[XII.108—112]	春庞培在大马士革和耶路撒冷 [XII.114]
		庞培命法那西斯为博斯波鲁斯国王(—47)[113]	庞培处理东方事务[114]叙利亚变为罗马行省
		罗马在俾泰尼亚与西里西亚设立行省	

公元前	罗马与意大利	西西里及附近岛屿	西班牙与高卢
58	克罗狄为保民官[XIV. 14] 西塞罗被放逐[15] 伽图被派往塞浦路斯		恺撒在高卢(—50);战败赫尔维提亚人与阿里俄维斯塔[IV.(I)3]
57	迈罗与克罗狄间的冲突引起骚乱 9月西塞罗回罗马[15]		恺撒击败比尔格人和纳尔维爱人[IV.(I)4] 巴·克拉苏在诺曼底大西洋沿岸高卢人起义(—56)
56	三头同盟呈现裂痕 4月路加会议[17—18] 伽图自塞浦路斯回罗马		恺撒征服威尼提人和阿里毛利卡人
55	克拉苏与庞培第二次任执政官		日耳曼部落攸西彼人大败恺撒骑兵[IV.(XVIII)] 恺撒渡莱茵河[IV (I).5] 恺撒第一次侵入不列颠[IV.(I).5]
54	庞培仍留罗马,由其部将统治西班牙 9月朱理阿死[19]		第二次侵入不列颠 高卢在北部广泛地发生暴动(—53);泰特略与科塔之战败[XIV. 29,150]
53	直到7月执政官才被选出[19];克罗狄与迈罗两党继续引起骚乱		高卢人大暴动(—51) 恺撒第二次渡莱茵河,侵略日耳曼人
52	1月克罗狄被杀[XIV. 21]迈罗受审[22] 6月庞培为独一执政官[23],禁止贪污法案[23—24]		高卢人大败恺撒 恺撒围攻阿莱西亚,维新哲托里克斯被迫投降。

迦太基与北非	希腊、马其顿与伊利里亚	小　　亚	叙利亚、埃及及其他
		罗马合并塞浦路斯	托勒密第十二被逐出亚历山大里亚
			冬克拉苏往叙利亚[XIV. 18] 叙利亚总督加宾尼阿斯使托勒密复辟[XI. 51] 夏克拉苏进攻帕提亚人[XIV. 18] 5月克拉苏败亡于卡里[同上]

公元前	罗马与意大利	西西里及附近岛屿	西班牙与高卢
51	贵族党人进行反对恺撒的活动[26]，保民官库里奥支持恺撒[27]		恺撒组织高卢，秋回山南高卢
50	元老院讨论恺撒的继任人问题[29] 第三次内战(—49)； 11月执政官马塞拉斯下令庞培，挽救祖国[31]；保民官离开罗马[33] 恺撒渡卢比孔河，侵入意大利[35]		
49	1月庞培逃往希腊[39—40] 恺撒独裁的建立(—44)[48]		恺撒进攻西班牙[XIV. 42]
48	恺撒第二任执政官 西利阿斯与迈罗反对恺撒，在意大利引起骚动，被杀		
47	恺撒第二次为独裁官(本人不在罗马)，以安敦尼为骑兵长官 7月末坎佩尼亚兵变，被镇压[XIV. 92—94] 罗马人民暴动，要求减轻债务 10月恺撒起程赴阿非利加[95]		

迦太基与北非	希腊、马其顿与伊利里亚	小　　亚	叙利亚、埃及及其他
			帕提亚人侵入叙利亚 克娄巴特拉第七与托勒密第十三共同统治埃及
恺撒派库里奥夺取西西里和阿非利加，库里奥败死阿非利加[XIV. 44—45]	恺撒部队在伊利里亚的溃败[XIV. 59]		克娄巴特拉与托勒密交战
	恺撒败于提累基阿姆[60—62] 6月6日恺撒大败庞培于法萨卢[71—82]	法那西斯败多密提阿斯-喀尔文那斯于本都[XII. 120]	庞培在埃及登陆，被杀(106—)[XIV. 84—85] 恺撒至埃及[89] 亚历山大里亚战争[90]托勒密十三死 恺撒立克娄巴特拉为埃及女王 春恺撒离开埃及
庞培党人在阿非利加备战[XIV. 71—82]		恺撒击溃法那西斯于西拉[XII. 120；XIV. 91]	

公元前	罗马与意大利	西西里及附近岛屿	西班牙与高卢
46	恺撒第三次任独裁官；第三次任执政官 恺撒回罗马，举行四大凯旋[101]；大兴土木 夏制定国内法律，改革历法[154] 11月起程往西班牙[103]		
45	恺撒第四次任独裁官；第四次任执政官		3月17日。恺撒败庞培党人于蒙大[XIV.104] 绥克斯都·庞培在西班牙从事秘密活动[XVI.83]
44	恺撒回罗马，第五次任独裁官，第五次任执政官 反对恺撒的阴谋[111] 2月15日恺撒公开拒绝王冠[109]；计划远征帕提亚[110] 3月15日恺撒遇刺(100—)[117] 屋大维回罗马，与安敦尼发生争执[XV.9—21] 人民会议任命安敦尼为山南高卢、山外高卢总督[30] 屋大维暂时投效元老院[47]		

迦太基与北非	希腊、马其顿与伊利里亚	小　　亚	叙利亚、埃及及其他
2月6日恺撒大败，庞培党人于塔普萨斯[97]；伽图自杀[99] 罗马建立新阿非利加省[XVI.53] 恺撒重建迦太基[VIII.(上)136]			

公元前	罗马与意大利	西西里及附近岛屿	西班牙与高卢
43	第四次内战(—42) 安敦尼围攻狄·布鲁图于穆提那[49]; 屋大维与两执政官(赫喜阿斯与蓬萨)前往营救,败安敦尼,两执政官战死[65,67—71] 8月屋大维强迫元老院宣布他为执政官[88—99] 屋大维与安敦尼和解[80—81] 狄·布鲁图战退出逃 11月后三头同盟成立[XVI.2,3] 宣布公敌[6—51];西塞罗被杀(102—)[19—20]		狄·布鲁图在高卢被杀[XV.98]
42		绥克斯都·庞培占领西西里[XVI.85]	
	屋大维回意大利,没收土地[XVII.12—13]		
41	第五次内战(—40):屋大维围攻琉喜阿斯·安敦尼于培鲁西亚[XVII.30—44]		

迦太基与北非	希腊、马其顿与伊利里亚	小 亚	叙利亚、埃及及其他
	喀西约与布鲁图在希腊筹集金钱与军队[XV. 77—79;XVI. 57—58]	喀西约进攻罗得斯[XVI. 65—73];在亚细亚征收十年赋税[74]	
	10月屋大维与安敦尼大败喀西约与布鲁图于腓力比,喀西约和布鲁图自杀[XVI. 110—113;128—130] 三巨头瓜分罗马政权[XVII. 3]		
		安敦尼在小亚,征收九年赋税,遇克娄巴特拉于塔苏斯[XVII. 4—8]	冬安敦尼至亚历山大里亚[XVII. 10—11]

公元前	罗马与意大利	西西里及附近岛屿	西班牙与高卢
40	10月勃隆度辛协定：三头重新瓜分罗马政权[64,65] 罗马饥荒，人民要求与绥克斯都·庞培议和[67,68]	绥克斯都·庞培截断罗马海上粮运[XVII.63]	
39	春安敦尼、屋大维与绥克斯都·庞培订立协定[69—73]		
38		第六次内战(—36)：绥克斯都·庞培大败屋大维海军于麦散那海峡[81—87]	
37	春屋大维与安敦尼订立他林敦协定[93,94]		
36	屋大维被授予终身保民官之职[132]	8月屋大维再发动对庞培的进攻，败绩[97—99;110—115] 9月庞培败于瑙罗卡斯[118—121]，逃出西西里[122] 雷必达企图占领西西里，被夺去兵权[123—126] 屋大维军队兵变，要求土地与金钱[128,129]	
35			

迦太基与北非	希腊、马其顿与伊利里亚	小 亚	叙利亚、埃及及其他
			帕提亚人侵入叙利亚、巴勒斯坦及小亚
			罗马人战胜帕提亚人，帕提亚人退到幼发拉底河以东
			安敦尼远征帕提亚，失败[XVII.133]
	屋大维侵略爱阿彼得人[X.16—24]	绥·庞培逃至小亚[XVII.133]，被安敦尼部将泰提阿斯打败后，被杀[143,144]	

公元前	罗马与意大利	西西里及附近岛屿	西班牙与高卢
34			
33	屋大维第二次任执政官		
32	屋大维政变:向克娄巴特拉宣战		
31	屋大维连任执政官(—23)		
30	屋大维第四次任执政官		

迦太基与北非	希腊、马其顿与伊利里亚	小　亚	叙利亚、埃及及其他
	屋大维侵略达尔马西亚［25—28］	安敦尼侵入亚美尼亚	
菩卡斯死(50—)，毛利泰尼亚并入罗马		安敦尼和克娄巴特拉在以弗所度冬	
	安敦尼和克娄巴特拉在雅典度冬		
	第七次内战(—30)：阿格里巴袭击麦托那		
	屋大维在伊壁鲁斯登陆；9月2日败安敦尼于亚克兴。		屋大维由叙利亚至埃及；安敦尼(82—)与克娄巴特拉(51—)自杀；罗马改埃及为行省

附　录　二

译名对照表

A

Abala　阿巴拉
Abrupolis　阿布鲁玻里
Abydus　阿卑多斯
Acarnania　阿开那尼亚
Acerrae(或 acera)　阿撤拉
Achaeans　亚加亚人
Achaia　亚加亚
Achillas　阿基拉斯
Achilles　阿溪里
Acholla　阿科拉
Acilius　阿西略
Acropolis　阿克罗波利(卫城)
Actium　亚克兴
Adana　阿达那
Adramytteans　阿德拉密丁人
Adramyttium　阿德拉密丁
Adriatic sea　亚得里亚海
Adrumetum　阿德鲁密敦
Aeacus　伊阿卡斯
Aeculanum　爱库兰浓
Aedui　爱杜伊人
Aeetes　伊挨特
Aegean sea　爱琴海
Aegestus　爱吉斯都
Aegina　厄基那(岛)
Aemilianus　伊密连那斯
Aemilius　伊密利阿斯
Aenaria　伊那里亚(岛)
Aeneas　伊尼阿斯
Aenus　伊纳斯
Aeolian is.　伊奥利亚群岛
Aeolians　伊奥利亚人
Aeolis　伊奥利斯
Aequi　厄魁人
Aesculapius　挨斯叩雷彼(医药神)
Aesepus　伊塞配斯(河)
Aesernia　爱塞尼亚
Aesis　伊西斯(河)
Aetolians　挨托利亚人
Afranius　阿夫累尼阿斯
Africa　阿非利加
Africans　阿非利加人
Africanus　阿非利加那(阿非利加的征服者)
Agamemnon　阿伽门浓
Agari　阿加里人
Agathocles　阿加托克利
Agema　阿哲玛
Agrianes　阿格里安人
Agricola　阿古利可拉
Agrippa　阿格里巴
Agron　阿格朗
Ahenobarbus　阿希诺巴包斯
Ajax　阿查克斯
Alba　亚尔巴
Albanians　阿尔巴人;阿尔巴尼亚人
Albenses　亚尔班人
Albinovanus　阿尔拜诺发那斯

Albinus 阿尔拜那斯
Alcaeus 阿尔西阿斯
Alcetas 阿尔西塔
Alesia 阿莱细亚
Alexander 亚历山大
Alexandreschata 亚历山大德勒卡达
Alexandria 亚历山大里亚
Alexandropolis 亚历山德罗琉里
Allienus 阿利那斯
Allobroges 阿罗布罗基人
Alor 阿洛尔(河)
Alps 阿尔卑斯山脉
Amastris 阿马斯特里斯
Amatius 阿马提阿斯
Amazons 阿马森人
Ambo 安波
Ambracia 安布里喜阿
Amisus 阿密苏斯
Ammon 阿蒙(神)
Ammonii 阿谟尼伊人
Amnius 阿姆尼阿斯(河)
Amphilochia 安非罗基亚
Amphipolis 安非玻里
Amulius 阿穆略
Amynander 阿密南德
Amyntas 阿明塔斯
Anagnia 阿那格尼亚
Ancharius 安查里阿斯
Anchises 安基西斯
Ancona 安科那
Ancus 安卡斯
Anda 安达
Andriace 安得里阿斯
Andriscus 安德利斯卡斯
Androcottus 安得罗卡塔斯
Andronicus 安得罗尼卡
Andros 安得罗斯
Anicius 安尼喜阿斯
Anio 阿尼俄(河)
Annalis 安那利斯
Anthesterion 安提斯特里昂月(花月;雅典历八月)
Anticragus 安提克拉格斯
Antigonus 安提哥那斯
Antioch 或 Antiochus 安提阿
Antiochia 安提阿基亚
Antiochis 安提阿基斯
Antipater 安蒂帕特
Antistius 安提斯提阿斯
Antium 安提昂
Antius 安替阿斯
Antony 或 Antonius 安敦尼
Antwap 安特渥普
Antyllus 安提拉斯
Apama 阿巴玛
Apamea 阿巴密亚
Apennines 亚平宁山脉
Aphrodite 阿富罗底
Apion 阿彼翁
Apollo 阿波罗
Apollonia 阿波罗尼亚
Apollodorus 阿波罗多拉斯
Apollophanes 阿波罗菲尼斯
Aponius 阿波尼阿斯
Appian 阿庇安
Appius 阿彼阿斯
Apsar 阿普赛尔
Apsarus 阿普萨鲁斯(河)
Apsus 阿普萨斯(河)
Apuleius 阿彪利阿
Apulia 亚浦利亚
Aquila 阿揆拉

Aquileia 阿揆雷雅
Aquilius 阿揆略
Aquinus 阿揆那斯
Aquitania 阿奎丹
Arabio 阿拉比俄
Arabs 阿拉伯人
Arachotae 或 Arachotes 阿拉科特人
Aradian 或 Aradii 阿拉德人
Aradus 阿拉德
Araxes 阿拉克西斯(河)
Arcadians 阿卡狄亚人
Arcathias 阿卡提阿斯
Archegetes 阿基哲特(阿波罗雕像)
Archelaus 阿基拉斯
Ardea 阿狄亚
Ardiaei 或 Ardei 阿狄伊人
Areacidae 阿累西底人
Aretas 阿累塔
Arethusa 阿勒杜萨
Arevaci 阿利瓦西人
Arganthonius 阿贡多尼阿斯
Argeadae 亚基底族
Argo 亚哥
Argonauts 亚哥远征队
Argos 亚哥斯
Ariarathes 阿里阿累西斯
Aricia 阿里西亚
Aridaeus 阿里底阿斯
Ariminum 阿里密浓
Ariobarzanes 阿里俄巴赞尼斯
Ariovistus 阿利俄维斯塔
Aristandrus 亚里斯坦德鲁斯
Aristarchus 阿里斯塔库斯
Aristides 阿里斯泰德
Aristion 阿里斯兴
Aristo 亚里斯托
Aristobulus 亚里斯多布拉斯
Aristonicus 亚里斯多尼卡
Armenia 亚美尼亚
Arpaia 阿巴亚
Arpi 阿壁
Arretium 阿利兴
Arrianus 阿里安那斯
Arsa 阿萨
Arsaces 阿萨斯
Arsinoe 阿星诺伊
Artapates 阿塔巴特
Artaphernes 阿塔菲尼斯
Artaxata 阿塔克赛塔
Artaxias 阿塔薛阿斯
Artemidorus 阿提密多鲁斯
Artemis 阿提密斯
Artemisium 阿提密喜安
Arthetaurus 阿提塔鲁斯
Artoces 阿多西斯
Aruntius 阿伦提阿斯
Arupini 阿鲁彼尼人
Asander 阿桑德
Asasis 阿萨西斯
Ascanius 阿斯卡尼阿斯
Asclepiodotus 阿斯克利彼奥多图
Asculum 阿斯库伦
Asellio 阿塞利奥
Asellus 阿塞拉斯
Asia 亚细亚
Asiaticus 亚细亚提古(亚细亚的征服者)
Asinius 阿西尼阿斯
Aspis 阿斯彼斯
Asprenas 阿斯普累那斯
Assyria 亚述

Astacus 阿斯塔卡斯
Astapa 阿斯塔巴
Astapians 阿斯塔巴人
Asyla 阿西拉
Atabyrius 阿塔拜里阿斯(山)
Ateius 阿泰阿斯
Atella 阿梯拉
Atellaei 阿梯拉人
Aterius 阿特利阿斯
Athamania 阿塔马尼亚
Athamanes 或 Athamanians 阿塔马尼亚人
Athenio 雅典尼俄
Athens 雅典
Atilius 阿提略
Atintani 阿丁坦尼人
Atlas 阿特拉斯
Atrapos 阿特拉波斯
Atreus 阿特里阿斯
Attalus 阿塔拉斯
Attica 亚狄迦
Attidius 阿提狄阿斯
Attius 阿提阿斯
Audax 奥达克斯
Aufidus 奥非都斯(河)
Augustus 奥古斯都
Aulonia 奥罗尼亚
Aulus 奥拉斯
Aurelia 奥勒利亚
Aurelius 奥理略
Ausonia 奥索尼亚
Autarienses 奥塔利恩斯人
Auterieus 奥塔利阿斯
Autolycus 奥多利卡
Autronius 奥特罗尼阿斯
Avarus 阿瓦鲁斯
Avendeatae 阿文狄阿提人
Aventine mount 亚芬丁山
Aventinus 亚文丁那斯
Axinium 阿克西尼昂
Azov 亚速海

B

Babylon 巴比伦
Bacchus 巴卡斯
Bactria 巴克特里亚(即大夏)
Baebius 培比阿斯
Baecor 培科尔
Baetica 比提卡
Baetis 比提斯
Baeturia 贝都里亚
Bagoas 巴哥阿斯
Bagradas 巴格拉达(河)
Baiae 培宜
Balarus 巴拉鲁斯
Balbinus 巴尔宾那斯
Balbus 巴尔保斯
Balearic Is. 巴利阿利群岛
Bano 班诺
Barathrum Magnum 或 Great Pit 大低地平原
Barba 巴尔巴
Barbatius 巴佩提阿斯
Barbula 巴布拉
Barca 巴卡
Basilidae 巴西利第人
Basillus 巴西拉斯
Bassus 巴苏斯
Bastarnae 巴斯塔尼人
Bastitani 巴斯提泰尼人
Bathiatae 巴西阿提人
Bebrycia 培布里西亚

Belgae 比尔格人
Belgida 比尔基达
Beliot 培利奥特
Belli 培尔利人
Beneventum 贝尼温敦
Berenice 柏累奈斯
Berrhoea 培何伊
Bessi 培西人
Bestia 培斯提亚
Bibulus 毕布拉斯
Biesius 俾西阿斯
Bithya 俾泰亚
Bithyas 俾泰亚斯(河)
Bithynia 俾泰尼亚
Bithynicus 俾泰尼卡斯
Bithys 俾泰斯
Bituitus 毕都伊塔斯
Blastophoenicians 布拉斯多腓尼基人
Blatius 布拉提阿斯
Blitor 布利托
Bocchus 菩卡斯
Boetia 彼奥提亚
Boii 波伊人
Bomilcar 蓬密尔卡
Bononia 菩诺尼亚
Bosporus 博斯波鲁斯
Bostar 波斯塔
Bovanum 菩维浓
Bovilae 菩维利
Bracari 布拉卡里人
Brahmins 婆罗门
Brennus 布林那斯
Briges 布利基人
Britain 不列颠
Britomaris 布列多马里斯
Britons 不列颠人
Britores 布列多里斯
Brundusium 勃隆度辛
Bruttians 勃罗丁人
Bruttium 勃罗丁
Bruttius 勃罗提阿斯
Brutus 布鲁图
Bryant 布赖安特
Bucolianus 巴科连那斯
Buteo 布提奥
Byrsa 柏萨
Byzantium 拜占庭

C

Cabira 卡比拉
Caecilius 西西利阿斯
Caedcius 西德西阿斯
Caelius 西利阿斯
Caepio 西彼俄
Caesar 恺撒
Caesarus 西塞鲁斯
Caesennius 塞森尼阿斯
Caesetius 西塞提阿斯
Caieta 卡伊大
Caius 或 Gaius 盖约
Calaguris 卡雷加里斯
Calatia 卡拉提亚
Calatis 卡拉提斯
Calenus(复数 Caleni) 卡雷那斯
Cales 开来斯
Calidius 卡利狄阿斯
Callaici 卡雷西人
Callias 卡利阿斯
Callidromus 卡利德罗马斯
Calliope 卡利奥普
Callipolis 卡利玻里

Calor 卡洛尔(河)
Calpurnia 卡尔柏尼亚
Calpurnius 卡尔浦纽斯
Calvinus 喀尔文那斯
Calvisius 喀尔维西阿斯
Calycadnus 卡利卡德那斯
Cambaei 康培伊人
Cameria 卡美里亚
Camillus 卡密拉斯
Campania 坎佩尼亚
Campus Martius 马斯广场
Candidus 康提都
Cannae 坎尼
Cannutius 卡纽提阿斯
Cantabrians 或 Cantabri 坎塔布里人
Canuleius 卡纽利阿
Canusia 卡纽西亚
Canusium 卡纽新
Capetus 加彼都斯
Capito 卡必托
Capitoe 卡皮托
Cappadocia 卡巴多西亚
Capua 加普亚
Capys 加彼斯
Caraunius 卡拉尼阿斯
Caravis 卡拉维斯
Carbo 卡波
Carchedon 卡契顿
Cardia 卡狄亚
Caria 开利亚
Carinas 卡赖那斯
Carisius 卡利西阿斯
Carmona 或 Carmone 卡谟那
Carni 卡尼人
Carpessus 卡彼萨斯
Carpetania 卡彼坦尼亚
Carpetani 卡彼坦尼亚人
Carrhae 卡里
Carsuleius 卡苏略斯
Cartereia 卡特里亚
Carus 卡鲁斯
Carthage 迦太基
Carthaginians 迦太基人
Carthago Spartagena 或 New Carthage 新迦太基
Carthalo 卡泰罗
Casca 卡斯卡
Casilinum 卡西利浓
Casium 卡新
Caspian sea 里海
Cassader 凯山得
Cassius 喀西约
Castabala 卡斯塔巴拉
Castax 卡斯塔克斯
Castolo 或 Castulo 卡斯多罗
Castor 卡斯托
Catiline 喀提林
Cato 伽图
Catulus 卡塔拉斯
Cauca 考卡
Caucaei 考卡人
Caucaenus 考西那斯
Caucasus 高加索山
Caudine pass 考狄昂山峡
Caudium 考狄昂
Caunii 考那斯人
Caunus 考那斯
Cea 西阿(岛)
Celaenae(即 Apama) 塞利尼(即阿巴玛)
Celtiberians 克勒特一伊伯里亚人

Celts 克勒特人
Celtus 塞尔都斯
Censorinus 孙索里那斯
Centenius 孙特尼阿斯
Ceos 西俄斯
Cephalenia 塞法伦尼亚
Ceraunian Mts. 塞劳尼安山脉
Ceraunus 塞劳那斯
Ceres 西利兹(大母神)
Cestius 塞斯提阿斯
Cethegus 塞提加斯
Chaeronea 喀罗尼亚
Chalcedon 卡尔西顿
Chalcideans 卡尔西斯人
Chalcis 卡尔西斯
Chaldae 迦勒底
Chalybes 查利培斯人
Chaonia 查俄尼亚
Charis 查里斯
Charybdis 卡利波提斯
Chersonesus 刻索尼苏斯
Chios 开俄斯
Chotene 绰特尼
Choteneans 绰特尼人
Chrestus 克累斯都("善良的")
Cicero 西塞罗
Cilicia 西里西亚
Cilla 西拉
Cillo 西罗
Cimber 西姆柏
Cimbri 西姆布赖人
Cimmerians 西密利亚人
Cinambri 西那姆布赖人
Cineas 西尼阿斯
Cinna 秦那
Cirrha 瑟哈
Cirta 瑟塔
Cisalpine Gaul 山南高卢
Claudia 克劳狄亚
Claudius 克劳狄
Clazomenae 克雷佐门尼
Cleemporus 克利姆博鲁斯
Cleisthenes 克利斯提尼
Cleopatra 克娄巴特拉
Clodius 克罗狄
Cloelius 克罗略
Cluentius 克吕恩提阿斯
Clupea 克鲁彼亚
Clusian 克鲁新人
Clusium 克鲁新
Cnaeus 或 Gnaeus 尼阿斯
Cnidus 奈达斯
Cnossus 诺萨斯
Cocceius 科克西犹斯
Coccynus 科克塞那斯地角
Cocles 科克利斯
Coele-Syria 西利一叙利亚
Coelian gate 科埃连门(罗马)
Colchians 科尔基斯人
Colchis 科尔基斯
Colenda 科林达
Colline gate 科林门(罗马)
Comana 科马那
Cominius 康密尼阿斯
Commagene 科马基尼
Commageneans 科马基尼人
Complanium 康普兰尼昂
Complega 康普累加
Conistorgis 康尼斯多基斯
Connoba 康诺巴
Connoneus 康诺尼阿斯
Consentia 康孙提亚

Coponius 科波尼阿斯
Coralli 科拉利人
Corax 科拉克斯
Corcyra 科西拉
Corcyreans 科西拉人
Corduba 科都巴
Corfinium 科斐尼昂
Corinth 科林斯
Coriolanus 科利俄雷那斯
Cornelia 科尼利亚
Cornelius（复数 Cornelii） 科尼利阿斯
Cornificius 科尼非喜阿斯
Cornutus 科纽都
Corpilae 科彼利
Corpilaes 科彼利人
Corsica 科西嘉
Coruncanius 科伦卡尼阿斯
Corvinus 科维那斯
Cos 寇斯（岛）
Cosconius 科斯康尼阿斯
Cossyra 科西拉（岛）
Cothon 科敦
Cotta 科塔
Cragus（Craggy） 克拉格斯（多岩石的）
Crassus 克拉苏
Crastinus 克拉斯提那斯
Craterus 克拉特拉斯
Cremona 克利摩那
Crenides 克累奈德
Crete 克里特
Creticus 克累提卡（“克里特的征服者”）
Creusa 克利攸萨
Crispinus 克利斯品那斯
Crispus 克利斯巴斯
Critias 克利提阿斯
Critonius 克利多尼阿斯
Crixus 克利苏
Croesus 克利苏斯
Croton 克罗吞
Culleo 卡利奥
Cuma 或 Cyme 或 Cumae 丘米
Cunei 丘尼伊人
Curio 库里奥
Curius 库里阿斯
Cyclades 西克拉底斯群岛
Cyclops 塞克洛普斯（独眼巨人）
Cydonia 西顿尼亚
Cynoscephalae 星诺塞法利（即狗头山）
Cyprus 塞浦路斯（岛）
Cypsella 塞浦细拉
Cyrene 塞勒尼
Cyrenaica 塞勒内伊卡
Cyris 西利斯
Cyrtus 塞尔都（河）
Cyrus 居鲁士
Cyzicenes 塞西卡斯人
Cyzicenus 塞西息那斯
Cyzicus 塞西卡斯

D

Dacamas 或 Dacamus 达卡马斯
Dacia 达西亚
Daesitiatae 达西梯塔人
Dahae 达希人
Dalmatia 达尔马西亚
Damasippus 达马西配斯
Damagoras 达马哥拉斯
Danube 多瑙河
Daortho 达奥托

Dardani 达达尼人
Dardanus 达达那斯
Darius 大流士
Darsii 达西伊人
Dasius 达修斯
Dassaro 达塞罗
Dassaretii 达塞累底人
Datus 达都斯
Daunia 多尼亚
Daunii 多尼亚人
Decimus 狄西摩斯
Decidius 狄西提阿斯
Decius 狄西阿
Deiotarus 狄奥泰鲁斯
Delium 第力安
Delminium 得尔密尼昂
Delos 提洛斯岛
Delphi 特尔斐
Demeter 狄密特
Demetrias 狄密特利阿
Demetrius 狄密多留
Demochares 德摩卡利斯
Democritus 德谟克里都
Demosthenes 德谟斯提尼
Dentatus 顿泰塔斯
Derbani 得尔巴尼人
Derby 得尔俾
Diana 岱雅那
Dicaearchia 代西阿尔基亚
Didius 狄第阿斯
Dido 代多
Didyma 提提马
Diegyles 或 Diegylis 提挨基利斯
Dindymus 丁狄马斯(山)
Dio 戴奥
Diocles 戴奥克利
Didot 提多
Diodotus 戴奥多图
Diodorus 戴奥多拉斯
Diogenes 戴奥哲尼斯
Diomedes 戴奥密德
Dionyìus 戴奥尼素
Dionysopolis 戴奥尼索玻里
Diophanes 戴奥芬尼斯
Dioscuri 戴奥斯叩里(兄弟)
Dioscurias 戴奥斯叩里阿斯
Ditalco 狄塔尔科
Dolabella 多拉培拉
Dolcatae 多尔卡提人
Dolopes 或 Dolopians 多罗彼人
Domitius 多密提阿斯
Doriscus 多利斯卡斯
Dorpat 多尔巴特
Dorso 多尔索
Douro 或 Duero 杜罗河
Dorylaus 多利劳
Drabescus(-iscus) 德拉毕斯卡
Dromichaetes 德罗密基特
Drusus 德鲁苏
Durius 都流斯河
Dyme 岱米
Dyrrachium 提累基阿姆
Dyrrachus 提累卡斯

E

Ebro 挨布罗(河)
Echinades 挨金那提斯(群岛)
Edessa 伊得萨
Egestus 厄基斯都
Egnatus (复数 Egnatii)厄格那都
Egnatius 厄格那提阿斯
Egypt 埃及

Elaea 或 Elea　埃利亚
Elatea 或 Elateia　伊拉提亚
Elerta　伊利尔塔
Eleusis　埃琉西斯
Elymais　挨利马伊斯
Emporiae　延波利亚
Emporte　延波特
Emporium(即 Emporia Punica)　延波利昂
Encheleus　恩基利阿斯
Enchelees　恩基利阿斯人
Endorus　恩多鲁斯
Eneti　伊尼梯人
Enipeus　伊尼比阿斯河
Epaminondas　伊巴密浓达
Epaphroditus　挨巴夫罗代塔斯(“维纳斯神所爱的人”)
Ephesus　以弗所
Epicurus　伊壁鸠鲁
Epicydes　伊壁塞底
Epidamnus　伊庇丹努
Epidaurus　挨彼道鲁斯
Epiphanea 或 Epiphaneia　伊壁芬尼亚
Epirus　伊壁鲁斯
Erasistratus　厄剌息斯特拉图
Erennius　挨累尼阿斯
Eridanus　挨利丹那斯河(即波河)
Eriphus　伊利福斯
Erisane 或 Erisana　挨里山那
Erythea　厄立特
Erythrae　厄立特里
Escadia　爱斯卡底亚
Esquiline forum　挨斯揆林广场
Ethiopia　埃塞俄比亚
Etna　挨特那
Etruria　伊达拉里亚
Etruscans　伊达拉里亚人
Euboea　优卑亚(岛)
Eudorus　攸多鲁斯
Euergetes　攸厄吉特(“施恩者”)
Eumachus　攸马库斯
Eumenes　攸美尼斯
Eupator　攸巴托
Eupatoria　攸巴多利亚
Eupatra　攸巴特拉
Euphrates　幼发拉底河
Euripides　攸里披底
Euripus　攸里配斯
Europe　欧罗巴
Eurydice 或 Euridice　攸里狄斯
Euryleon　攸里利昂

F

Faberius　法柏里阿斯
Fabius (复数 Fabii)　非比阿
Fabricius　非布利西阿
Faesulae　腓萨利
Falerinus　法利那斯(山)
Fango　方哥
Fannius　方尼阿斯
Faunus　福那斯
Faustulus　福斯都拉斯
Faustus　福斯都
Faventia　法文提亚
Favonius　法佛尼阿斯
Felix　非力克斯
Festus　腓斯塔斯
Figulus　费圭拉斯
Fimbria　费姆布里亚
Firmum　非尔蒙
Flaccus　夫拉卡斯

Flaminius 夫雷密尼阿斯
Flamininus 夫雷密奈那斯
Flamma 夫雷马
Flavius 弗拉维
Florus 夫罗拉斯
Forum Gallorum 福卢姆一加罗卢姆平原
Fregellae 夫累基利
Frentani 夫林泰奈人
Fronto 夫隆托
Fufius 福飞阿斯
Fulginium 福尔贞尼昂
Fulvia 福尔维亚
Fulvio 福尔维奥
Fulvius 福尔维阿斯
Furius 福里阿斯
Furnius 福尼阿斯

G

Gabii 加俾爱
Gabinius (复数 Gabini) 加宾尼阿斯
Gades (Cadiz) 卡迪斯
Gaetulia 加都利亚
Gala 加拉
Galatea 加拉提亚
Galatia 或 Calatia 加拉西亚
Galba 加尔巴
Gallius 加利阿斯
Gallograecians (即 Galatians) 加罗格里西亚人(即加拉西亚人)
Gams 或 Cains 盖约
Ganga (或 Gangites) 干加河(或干基特河)
Garganus 加尔干诺山
Garray 加累
Gaul 高卢
Gauls 高卢人
Gaza 伽萨
Gelleius 基利阿斯
Gemella 基密拉
Genthius 贞修斯
Germans 日耳曼人
Geronia 基罗尼亚
Geta 基塔
Getae 基提人
Gilbert 吉尔柏特
Glaber 格拉柏
Glanis 格兰尼斯(河)
Glaphyra 格拉菲拉
Glaucia 格劳西亚
Glintidiones 格林提狄翁人
Gnaeus (Cnaeus) 尼阿斯
Gomphi 刚菲
Gordiene 哥狄尼
Gordius 哥狄阿斯
Gottingen 格丁根
Gracchus 革拉古
Granicus 革拉奈卡斯
Granius 格拉尼阿斯
Greeks 希腊人
Grumentum 格罗门敦
Grypus 格利配斯(钩鼻子)
Gulussa 加鲁萨
Gutta 加塔

H

Hadrian 哈得良
Hadrumetum 哈德鲁密敦
Haemus 黑马斯山
Halys 哈利斯河
Hamilcar 哈密尔卡
Hannibal 汉尼拔

Hanno 汉诺
Harpalus 哈巴拉斯
Harpessus 哈柏苏斯(河)
Hasdrubal 哈士多路巴
Haterius 哈特略
Hebrew 希伯来人
Hebrus 希伯鲁斯
Hecatompylos 赫卡敦派娄斯
Hegesianactes 或 Hegesianax 黑哲西阿那克斯
Heitland 海特兰
Helenus 赫勒那斯
Heliodorus 希利俄多拉斯
Hellespont 赫勒斯滂
Hellespontines 赫勒斯滂人
Helvetia 赫尔维提亚
Helvetii 赫尔维提亚人
Helvius 赫尔维阿斯
Hemiolia(复数 hemiolii) 希密俄利亚轻船
Heniochi 赫尼奥基人
Hephaestion 赫腓斯提翁
Hera 希拉
Heraclea 赫拉克里亚
Heraclides 赫拉克莱德
Heraea 赫里亚
Hercules 赫丘利
Herdonia 赫多尼亚
Herius 希里阿斯
Hermocrates 赫摩克拉底
Hermus 赫马斯河
Herod 赫罗德
Hiempsal 海恩普萨尔
Hiera 亥厄拉(岛)
Hiero 海挨罗
Hieronymus 海挨翁尼马斯
Himilco 海密尔科
Hippagreta 希巴格累塔
Hippasini 希巴西尼人
Hippo 希波
Hippocrates 希波克拉底
Hipponium 希波尼昂
Hirpini 赫彼奈人
Hirtius 赫喜阿斯
Hispania(即 Spain) 西斯班尼亚(即西班牙)
Hispanus 西斯班那斯
Hither Gaul(即 Cisalpine Gaul) 近高卢(即山南高卢)
Homer 荷马
Horace 荷拉斯
Horatius(复数 Horatii) 荷累喜阿斯
Hortensia 霍腾西亚
Hortensius 霍腾秀斯
Hostilius 霍斯提略
Hydrus(或 Hydruntum) 海德鲁斯(或海德塔姆)
Hypaepa 海彼巴
Hypaepeni 海彼巴
Hypsaeus 希普萨斯
Hyrcania 赫卡尼亚
Hyrcani(或 Hyrcanians) 赫卡尼亚人
Hyria 希里亚
Hystaspus 或 Hystaspes 希斯塔斯配斯

I

Iapydes 或 Iapudes 爱阿彼得人
Iapygia 爱阿彼基亚
Iassus 爱阿苏斯
Iazyges 爱阿西基斯人

Iberians 伊伯里亚人
Iberus 伊伯鲁斯河
Icileus 或 Icelius 爱斯略
Icus 或 Icos 伊科斯(岛)
Ida 伊达(山)
Idumaea 伊都密亚
Ilerda 伊利尔塔
Ilium 伊利昂
Illyria 伊利里亚
Illyrians 伊利里亚人
Illyrius 伊利里阿斯
Ilurgis (即 Ilurgia) 伊鲁基亚
Ilus 或 Iulus 爱拉斯或朱拉斯(即朱理亚族的始祖)
India 印度
Indians 印度人
Indibilis 英狄比利斯
Indus 印度(河)
Intercatia 英特卡提亚
Intercatii 英特卡提亚人
Interfruini 或 Interphruini 因特夫罗尼人
Io 爱娥
Ionia 爱奥尼亚
Ionian sea 爱奥尼亚海
Ionius 爱奥尼阿斯
Ipsus 伊普苏斯
Isauria 爱骚利亚
Isaurians 爱骚利亚人
Isauricus 爱骚利卡
Ischia 伊斯基亚
Isis 爱西斯(女神)
Issa 伊萨
Issii 伊萨人
Ister (Danube) 伊斯特河(多瑙河)
Istri(即 Istrians) 伊斯特赖人
Istrus 伊斯特鲁斯
Italians 意大利人
Italica 意大利卡
Italy 意大利
Itucca 伊都卡
Ituraea 伊都里亚

J

Janiculum hill 雅尼库隆山(即圣山)
Jason 哲生
Jerusalem 耶路撒冷
Jews 犹太人
Jove (即 Jupiter) 犹夫(即朱比特)
Juba 朱巴
Jugera 犹吉拉(罗马亩)
Jugurtha 朱古达
Julia 朱理阿
Julius 朱理亚
Junius 朱尼阿斯
Juno 朱诺
Jupiter 朱比特

K

Keil 开尔
Kertsch 刻赤

L

Labeo 拉比欧
Labienus 雷宾那斯
Lacedaemon 拉西第梦
Lacedaemonians 拉西第梦人(即斯巴达人)
Lacinian 拉西尼昂地角
Laconia 拉哥尼亚
Laelius 利略
Laena 利那

Laetorius 利多琉
Laevinus 利维那斯
Lafrenius 拉夫里尼阿斯
Lagidae 拉基底
Lagus 拉加斯
Lamponius 拉姆蓬尼阿斯
Lampsacus 拉姆普萨卡斯
Lanassa 或 Lania 拉那萨
Lanuvium 拉努维阿姆
Laodice 雷俄狄斯
Laodicea 雷俄狄西亚
Laodiceans 雷俄狄西亚人
Laomedon 雷俄密敦
Largus 拉格斯
Larinates 拉利安人
Larinum 拉利安
Larissa 拉利萨
Laronius 拉罗尼阿斯
Lasthenes 拉斯提尼
Laterensis 雷特林西斯
Latins 拉丁人
Latona 拉图那
Laurentum 劳林敦
Lauro 劳罗
Lavinia 拉文尼阿
Lavinium 拉文尼阿姆
Lavinius 拉文尼阿斯河
Lebanon 黎巴嫩
Leipzig 莱比锡
Lemnos 雷姆诺斯
Lentulus 林都拉斯
Leonidas 利奥尼达
Leontini 林地尼人
Lepidus 雷必达
Leptis 雷普提斯
Lersa 勒萨
Lethe 利提河
Leuco 琉科
Leucopetra 琉科彼特拉
Leucosyri (即 Lencosyrians) 琉科西里人
Leuctra 琉克特拉
Libanus 利班那斯(山)
Libo 利波
Liburni 利布尼人
Libya 利比亚
Libyssa 利比萨
Libyssus 利比苏斯河
Licinius 李锡尼
Ligarius (复数 Ligarii) 利加利阿斯
Liguria 利格里亚
Lilybaeum 利利俾
Lipara 利帕拉
Liris 利里斯(河)
Lissus 利苏斯
Litenno 利田诺
Liternus 利特那斯(河)
Livius 或 Livy 李维
Locha 罗卡
Lochaeans 罗卡人
Locri 罗克里
Lollius 罗利阿斯
Longus 隆加斯
Loryma 罗利马
Lucca 路加
Lucania 琉卡尼亚
Lucilius 琉西略
Lucius 琉喜阿斯
Lucretius 琉克利喜阿斯
Lucullus 琉卡拉斯
Lupercal 琉柏卡斯节日(牧人节)

Lupercus 琉柏卡斯
Lupioe 卢比伊
Lupus 琉巴斯
Lusitania 吕息坦尼亚
Lusones 卢孙尼斯人
Lutatius 琉塔提阿斯
Lutia 卢提亚
Lutus 卢都斯
Lycia 吕西亚
Lycomedes 莱康米德
Lycus 吕卡斯(河)
Lyman 来曼
Lysias 莱西亚
Lysimachaens 莱西马基亚人
Lysimacheia 莱西马基亚
Lysimacheum 莱西马基昂
Lysimachus 莱西马库斯

M

Macedonia 马其顿
Macedonians 马其顿人
Macedonicus 马其顿尼卡(马其顿的征服者)
Machares 马查里斯
Maecenas 密西那斯
Maedus 密都斯
Maedi 密都斯人
Maeotis 密奥提斯(湖)
Magadates 马加达特
Magdalses 马格达尔西斯
Magi (Magus 的复数) 马格(袄教僧侣)
Magius 马基阿斯
Magnesia 马格尼西亚
Magnopolis 马格诺玻里
Mago 马哥
Maharbal 马哈拔
Mai 马伊
Malia 马利亚
Maliac (或 Malian) gulf 马利亚湾
Mallius 马利阿斯
Mallus 马拉斯
Malta 马耳他
Maltese 马耳他人
Mamercus 马麦卡斯
Mamertines 马麦丁人(马斯的子孙)
Mancaeus 曼西阿斯
Mancinus 曼西那斯
Manilius 曼尼略
Manius 曼尼阿斯
Manlius 曼利阿斯
Marathon 马拉松
Marcellinus 马喜利那斯
Marcellus 马塞拉斯
Marcia 马西亚
Marcius 马喜阿斯
Marcus 马可
Mareotis 马里俄提斯
Marius 马略
Marmaridae 马马利底人
Maronea 马罗尼亚
Marrucini 马鲁西奈人
Mars 马斯(战神)
Marsi 即 Marsians 马尔西人
Marsus 马苏斯
Marthama 马塔马
Martian legion 马斯军团
Marullus 马鲁拉斯
Masinissa 马西尼萨
Massathes 马萨西斯
Massilia (即 Marseilles) 马塞利亚(即马赛)

Massylii 或 Massylians　马西利亚人
Mastanabal　马斯泰那巴
Mauritania　毛利泰尼亚
Maurusia　毛鲁西亚
Maximus　马克西马斯
Mazaca　马萨卡
Medes　米提人
Media　米提
Mediterranean sea　地中海
Megabyzus　麦加培扎斯
Megalopolis　麦加罗玻里
Megara　麦加拉
Melas　墨拉斯(湾)
Memmius　梅密阿斯
Menander　米南德
Menas　米那斯
Mendelssohn　门得尔松
Mendis　门提斯
Menecrates　门尼克拉底
Menenius　麦尼纽斯
Menippus　美尼巴斯
Menodorus　美诺多鲁斯
Menophanes　美诺芬尼斯
Meromenni　美罗门尼人
Merula　美鲁拉
Mesembria　美新布里亚
Mesopotamia　美索不达米亚(即两河流域)
Mesopolis　麦索玻里
Mesotulus(或 Mesotylus)　麦索塔拉斯
Messala　美塞拉
Messana　麦散那
Messenia　美塞尼亚
Metapontum　麦达蓬坦
Metaurus　密塔拉斯
Metellus　梅特拉斯
Methone　麦托那
Metrophanes　麦特罗芬尼斯
Metropolis　麦索玻里
Metulians　美都隆人
Metulum 或 Metulus　美都隆
Micipsa　密西普萨
Micythio　密西西俄
Micylio　密西利俄
Miletus　米利都
Milo　迈罗
Milonius　密罗尼阿斯
Mina　米那(亚狄迦货币)
Mindius　明狄阿斯
Minerva　密纳瓦
Minius　密尼阿斯(河)
Minturnae　明特尼
Minturnians　明特尼人
Minucius　密纽喜阿斯
Minurus　密纽鲁斯
Mithraas　米特拉阿斯
Mithridates　米特拉达梯
Mithridatis　米特拉达蒂斯
Mithrobarzanes　密特罗巴赞尼斯
Mitylenians　密提林人
Mnaseas　那西阿斯
Modena　摩得那
Moentini　麦恩提尼人
Moesia　密西亚(在欧洲)
Molistomus　摩利斯多马斯
Molossi 或 Molossians　摩罗西人
Monima　谟尼玛
Mons sacer　圣山
Moors　摩尔人
Mopsuestia　谟普苏斯提亚
Mucia　谟西亚

Mucius 谟西阿斯
Mummius 麦密阿斯
Munatius 麦那提阿斯
Munda 蒙大
Murcinus 麦西那斯
Murcus 麦可
Murena 麦利那
Murray 麦累
Mutilus 穆提拉斯
Mutina 穆提那
Myconius (即 Mount Myconium) 迈康尼阿斯山
Mylae 迈利
Myndus 门都斯
Mynnio 门尼俄
Myonnesus 迈昂尼苏斯
Myra 迈拉
Myreans 迈拉人
Mytoan Sea 密多安海
Mysia 密西亚(在亚洲)

N

Nabataeans 那巴提安人
Nabis 内比斯
Narbonensian Gaul 那旁一高卢
Narce 纳尔斯
Naresii 内累西人
Nasica 那西卡
Nasidius 那西狄阿斯
Naso 那索
Nauck 瑙克
Naulochus,即 Maulcchi 瑙罗卡斯
Naxians 那克索斯人
Naxos 那克索斯(岛)
Neapolis 尼亚玻里
Nemanis 尼马尼斯
Nemesis 内美西斯
Nemetorius 尼密多雷
Nemus 尼摩斯
Neoptolemus 尼奥托勒马斯
Nepheris 内菲里斯
Nepos 尼波斯
Neptune 内普敦(海神)
Nergobriga 内哥布利加
Nergobriges 内哥布利加人
Nero 尼禄
Nervii 纳尔维爱人
Nibilior 诺比利奥
Nicaea 或 Nicea 尼西亚
Nicander 奈康得
Nicanor 尼卡诺尔
Nicator 尼卡托
Nicatorium 尼卡托里昂
Nicephorium 尼斯福里昂
Nicias 尼西阿斯
Nicola 尼古拉
Nicomedes 尼科美德
Nicomedia 尼科米底亚
Nicopolis 尼科玻里
Nile 尼罗(河)
Nimis 尼密斯(河)
Nobilior 诺比利奥
Nola 诺拉
Nonius 诺尼阿斯
Norba 诺巴
Norbanus 诺尼那斯
Norici 诺利康人
Noricum 诺利康
Noverca 诺维卡
Novum Comum (Como) 新康谟
Nuceria 努塞里亚
Nudus 纳达斯

Numa 纽马
Numantia 纽曼细阿
Numidia 努米底亚
Numitor 努米托
Numitorius 努米托里阿斯
Nymphaeum 尼姆斐安(地角)
Nyssa 尼萨

O

Obolcola 奥波尔科拉
Ocile 奥西尔
Ocilis 奥西利斯
Octavia 屋大维亚
Octavian 或 Octavius 屋大维
Octavianus 屋大维那斯
Odessus 奥得苏斯
Oenoandians 厄南底亚人
Oenomaus 恩诺美阿斯
Ofella 俄飞拉
Ofillius 俄飞利阿斯
Olcaba 奥尔卡巴
Olophernes 俄罗芬尼斯
Olthaces 奥尔塔西斯
Olympiad 奥林匹亚四年纪
Olympias 奥林匹亚斯
Olympic games 奥林匹亚赛会
Olympus 奥林普斯(山)
Onobala 俄诺巴拉(河)
Onomarchus 俄诺马库斯
Opimius 俄彼密阿斯
Oppius 俄彼阿斯
Orchomenus 奥科美那斯
Orestea 或 Orestias 俄累斯提亚
Orestilla 俄累斯提拉
Oricum 俄利康
Orodes 俄罗德斯
Oroeses 或 Orozes 奥累西斯
Oropus 俄罗巴斯
Oroscopa 奥罗斯科巴
Orsini 俄细尼
Orsabaris 俄萨巴里斯
Orso 奥索
Ostia 奥斯提亚
Oxathres 俄克萨特里
Oxthracae 奥克色雷西
Oxyaei 俄克西伊人
Oxydracae 俄克西德拉西人
Oxynta 俄克孙塔

P

Pacuvius 巴叩维阿斯
Padus 巴都斯河(即波河)
Paeon (或 Pannonius) 培翁(或巴诺尼阿斯)
Paeones 培翁尼人(即巴诺尼亚人)
Paetus 培都斯
Palaestenians 培利斯特尼亚人
Palarii 巴拉伊人
Palatine 帕拉丁(山)
Palestine 巴勒斯坦
Pallacotta 巴拉科塔(河)
Palladium 巴拉狄昂
Pallantia 巴兰提亚
Pallantians 或 Pallatines 巴兰提亚人
Palmyra 巴尔迈拉
Palmyreans 巴尔迈拉人
Paloeis 巴利伊斯
Palus 巴卢斯
Palusium 巴卢新
Pamphylia 旁菲利亚
Panares 潘那里斯

Pandusa 班达萨
Pannonia 巴诺尼亚
Pannonius 巴诺尼阿斯
Pansa 蓬萨
Panticapaeum 蓬提卡彼昂
Paphlagonia 巴夫拉哥尼亚
Paphlagonians 巴夫拉哥尼亚人
Papias 培彼阿斯
Papirius 巴彼利阿斯
Papius 巴比阿斯
Papus 巴配斯
Parium 或 Parius 巴利阿斯
Parma 巴马
Parmesius 巴密西阿斯
Partheni 巴提尼
Parthia 帕提亚(即安息)
Parthians 帕提亚人(即安息人)
Partho 巴托
Parthus 帕修斯
Pasargada 巴萨加提
Patara 巴塔拉
Patiscus 巴提斯卡
Patrae (Patras) 培特利
Paulus 鲍鲁斯
Pauly-Wissowa 保利一威索瓦
Pausimachus 保西马库斯
Pedius 培狄阿斯
Peducaeus 培都西阿斯
Peithagoras 培泰哥拉斯
Peligni 彼利格奈人
Pella 培拉
Pelopidas 佩洛庇达
Peloponnesus 伯罗奔尼撒
Pelorus 培罗拉斯(地角)
Pelusium 巴鲁新
Peparethus 培巴累修斯(岛)
Peraea 培利阿
Perdiccas 帕迪卡斯
Pergamenians 或 Pergameans 帕加玛人
Pergamus 或 Pergamos 帕加玛
Pericles 伯里克利
Perinthus 培林修斯
Perpenna 柏彭那
Perrhaebi 培希比人
Perrhaebus 培希巴斯
Persephone 柏塞芬尼
Perseus 柏修斯
Persia 波斯
Perthoneatae 柏托尼提人
Perusia 培鲁西亚
Pessinus 培新那斯
Petilia 培提利亚
Petilius 培提略
Petreius 培特利阿斯
Petronius 培特罗尼阿斯
Petrus 彼特拉斯
Phaecasium 菲卡修姆
Phameas 法密阿斯
Phanagoria 法那哥利亚
Pharnaces 法那西斯
Pharsalus 法萨鲁
Pharus 法鲁斯(岛)
Phaseli 法塞利(船)
Phila 菲拉
Philadelphus 菲列得尔福斯
Philemon 腓力门
Philetaesus 腓利特鲁斯
Philip 腓力
Philippus 腓力普斯
"Philippic" "腓力匹克"
Philccharis 法罗查里斯

Philoctetes　法罗克提提斯
Philometor　斐罗密托
Philonidas　斐罗尼达
Philopator　斐罗巴托
Philopoemen　斐罗彼门
Philotimus　斐罗提马斯
Phocaea　佛西亚
Phocians　佛西斯人
Phocis　佛西斯
Phoenicia　腓尼基
Phoenicians　腓尼基人
Phoenix　非尼克斯
Photius　福提阿斯
Phraates　夫雷阿特
Phrygia　福里基亚
Phrygians　福里基亚人
Phrygius　福里基阿斯(河)
Picentines　匹塞浓人
Picenum　匹塞浓
Pictor　彼克托
Pinarius　彼那里阿斯
Pindarus　平达鲁斯
Pinnes　派恩斯
Piraeus　庇里犹斯
Pisidia　彼西底亚
Pisidians　彼西底亚人
Pisistratus　庇西斯特拉图
Piso　派索
Pistoria　庇斯多利亚
Pitane　彼坦尼
Pithagoras　毕德哥拉斯
Pithecusa　彼得卡萨(岛)
Pius　庇护
Placentia　普拉孙喜阿
Plancus　普隆卡
Plataea　普拉提亚
Plato　柏拉图
Plautius　普劳提阿斯
Pleminius　普雷密尼阿斯
Plenius 或 Plinius 或 Pliny　普林尼
Plestine marshes　普雷斯丁沼泽地
Plotius　普罗喜阿斯
Plutarch　普鲁塔克
Pluto　普鲁图
Poediculi　波狄库利人
Polemon　波利蒙
Polemocratia　波利谟克拉提亚
Poliorketes　波利奥克特
Pollio　波利俄
Pollux　波拉克
Polybius　波里比阿
Polyphemus　波利非马斯
Polyxenidas　波利塞奈达
Pompaean mountain　庞培山
Pompeia　庞培娅
Pompeii　庞沛依
Pompeiopolis　庞培奥玻里
Pompilius　潘彼略
Pompeius 或 Pompey　庞培
Pomponius　庞波尼阿斯
Pontic sea　本都海(即黑海)
Pontifex Maximus　最高僧侣
Pontilius　蓬提利阿斯
Pontius　蓬提阿斯
Pontus　本都
Popaedius　波彼狄阿斯
Popilius　波彼略
Porcia　波喜阿
Porcius　波喜阿斯
Porphyrogenitus　波菲罗真尼都
Poseidon　波赛顿
Poseni　波森尼人

Postumius 波斯都密阿斯
Pothinus 波提那斯
Pozzuoli (Puteoli) 浦祖俄利(浦祖俄利)
Praeneste 普勒尼斯特
Praenestine 或 Praenestians 普勒尼斯特人
Presentaeus 普累森提阿斯
Priam 普赖阿姆
Procas 普罗卡斯
Proconnesus 普罗科尼撒
Prometheus 普罗米修斯
Promona 普罗摩那
Propertius 普罗柏提阿斯
Propontis 普罗蓬提斯
Proserpina 普罗瑟彼那
Protopachium 普罗托巴基昂
Prusias 普鲁西亚
Prygius 普利基阿斯(河)
Ptolemy 托勒密
Publicola 巴布利科拉
Publius 巴布利阿斯
Pulcher 浦尔彻
Punicus 布匿卡斯
Puteoli 浦泰俄利
Pydna 彼得那
Pygmalion 彼格美利翁
Pylus 或 Pylos 派娄斯
Pyrenees 比里尼斯山脉
Pyrissaei 彼利西伊人
Pyrrhus 皮洛斯
Pythian temples 彼提亚神庙

Q

Quintia 昆提亚
Quintilis 昆提利斯月(罗马旧历第五月)
Quintius 昆提阿斯
Quirinal, hill 魁里那尔山

R

Ravenna 拉文那
Rebilus 累比拉斯
Regillus 累基拉斯
Remus 勒莫
Restio 累斯肖
Rhaetia 利喜阿
Rhaeti 或 Rhaetians 利喜阿人
Rhascupolis 累斯卡玻里
Rhascus 累斯卡斯
Rhea 利阿
Rheginus 利基那斯
Rhegium (Reggio) 利吉姆(勒格俄)
Rhesus 勒苏斯
Rhetogenes 勒多真尼
Rhine r. 莱茵河
Rhodes 罗得斯
Rhodians 罗得斯人
Rhodoguna 罗多瓜那
Rhodope 罗多彼山
Rhoeteum 累提安
Rhone r. 隆河
Rhyndacus 林达卡斯河
Romans 罗马人
Rome 罗马
Romulus 罗慕路
Roscius 罗喜阿斯
Roxana 罗克塞那
Rubicon r. 鲁比孔(河)
Rubrius 卢布里阿斯
Rufus 鲁福斯
Ruga 卢加

Rullus 鲁拉斯
Rutilius 卢提略
Rutuli 卢都利人

S

Sabines 萨宾人
Sabinus 萨宾那斯
Saburra 萨布拉
Sacriportus 萨克利波都
Saguntines 萨干坦人
Saguntum 萨干坦
Salapia 萨拉彼亚
Salassi 萨拉西人
Salassus 萨拉苏斯
Salernum 萨勒浓
Salinator 萨利内托
Sallustius 萨拉斯提阿斯(即萨拉斯特)
Salona 萨罗那
Salvidienus 萨尔维丁那斯
Salvius 萨尔维阿斯
Salyi 萨利伊人
Samaria 撒马利亚
Samaritans 撒马利亚人
Sambuca 萨谟布卡(一种攻城机械)
Samnites 萨谟尼安人
Samnium 萨谟尼安
Samothrace 萨摩色雷斯
Sanga 桑加
Sangarius 桑加利阿斯(河)
Sapaeans 萨彼亚人
Sardinia 撒丁尼亚
Sardis 萨第斯
Sarmatians 萨马提亚人
Sarpedon 萨彼敦
Sarpedonium 萨彼敦尼昂
Sarus 萨鲁斯(河)
Scaurus 斯卡鲁斯
Schweighaüser 什威克豪塞
Schwartz 什发兹
Scipio 西庇阿
Scodra 斯科德拉
Scorba 斯科罗巴(山)
Scordisci 斯科狄西人
Scordiscus 斯科狄斯卡
Scotius 斯科提阿斯(山)
Scribonia 斯克利波尼亚
Scribonius 斯克利波尼阿斯
Scylacium 西拉新(山)
Scylla 西拉
Scyllaeum 西利阿姆(地角)
Scythia 西徐亚
Scythians 西徐亚人(即大月氏人)
Sedetania 西底坦尼亚
Segeda 塞吉达
Segedians 塞吉达人
Segesta 塞吉斯泰
Segestani 塞吉斯泰人
Seguntia 塞恭提亚
Selene 塞利尼
Seleucia 塞留西亚
Seleucidae 塞留西王室
Seleucis 塞留西斯
Seleucus 塞留古
Sempronia 塞姆普罗尼亚
Sempronius 塞姆普罗尼阿斯
Sena (或 Siena) 塞那
Senones 塞诺尼斯
Sentia (或 Setinum) 孙提亚
Septimius 塞普提摩斯
Serapio 塞累彼俄
Sergius 塞基阿斯

Serranus 塞拉那斯
Serrium 塞里阿姆(山)
Sertorius 塞多留
Servilia 塞尔维利亚
Servilianus 塞维连那斯
Servilius 塞维利阿
Servilla 塞维拉
Servius 塞维阿
Sesterces 塞斯退斯(罗马货币)
Sestius 塞斯提阿斯
Sestus (或 Sestos) 塞斯都斯
Setium(或 Setia) 塞提亚
Setovia 塞托维亚
Sextilius 塞克斯提略
Sextius 绥克斯提阿斯
Sextus 绥克斯都
Sibyl 西俾尔(女巫)
Sibylline 西俾尔
Sicily 西西里
Sicoris 西科里斯
Sicyon 西息温
Sidetae 西德提人
Sidicini 西狄星尼人
Sidonians 西顿人
Sigambri 西加姆布来人
Silanus 西拉那斯
Silvia 西尔维亚
Silvius 西尔维阿斯
Sinope 息诺普
Sinorex 息诺累克斯
Sinti 辛提人
Sintricus 星特利卡
Sipuntum 西彭敦
Sipus 西配斯
Sipylus 西彼拉斯(山)
Sisenna 西升那
Sisina 西息那
Sittius 西替阿斯
Smyrna 士麦拿
Sobadacus 索巴达卡
Socrates 苏格拉底
Sogdiana 索格狄安那(即粟特)
Sogdiani 索格狄安那人(即粟特人)
Soli 索利
Sophene 索芬尼
Sophocles 索福克利
Sophonisba 索福尼斯巴
Soria 索里亚
Sossius 索西阿斯
Soter 索特(保护者)
Sotera 索特拉
Spain 西班牙
Spartacus 斯巴达克
Spartagena (Spartaria) 斯巴达真那(斯巴达利亚)
Spinther 斯宾特
Spoletium 斯波雷敦
Sporades 斯波拉底斯群岛
Spurius 斯柏里阿斯
Staberius 斯塔伯里阿
Stabiae 斯塔比伊
Stabias 斯泰比阿斯
Staius 斯泰阿斯
Statilius 斯泰提利阿斯
Stephanus 斯泰法那斯
Strassburg 斯特拉斯堡
Stratius 斯特拉提阿斯
Strato 斯特拉图
Stratonice 斯特拉顿尼斯
Stratonicea 斯特拉顿尼西亚
Strongyle (Stromboli) 斯特龙基利(斯特隆波里)

Strymon 斯特赖梦(河)
Stylis 斯提利斯
Suba 苏巴
Suburra 苏布拉(街)
Sucro 苏克罗
Suessa 粟萨
Suetonius 斯韦托尼阿斯
Suevi 苏挨维人
Suidas 修伊达斯
Sulla 苏拉
Sulpicius 萨尔彼喜阿斯
Surrentum 萨林敦
Sutrium 苏特利昂
Synodium 西诺丁
Syphax 西法克斯
Syra 叙拉
Syracuse 叙拉古
Syria 叙利亚
Syrtes 叙尔特(河)

T

Taenarum 塔纳隆(地角)
Tagus 塔加斯(河)
Talabriga 塔拉布利加
Talaura (或 Talauri) 塔劳拉
Talent 他连特(希腊币制)
Tanais (the Don) 泰内伊斯河(顿河)
Tanginus 坦吉那斯
Tantalus 坦塔拉斯
Tapyri 塔彼里人
Taras 塔拉斯(河)
Tarentum 他林敦
Tarpeian Rock 塔彼安崖
Tarpeius 塔彼阿斯
Tarpeia 塔彼亚
Tarquinius 塔魁尼阿斯
Tarracina 塔拉西那
Tarsus 塔苏斯
Tartessus 他提萨斯
Tatius 塔喜阿斯
Taulantii 或 Taulantians 道兰底人
Taulas 道拉斯
Taurasia 道拉西亚
Taureas 道累阿斯
Tauri 或 Taurian 道里安人
Taurisci 道利西人
Tauromenium (Taormina) 塔罗明尼昂
Tauromenians 塔罗明尼昂人
Taurus 道拉斯
Taxiles 泰克西利斯
Teanum 替隆
Tectosagi 泰克托萨基人
Tegea 提吉亚
Teichius 特基阿斯
Telamon 泰拉梦
Telesinus 泰雷星那斯
Tellus 泰拉斯
Telmissus 泰尔密苏斯
Tempe 腾皮谷
Tenchteri (或 Tencteri) 顿克特里人
Tenus (或 Tenos) 提诺斯(岛)
Terentius 特林提阿斯
Tergestum 特吉斯敦
Termantia 特曼提亚
Termantines 特曼提亚人
Termes 特尔密斯
Terponus 特波那斯
Terracina 特拉星那
Testimus 泰斯提马斯
Teubner 他普纳

Teutones (或 Teutoni) 条顿人
Thais 泰伊斯
Thapsus 塔普萨斯
Thasus 塔索斯(岛)
Thebes 底比斯
Thebans 底比斯人
Themiscyra 地米西拉
Themistocles 地米斯托克利
Theodore 狄奥多
Theodorus 提奥多鲁斯
Theodosia 狄奥多西亚
Theodotus 狄奥多图
Theophilus 狄奥斐拉斯
Theos (即 Deus) 狄奥斯(“神圣的”)
Thermodon 德摩敦(河)
Thesmophori 德斯摩福赖
Thermopylae 德摩比利
Thermus 德谟斯
Thespiae 特斯匹伊
Thespians 特斯匹伊人
Thesprotia 帖斯普罗提亚
Thessalians 帖撒利人
Thessalonica 帖撒罗尼加
Thessaly 帖撒利
Thetis 西提斯
Thoas 托阿斯
Tholus (或 Tholon) 托隆
Thon 托恩
Thoranius 托连尼阿斯
Thorax 托拉克斯
Thorius (Spurius) 托里阿斯(斯柏里阿斯)
Thrace 色雷斯
Thracians 色雷斯人
Thrasimenus 特拉西美诺(湖)
Thucydides 修昔底德
Thuranius 图连尼阿斯
Thurii 条立爱
Thurini 条立爱人
Thyatira 推雅底拉
Tiber 台伯(河)
Tiberius 提比略
Tibullus 提巴拉斯
Tibur 提布尔
Ticinus 提塞那斯
Tigranes 提格累尼斯
Tigranocerta 提格累诺塞塔
Tigris 底格里斯(河)
Tigurini 提加里尼人
Tillius 提利阿斯
Timarchus 提马库斯
Timotheus 提谟修斯
Tisaeum 提塞昂
Tisia 提西亚
Tisienus 提西那斯
Titinius 提丁尼阿斯
Titius 泰提阿斯
Titthi 提蒂人
Titus 泰塔斯
Tolenus 托林那(河)
Tolistoboii 托利斯托波伊人
Torquatus 托夸都
Tracheotae (或 Trachcia) 特拉基亚人
Trajan 图拉真
Tralles 特拉利斯
Trallians 特拉利斯人
Transalpine Gaul 山外高卢(即那旁高卢)
Trebatius 特累巴提阿斯
Trebia 特利比亚(河)
Trebonius 特累邦尼阿斯
Triarius 特里阿里斯阿

Triballi 特利巴利人
Triballus 特利巴拉斯
Tribola 特里波拉
Tricorii 特利科利人
Trirarius 特利拉略
Trocmi 特罗克密人
Troy（或 Ilium） 特洛耶（或伊利昂）
Trypho（或 Diodotus） 特赖福
Tuditanus 图狄塔那斯
Tullius 图利阿
Tunis 突尼斯
Turbuletae（或 Turbuletes） 突布利提人
Turditania 土狄坦尼亚
Turnus 图那斯
Turpilius 图比略
Turulius 图鲁略
Tuscan Is. 塔斯康群岛
Tyndaris 丁达里斯
Tyre 泰尔（或译推罗）
Tyrrhenians（或 Etruscans） 第勒尼安人（或伊达拉里亚人）
Tysca 泰斯卡

U

Ulysses（即 Odysseus） 奥得修斯
Umbria 安布里亚
Uritanus 攸利坦那斯
Ursinus 攸西那斯
Usipites 攸西彼提人
Utica 乌提卡

V

Vacca 发卡
Vaccaei 发克西伊人
Vaccenses 发卡人
Valeria 发勒利亚
Valerius 发利略
Varinius 发利尼阿斯
Varius 发里阿斯
Varro 发罗
Varus 发禄
Vatinius 发提尼阿斯
Veii 维爱
Venafrum 维那夫鲁姆
Ventidius 文提狄阿斯
Venus 维纳斯
Venusia 维努西亚
Venusini 维努西亚人
Vercingetorix 维新哲托里克斯
Vergil 维吉尔
Vermina 维密那
Versus 维苏斯
Vespasian 韦柏芗
Vesta 维斯塔
Vestal virgin 维斯塔神庙女祭司
Vestini 维斯提奈人
Vesuvius 维苏威山
Vetilius 维提略
Vettius 维提阿斯
Vettones 维顿尼人
Vetulinus 维都利那斯
Veturia 维都利亚
Veturius 维都利阿斯
Vetus 维都斯
Via Sacra 圣路
Vibo 维波
Vidacilius 维达西略
Viereck 维尔利克
Vinius 维纽斯
Virginius 维基尼阿斯
Viriathus 维里阿修斯

Volas 佛拉斯
Volcatius 佛尔卡提阿斯
Volsci 服尔细人
Volumnia 佛拉姆尼亚
Volusius 佛鲁西阿斯
Vulcan 发尔康
Vulso 发尔索
Vulturcius 发尔特喜阿斯

W

White 怀特
Wright 赖特

X

Xanthians 桑萨斯人
Xanthippus 桑西巴斯
Xanthus 桑萨斯
Xenophanes 谢诺芬尼斯
Xerxes 泽尔士
Xiphares 西法里斯

Y

Yoke 轭门

Z

Zacynthus 萨星修斯
Zama 撒马
Zela 西拉
Zenobius 芝诺比阿斯
Zeuxis 修克西斯
Zorus 索鲁斯
Zygactes 西加克兹河

附　录　三

索　　引

四 画

五　画

六　画

七　画

八 画

十 画

十一画

十　二　画

十 三 画

十 四 画

十 五 画

十 六 画

十 七 画

出版后记

《罗马史》是早期罗马帝国时期历史学家阿庇安著的一部历史名著。全书分上下两卷。上卷已于 1963 年 8 月翻译出版。下卷《内战史》是《罗马史》的重要部分。马克思曾给予很高的评价。1861 年 2 月 27 日马克思在给恩格斯信中指出：**“晚上为了休息，我读了阿庇安关于罗马内战的希腊文原本。一部很有价值的书。”**[①]根据毛主席关于**“读一点世界史”**的教导，我们出版了《内战史》，供革命干部和工农兵学习参考之用。

本书根据《洛布古典丛书》中荷拉斯·怀特的英译本翻译。英译本中的《内战史》是独立的，其卷数号码和上卷不相衔接。为了便于编制索引，译者根据阿庇安原著的次序，把《内战史》的卷数号码和上卷号码连接起来。译注和索引中所用的罗马数字表示卷数，阿拉伯数字表示节数，括弧内的罗马数字是片断号码。

---

① 《马克思恩格斯全集》，第 30 卷，第 159 页，人民出版社 1974 年版。

图书在版编目(CIP)数据

罗马史.下卷/(古罗马)阿庇安著;谢德风译.—北京:商务印书馆,1976.10(2025.6 重印)
(汉译世界学术名著丛书)
ISBN 978-7-100-01794-7

Ⅰ.①罗… Ⅱ.①阿… ②谢… Ⅲ.①古罗马—历史
Ⅳ.①K126

中国版本图书馆 CIP 数据核字(2012)第 296715 号

汉译世界学术名著丛书
罗 马 史
下卷
〔古罗马〕阿庇安 著
谢德风 译

商 务 印 书 馆 出 版
(北京王府井大街 36 号 邮政编码 100710)
商 务 印 书 馆 发 行
北京虎彩文化传播有限公司印刷
ISBN 978-7-100-01794-7

1976 年 10 月第 1 版　　开本 850×1168 1/32
2025 年 6 月北京第 10 次印刷　　印张 21⅝ 插页 4

定价:98.00 元